Computerunterstütztes Lernen in der beruflichen Bildung

BEITRÄGE ZUR ARBEITS-, BERUFS- UND WIRTSCHAFTSPÄDAGOGIK

GEGRÜNDET VON PROF. DR. rer. oec. GERHARD P. BUNK

HERAUSGEGEBEN VON PROF. DR. phil. ANDREAS SCHELTEN

Band 22

PETER LANG

Frankfurt am Main · Berlin · Bern · Bruxelles · New York · Oxford · Wien

MICHAEL VÖGELE

COMPUTERUNTERSTÜTZTES LERNEN IN DER BERUFLICHEN BILDUNG

ANALYSE VON INDIVIDUELLEN LERNWEGEN BEIM EINSATZ EINER UNTERRICHTSSOFTWARE UND DARSTELLUNG EINES UNTERRICHTS IN DEN AUSBILDUNGSBERUFEN DER INFORMATIONS- UND TELEKOMMUNIKATIONSTECHNIK

PETER LANG
Europäischer Verlag der Wissenschaften

Bibliografische Information Der Deutschen Bibliothek
Die Deutsche Bibliothek verzeichnet diese Publikation in der Deutschen Nationalbibliografie; detaillierte bibliografische Daten sind im Internet über <http://dnb.ddb.de> abrufbar.

Zugl.: München, Techn. Univ., Diss., 2003

D 91
ISSN 0721-2917
ISBN 3-631-51205-8

www.peterlang.de

Für Antonia

Liebe Leserinnen,

werden in der vorliegenden Arbeit Schüler, Lehrer, Autoren, etc. genannt, so sind selbstverständlich auch Schülerinnen, Lehrerinnen, Autorinnen, etc. gemeint. Die männliche Formulierung wurde gewählt, um die Lesbarkeit der Arbeit für die Leserinnen/die Leser bzw. die LeserInnen nicht zu erschweren.

Vorwort

Wenn unsere Tochter in sechs Jahren in die Schule kommt, dann könnte es sein, dass der Computer im Unterricht so selbstverständlich geworden ist, wie gestern die Schiefertafel und heute der Overheadprojektor. Vermutlich wird sie schon vor der Einschulung an (m)einem Computer sitzen und spielerisch mit Hilfe einer Lernsoftware die Welt der Zahlen, Buchstaben aber auch der Pflanzen und Tiere entdecken. Ich hoffe jedoch, dass der Computer für sie nur ein Interesse unter vielen anderen sein wird und die virtuelle Welt des Rechners ihr niemals reale Erlebnisse ersetztzen wird.

Wenn sie mich dann irgendwann über die ihr gewidmete Arbeit ausfragen wird, dann werde ich ihr erklären, dass der Einsatz eines Computers im Unterricht noch vor einigen Jahren nicht selbstverständlich war. Dass es damals viele gab, die sich von dem Computer sehr viel erwarteten. Aber auch Kritiker, die den Computer kategorisch ablehnten. Und dass es nur wenige empirische Untersuchungen über einen konkreten Einsatz eines Computers im beruflichen Unterricht gab.

Für die vielseitige Unterstützung beim Erstellen dieser Arbeit möchte ich mich **sehr herzlichen bedanken** bei

- Herrn Prof. Dr. phil. habil. Andreas Schelten. Er ist an erster Stelle genant, da er mich in allen Phasen der Arbeit mit Rat und Tat hervorragend unterstützte.

- allen meinen Kolleginnen und Kollegen vom Lehrstuhl für Pädagogik der Technischen Universität München. Namentlich und alphabetisch sind dies: Frau Friederike Franke, Frau Steffi Klein und Frau Susanne Schollweck, sowie die Herren Michael Adler, Hans-Peter Dang, Robert Geiger, Markus Müller und PD Dr. Ralf Tenberg. Ein besonderer Dank gebührt Herrn Dr. Alfred Riedl, der am meisten von allen in die vorliegende Arbeit eingebunden war und viele wertvolle Hinweise, Anregungen und Korrekturen gegeben hat.

- den Studierenden am Lehrstuhl für Pädagogik, deren Hausarbeiten einen wichtigen Beitrag für die vorliegende Arbeit lieferten. Die Herren Clemens Braun, Michael Burgert, Christian Götz, Mario Hänel, Martin Kompalka, Stefan Lorenz, Thomas Schlemmer und Jan Peter von Sievers waren eine unverzichtbare Hilfe bei der Bewältigung der enormen Datenmenge und lieferten wertvolle Impulse für die Aufbereitung und Auswertung der Daten.

- Herrn StD Martin Roos und allen an der vorliegenden Untersuchung beteiligten Schülerinnen und Schülern. Herr Roos war offen für alle Fragen und Erhebungen und stets zur konstruktiven Mithilfe bereit. Alle Schülerinnen und Schüler der Klassen K111, K121, K131 und K122 waren der Untersuchung gegenüber aufgeschlossen und haben die Befragungen und die für die Datenerhebung erforderliche Bearbeitung der Lernstrecken mit sehr viel Engagement ermöglicht.

- meiner Partnerin Frau Sigrid Weber und bei Herrn Christian Wander für das Korrekturlesen der vorliegenden Arbeit, die umfangreicher geworden ist, als ursprünglich gedacht.

München, im Januar 2003 Michael Vögele

Inhaltsübersicht

Inhaltsverzeichnis

1 Einleitung

Die Entscheidung, Computer im Unterricht einzusetzen, steht im Zusammenhang mit einem Ereignis im Weltraum: In den Jahren 1957 und 1958 gelang es der damaligen UdSSR zur großen Überraschung des Westens mehrere Satelliten („Sputniks") ins Weltall zu schicken. Dieser so genannte „Sputnik-Schock" veranlasste die westliche Welt zu verstärkten Bemühungen im Bildungsbereich. Dazu gehörte auch, den Computer für das Lernen einzusetzen.[1] Die Verbreitung eines computerunterstützten Lernens wurde jedoch erst durch die explosionsartige Zunahme an günstigen Personalcomputern (PC's) zu Beginn der 80er Jahre möglich. Der Computer schien für viele Bildungsverantwortliche das ideale Medium, die kleinschrittige Struktur des damals populären programmierten Unterrichts umzusetzen.[2] Nach einer ersten Euphorie, stagnierte dann die weitere Ausbreitung der Computer in den Klassenzimmern fürs erste. Eine ‚zweite' Welle wurde wiederum durch den technologischen Fortschritt ausgelöst. Dies geschah vor allem durch Entwicklungen in der Rechner-, Speicher- und Darstellungstechnik und durch das Aufkommen bzw. die rasante Ausbreitung des Internets (World Wide Web). Viele Anwendungen auf den Computern wurden möglich, die in den 80er Jahren kaum vorstellbar oder zumindest kaum erschwinglich waren. Der Computer konnte nicht nur für einfache Frage-Antwort-Abfolgen eingesetzt werden, sondern für ein multimediales oder telekommunikatives Lernen.[3]

Wie bereits in den 80er Jahren erwarteten viele von dem Einsatz eines Computers eine Verbesserung der Unterrichtsqualität. Unterschiedlichste Förderprogramme wurden aufgelegt, die zu einer flächendeckenden Ausstattung mit Computern, Software und Internetzugängen in Schulen und Hochschulen führen sollten.[4] So flossen beispielsweise alleine durch die Initiative „Schulen ans Netz", eine Kooperation der Deutschen Telekom mit dem Bundesministerium für Bildung und Forschung, in den Jahren 2000 und 2001 über 75 Millionen Euro in eine flächendeckende Ausstattung der Schulen mit Rechnern und Internetanschlüssen. Dabei wurden über 30.000 Schulen in der Bundesrepublik mit Computern ausgestattet und vernetzt.[5] Die Stadt München gibt, trotz leerer Kassen, für die Ausstattung aller Schulen und Kindertagesstätten mit Hard- und Software über 100 Mio. Euro aus (Laufzeit des Projektes von 1999 bis Ende 2004).[6]

---

[1] Vgl. Euler 1992, S. 16; Zur Entwicklung eines computerunterstützten Unterrichts siehe auch Twardy, Wilbers 1996, S. 145 f.

[2] Vgl. hierzu Kapitel 3.1: Beschreibung der Lerntheorien

[3] Zur Definition dieser Begriffe siehe Kapitel 3.3.1

[4] Siehe Kapitel 2: Fragestellung und Aufbau der Arbeit

[5] Schulen ans Netz e.v.: Schulen am Netz – was nun? Pressemeldung vom 22. Oktober 2001. Siehe: http://www.schulen-ans-netz.de/presse/archiv_detail.php?id=11 (07.12.02), vgl. hierzu auch: http://www.schulen-ans-netz.de/presse/archiv.php (07.12.02)

[6] Pressemitteilung des Schul- und Kultusreferats der Stadt München zum Konzept der EDV-Ausstattung und Vernetzung: Lob für Städtisches Konzept zur EDV-Ausstattung und Vernetzung. Siehe: http://www.musin.de/presse/archiv/pso/pm_4_c.html (13.12.02)

Bei den Gründen für den Einsatz eines Computers im Unterricht müssen jedoch zwei Aspekte unterschieden werden:

Zum einen soll der Computer, wie andere Medien auch, Lehr- und Lernprozesse unterstützten und somit einen Unterricht in irgendeiner Art und Weise verbessern. Häufig wird dabei dem Computer mit entsprechenden Lernprogrammen eine lernförderliche Wirkung zugeschrieben, ohne dass diese durch empirische Untersuchungen zweifelsfrei bestätigt werden kann.[7] Fragen nach den Möglichkeiten, vor allem aber nach den Grenzen eines Computereinsatzes werden häufig erst dann gestellt, nachdem die Computer bereits in den Klassenzimmern installiert sind. Diese Einstellung ist sicherlich kennzeichnend für viele technologische Entwicklungen. Sie orientieren sich vor allem an den Möglichkeiten, seltener an den Grenzen. Hinzu kommt, dass der Computer vorrangig aus ökonomischen und militärischen Interessen entwickelt wurde. In der Schule soll er jedoch für die Lösung pädagogischer Probleme eingesetzt werden.

Zum anderen stellt der Umgang mit Computerhardware, Betriebsystemen und Programmen, sowie mit dem Internet einen an Bedeutung zunehmenden Lerninhalt dar. Und dies trifft nicht nur für einen Unterricht in den Berufen der Informations- und Telekommunikationstechnik zu. Knapp die Hälfte der Jugendlichen in der Bundesrepublik Deutschland besitzt einen eigenen Personalcomputer. Zusätzliche 35% der Befragten geben an, dass sie Computer einsetzten. Das Internet nutzen nach eigenen Angaben rund 63% aller Jugendlichen, die meisten von ihnen mehrmals pro Woche.[8] Werden diese Zahlen aus dem Jahre 2001 mit den Vorjahren verglichen, so fällt auf, dass diese stetig ansteigen. Dies trifft insbesondere für das Internet und Online-Dienste zu. Die Schule muss auf die zunehmende Bedeutung dieser Medien reagieren und ihre Schüler bei einer effektiven aber auch verantwortungsvollen Verwendung der Neuen Medien anleiten. Der Umgang mit dem Computer, mit Hard- und Software, Netzwerken und dem Internet wird zunehmend als vierte Kulturtechnik (nach dem Lesen, Schreiben, Rechnen) bezeichnet. Beim Vergleich der Mediennutzung zwischen Jugendlichen und Erwachsenen zeigt sich, dass Computer und Internet eher von den Jugendlichen verwendet werden. Die Generation der heutigen Jugendlichen wächst mit diesen Medien auf. Einige sprechen dabei von der „Medien-Generation".[9] Die jüngere Generation hat in diesem Bereich die ältere Generation überholt. Eine Beobachtung, die auch in den Schulen Gültigkeit besitzt. Häufig haben die Schüler mehr Erfahrung im Umgang mit Computern und Internet als ihre Lehrkräfte. Schon die Sorge, in diesem Bereich Schwächen zu zeigen, kann Lehrkräfte davon abhalten, sich intensiver mit diesen neuen Technologien zu befassen. Und dies, obwohl die Bedeutung der neuen Medien von nahezu allen in Schule und Bildung stehenden Personen erkannt und bejaht wird. „Das Gros der Lehrerschaft hat derzeit weder die Hardwarevoraussetzungen noch das Interesse und die Zeit, sich mit dem Thema Multimedia an der Schule intensiv auseinanderzusetzen. Viele Lehrer haben die Entwicklung im EDV-Bereich noch nicht nachvollziehen können, obwohl sie die Bedeutung der informati-

---

[7] Vgl. Kapitel 4: Empirische Untersuchungen

[8] Mediendaten Südwest: Mediennutzung. Stand 2001: Siehe http://www.mediendaten.de/ (04.11.02). Vgl. hierzu auch Moser 1995: Aufwachsen im Medienzeitalter

[9] Der 16. Kongresses der DGfE vom 17. bis 20. März 1998 in Hamburg widmete sich dem Thema: „Medien-Generation". Siehe Gogolin 1999

onstechnischen Grundbildung prinzipiell nicht anzweifeln."[10] Doch nicht nur ein Vorsprung der Schüler, sondern auch unterschiedliche Voraussetzungen im Kollegium können Grund für eine ablehnende Haltung im Umgang mit dem Computer sein. Euler unterscheidet bei den Lehrern zwei Gruppen: „Für die einen ist Multimedia ein pädagogischer Problemlöser, für die anderen stellt diese Technik selbst ein Problem dar."[11] Bei der ersten Gruppe kann die Euphorie auch so weit gehen, dass nicht mehr die Vermittlung von Lerninhalten im Mittelpunkt eines Unterrichts steht, sondern der Einsatz eines Computers. „Technikverliebtheit macht didaktisch blind",[12] so die hierfür treffende Aussage von Peters, geäußert bei der Abschlusstagung des Modellversuchs „Multimedia und Telekommunikation in Bayern".[13] Lehrer aus der anderen Gruppe, für welche die Technik ein Problem darstellt, tun sich häufig schwer diese Probleme einzugestehen. Häufig lehnen sie daher den Einsatz der neuen Medien im Unterricht grundsätzlich ab. Ein wichtiger Schritt nach vorne wäre, wenn sich die Computereuphoriker und Computerskeptiker darüber einig wären, dass es sich bei dem Computer vor allem um ein sinnvolles Arbeitsmittel handelt. Ein Arbeitsmittel, das den Unterricht verbessern kann, aber nicht muss. Das neue Möglichkeiten für die Gestaltung von Lehr-Lernprozessen eröffnet, aber auch viele Grenzen aufweist.[14] Das jedoch keinesfalls den Lehrer ersetzen kann und wird.

[10] Arbeitsgruppe Multimedia 1994, S. 48

[11] Euler 1998a, S. 742

[12] Peters 2000, S. 33

[13] Beschreibung des Modellversuchs „Multimedia und Telekommunikation an beruflichen Schulen" siehe Kapitel 5

[14] Vgl. Kapitel 3.3.4: Möglichkeiten und Grenzen eines computerunterstützten Lernens

2 Fragestellung und Aufbau der Arbeit

Wie in der Einleitung dargestellt, findet seit Mitte der 80er Jahre eine enorme Aufrüstung der Schulen mit Computern statt. Nahezu alle Industrienationen legten Förderprogramme für die Hard- und Softwarebeschaffung an Schulen und Hochschulen auf. In Verbindung mit den immer leistungsfähigeren und „multimedia-tauglichen“ Computern entstand ein Angebot an Lernprogrammen, das inzwischen unüberschaubarer ist. Mit dieser zunehmenden Verfügbarkeit von Personalcomputern und entsprechender Software in den Klassenzimmern und ihrem Einsatz im Unterricht stellen sich zwangsläufig Fragen zu den Möglichkeiten und nach einer ersten Phase der Euphorie vermehrt auch zu den Grenzen eines computerunterstützten Unterrichts. Diese Fragen werden unter anderem von den ‚Geldgebern‘, Verantwortlichen in Politik und Bildung oder von Lehrerinnen und Lehrern gestellt.

Im Gegensatz zu der von vielen geäußerten großen Bedeutung eines Computereinsatzes für das Lehren und Lernen und den Initiativen zur Ausrüstung von Bildungseinrichtungen mit Computern und Software stehen aussagekräftige empirische Untersuchungen. Wie Kapitel vier beschreibt, überraschen sowohl Quantität, als auch Qualität vieler Studien über computerunterstütztes Lernen. Häufig wird an Stelle von empirischen Untersuchungen dem Computer im Klassenzimmer a priori eine lernförderliche Wirkung zugeschrieben. Werden empirische Untersuchungen durchgeführt, dann gehen viele von ihnen vergleichend vor, d.h. sie stellen die Frage, ob ein computerunterstützter Unterricht besser sei, als ein traditioneller Unterricht.[15]

Mit der vorliegenden Arbeit soll der Einsatz von Computern im Unterricht in konkreten Lernsituationen empirisch untersucht werden. Untersuchungsgegenstand ist ein komplexes Unterrichtsprojekt[16] mit den am Unterricht beteiligten Lernenden. Die Lernenden sind Auszubildende in den Berufen der Informations- und Telekommunikationstechnik (IT-Berufe). Sie sind im ersten Ausbildungsjahr und Schüler an der Städtischen Berufsschule für Informationstechnik[17] in München. Die Untersuchung findet im Rahmen des Modellversuchs „Multimedia und Telekommunikation für berufliche Schulen in Bayern (MUT)“ statt und orientiert sich auch an dessen Zielen.[18] Für die Untersuchung bedeutet dies weiterhin, dass die Auswahl des Untersuchungsgegenstandes durch den Modellversuch vorgegeben wurde. Die Untersuchung kann der Lehr-Lern-Forschung zugeordnet werden. Diese ist laut Terhart die „[...] methodisch angeleitete und reflektierte Beschreibung, Analyse und Interpretation von Schulunterricht, seinen Voraussetzungen, Prozessen und Ergebnissen ...“[19].

---

[15] Zur Problematik von Vergleichsforschungen siehe Kapitel 4.1

[16] Der zu untersuchende Unterricht wird im Folgenden als Unterrichtsprojekt bezeichnet. Dieser Begriff wurde gewählt um auszudrücken, dass dieser Unterricht unter anderem durch den Einsatz eines Computers oder durch die Aufteilung der Klasse entsprechend den Abteilungen einer Modellfirma gekennzeichnet ist. Eine ausführliche Beschreibung des Unterrichtsprojektes erfolgt im Kapitel 6.3

[17] Seit 15.02.2002 neuer Name; zuvor: Städtischen Berufsschule für Kommunikationselektronik

[18] Ausführliche Beschreibung des Modellversuchs im fünften Kapitel

[19] Terhart 1986, S. 64 vgl. hierzu auch Terhart 2000, S. 65 f.

Das Untersuchungsziel der vorliegenden Untersuchung ist es, Phänomene aufzuzeigen, die bei der Bearbeitung einer Lernstrecke mit Hilfe eines Computers und einer Lernsoftware auftreten. Die Ergebnisse sollen zum einen Ansätze für die Optimierung des untersuchten Unterrichtsprojektes bzw. der erstellten Lernstrecke[20] liefern. Zum anderen sollen aus den Untersuchungsergebnissen auch generelle Folgerungen für die Entwicklung weiterer computerunterstützter Lehr-Lern-Arrangements gezogen werden können. Um einen möglichst umfassenden Zugang zu dem Untersuchungsgegenstand zu erhalten, wird die Untersuchung in zwei Teiluntersuchungen aufgeteilt.[21]

Die erste Teiluntersuchung, im Weiteren als **Teiluntersuchung A** bezeichnet, betrachtet das gesamte Unterrichtsprojekt. Im Mittelpunkt stehen dabei Einschätzungen zu diesem Unterricht durch die Schüler und durch den unterrichtenden Lehrer. Weiterhin will diese Teiluntersuchung einen Einblick in die Bearbeitung der komplexen Arbeitsaufträge mit den dabei verwendeten Medien (insbesondere den Werkzeugen der eingesetzten Lernsoftware und der Einsatz des Internets) und der Kommunikation zwischen einzelnen Arbeitsgruppen liefern. Aus diesen Überlegungen können folgende zentralen Forschungsfragen für die Teiluntersuchung A abgeleitet werden:

1. Wie wird das Unterrichtsprojekt von den Schülern beurteilt?
2. Wie wird das Unterrichtsprojekt von dem unterrichtenden Lehrer beurteilt?
3. Wie bearbeiten die Schüler die Aufgabenstellungen des Unterrichts?

In der **Teiluntersuchung B** stehen verstärkt die individuellen Lernwege der Lernenden und der Umgang mit dem Computer bzw. der eingesetzten Lernsoftware im Fokus des Untersuchungsinteresses. Die Schüler werden intensivst beobachtet, wie sie eine vorgegebene Lernstrecke selbstständig mit Hilfe eines Computers und einer Lernsoftware bearbeiten. Von besonderem Interesse sind dabei Phänomene, die bei der Bearbeitung der Aufgabenstellung auftreten. Daraus ergeben sich folgende, zentrale Untersuchungsfragen für die Teiluntersuchung B:

4. Wie erfolgt die Bearbeitung der Arbeitsaufträge?
5. Wie erfolgt die Handhabung der eingesetzten Software?
6. Wie erfolgt die Zusammenarbeit der Schüler?

Die Forschungsfragen beider Teiluntersuchungen sind bewusst sehr offen gehalten. Die Frage nach dem „Wie“ der Bearbeitung soll für eine Untersuchung von Phänomenen den dafür nötigen Raum lassen. Da der Untersuchungsbereich bisher wenig erforscht ist, erfolgt das Vorgehen in beiden Teiluntersuchungen explorativ.[22]

---

[20] Ausführliche Beschreibung der Untersuchungsstrecke siehe Kapitel 9.1

[21] Vgl. hierzu Abbildung 2-1: Untersuchungsplan

[22] Vgl. Kapitel 4: Forschungsstand mit Ergebnissen bisheriger Untersuchungen zu computerunterstütztem Lernen und Kapitel 7: Forschungsmethodischer Ansatz

Auch das ‚Aufspüren' von Phänomenen spricht eindeutig für ein erkundliches, *offenes* Vorgehen. Hierfür bieten sich insbesondere Methoden der qualitativen Sozialforschung an.[23]

In beiden Teiluntersuchungen steht den Schülern eine Lernsoftware für die Bearbeitung der Arbeitsaufträge zur Verfügung. **Der Aufbau und die Qualität des Programms haben einen entscheidenden Einfluss auf die Akzeptanz des Unterrichtsprojektes und auf die Bearbeitung der Lernstrecke bzw. auf das individuelle Vorgehen der Schüler.** Eine Befragung der Schüler zu diesem Programm wird in beiden Teiluntersuchungen vorgenommen. Diese sollen den Zusammenhang zwischen dem Programm und der Akzeptanz des Unterrichtsprojektes, bzw. dem individuellen Vorgehen bei der Bearbeitung aufzeigen. Die Schüleraussagen zu der Lernsoftware stellen jedoch keine Programmevaluation dar, die zu Hinweisen für die Gestaltung von Lernprogrammen (Softwareergonomie) führen. **Im Mittelpunkt des Forschungsinteresses steht somit nicht die Unterrichtssoftware, sondern der Unterricht als gesamtes Lehr-Lern-Arrangement mit den von den Schülern beschrittenen Lernwegen.** Bei der Beurteilung der Ergebnisse und den daraus resultierenden Folgerungen muss auf diesen beschriebenen Zusammenhang geachtet werden.

Die Erhebung der Daten findet während der Laufzeit des Modellversuchs, zwischen September 1997 und Februar 2000 statt.

Aufbau der vorliegenden Arbeit

Der weitere Aufbau der Untersuchung, bzw. der vorliegenden Arbeit stellt sich wie folgt dar (vgl. Abbildung 2-1):

Im nächsten Kapitel werden die theoretischen Grundlagen eines computerunterstützten Lernens behandelt, soweit diese für die Fragestellungen der Untersuchung relevant sind. Da sich das untersuchte Unterrichtsprojekt an einer konstruktivistischen Auffassung von Lernen, bzw. Lehren orientiert, werden in diesem Kapitel auch Bezüge zu Lerntheorien hergestellt. Das vierte Kapitel geht auf empirische Untersuchungen zum computerunterstützten Lernen ein. Dabei werden Ergebnisse empirischer Arbeiten über computerunterstütztes Lernen vorgestellt, soweit diese einen engen Bezug zu den Forschungsfragen aufweisen. Außerdem werden in diesem Kapitel laufende, inhaltsähnliche Untersuchungen angeführt. Wie oben beschrieben, findet die Untersuchung im Rahmen des Modellversuchs „Multimedia und Telekommunikation für berufliche Schulen (MUT)" statt. Dieser Modellversuch wird im fünften Kapitel mit seinen Zielen, dem Ablauf und den Ergebnissen vorgestellt. Das sechste Kapitel geht auf das Untersuchungsfeld ein. Neben einer knappen Darstellung der Berufe der Informations- und Telekommunikationstechnik mit den entsprechenden Lehrplanrichtlinien werden das evaluierte Unterrichtsprojekt und die dabei eingesetzte Lernsoftware ausführlich dargestellt. Der forschungsmethodische Ansatz wird im siebten Kapitel erläutert. Dabei handelt es sich um grundsätzliche methodische Überlegungen, die dann später in den Kapiteln acht und neun konkret umgesetzt werden.

---

[23] Vgl. Kapitel 7: Forschungsmethodischer Ansatz

Kapitel acht beschreibt die Erhebung, Aufbereitung und Auswertung der Daten für die Untersuchung des Unterrichtsprojektes (Teiluntersuchung A). Die Lernstrecke und die Erhebung, Aufbereitung und Auswertung der Daten der Teiluntersuchung B werden im neunten Kapitel beschrieben. Im zehnten Kapitel werden die Ergebnisse beider Teiluntersuchungen dargestellt und im anschließenden, elften Kapitel beurteilt. Dabei werden auch Ergebnisse der beiden Teiluntersuchungen zusammengefasst. Kapitel zwölf zieht aus den Ergebnissen der Untersuchung Schlussfolgerungen für den untersuchten Unterricht. Einige dieser Folgerungen können auch auf weitere computerunterstützte Lehr-Lern-Arrangements übertragen werden. Eine Zusammenfassung der Arbeit erfolgt im 13. Kapitel. Die in der vorliegenden Arbeit verwendete Literatur ist im Kapitel 14 aufgeführt. Ein Verzeichnis der Abbildungen befindet sich in Kapitel 15.

1 Einleitung

2 Fragestellung und Aufbau der Arbeit

3 Theoretische Grundlagen
3.1 Lerntheorien
3.2 Medien im Unterricht
3.3 Computer im Unterricht

4 Empirische Untersuchungen zu computerunterstütztem Lernen
4.1 Schwierigkeiten bei der Untersuchung eines CUL
4.2 Ergebnisse bisheriger empirischer Untersuchungen
4.2 Laufende inhaltsähnliche Untersuchungen

5 Modellversuch „Multimedia und Telekommunikation"
5.1 Modellversuche in der beruflichen Bildung
5.2 Ausgangslage und Ziele des Modellversuchs
5.3 Ablauf und Organisation des Modellversuchs
5.4 Ergebnisse im gewerblich-technischen Bereich

6 Untersuchungsfeld
6.1 Berufe der Informations- und Telekommunikationstechnik
6.2 Lehrplanrichtlinien für die IT-Berufe
6.3 Konzeptionelle Beschreibung des Unterrichtsprojektes

7 Forschungsmethodischer Ansatz
7.1 Eingesetzte Methoden der Datenerhebung
7.2 Aufbereitung und Auswertung der Daten
7.3 Gütekriterien der Untersuchung

8 Untersuchung des Unterrichtsprojektes 8.1 Datenerhebung 8.2 Aufbereitung und Auswertung der Daten 8.3 Reflexion der eingesetzten Methoden	**9 Analyse von individuellen Lernwegen** 9.1 Beschreibung der Untersuchungsstrecke 9.2 Datenerhebung 9.3 Aufbereitung und Auswertung der Daten 9.4 Reflexion der Lernstrecke und Methoden
10 Darstellung der Ergebnisse 10.1 Untersuchung des Unterrichtsprojektes	**10 Darstellung der Ergebnisse** 10.2 Analyse von individuellen Lernwegen
11 Beurteilung der Ergebnisse 11.1 Beurteilung der Ergebnisse der Teiluntersuchung A	**11 Beurteilung der Ergebnisse** 11.2 Beurteilung der Ergebnisse der Teiluntersuchung B

11.3 Zusammenfassende Beurteilung

12 Folgerungen aus den gewonnenen Erkenntnissen
12.1 Technische und organisatorische Folgerungen
12.2 Didaktische Folgerungen
12.3 Folgerungen für den Lehrer

13 Zusammenfassung

Abbildung 2-1: Aufbau der Arbeit mit der Aufteilung in die beiden Teiluntersuchungen A (Kapitel 8, 10.1, 11.1) und B (Kapitel 9, 10.2, 11.2). Weitere Erläuterungen im Text.

3 Theoretische Grundlagen

In den 40 Jahren, seitdem Computer im Unterricht eingesetzt werden (vgl. Einleitung), haben sich unterschiedlichste Ausprägungen, bzw. Formen eines durch einen Computer unterstützten Lernens gebildet. Diese wurden vor allem durch technologische Entwicklungen beeinflusst. So machten ‚Technologiesprünge' bei den Personalcomputern (z.B. erheblich größere Rechnerleistungen und Speicherkapazitäten, veränderte Ein- und Ausgabegeräte) oder das Aufkommen des Internets (**W**orld **W**ide **W**eb) zu Beginn der 90er Jahre viele Anwendungen erst möglich. Aber auch unterschiedliche Auffassungen von Lehren bzw. Lernen wirkten sich auf die Gestaltung von Lehr-Lern-Arrangements bzw. auf die Entwicklung von Lernprogrammen[24] aus.

Im Folgenden werden nun die für die Fragestellung der Arbeit relevanten theoretischen Grundlagen vorgestellt. Kapitel 3.1 beschreibt unterschiedliche Auffassungen von Lehren und Lernen (Behaviorismus, Kognitivismus und Konstruktivismus) und stellt Bezüge zwischen diesen Grundpositionen und unterschiedlichen Formen von Lernprogrammen her.[25] Im Anschluss daran geht Kapitel 3.2 allgemein auf Medien im Unterricht ein und stellt Möglichkeiten der Klassifikation vor. Das Kapitel 3.3 bezieht sich ausschließlich auf das Medium „Computer" im Unterricht. In einem ersten Unterkapitel (Kapitel 3.3.1) werden unterschiedlichste Begrifflichkeiten für einen durch einen Computer unterstützten Unterricht angeführt und für die weiteren Ausführungen definiert. Dabei zeigt sich, dass diese Begriffe in der Literatur sehr unterschiedlich verwendet werden. Dies trifft teilweise auch für die Klassifizierung und Einteilung von Lehr- und Lernprogrammen (Kapitel 3.3.2) zu. Auch hier werden in der Literatur die Begriffe unterschiedlich und wenig trennscharf verwendet. Im Kapitel 3.3.3 werden Grundformen von Lernprogrammen beschrieben. Die Auswahl dieser Programmarten orientiert sich an der in der Untersuchung der vorliegenden Arbeit eingesetzten Software. Diese beinhaltet unterschiedliche Module, die bestimmten Programmarten zugeordnet werden können. Auf eine vollständige Aufzählung von Programmtypen (falls dies überhaupt möglich ist) verzichtet diese Arbeit.[26] Im Kapitel 3.3.4 werden Möglichkeiten und Grenzen eines computerunterstützten Lernens dargestellt. Einige dieser Aspekte werden nochmals in den Kapiteln 4.2 und 5.4[27] aufgegriffen und mit Ergebnissen aus empirischen Untersuchungen belegt.

---

[24] Die Begriffe „Software" und „Programm" werden in vorliegender Arbeit synonym verwendet.

[25] Blumstengel und andere weisen darauf hin, dass für die Gestaltung von Lernsystemen insbesondere eine objektivistische, kognitivistische und konstruktivistische Auffassung von Lehren und Lernen bedeutsam sind (vgl. Blumstengel 1998, S. 107). Im Folgenden wird für diese Grundpositionen der Begriff „Lerntheorie" verwendet.

[26] Vgl. hierzu die Aufzählung und Einteilung von Programmtypen bei Blumstengel 1998, Euler 1992, Kerres 1998, Pfyffer 2000, Schulmeister 1996 oder Tenberg 2001c

[27] Kapitel 4: Ergebnisse bisheriger empirischer Untersuchungen zu computerunterstütztem Lernen; Kapitel 5.4: Ergebnisse des Modellversuchs „Multimedia und Telekommunikation"

3.1 Lerntheorien

„Unter einer *Lerntheorie* ist der Versuch zu verstehen, Kenntnisse bzw. Auffassungen über das Lernen in einem einheitlichen System zusammenzufassen."[28] Die entsprechende Auffassung von Lehren und Lernen bestimmt somit allgemein die Gestaltung von Lehr- Lernarrangements. Sie bestimmt auch die Entwicklung, das Design und die Beurteilung von Lernprogrammen. Die Betrachtung der Lerntheorie erlaubt somit Rückschlüsse auf den Einsatz von Lernprogrammen, bzw. auf die Merkmale, Stärken und Schwächen von einzelnen Programmvarianten.[29]

3.1.1 Behaviorismus

Zu Beginn des computerunterstützten Lernens in den 60er Jahren war eine behavioristische Auffassung von Lehren und Lernen die dominierende Lerntheorie. Der Behaviorismus kann zusammen mit dem Kognitivismus dem so genannten Objektivismus zugeordnet werden. Dieser geht davon aus, dass Wissen extern und unabhängig von dem Lernenden existiert. Im Behaviorismus wird der Lernende als „Black Box" angesehen. Betrachtet wird hier nur, was äußerlich sicht- und messbar ist. Das heißt, dass nur der Zusammenhang zwischen einem Reiz und der entsprechenden Reaktion untersucht wird. Interne Prozesse beim Lernenden, wie Gefühl und Erleben werden nicht betrachtet. Das Lernen, so die Auffassung der Behavioristen, wird im Wesentlichen durch Belohnung und Bestrafung gesteuert, wobei Belohnungen effektiver als Bestrafungen für das Verstärken einer erwünschten Handlung sind.

Skinner stellt in der „Reinforcement Theory" fest, dass Menschen sich am ehesten in einer gewünschten Art und Weise verhalten, wenn sie unmittelbar im Anschluss auf das erwünschte Verhalten belohnt werden.[30] Er formulierte 1958 einige Regeln für das Konzept der „Programmierten Instruktion" die zuerst auf Lehrbücher, dann auf die ersten Lernprogramme für Computer übertragen wurden.[31] Diese Regeln finden sich nach wie vor in den meisten Übungsprogrammen[32] wieder:

- die Lernziele sollen möglichst eindeutig und objektiv formuliert werden.
- die Reihenfolge der Bearbeitung muss vom Lernenden eingehalten werden.
- die Aufgaben sollen so (einfach) gestellt werden, dass sie mit großer Wahrscheinlichkeit richtig gelöst werden.
- das Feedback auf die Schülerantwort soll unmittelbar erfolgen.

---

[28] Blumstengel S. 107, Hervorhebung im Original

[29] Im Kapitel 3.3.3 werden unterschiedliche Grundformen von Lernprogrammen (z.B. Drill & Practice, Tutorielle Unterweisung, Simulation) beschrieben. Die Zuordnung zwischen den Lerntheorien und den Grundformen von Lernprogrammen ist idealtypisch, d.h. häufig ist diese Zuordnung nicht eindeutig. Mit der Beschreibung der Lerntheorien kann jedoch der charakteristische Aufbau der unterschiedlichen Grundformen von Lernprogrammen verdeutlicht werden (vgl. hierzu Kapitel 3.3.2).

[30] Vgl. Edelmann 1996, S. 120 f.

[31] Vgl. hierzu auch Strittmatter; Niegemann 2000, S. 120-122: Geschichtliche Entwicklung der Programmierten Unterweisung - von ‚Lehrmaschinen' bis zu den Übungsprogrammen für Computer.

[32] Vgl. Kapitel 3.3.3.1: Beschreibung von Übungsprogrammen

Die Kritik an der behavioristischen Lerntheorie zielt hauptsächlich auf die sehr eingeschränkte Betrachtung von Lernen als Reiz-Reaktions-Schema. Diese Sichtweise mag für einfache Lernziele Gültigkeit haben – komplexere Problemlösungsverfahren können mit dieser Theorie nicht erklärt werden. Die Begeisterung für Lernprogramme, die nach einer behavioristischen Auffassung erstellt wurden (Übungsprogramme und viele tutorielle Unterweisungen), ebbte nach einem Boom in den 60er Jahren schnell wieder ab. Die Programme waren unflexibel und auf Dauer wenig motivierend, da die Aufgabe des Lernenden nur darin bestand, eine von dem Programmentwickler vorgegebene, kleinschrittige Struktur abzuarbeiten.

3.1.2 Kognitivismus

Im Laufe der 60er Jahre sorgte die „kognitive Wende“ für eine veränderte Auffassung von Lehren und Lernen. Im Gegensatz zum Behaviorismus, der lediglich die äußeren Bedingungen des Lernens betrachtet, spielen beim Kognitivismus die Denk- und Verstehensprozesse beim Lernenden die zentrale Rolle. Der Lernende wird als Individuum betrachtet, dessen Verhalten sich nicht ausschließlich durch Belohnung oder Bestrafung erklären oder steuern lässt. Lernen wird als eine Wechselwirkung zwischen einem externen Einfluss (Angebot) und den vorgegebenen inneren Strukturen des Lernenden betrachtet. Der Lernende schlüpft von einer passiven Rolle, die ihm der Behaviorismus zuordnet, in eine aktivere Rolle. Umgekehrt gilt dies für den Lehrenden. Lernen kann nach der kognitivistischen Auffassung auch ‚entdeckend' stattfinden. Beim entdeckenden Lernen eignet sich der Lernende die grundlegenden Zusammenhänge und Gesetzmäßigkeiten selbstständig an. Er sucht relevante Informationen und wählt diese aus, um daraus Regeln generieren zu können.[33] Im Mittelpunkt eines entdeckenden Lernens steht dabei nicht ein auswendig Lernen von Faktenwissen, sondern die Entwicklung bzw. Förderung von Problemlösefähigkeit. Damit soll der Lernende befähigt werden, neues Lernen selbstständig durchzuführen und bereits Gelerntes besser anzuwenden. Zumeist steht im schulischen Unterricht jedoch weniger die Vermittlung von Problemlösefähigkeit im Vordergrund, sondern die Vermittlung von Sachwissen. Hierfür ist entdeckendes Lernen weniger geeignet, da dieses für eine Vermittlung von Sachwissen unökonomisch ist.[34]

Der Einfluss der kognitivistischen Lernauffassung auf die Gestaltung von Lernprogrammen führte zu der Entwicklung von Programmen die unterschiedliche Lösungswege für die Schüler eröffnen. Statt detailliertem Faktenwissen wird mehr Gewicht auf ein übergeordnetes Metawissen gelegt. Schulmeister ordnet Simulationen der kognitivistischen Lerntheorie zu.[35] Diese können jedoch auch je nach Ausprägung und Einbindung in ein entsprechendes Lernarrangement einer konstruktivistischen Auffassung von Lernen zugeteilt werden (vgl. Abbildung 3-1).

---

[33] Vgl. hierzu Blumstengel 1998, S. 112

[34] Vgl. hierzu Diskussion zwischen einem entdeckenden Lernen (Brunner) und einem rezeptiven Lernen (Ausubel). In: Edelmann 1996, S. 212. f.

[35] Vgl. Schulmeister 1996, S. 63 f.

3.1.3 Konstruktivismus

Die konstruktivistische Auffassung von (Lehren und) Lernen geht davon aus, dass der Lernende sein Wissen selbst entwickelt und es in seine individuelle Wissensstruktur (konstruktiv) einfügt. Grundlage des Konstruktivismus sind Erkenntnisse aus verschiedenen wissenschaftlichen Disziplinen, wie beispielsweise der Hirnforschung, Neurobiologie und Kognitionspsychologie. Das menschliche Gehirn als ein informationsverarbeitendes System interpretiert und konstruiert Informationen aus der Außenwelt individuell. Dies soll am Beispiel des Hörens verdeutlicht werden. Von dem Ohr werden elektromagnetische Schallwellen aufgenommen und als elektrische Impulse an das Gehirn weitergeleitet. Dieses konstruiert aus dem Rohmaterial die Musik, d.h. erst im Gehirn wird aus dem Schalldruck ein Musikgenuss. „Der Konstruktivismus ist keine Theorie des Seins, formuliert keine Aussagen über die Existenz der Dinge an sich, sondern ist eine Theorie der Genese des Wissens von den Dingen, eine genetische Erkenntnistheorie. Für den Konstruktivismus ist Wissen kein Abbild der externen Realität, sondern eine Funktion des Erkenntnisprozesses.“[36]

Für das Lehren bzw. Lernen bedeutet diese Auffassung, dass das Lernen ein individueller Prozess ist, bei dem ein bereits bestehendes, vorgefertigtes Konstrukt im Kopf verändert oder erweitert wird. Lernen kann demnach nicht gezielt gesteuert (Lerninhalte nicht ‚eingetrichtert'), sondern nur durch entsprechend gestaltete Lernumgebungen ermöglicht werden.

Im Mittelpunkt einer konstruktivistischen Lernauffassung steht immer der Lernende. Seine Rolle vom ‚Belehrten' (Behaviorismus) wandelt sich die Rolle eines aktiv Lernenden, der sich mit neuen Informationen auseinander setzt und diese in bereits bestehende Wissensstrukturen integriert. Damit verbunden ist auch eine veränderte Rolle des unterrichtenden Lehrers. Er ist nicht der ‚Belehrer', sondern hat die Aufgabe, eine entsprechende Lernumgebungen zu gestalten und diese dem Lernenden zur Verfügung zu stellen. Der Lernende setzt sich dann mit dieser Lernumgebung selbstständig und selbstgesteuert auseinander. Der Lehrer steht dem Lernenden dabei unterstützend und beratend zur Verfügung.[37]

Für eine ‚moderate' Form eines konstruktivistischen Unterrichts können folgende Prozessmerkmale festgestellt werden: [38]

- Lernen ist ein aktiver Prozess, d.h. eine aktive Beteiligung des Lernenden ist für einen Wissenserwerb notwendig.
- Die Motivation des Lernenden (an dem Lerninhalt und an dem Lernweg) ist Voraussetzung für ein Lernen.

[36] Schulmeister 1996, S. 67

[37] Vgl. Reinmann-Rothmeier, Mandl 1999, S. 8 f. und Schelten 2000, S. 81 f.

[38] Reinmann-Rothmeier; Mandl 1999, S. 37. Zur Diskussion zwischen einer radikalen und einer moderaten Form eines Konstruktivismus siehe Reinmann-Rothmeier, Mandl 1999, S. 21 f. ‚Radikale' Konstruktivisten gehen davon aus, dass alles was der Mensch wahrnimmt auf Konstruktion und Interpretation basiert. Die Wirklichkeit ist demnach immer kognitiv konstruiert.

- Lernen ist selbstgesteuert, d.h. der Lernende bestimmt (weitgehend) Lernweg, Lerntempo, Steuerungs- und Kontrollprozesse. Lernen ist somit nicht von ‚außen' festlegbar und planbar.
- Da es unterschiedliche Konstrukte der Wirklichkeit gibt, gibt es folglich unterschiedliche Lernwege.
- Lernen ist ein konstruktiver Prozess, der einen individuellen Erfahrungs– und Wissenshintergrund mit einbezieht und interpretiert.
- Eine Konstruktion von Wissen ist wichtiger als eine Reproduktion.
- Fehler sind für einen konstruktivistischen Lernprozess bedeutsam, da sie zu Überlegungen anregen und zu einer besseren Konstruktion des Wissens führen.
- Lernen erfolgt in einem spezifischen Kontext und ist dadurch situativ.
- Lernen ist ein sozialer Prozess. Dieser ist interaktiv und soziokulturellen Einflüssen ausgesetzt.

Für eine Einbindung von Personalcomputern in konstruktivistisch gestaltete Lernumgebungen scheinen insbesondere die Programmarten „Hypermedia" und „Simulation" geeignet zu sein.[39] Sie können ein selbstgesteuertes Lernen ermöglichen, bei dem der Lernende die Lerninhalte, das Lerntempo und unterschiedliche Lernwege individuell bestimmen kann. Durch vielfältige Präsentationsmöglichkeiten können realitätsnahe Szenarien (situiertes Lernen) erstellt werden. Außerdem kann so auf unterschiedliche Lernvoraussetzungen bei den Lernenden eingegangen werden. Reinmann-Rothmeier und Mandl stellen hierzu folgendes fest:[40] „Für das Einlösen konstruktivistischer Prinzipien dieser Art sind die Neuen Medien geradezu prädestiniert. Ihre bereits skizzierten facettenreichen Möglichkeiten in Fragen des Präsentierens, Interagierens, Manipulierens, Simulierens und Kooperierens machen Dinge realisierbar, die auf traditionelle Weise zu zeitaufwendig, zu ineffektiv, zu gefährlich oder schlicht nicht durchführbar wären."[41]

3.2 Medien im Unterricht

Seitdem es Bildungseinrichtungen gibt, werden Medien eingesetzt.[42] Bei den alten Ägyptern waren es beschriftete Tonscherben, in den Klosterschulen des Mittelalters Schriften oder Bücher, die mühevoll abgeschrieben worden sind. Mit der Erfindung des Buchdrucks im 15. Jahrhundert standen Bücher dann einer breiteren Öffentlichkeit zur Verfügung. Das Buch wurde das zentrale Medium der Wissensvermittlung, was es auch heute, trotz der ‚neuen' Medien noch ist. Es verliert jedoch im Zeitalter der Digitalisierung seine Monopolstellung

---

[39] Vgl. Kapitel 3.3.3.3 und Kapitel 3.3.3.4: Beschreibung der Programmarten „Hypermedia" und „Simulation"

[40] Reinmann-Rothmeier; Mandl 1996, S. 69

[41] Vgl. hierzu auch: Möller 1999, S. 147 f.: Möglichkeiten von multimedial gestalteten Simulationsprogrammen für die Realisierung konstruktivistisch orientierter Lernumgebungen

[42] Die Verwendung des Begriffs „Medium" ist jedoch in der Pädagogik relativ neu. Bis Mitte des 20. Jahrhunderts wurden Begriffe wie Lehrmittel, Lernmittel, Unterrichtsmittel, Arbeitsmittel, etc. verwendet. Vgl. Topsch 2002, S. 122

und steht in Konkurrenz zu neuen Informationsträgern wie beispielsweise der CD-ROM. Zusätzlich zum Buch wurden dann vor allem im naturwissenschaftlichen Unterricht der Aufklärung verstärkt Modelle, Messgeräte etc. in den Unterricht gebracht.

Ziel eines Medieneinsatzes war und ist es, ein Lehr- Lernarrangement zu optimieren. Medien sollen Lerninhalte erklären, Zusammenhänge veranschaulichen, die Lernenden motivieren, Lernprozesse fördern etc. Durch sinnliches Anschauungsmaterial würden sich Sachverhalte besser einprägen, so eine fast 400 Jahre alte Aussage von Johann Amos Comenius.[43] In seiner großen Unterrichtslehre, der „Didactica magna“ nimmt er ein weiteres Argument vorweg, das häufig im Zusammenhang mit einem multimedialen Lernen angeführt wird: Das zu Lernende wird einsichtig und verständlich, wenn es mit möglichst vielen Sinnen aufgenommen wird.[44] Comenius überträgt die Vorstellungen aus seiner großen Unterrichtslehre und erstellt mit „Orbis sensualium pictus“, das erste illustrierte Lehrbuch für Kinder.[45] Das Ziel des Lernens bestand für Comenius auch darin, ein Lernen zu ermöglichen, bei dem „die Lehrer weniger zu lehren brauchen, die Schüler dennoch mehr lernen; in den Schulen weniger Lärm, Überdruß und unnütze Mühe herrsche, dafür mehr Freiheit, Vergnügen und wahrhafter Fortschritt.“[46]

Eine erste große pädagogische Diskussion über den Medieneinsatz entstand mit dem Aufkommen des Films, in den 20er Jahren des letzten Jahrhunderts. Weitere Auseinandersetzungen zwischen Befürwortern und Kritikern folgten bei allen ‚neuen’ Medien. So beim Schulfernsehen, beim Einsatz von Videoaufzeichnungen, bei den Sprachlabors, und natürlich auch beim Einsatz des Computers im Unterricht. Heutzutage ist der Begriff „Neue Medien“ eine Sammelbezeichnung für Informationsträger, die auf digitaler Informations- und Kommunikationstechnologie basieren. Dies trifft beispielsweise für Computer und Internet, aber auch Bildschirmtext, ISDN oder Bildplatte zu.[47]

Schließt man sich einer Definition von Medien an, wonach diese Träger und Vermittler von Informationen sind, dann können grundsätzlich personale oder apersonale bzw. technische Medien unterschieden werden. Auf den Unterricht bezogen ist das personale Medium der Lehrende, technische Medien sind beispielsweise Schulbücher, der Tafelanschrieb, das Schulfernsehen oder ein Computer mit einer Unterrichtssoftware.

---

[43] Comenius (1592 - 1670): tschechischer Theologe und Pädagoge

[44] Vgl. Kapitel 17 der Didactica Magna mit dem vierten und achten Grundsatz: z.B. unter http://www.member.uni-oldenburg.de/wilhelm.topsch/comenius/4inhalt.htm (04.04.02). Aussagen im Sinne von 10% des Gelesenen, 20% des Gehörten, 70% des Gehörten und Gesehenen basieren auf der Addition unterschiedlicher Darstellungsarten und sind wissenschaftlich nicht haltbar. Besteht beispielsweise für den Lernenden ein Widerspruch zwischen der bildlichen und der verbalen Information, reduziert sich die Behaltensleistung. Untersuchungen über das Lernen mit Bildern, Texten etc. können beispielsweise Strittmatter entnommen werden. Vgl. Strittmatter 1997, Strittmatter, Niegemann 2000 und Weidenmann 1997a

[45] Alle Medien wurden primär aus ökonomischen Interessen entwickelt. Dieses bebilderte Lehrbuch ist vermutlich das einzige Medium, welches für die Schule hergestellt wurde.

[46] Comenius: Vorwort zur Didactica Magna - "Erstes und letztes Ziel unserer Didaktik". Vgl.[44]

[47] Diskussion über den Begriff „Neue Medien“ vgl. Müller: Einführung in netzbasiertes Lernen. Siehe http://www.ku-eichstaett.de/PPF/PDMueller/cdneu/nl/netzlern/defneume.htm (04.04.02)

Eine weitere Einteilung von technischen (Unterrichts)Medien kann über (1) die Funktion der Medien, (2) die Ansprache von Sinnen oder (3) den Grad der Wirklichkeitserfahrungen vorgenommen werden.

1. Nach der Funktion der Medien können generell Lehrmittel oder Lernmittel unterschieden werden. Grob skizziert sind Lehrmittel in den Händen des Lehrers und Lernmittel in den Händen des Lernenden. Lehrmittel (z.B. Tafelanschrieb) unterstützen den Lehrer bei der Tätigkeit des Unterrichtens. Lernmittel regen den Lernenden direkt an und unterstützen Lernprozesse (z.B. computerunterstützte Simulation).[48]

   Medien dienen der Motivation und Demonstration, der Anregung von Lernprozessen, der Information, der Unterstützung des Lehrens, der Förderung von Lernen und der Lernkontrolle.[49] Sie können auch entsprechend diesen Funktionen eingeteilt werden.

2. Medien können unterschiedliche Sinne ansprechen, bzw. werden von unterschiedlichen Sinnen wahrgenommen. Demnach kann eine Unterscheidung in visuelle, auditive, olfaktorische, gustatorische, taktile oder kinästhetische Medien vorgenommen werden. Dabei sind auch Kombinationen möglich (z.B. audiovisuelle Medien).
3. Eine Unterscheidung nach dem Grad der Wirklichkeitserfahrung bedeutet, dass Medien danach eingeteilt werden, wie ‚nahe' sie der Realität kommen. Entsprechend dem Erfahrungskegel von Dale[50] kann zwischen sehr ‚nahen', direkten Erfahrungen (z.B. Simulation, Rollenspiel, Experiment) und etwas ‚weiteren' bildhaften Erfahrungen (z.B. Ausstellungen, Film- oder Videoaufzeichnungen, Tonaufnahmen) unterschieden werden. Den größten Abstand zur Realität weisen symbolische Erfahrungen wie Schrift oder Sprache auf.

   Diese Einteilung von Medien entsprechend der Wirklichkeitserfahrung lässt sich auch auf die Grundformen von Lernprogrammen übertragen. Diese lassen sich ebenfalls engen und weiten Erfahrungsbereichen zuordnen: Direkte Erfahrungen beispielsweise bei einer Simulation, bildhafte Erfahrungen bei einer Darstellung von Bauelementen in einer Bilddatenbank und symbolische Erfahrungen bei der textbasierten Beschreibung.[51]

[48] Vgl. Bonz 1999, S. 177 f.

[49] Ebd., S. 174 f. und Schelten 1994, S. 213

[50] Erfahrungskegel von Dale; z.B. in Schelten 1994, S. 218 f.

[51] Siehe Kapitel 6.3.4: Beschreibung der Unterrichtssoftware. Das Beispiel bezieht sich auf die eingesetzte Unterrichtssoftware „MultiSkop-Trainer".

3.3 Computer im Unterricht

Wie oben beschrieben, werden seit den 60er Jahren Computer im Unterricht eingesetzt. Dabei muss generell zwischen dem **Computer als Lerninhalt** und dem **Computer als Unterrichtsmedium** unterschieden werden. Computer als Lerninhalt bedeutet, dass die Computerhardware, eine Software oder beispielsweise das Internet Inhalt eines Faches oder einer Unterrichtseinheit sind. Computer als Medium bedeutet, dass der Computer Lehr- bzw. Lernprozesse unterstützen soll.[52]

3.3.1 Definitionen

In der Literatur findet sich eine Vielzahl von Begriffen für einen Unterricht, der durch einen Computer mit entsprechender Software unterstützt wird (Computer als Medium).

Die gebräuchlichsten Bezeichnungen hierfür sind:

- CUU: Computer Unterstützter Unterricht
- CUL: Computer Unterstütztes Lernen
- CAL: Computer Aided Learning
- CAI: Computer Assisted Instruction
- CAT: Computer Aided Teaching
- CBL: Computer Based Learning
- CBT: Computer Based Training/Teaching

Die Abgrenzung dieser Begriffe voneinander ist nicht eindeutig. Einige Begriffe können als Synonyme verwendet werden (z.B. CAL, CUL), andere werden in unterschiedlichen Zusammenhängen verwendet. So wird beispielsweise die Bezeichnung CBT häufig in der betrieblichen Aus- bzw. Weiterbildung eingesetzt – sie steht jedoch auch synonym für den Lernprogrammtyp der tutoriellen Unterweisung.[53] In den folgenden Ausführungen werden ausschließlich die Begriffe CUL und CUU verwendet. Computerunterstütztes Lernen ist dabei weiter gefasst als CUU. Dieser Begriff bezieht sich ausschließlich auf schulischen Unterricht.

In den letzten Jahren setzte sich in der wissenschaftlichen Diskussion zunehmend der Begriff des e-Learning (electronic-Learning) durch. Aber auch dieser Begriff wird sehr unterschiedlich verwendet. Eine enge Definition setzt e-Learning mit einem telekommunikativen Lernen gleich. Darunter wird eine Lernform bezeichnet, bei der der Informationsfluss und/oder die Kommunikation mit Hilfe telekommunikativer Techniken (z.B. Email, Internet, Videokonferenz, Chat) erfolgt. Mit Hilfe dieser Techniken kann eine räumliche und/oder zeitliche Distanz zwischen dem Lehrenden und dem Lernenden überbrückt werden.[54] Eine weiter gefasste Definition von e-Learning schließt hingegen auch andere computerunterstützte Lehr- und

---

[52] Vgl. hierzu auch Kapitel 1: Einleitung. In dem untersuchten Unterrichtsvorhaben ist der Computer (mit dem Netzwerk und der Software) sowohl Lerninhalt als auch Unterrichtsmedium.

[53] Vgl. Kapitel 3.3.3: Grundformen von Lernprogrammen

[54] Ein telekommunikatives Lernen wird in dieser Arbeit nicht weiter beschrieben.

Lernformen mit ein. In einer Definition von Urdan und Weggen werden hingegen (nahezu) alle elektronischen Medien mit einbezogen: „The term e-learning covers a wide set of applications and processes including computer-based learning, Webbased-learning, virtual classrooms, and digital collaboration. We define e-learning as the delivery of content via all electronic media, including the Internet, intranets, extranets, satellite broadcast, audio/video tape, interactive TV, and CD-ROM."[55]

Der Vollständigkeit halber soll noch der Begriff „Multimedia" bzw. „Multimediales Lernen" erläutert werden. Sicherlich ist dies der vieldeutigste und am wenigsten fassbare Begriff im Zusammenhang mit einem computerunterstützten Lernen. Die Bedeutung des Begriffs zeigte sich beispielsweise darin, dass „Multimedia" zum Wort des Jahres 1995 gewählt wurde und ein wichtiges Verkaufsargument für unterschiedlichste Produkte darstellt (Multimedia-Show, Multimedia PC, etc.). Das Wort setzte sich aus dem lateinischen Wort „multi" (viel, vielfach) und dem englischen Begriff für Medien zusammen. Wortwörtlich definiert würde Multimedia das Vorhandensein vieler Medien bedeuten. Multimediales Lernen wäre so ein Lernarrangement, in dem gleichzeitig verschiedene Medien eingesetzt werden. Dies könnte demnach ein Unterricht sein, bestehend aus einem Lehrervortrag, einem Tafelanschrieb und dem Einsatz einer Projektionsfolie. Diese Definition hilft kaum, die ‚Faszination' zu verstehen, die der Begriff „Multimedia" bzw. „Multimediales Lernen" auf Künstler, Werbefachleute und Bildungspolitiker ausübt. Deshalb schließen sich diese Ausführungen der Begriffsdefinition von Euler (und anderen) an, die obige Beschreibung um die Merkmale 2 und 3 ergänzen:[56]

Multimediales Lernen beinhaltet nach Euler drei Merkmale:[57]

1. Präsentationsaspekt: Die Informationen werden in verschiedenen Symbolformen dargeboten. Dies können Sprache, Musik, Texte, Standbilder, Graphiken, Filme, etc. sein.
2. Interaktionsaspekt: Der Lernende kann (mehr oder weniger ausgeprägt) mit dem Lernprogramm kommunizieren. Über das Programm werden Fragen gestellt, Antworten analysiert, Hilfestellungen und Informationen angeboten, Simulationen durchgeführt, Auswirkungen dargestellt usw.
3. Die technische Basis für die Präsentation der unterschiedlichen Symbolformen und die Interaktion zwischen dem Lernenden und dem Lernprogramm stellt ein Computer dar.[58]

Nach dieser Definition kann erst dann von einem multimedialen Lernen gesprochen werden, wenn alle drei Merkmale vorhanden sind.

---

[55] Urdan; Weggen zitiert nach Esser, Twardy et al. 2000, S. 3

[56] Zur Definition des Begriffs „Multimedia" siehe auch Schnotz 2001, S. 294 f. Zur ökonomischen Bedeutung von „Multimedia" siehe Issing, Klimsa 1997, S. 1 f.

[57] Vgl. Euler 1997, S. 3; zur Interaktivität siehe Haack 1997

[58] Auch bei allen oben angeführten Begriffen für einen computerunterstützten Unterricht wird der Computer als technische Basis hervorgehoben.

3.3.2 Klassifikation und Einteilung von Lehr- und Lernprogrammen[59]

Entsprechend ihrer Funktion im Unterricht wurde in Kapitel 3.2 eine Einteilung von Medien in Lehr- und Lernmedien vorgestellt. Lehrmedien unterstützen den Lehrer im Unterricht, Lernmedien unterstützen die Lernprozesse bei den Lernenden. Diese Unterscheidung wird teilweise auch auf Lehr- bzw. Lernprogramme übertragen und findet sich vor allem bei den Anbietern von Lehr- und Lernsoftware wieder.[60] Auch Tenberg unterscheidet zwischen Lehr- und Lernprogrammen und definiert diese wie folgt:[61] Ein Lernprogramm basiert auf einem didaktischen Konzept und ermöglicht ein Selbstlernen, das innerhalb und außerhalb des Unterrichts stattfinden kann. Der Begriff des Lehrprogramms ist hingegen weiter gefasst. Er bezieht alle Programme mit ein, die innerhalb eines Unterrichts als methodische Hilfen eingesetzt werden. Dies können auch Lernprogramme sein, mit denen Schüler im Unterricht arbeiten. Pfyffer hingegen unterscheidet zwischen Lernsoftware und Unterrichtssoftware.[62] Erstere sind seiner Definition nach alle Programme, die im weitesten Sinne dem Lernen dienen. Eine Unterrichtssoftware ist enger gefasst und bezeichnet eine Lernsoftware, die für den Unterricht erstellt worden ist. Bonz unterscheidet neben der Lernsoftware (z.B. Tutoriel, Drill&Practice, Simulation) noch die Arbeitssoftware und die Systemsoftware bzw. systemnahe Software:[63] Eine Arbeitssoftware ist ein spezifisches in der beruflichen Tätigkeit eingesetztes Programm. Dies können auch Anwendungsprogramme wie beispielsweise Programme zur Textverarbeitung oder Tabellenkalkulation sein. Unter einer Systemsoftware ordnet er Betriebssysteme des Computers, z.B. Microsoft Windows oder Unix, unter einer systemnahen Software beispielsweise Programmiersprachen ein.

Neben dieser ersten ‚groben' und sehr unterschiedlichen Einteilung von Programmen, die das Lehren und Lernen unterstützen sollen, kann eine Klassifizierung nach bestimmten Kriterien erfolgen. Dies kann beispielsweise die Interaktionsfreiheit der Programme oder der Bezug zu einer Lerntheorie sein.[64] Die Einteilung von Programmen nach der Interaktionsfreiheit (welche Auswahl an Möglichkeiten besitzt ein Lernender in einem Programm, bzw.

---

[59] Bei der Definition der Begriffe und der Klassifikation von Lehr- und Lernprogrammen treten häufig Unstimmigkeiten auf, da die Bezeichnungen von verschiedenen Autoren unterschiedlich verwendet werden. Ein weiterer Grund für die Unübersichtlichkeit der Begriffe liegt darin, dass viele Übergänge fließend sind, d.h. eine eindeutige Abgrenzung zwischen den Begriffen häufig nur schwer möglich ist.

[60] Diese Definition wird auch für die vorliegende Arbeit übernommen. Bei dem in der Untersuchung eingesetzten Programm handelt es sich demnach um ein Lernprogramm. Beschreibung dieser Software erfolgt in Kapitel 6.3.4.

[61] Vgl. Tenberg 2001c, S. 53 f.

[62] Vgl. Pfyffer 2000, S. 4

[63] Vgl. Bonz 1999 S. 185 f.

[64] Weitere (aber zumeist nicht schlüssigere) Möglichkeiten der Klassifikation beschreibt Schulmeister 1996, S. 63 f. (z.B. Würfelmodell von Jonassen mit den Dimensionen Interaktivität, interne und externe Adaptivität) oder Blumstengel 1998, S. 36 ff. (z.B. Unterscheidung nach der Lernerinitiative oder Würfelmodell mit Lernzielen, Lerninhalten, Lehrstrategien). Topsch schlägt eine Kategorisierung nach Aktivitätsschwerpunkten vor. Danach können Programme den Kategorien Beschäftigung (z.B. Spiele, Edutainments), Unterricht (z.B. Simulationen, Tutorials, Drill and Practice), Information (z.B. Datenbanken, Lexika) oder Gestaltung (Text- oder Bildverarbeitung) zugeordnet werden. Vgl. Topsch 2002, S. 122 f.

welche Kontrolle übt das Programm auf den Lernenden aus) wird beispielsweise von Schulmeister vorgenommen.[65] Er unterscheidet folgende Lernprogramme: Courseware, Präsentationen, Kiosk-Systeme, Guided Tours, Electronic Books, Hypertext-Systeme, Simulationen, und Interaktive Programme. Bei dieser Aufzählung nimmt der Grad der Interaktionsfreiheit zu, das heißt bei einem Drill & Practice-Programm sind die Interaktionsmöglichkeiten sehr eingeschränkt, bei einer Simulation hingegen sehr hoch. Diese Einteilung von Schulmeister wird von Blumstengel kritisiert.[66] Sie weist darauf hin, dass die verwendeten Begriffe nicht eindeutig und die angeführten Programmtypen somit nicht vergleichbar wären.

Eine Einteilung von Lernprogrammen nach der zu Grunde liegenden Auffassung von Lehren bzw. Lernen wird u.a. von Blumstengel übernommen:[67] „In jeder Lernsoftware schlägt sich ein theoretisches Lernmodell nieder. Egal ob dieser theoretische Ansatz nun von den AutorInnen auch tatsächlich expliziert worden ist oder nicht, spiegelt die Lernsoftware – angefangen vom behandelten Thema über den Aufbau bzw. die Struktur eines Softwarepaketes bis hin zur Benutzeroberfläche des Lernprogramms – ein pädagogisches und didaktisches Modell wider, das in ihr implementiert wurde.“ Da die ‚dominierenden' Lerntheorien auch chronologisch zugeordnet werden können, sind auch zeitliche Aussagen möglich. Programme, die sich an einer behavioristischen Auffassung orientieren, sind zumeist älter, als Programme, die sich an konstruktivitischen Prinzipien orientieren. Auch Bähner[68] nimmt eine chronologische Einteilung von Lernprogrammen vor und unterscheidet die Epochen „Programmierten Unterricht“, „Computer Based Training“ und „Hypermedia“. Breuer hingegen unterscheidet zwischen den traditionellen Formen computerunterstützten Lernens, dem multimedialen Lernen und dem telekommunikationsunterstützen Lernen und ordnet diese auch in der angegebenen Reihenfolge zeitlich ein.[69] Gegen diese Einteilungen in diese Formen und gegen diese angegebene Reihenfolge sprechen die unterschiedlichsten Anwendungen, die in der Praxis nebeneinander existieren und häufig nicht voneinander abzugrenzen sind. Auch Tenberg widerspricht dieser eindeutigen Zuordnung und spricht von einem Nebeneinander und Ineinander verschiedenster Ansätze und Konzepte. „Sowohl die Tendenz, alte Konzepte durch mediale Aufrüstung zu renovieren, als auch der Versuch, auf verschiedenen Wegen konstruktivistische Lerntheorien für das computerunterstützte Lernen nutzbar zu machen, bestimmen das aktuelle Geschehen.“ [70]

Euler führt folgende Grundformen von Lernprogrammen in der angegebenen Reihenfolge an:[71] Tutorielle Unterweisung, Hypermedia, Übungsprogramme (Drill & Practice) und Simulationen. Eine Einordnung dieser Grundformen nach der Interaktionsfreiheit und eine Zuordnung zu den Lerntheorien zeigt Abbildung 3-1.

---

[65] Vgl. Schulmeister 1996, S. 62

[66] Vgl. Blumstengel 1998, S. 35 f.

[67] Baumgartner zitiert nach Blumstengel 1998, S. 107

[68] Vgl. Bähner 1999, S. 7 f.

[69] Vgl. Breuer 2000, S. 61 f.

[70] Tenberg 2001c, S. 123

[71] Euler 1992, S. 17 f.; vgl. Auch Euler 1997, S. 3 f.

Programmarten	**Zu Grunde liegende Lerntheorie**	**Werkzeuge der eingesetzten Software**
Übungsprogramm	Behaviorismus	Testbuch
Tutorielle Unterweisung	Behaviorismus	--
Hypermedia	Konstruktivismus	Lexikon, Datenbuch
Simulation	Konstruktivismus[72]	Schaltungstrainer

Abbildung 3-1: Übersicht und (idealtypische) Zuordnung unterschiedlicher Programmarten entsprechend der Interaktionsfreiheit, der zu Grunde liegenden Auffassungen von Lehren und Lernen und den Modulen der in der vorliegenden Untersuchung eingesetzten Software. Die Anordnung der Programmarten entsprechend der Interaktionsfreiheit bedeutet, dass beispielsweise Übungsprogramme im Vergleich zu Simulationen wenige Möglichkeiten der Interaktion besitzen.

Die Module der in der Untersuchung eingesetzten Lernsoftware[73] können mit Ausnahme der tutoriellen Unterweisung diesen Grundformen zugeordnet werden können (vgl. ebenfalls Abbildung 3-1).

3.3.3 Grundformen von Lernprogrammen

Im Folgenden werden verschiedene Grundformen von Lernprogrammen vorgestellt. Bei der Zuordnung und Beschreibung der einzelnen Programmarten handelt es sich um eine idealtypische Betrachtung. In den meisten Lernprogrammen sind die Übergänge hingegen fließend, d.h. Programme enthalten Elemente, die verschiedenen Programmarten zugeordnet werden können. Abbildung 3-2 zeigt ein Prozessphasenmodell, das für nahezu alle Formen von Lernprogrammen Gültigkeit besitzt (Ausnahme „Hypermedia“). Demnach beinhaltet jedes Programm in unterschiedlichster Ausprägung die Phasen der Einführung und des Abschlusses, der Informationspräsentation und der Interaktion. Zentral ist die Ablaufsteuerung, welche die ‚Freiheiten' zwischen den Polen „fremdbestimmt durch das Programm“ und „selbstbestimmt durch den Lernenden“ festlegt.[74]

[72] Vgl. Baumgart zitiert nach Blumstengel 1998, S. 107 f. und Schulmeister 1996, S. 63 f.: Im Gegensatz zu Baumgart ordnet Schulmeister Simulationen dem Behaviorismus und dem Kognitivismus zu. Vgl. hierzu auch Kapitel 3.3.3.4: Beschreibung von Simulationen und Kapitel 6.3.4: Beschreibung der einzelnen Werkzeuge der Unterrichtssoftware

[73] Diese Module werden in dem eingesetzten Programm „MultiSkop-Trainer“ als Werkzeug bezeichnet, ausführliche Beschreibung der Software siehe Kapitel 6.3.4. Die tutorielle Unterweisung wird beschrieben, da mehr als die Hälfte aller auf dem Markt angebotenen Lernprogramme dieser Grundform zugeordnet werden können.

[74] Vgl. hierzu Euler 1992, S. 32 f.

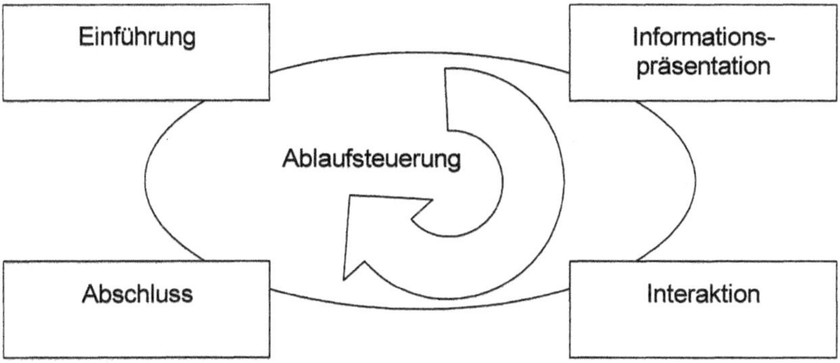

Abbildung 3-2: Prozessphasen eines computerunterstützten Lernens[75]. Erläuterungen im Text.

3.3.3.1 Übungsprogramm (Drill & Practice)

Übungsprogramme dienen vor allem dem Einüben und Festigen bereits erarbeiteter Lerninhalte. Sie haben einen starken Bezug zu der behavioristischen Lerntheorie. Die Lernschritte sind sehr klein und aufeinander abgestimmt. Das Programm bietet ein häufiges Feedback. Der Lernende wählt aus einem Aufgabenpool nach bestimmten Kriterien (z.B. Inhalt, Anforderungsstufe) ein bestimmtes Fragengebiet aus. Das Programm stellt eine Frage, analysiert die Antwort und gibt dem Lerner eine Rückmeldung über sein Leistungsniveau. Übungsprogramme sind neben den tutoriellen Unterweisungen die ‚ältesten' Programmtypen. Sie finden aber nach wie vor Anwendung (z.B. Vokabeltrainer). Allerdings werden sie häufig in einen ‚ansprechenden' multimedial aufbereiteten Kontext eingebunden. Bei einem Vokabeltrainer könnte so eine landestypische Kommunikationssituation nachgestellt werden.

3.3.3.2 Tutorielle Unterweisung

Auch die tutorielle Unterweisung (häufig auch als CBT bezeichnet) hat einen engen Bezug zu einer behavioristischen Auffassung von Lehren und Lernen. Der Aufbau des Programms ist weitgehend linear – die Abfolge durch den Programmentwickler vorgegeben. Diese Abfolge wird von dem Lernenden Schritt für Schritt ‚abgearbeitet'. Übertragen auf einen Unterricht sind Parallelen zwischen einer tutoriellen Unterweisung und einem ‚klassischen' Frontalunterricht mit fragend-entwicklendem Vorgehen feststellbar. An die Stelle des Lehrers tritt jedoch ein apersonaler Tutor, der den Lernenden durch das Programm ‚führt'.

---

[75] In Anlehnung an Euler 1992, S. 33

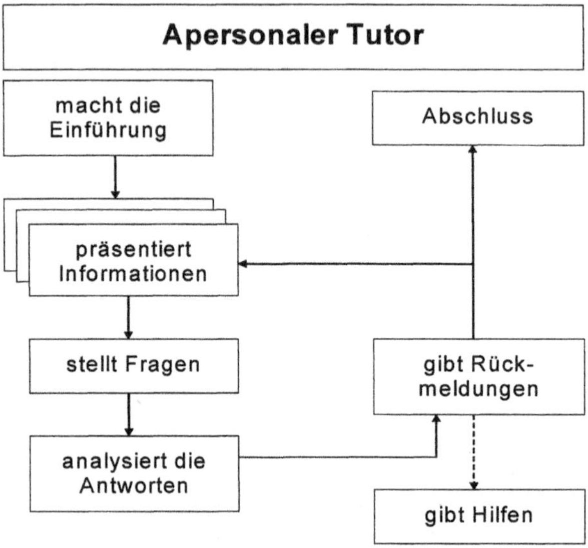

Abbildung 3-3: Mögliches Ablaufschema einer tutoriellen Unterweisung[76]

Da eventuelle Rückfragen des Lernenden im Gegensatz zu einem personalen Unterricht kaum gestellt werden können, sind tutorielle Unterweisungen besonders geeignet für die Vermittlung von Inhalten, die relativ eindeutig und klar strukturierbar sind. Durch die hohen Entwicklungskosten für ein ansprechendes und ‚gutes' Programm ist für eine kostendeckende Herstellung ein großer Anwenderkreis erforderlich.[77] Neben der Vermittlung von neuen Lerninhalten beinhaltet eine tutorielle Unterweisung zumeist auch einen Übungsteil, in dem der Lernende seinen Lernerfolg überprüfen kann.

3.3.3.3 Hypermedia

Die Euphorie, die zu Beginn der Entwicklung computerunterstützter Programme für das Lehren und Lernen herrschte, nahm bald wieder ab. Die linear aufgebauten Programme mit einem strikt vorgegebenen Ablauf von Fragen und Antworten vermochten die Lernenden nur anfänglich zu motivieren. Auch die graphische Gestaltung der Programme war sehr einfach gehalten. Durch das Aufkommen des Internets zu Beginn der 90er Jahre wurde das Interesse am computerunterstützten Lernen wieder größer.

---

[76] Vgl. hierzu auch Euler 1992, S. 18

[77] Die Kosten für die Aufbereitung von Lerninhalten für ein computerunterstütztes Lernen betragen für eine einstündige Lerneinheit mindestens 25.000 €. Aussage von Prof. Scheer (Institut für Wirtschaftsinformatik, Saarbrücken) beim Kongress „virtuelle uni – fake or future?" am 14.05.2002 an der Technischen Universität München.

Zusammen mit leistungsstärkeren Personalcomputern wurden umfangreiche und aufwändig gestaltete Hypertext- bzw. Hypermedia-Anwendungen möglich.[78]

Hypermedia ist ein Informationspool bzw. eine Datenbank für das Lösen eines konkreten Informationsproblems. Diese Problemstellung, die der Lernende selbstständig und individuell bearbeitet, muss von dem Lehrenden vorgegeben werden. Im Gegensatz zu einem Hypertext, bei dem die Informationen nur in Textform abgelegt sind, werden bei einer Hypermedia-Anwendung die Inhalte auch durch dynamische Medien (z.B. Animation, Film, Audio) präsentiert. Dadurch kann die Anschaulichkeit verbessert werden. Die Struktur der dargebotenen Informationen ist nicht linear, d.h. der Lernende kann flexibel auf die Informationen in beliebiger Reihenfolge und Tiefe zugreifen. Die Informationen sind mit weiteren Inhalten durch Stichworte bzw. Querverweise vernetzt (‚verlinkt'). Den Weg der Informationsgewinnung bestimmt der Lernende. Bei einer entsprechend gestalteten Lernumgebung ist so ein entdeckendes, problemorientiertes Lernen möglich. Im Unterschied zu einer tutoriellen Unterweisung wird nicht der gesamte Informationsgehalt von dem Lernenden in verschiedenen Schleifen mit Frage, Antwort und Rückmeldung abgerufen, sondern ‚nur' die Informationen, die der Lernende individuell für das Lösen eines konkreten Problems auswählt. Das Überprüfen des Kenntnisstandes, wie bei einem Übungsprogramm oder einer tutoriellen Unterweisung üblich, findet in einer Hypermedia-Anwendung nicht statt.

Beispiele für Hypermedia-Anwendungen sind Nachschlagewerke, Wörterbücher, Datenbücher und wie oben angeführt das Internet.

3.3.3.4 Simulation

Der Ursprung von Simulationen liegt weit vor der Verfügbarkeit von Rechnern. So wurden beispielsweise schon vor Jahrhunderten Schlachten mit Zinnsoldaten im Sandkasten modelliert. Im Folgenden soll sich jedoch die Betrachtung an rechnerbasierten Programmen orientieren. Ein sehr bekanntes Beispiel für eine computerbasierte Simulation ist der Flugsimulator von Microsoft. Grundsätzlich sind (rechnerbasierte) Simulationen interaktive Programme, die dynamische Modelle abbilden. Sie wurden und werden vor allem für Forschungszwecke entwickelt und dort eingesetzt, wo Realexperimente zu teuer oder zu gefährlich sind, Vorgänge zu schnell oder zu langsam sind, Dimensionen zu groß oder zu klein sind, ein Eingriff in das System nicht möglich ist, das System zu komplex ist, etc. Simulationen sind häufig auch als Planspiele organisiert. Dabei übernimmt der Lernende eine bestimmte Rolle in einem komplexen System, trifft Entscheidungen und erfährt die Konsequenzen seines Handelns.[79]

---

[78] Darüber hinaus wurden durch das Internet viele telekommunikative Anwendungen möglich. Vgl. Adler, Schelten 2001. Zur Konzeptionen, Lernmöglichkeiten und Lernproblemen mit Hypermedia siehe Tergan 1997

[79] Z.B. Programm „ecopolicy": In dem Programm können verschiedene Bereiche des menschlichen Lebensraums verändert (z.B. Politik, Umweltbelastung, Bevölkerungsentwicklung) und die Ergebnisse dieser Entscheidungen betrachtet werden. vgl. http://www.frederic-vester.de/ecopolic.htm (10.10.02)

Euler unterscheidet zwischen der Entscheidungs-, Verhaltens- und Anwendungssimulation.[80] Als Beispiele für diese Einteilung können die Simulation von medizinischen Operationen (Entscheidungssimulation), ein Bewerbertraining (Verhaltenssimulation) und die Bedienung einer Maschine (Anwendungssimulation) angeführt werden.[81]

Allgemein kann der Ablauf einer Simulation in folgenden Schritten dargestellt werden (vgl. Abbildung 3-5):

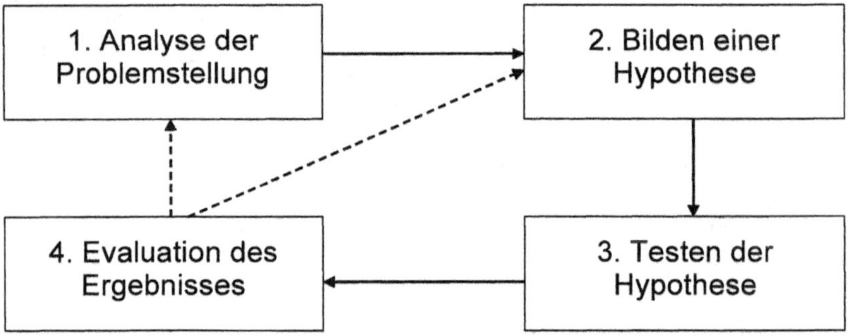

Abbildung 3-4: Grundsätzliche Ablaufschritte einer Simulation (Erläuterungen im Text)

(1) In einem ersten Schritt muss eine vorgegebene Problemstellung von dem Lernenden analysiert werden. (2) In einem zweiten Schritt überlegt sich der Lernende mögliche Realisierungen und wählt eine Handlung aus. (3) Diese Entscheidung wird getestet und (4) das Ergebnis evaluiert. Entspricht das Ergebnis nicht der gewünschten Lösung kann der Lernende eine weitere Handlungsalternative auswählen und testen. Ggf. muss die Problemstellung erneut analysiert werden. Dieser Ablauf entspricht weitgehend einem entdeckenden Lernen. Verschiedene Autoren weisen darauf hin, dass jedoch das Bilden von Hypothesen insbesondere den leistungsschwächeren Lernenden schwer fällt.[82]

Zumeist stellen Simulationen nur einen bestimmten Ausschnitt aus einem komplexen Zusammenhang dar. Der Vorteil dieser didaktischen Vereinfachung besteht darin, dass das abgebildete Modell für den Lernenden übersichtlicher ist.[83] Ein weiterer Vorteil einer Simulation gegenüber einem Realexperiment besteht unter anderem auch darin, dass der Vorgang beliebig oft wiederholt werden kann. Durch diese Reproduzierbarkeit werden komplexe Zusammenhänge leichter verständlich. Psychomotorische Fertigkeiten können beliebig oft wie-

[80] Ausführlich bei Euler 1992, S. 25 f.

[81] Bei der in der Untersuchung der vorliegenden Arbeit eingesetzten Simulation handelt es sich entsprechend dieser Einteilung um eine Anwendungssimulation.

[82] Vgl. hierzu Müller 1997, S. 21 f. und Schulmeister 1996, S. 356 f.

[83] So werden beispielsweise in der in der Untersuchung eingesetzten Unterrichtssoftware „MultiSkop-Trainer" bei den digitalen Bauelementen die Anschlüsse für die Betriebsspannung nicht dargestellt, um die Übersichtlichkeit der Schaltung zu erhöhen. Vgl. Kapitel 6.3.4: Beschreibung der eingesetzten Unterrichtssoftware

derholt und damit ‚eingeschliffen' werden.[84] Bei einer ‚falschen' Hypothese wird die Simulation im Gegensatz zu einem realen System nicht beschädigt. Diese Sanktionsfreiheit kann jedoch dazu führen, dass der Ernstcharakter darunter leidet. Dies kann das Gefahrenbewusstsein der Lernenden destabilisieren. Außerdem ist die Übertragbarkeit der Simulation auf die Realität nicht garantiert. Verständlich werden diese angeführten Aspekte am Beispiel eines Flugsimulators: So kann aus einer korrekten Ausführung der Simulation nicht davon ausgegangen werden, dass der Lernende ein reales Flugzeug steuern kann.[85] Ein Fehlverhalten in der Simulation gefährdet nicht ein Menschenleben. Flugmanöver können ohne Gefahr beliebig oft wiederholt werden.

Im Vergleich mit den anderen vorgestellten Programmtypen bietet der Programmtyp „Simulation" die umfangreichsten Möglichkeiten der Interaktion. Diese Interaktionsmöglichkeiten sind ein Grund für die hohe Motivation, die bei Lernenden im Umgang mit Simulationen beobachtet werden kann. Diese Motivation ist jedoch in der Regel geringer, als bei einem realen System.[86] Zusammenfassend kann festgestellt werden, dass Simulationen ein entdeckendes, selbstgesteuertes Lernen erlauben. Sie scheinen besonders für einen Unterricht geeignet, der sich an einer konstruktivistischen Lernauffassung orientiert.

3.3.4 Möglichkeiten und Grenzen eines computerunterstützten Lernens

Dieses Kapitel geht auf Möglichkeiten und Grenzen eines computerunterstützen Lernens ein. Dabei handelt es sich um Thesen, die im Zusammenhang von Computer und Lernen angeführt werden.[87] Sie basieren auf grundsätzlichen Überlegungen und sind nicht generell auf einen Computereinsatz im Unterricht übertragbar.

Die folgenden Ausführungen gehen auf Blumstengel und Euler zurück:[88]

CUL ermöglicht selbstgesteuertes Lernen

Selbstgesteuertes Lernen heißt, dass der Lernende bei entsprechend gestalteten Lernprogrammen die Lernziele, das Lerntempo, den Lernweg und den Schwierigkeitsgrad selbst bestimmen kann.[89] Er kann komplexe Zusammenhänge beliebig oft wiederholen.

---

[84] Die Simulation von psychomotorischen Fähigkeiten führt Schulmeister als Beispiel an, weshalb sich Simulationen auch einer behavioristischen Lernauffassung zuordnen lassen. Vgl. Abbildung 3-1 und Schulmeister 1996, S. 63 f.

[85] Eine Aussage, die nach dem 11. September 2001 zumindest Zweifel aufwirft! Der Anflug auf das World Trade Center wurde vermutlich mit einem Flugsimulator eingeübt.

[86] Ausführlich bei Dietrich 1994, S. 208 f.: Eigenschaften von Simulationen; Vgl. auch Kapitel 4.1: Darstellung von Ergebnissen bisheriger empirischer Untersuchungen

[87] Euler (1992) spricht von Thesen, andere Autoren von Merkmalen oder Annahmen. Da eine Absicherung durch entsprechende empirische Untersuchungen nicht immer gegeben ist, wird im Folgenden der Begriff „These" beibehalten. Zur ‚Problematik' empirischer Untersuchungen zu computerunterstütztem Lernen siehe Kapitel 4.1.

[88] Vgl. Blumstengel 1998, S. 56-64 und Euler 1992, S. 33-44

[89] Beim telekommunikativen Lernen ist das Lernen, vorausgesetzt Computer und Zugang zum Datentransfer sind gewährleistet, zudem unabhängig vom Lernort und von der Zeit der Bearbeitung.

Für Rückfragen stehen ihm umfangreiche Hilfestellungen zur Verfügung. Das Lernen wird somit individualisiert. Die Möglichkeit, Lerninhalte selbstgesteuert bearbeiten zu können, wird hier an erster Stelle angeführt, da dieses Argument zumeist als wichtigste ‚Eigenschaft' eines computerunterstützten Lernens bezeichnet wird.[90]

Die Grenzen des selbstgesteuerten Lernens werden durch das Programm gesetzt. So legt der Programmentwickler die Anzahl und die Ausgestaltung der Lernwege fest, die von dem Lernenden beschritten werden können. Das Programm orientiert sich zumeist an einem Lernenden mit einem durchschnittlichen Leistungsvermögen, da durch die sehr hohen Entwicklungskosten, die eine Erstellung eines Lernprogramms verursacht, ein möglichst großer Benutzerkreis angesprochen werden soll. Im Mittelpunkt der Programmgestaltung steht in der Regel nicht der Lernende mit seinen individuellen Voraussetzungen, sondern der zu vermittelnde Lerninhalt. Individualisierung findet nur im Rahmen des von dem Programmentwickler vorgegebenen Ablaufs statt. So kann das Programm nur eingeschränkt auf Fragen des Lernenden eingehen. Fragen werden von dem Programm und nicht von dem Lernenden gestellt.

CUL ist motivierend

Die Bedeutung dieser Aussage ist sehr stark von der Struktur der wirksamen Motive bei den Lernenden abhängig. Daher ist es nicht möglich, generell von einem motivierenden Effekt durch den Einsatz eines Computers zu sprechen. Es gibt Lernende, für welche die Arbeit mit einem Personalcomputer generell motivierend ist. Dies kann begründet sein durch die Arbeit am Computer an sich, durch die Möglichkeiten, die ein Personalcomputer bietet (z.B. Kopier- und Speicherfunktionen), vor allem jedoch durch die Gestaltung der eingesetzten Software. Durch entsprechend aufgebaute Lernprogramme kann eine lernförderliche Neugier erreicht oder gesteigert werden. Aus diesem Grund sind manche Lernprogramme ähnlich einem Computerspiel aufgebaut. Diese Programme werden auch als Edutainments bezeichnet.[91] Sie bieten zumeist viele Möglichkeiten der Interaktion und sind graphisch sehr aufwändig gestaltet. Ein wichtiger Aspekt für die Motivation bzw. Akzeptanz eines Lernprogramms sind die Rückmeldungen, die das Programm dem Lernenden gibt. Diese erfolgen unmittelbar, neutral und anonym. Die sofortige Rückmeldung spricht insbesondere erfolgsmotivierte Lerner an, da ein Lernfortschritt direkt und individuell nach einer gelösten Aufgabenstellung angezeigt wird. Bei einer falschen Lösung erfolgt die Rückmeldung neutral und anonym. Dadurch kann die Angst vor Misserfolgen abgebaut werden. So muss der Lernende keine Sanktionen befürchten, bzw. er kann Fehler machen, ohne dass er dafür ‚bestraft' wird. Ein weiterer Aspekt ist die Motivation durch einen Neuigkeitseffekt und durch einen Wechsel der Medien.

---

[90] Vgl. auch Ergebnisse der Teiluntersuchung A in Kapitel 10.1.2.6: Selbstständiges Arbeiten im Unterricht

[91] Z.B. das Programm "Physikus": Durch die Lösung unterschiedlichster Problemstellungen aus den Naturwissenschaften versucht der Lernende die Welt von einer Bedrohung zu retten. Vgl. http://www.physikus.de/ (10.10.02)

Neben dem Lernenden, für den die Arbeit mit dem Computer generell motivierend ist, gibt es als völligen Gegensatz einen Lernenden, der den (neuen) Medien distanziert gegenüber steht. Dies gilt insbesondere bei Computern, da diese für ihn ‚nur schwer zu durchschauen' sind. Für viele andere Lernende trifft zu, dass sie es bevorzugen, in der Gruppe zu lernen. Für diesen ‚Lerntyp' sind soziale Kontakte besonders wichtig. Die Gefahr, dass die sozialen Motive der Lernenden zu wenig berücksichtigt werden, besteht generell beim Einsatz eines Computers im Unterricht. Die oben beschriebene Motivation durch einen Neuigkeitseffekt ist in der Regel zudem nur kurzfristig wirksam.

CUL ist anschaulich

Eine Eigenschaft des Mediums Computer, die ihn beispielsweise von einem Buch unterschiedet, liegt in den unterschiedlichen Präsentationsmöglichkeiten. So können Animationen oder Trickfilmdarstellungen die Verständlichkeit von komplexen Lerninhalten erhöhen. Durch audiovisuelle Darstellungen (z.B. Film, Video) werden realitätsnahe Sequenzen möglich. Durch die Simulation kann ein entdeckendes Lernen stattfinden, bzw. gefördert werden.[92] Wie schon bei der Motivation durch eine Computerunterstützung beschrieben, ist auch die Anschaulichkeit von der individuellen Disposition des Lernenden abgängig. Unterschiedliche Lerntypen[93] werden jedoch durch die unterschiedlichen Möglichkeiten, die Lernprogramme bieten, eher angesprochen, als in einem traditionellen Unterricht. So kann bei einem entsprechenden Programm der Lerner wählen, ob er sich einen Sachverhalt mit einem Text oder mit einer Animation darstellen lässt.

Die Grenzen der Anschaulichkeit sind durch die Größe des Bildschirms und durch eine Überfrachtung mit Informationen vorgegeben. Diese Überfrachtung wird besonders bei der Informationsgewinnung mit Hilfe des Internets deutlich. Die Schwierigkeit besteht vor allem darin, aus der Informationsfülle die ‚passenden' Daten herauszufinden und sich nicht in der Vielzahl an Informationen zu verirren (‚lost in hyperspace'). Hinzu kommt, dass trotz Verbesserungen in der Bildschirmdarstellung das Lesen von Texten am Bildschirm im Vergleich mit gedruckten Texten schwieriger ist. Trotz multimedialer Aufbereitung kann ein Personalcomputer mit Software die Wirklichkeit nicht substituieren. Die Informationen aus dem Rechner sind immer nur ‚aus zweiter Hand'. Das heißt das Lernen vollzieht sich nicht am unmittelbar Erlebten, was zu einer mangelnden Realitätsnähe führen kann.[94] Dies liegt auch an den ausschließlich visuellen oder audiovisuellen Präsentationsmöglichkeiten. Andere Sinne, wie beispielsweise der haptische (z.B. Sezieren eines Gewebes), oder der olfaktorische (z.B. chemischer Versuch mit Buttersäure) können mit einem Personalcomputer (bisher) nicht angesprochen werden.

CUL bietet viele Möglichkeiten der Interaktion

Die Interaktion zwischen dem Lehrenden und dem Lernenden, bzw. zwischen einem Lernprogramm und dem Lernenden ist ein wichtiger Aspekt in der Verarbeitung von Lerninhal-

---

[92] Vgl. Kapitel 4.2: Ergebnisse bisheriger empirischer Untersuchungen

[93] Unterscheidung von unterschiedlichen Lerntypen beispielsweise bei Vester 2001, S. 40 f.

[94] Vgl. Kapitel 3.3.3.4: Simulation und Kapitel 4.2: Ergebnisse bisheriger empirischer Untersuchungen

ten. Diese Interaktion führt zu einer aktiven Auseinandersetzung mit den Lerninhalten, was sich auf die Verarbeitungstiefe bei dem Lernenden auswirkt. Beobachtungen haben gezeigt, dass die Akzeptanz eines Lernprogramms bei den Lernenden stark von den Möglichkeiten und der Qualität der Interaktion abhängt.

Diese Interaktion ist bei einem computerunterstützten Lernen jedoch massiv eingeschränkt: Beim computerunterstützten Lernen bedeutet dies, dass eine ‚Kommunikation' mit einer Maschine, mit vorgegebenen, einprogrammierten Fragen und Dialogen erfolgt. Euler beschreibt in sieben Thesen sehr ausführlich das Spezifische, bzw. die Grenzen der Mensch-Maschine-Kommunikation.[95] Demnach ist diese bei einem computerunterstützten Lernen anonym, direktiv, erfahrungsreduziert, sprachreduziert, gefühlsreduziert, statisch und ohne Verantwortung – und damit weit von einer personalen Kommunikation entfernt.

CUL hat ein gutes Kosten-Nutzen-Verhältnis

Das Verhältnis von Kosten und Nutzen, bzw. die Zeitersparnis steht insbesondere in der betrieblichen Fort- und Weiterbildung im Vordergrund der Betrachtung eines computerunterstützten Lernens. Dabei lässt sich der Einsatz der Lernprogramme (zumeist tutorielle Unterweisungen) in der Wirtschaft kaum mit dem schulischen Unterricht vergleichen. Die Lerninhalte für eine individuelle Fort- und Weiterbildung sollen von den einzelnen Mitarbeitern selbstständig bearbeitet werden. Dies kann in ‚Leerlaufzeiten' während der Arbeitszeit, oder in der Freizeit erfolgen. Der Einsatz dieser Programme erfolgt primär aus wirtschaftlicher Sicht, d.h. es sollen Kosten für Reiseaufwendungen, Schulungen mit Dozenten, etc. eingespart werden. In einem schulischen Unterricht müssen für die Betrachtung eines Aufwand-Nutzen-Verhältnisses weitere Aspekte herangezogen werden: Dies kann beispielsweise die Verfügbarkeit von Rechnern oder die Betreuung von Hard- und Software an den Schulen sein.[96]

ANMERKUNG:

Das Potenzial eines Computereinsatzes wird nicht nur durch den Rechner mit einer entsprechenden Lernsoftware bestimmt. Es ist von dem gesamten Lehr- Lern- Arrangement abhängig. Hierzu gehören neben dem Computer und der Software die Lerninhalte und Lernziele des Unterrichts, eingesetzte Methoden und Sozialformen, weitere im Unterricht eingesetzte Medien, Lernvoraussetzungen und Einstellungen bei Schülern und Lehrern, schulische Rahmenbedingungen (auch Rechnerausstattung) usw.[97] Auch der didaktische (Einsatz)ort eines Lernprogramms im Unterricht bestimmt dieses Potenzial. Dies soll an einem Beispiel verdeutlicht werden: Viele Autoren schlagen vor, ein Lernprogramm nach festgelegten Kriterien wie Interaktion, graphische Aufmachung usw. zu bewerten. Diese Bewertung soll dann einem Lehrenden die Auswahl des Programms für

[95] Vgl. Euler 1992, S. 40-44

[96] Vgl. Brönner 2001, S. 95 f.

[97] Vgl. hierzu auch Tenberg 2001b, S. 307 f. und Kapitel 4.1: Schwierigkeiten bei der Untersuchung eines computerunterstützten Lernens

einen Einsatz im Unterricht erleichtern.[98] ‚Schneidet' nun beispielsweise ein Übungsprogramm bei der Anwendung eines Kriterienkatalogs schlecht ab, da die Interaktion eingeschränkt und die graphische Aufmachung einfach ist, kann dieses Programm dennoch gewinnbringend und für die Schüler motivierend in einer Unterrichtsphase der Lernzielsicherung eingesetzt werden. Die Aussagen zu dem (getesteten) Übungsprogramm sind zudem nicht generalisierbar, d.h. auf andere Übungsprogramme übertragbar. Wird das Programm in einem Unterricht eingesetzt (und evaluiert), dann sind die Ergebnisse nur innerhalb dieser bestimmten Lernumgebung gültig.

Zusammenfassung

In diesem Kapitel wurden die für die Forschungsfragen relevanten theoretischen Grundlagen erläutert. Dabei wurde aufgezeigt, dass das Thema Computer im Unterricht durch eine sehr uneinheitliche Verwendung der Begriffe gekennzeichnet ist. Diese zeigt sich an den Bezeichnungen für einen durch einen Computer unterstützten Unterricht und an der Einteilung von Lehr- und Lernprogrammen. Die Beschreibung der einzelnen Programmvarianten weist bereits häufig auf den didaktischen Ort innerhalb einer Lerneinheit hin. Für eine Beurteilung einzelner Programme und für eine Diskussion von Möglichkeiten und Grenzen eines computerunterstützten Lernens ist es wichtig, die Programme nicht isoliert zu betrachten. Personalcomputer und Software sind immer Teil des Lernarrangements und müssen immer im Zusammenhang mit den Unterrichtszielen, den zu vermittelnden Lerninhalten, den Methoden, den Voraussetzungen der Lernenden, den Rahmenbedingungen an der Schule etc. betrachtet werden.

---

[98] Z.B. Kriterienkatalog SODIS - Software Dokumentations- und Informationssystem. (Siehe www.sodis.de und http://www.fwu.de/db-bm/home.phtml (10.01.02)). Vgl. hierzu auch Kriterien zur Bewertung von Unterrichtssoftware bei Biermann 1994 und Schenkel, Holz 1995. Über mögliche Schwierigkeiten bei der Beurteilung von Lernprogrammen mit Hilfe von Kriterienkatalogen siehe Tergan 2001, S. 319 f.

4 Empirische Untersuchungen zu computerunterstütztem Lernen

Die Bedeutung eines computerunterstützten Lernens wird von nahezu allen Bildungspolitikern hervorgehoben und wie in der Einleitung beschrieben, auch durch finanzielle Mittel gefördert. Im Gegensatz zu den enormen Ausgaben für die Ausstattung von Schulen und Bildungseinrichtungen mit Computerhard- und Software stehen aussagekräftige Untersuchungen zu dieser Thematik. Computer werden eingekauft – der Einsatz jedoch nur selten evaluiert. Aber nicht nur die Quantität insgesamt,[99] sondern auch die Qualität einzelner Studien muss in Frage gestellt werden. Die meisten Studien zum Einsatz eines Computers versuchen die Wirksamkeit eines computerunterstützen Lernens nachzuweisen. Dabei stellen sie einen herkömmlichen[100] und einen computerunterstützten Unterricht gegenüber und stellen die Frage, welcher besser sei.[101] Warum dieses vergleichende Vorgehen von Unterrichtsmedien oder Unterrichtsmethoden problematisch ist, zeigt Kapitel 4.1 auf. Im gleichen Kapitel werden weitere Schwierigkeiten bei der Untersuchung eines computerunterstützten Unterrichts erläutert. Anschließend werden im Kapitel 4.2 Ergebnisse bisheriger empirischer Untersuchungen vorgestellt. Kapitel 4.3 geht dann auf laufende, inhaltsähnliche Untersuchungen zum computerunterstützten Lernen ein. In dem 4. Kapitel nicht angeführt werden Untersuchungsergebnisse aus dem Modellversuch „Multimedia und Telekommunikation für berufliche Schulen". Dies wird zusammen mit einer ausführlichen Beschreibung des Modellversuchs im 5. Kapitel vorgenommen.

4.1 Schwierigkeiten bei der Untersuchung eines computerunterstützten Lernens

„In der Geschichte der Lehr-Lern-Forschung wurden immer wieder bei Einführung eines neuen technischen Mediums euphorische Einschätzungen hinsichtlich dessen Beitrags zur Optimierung des Lehrens und Lernens vertreten, die dann ebenso regelmäßig bald einer nüchterneren Sicht Platz machen mussten. [...] Nach einer Vielzahl von empirischen Studien, in denen die Verwendung eines bestimmten technischen Mediums jeweils mit einer bestimmten Form des instruktionalen Vorgehens konfundiert war, herrscht heute weitgehend Einigkeit darüber, dass es nicht sinnvoll ist zu fragen, ob ein bestimmtes technisches Medium für Lehr-Lern-Prozesse besser geeignet ist als ein anderes."[102]

---

[99] Vgl. Kapitel 4.2: Ergebnisse bisheriger empirischer Untersuchungen

[100] Hierunter wird im Allgemeinen ein traditioneller Frontalunterricht verstanden.

[101] In den Untersuchungen zum Einsatz von Computern in der betrieblichen Fort- und Weiterbildung steht zumeist der Kostenvergleich zwischen einem computerunterstützten Lernen und anderen Fortbildungsmaßnahmen an erster Stelle des (Forschungs-)Interesses. (Z.B.: Wie können durch den Einsatz von Lernprogrammen (in der betrieblichen Fort- und Weiterbildung sind dies zumeist tutorielle Unterweisungen bzw. CBT's) Reisekosten und Aufwendungen für Schulungen eingespart werden? Wie können eventuelle „Leerlaufzeiten" durch flexible computerunterstützte Angebote überbrückt werden? Ist ein Lernen „just in time" möglich?)

[102] Schnotz 2001, S. 294

Trotzdem betrachten die meisten Studien zum computerunterstützten Lernen die Lernwirksamkeit und vergleichen einen instruktionsorientierten, lehrerzentrierten (bezeichnet als herkömmlicher) Unterricht mit einem Unterricht, in dem Computer und Lernsoftware eingesetzt werden. Eine ‚typische' Vergleichsuntersuchung zum computerunterstützten Lernen entspricht folgendem Design: Untersucht werden Behaltensleistung bzw. Fehlerraten, oder Zeiten, welche die Lernenden für die Erarbeitung eines identischen Inhaltes benötigen. Mit Vor- und Nachtests und durch Kontrollgruppen, bestehend aus Lernenden der gleichen Population, werden die Ergebnisse aus den beiden unterschiedlichen Lernarrangements verglichen. Die Untersuchungsergebnisse werden dann zumeist verallgemeinert und dem Einsatz des Computers zugeschrieben. Die beiden Lernarrangements unterscheiden sich jedoch nicht nur durch den Einsatz eines Computers mit einer Software. In einem computerunterstützten Unterricht arbeiten die Schüler in der Regel selbstständig. In einem herkömmlichen Unterricht, z.B. einem instruktionsorientierten Frontalunterricht nehmen die Schüler hingegen eher eine passive Rolle ein. Aus den Ergebnissen solcher vergleichend vorgehenden Untersuchungen kann deshalb zumeist nicht gefolgert werden, ob die Ergebnisse auf den Einsatz eines Computers, oder auf eine offene Lernumgebung bzw. auf ein selbstständiges Vorgehen der Lernenden zurückgeführt werden können.

Durch die Gegenüberstellung von zwei exemplarischen Untersuchungen soll dieser Zusammenhang verdeutlicht werden: Garrud und Chapmann[103] untersuchten die Effektivität einer Unterrichtssoftware zur nonverbalen Kommunikation im Vergleich mit einer Vorlesung. In einem Test stellte sich heraus, dass die Gruppe, welche mit der Software lernte, bessere Ergebnisse erzielte, als die Kontrollgruppe. Dabei ist nicht klar, ob dieses Ergebnis auf den Einsatz eines Computers, auf das schüleraktives Lernen oder auf weitere Aspekte wie den Lehrenden, den Lerninhalt, die Lernvoraussetzungen der Lernenden etc. zurückzuführen ist. Wiebe und Martin[104] verglichen ein computerunterstütztes Abenteuerspiel zum Geographielernen mit einem Spiel, welches nicht auf dem Computer abläuft. In beiden Lernstrecken nehmen die Lernenden jedoch eine aktive Rolle ein. In dem anschließenden Test zeigten sich keine signifikanten Unterschiede beim Erinnern von Fakten und hinsichtlich der Einstellung gegenüber dem Lerninhalt.[105]

Daneben können sich die Lernumgebungen noch durch weitere Variablen (z.B. Motivation des unterrichtenden Lehrers, Vorerfahrungen der Schüler etc.) unterscheiden, die für die Beurteilung der Ergebnisse mit einbezogen werden müssen. Bereits im vorhergehenden Kapitel wurde erläutert, dass die Untersuchungsergebnisse nur für eine Lernumgebung, mit einem bestimmten Lernprogramm, den Schülern und dem Lehrer etc. Gültigkeit besitzen. Hinzu kommt, dass die Lernwirksamkeit bzw. der Lernerfolg generell nur schwer messbar ist. So

[103] Angeführt in Schulmeister 1996, S. 371

[104] Ebd., S. 371

[105] Vgl. hierzu auch Clark 1994 und Weidenmann 1997b: Ein Lernprozess wird vor allem durch die Methode, weniger durch die eingesetzten Medien beeinflusst. Vgl. auch Debatte zwischen Kozma und Clark in: Freudenreich, M.; Schulte, C. (2002): Von der Evaluation von Lernsoftware zur Gestaltung von Unterricht. MedienPädagogik. Online-Zeitschrift für die Theorie und Praxis der Medienbildung. (http://www.medienpaed.com/)
Aufsatz unter: http://www.medienpaed.com/02-1/freudenreich_schulte1.pdf (09.09.02)

geht es beispielsweise in der Teiluntersuchung A der hier vorliegenden Arbeit neben der Vermittlung von Fachwissen sehr stark um die Förderung von Methoden und Sozialkompetenzen. Eine Erhebung dieser Kompetenzen ist nicht, oder nur schwer möglich.[106]

Euler vergleicht die gestellten Fragen nach der Lernwirksamkeit eines computerunterstützten Unterrichts mit Untersuchungen, die zu Zeiten des programmierten Unterrichts[107] durchgeführt worden sind und stellt dabei viele Parallelen fest:[108] Auch ‚damals' gingen viele Untersuchungen vergleichend vor und konnten wegen der Problematik von Vergleichsforschungen die ‚bessere' Methode nicht eindeutig ermitteln. Auch Yildiz und Atkins kommen in einer Untersuchung über die Effektivität von Simulationen zu dem Schluss, dass „die Erziehungswissenschaftler es aufgeben sollen, die Effektivität von Multimedia-Simulationen im Vergleich zu anderen Technologien nachzuweisen, und statt dessen ihre Kräfte darauf konzentrieren sollten, die Relationen von Lernaufgaben und Lernereigenschaften zu erforschen."[109]

Schulmeister spricht sogar von einer „Nicht –Evaluierbarkeit von Multimedia".[110] Er begründet diese Aussage, indem er auf veröffentlichte Studien zu multimedialem Lernen verweist. „Das Ziel der meisten Studien besteht darin, einen Effekt der Lernmethode auf das kognitive Lernen der Studierenden nachzuweisen. Nur wenigen gelingt es, in vielen Studien zeigt sich, daß sich im kognitiven Bereich keine Unterschiede ergeben."[111] Im gleichen Absatz räumt er jedoch ein, dass Studien angeführt werden können, die einen positiven Einfluss eines Computereinsatzes für die Motivation der Lernenden, auf die affektive Einstellung zum Computerlernen oder auch zur Einstellung dem Unterrichtsfach gegenüber nachweisen.[112]

Eine weitere Problematik bei Untersuchungen über den Einsatz von Computern für Lehr- und Lernprozesse hängt mit dem rasanten technologischen Wandel im Informations- und Telekommunikationsbereich zusammen: Die Gültigkeit von Untersuchungsergebnissen ist häufig sehr kurz. Diese können bereits veraltet sein, bevor sie veröffentlicht wurden. So gingen beispielsweise viele Untersuchungen der Frage nach der Lesbarkeit von Texten auf dem Computermonitor nach. Die Ergebnisse dieser Untersuchungen wurden meist jedoch von der technologischen Entwicklung überholt, da sich die Auflösung der Bildschirme und die Qualität der Darstellung massiv verbessert haben (und sich auch weiterhin verbessern werden).

---

[106] Vgl. hierzu auch Clement, Martens 2000, S. 97-112: Empirischen Feststellung eines Lernerfolgs

[107] Die Hochphase des „programmierten Unterrichts" lag in den 60er Jahren. Dieser wurde vor allem durch Skinner/Watson und den Behaviorismus beeinflusst.

[108] Vgl. Euler 1994, S. 291-311; vgl. auch Euler 1998b

[109] Angeführt in: Schulmeister 1996, S. 372

[110] Schulmeister 1996, S. 387 f.

[111] Ebd., S. 387, Vgl. auch Kapitel 4.2: Ergebnisse bisheriger empirischer Untersuchungen

[112] Vgl. hierzu auch Frey 1989, S. 645 f.: Auch Frey zitiert in dem Kapitel „Einstellung zu Fach und Stoff" einige Studien, die besagen, dass der Einsatz eines Computers zu einer verbesserten Einstellung dem Unterrichtsfach gegenüber führe. Dies gelte insbesondere für den Einsatz von Computersimulationen. Siehe auch Kapitel 4.2: Untersuchungen über den Einsatz von Simulationen

Blumstengel[113] weist auf zwei weitere Aspekte im Zusammenhang mit empirischen Untersuchungen über computerunterstütztes Lernen hin: erstens muss generell davon ausgegangen werden, dass eher ‚erfolgreiche' Studien veröffentlicht werden. Weiterhin stellt sie bei der Analyse unterschiedlichster Evaluationsstudien über die Wirksamkeit von Multimedia fest, dass viele der Einzelstudien unter Laborbedingungen entstanden sind und sich die Ergebnisse somit nur schwer in die Praxis übertragen lassen.

Trotz dieser angeführten Schwierigkeiten bei der Untersuchung eines computerunterstützten Lernens werden im folgenden Kapitel auch empirische Untersuchungen zur Lernwirksamkeit und Ergebnisse aus Vergleichsstudien angeführt, da diese den größten Anteil am gesamten Forschungsstand ausmachen.[114] Auch die zitierten Metastudien basieren zumeist auf Untersuchungen, die vergleichend vorgegangen sind. Diese Untersuchungsergebnisse müssen im Lichte der unter den im Kapitel 4.1 angeführten Einschränkungen betrachtet werden.

4.2 Ergebnisse bisheriger empirischer Untersuchungen

Im Folgenden werden Ergebnisse abgeschlossener empirischer Untersuchungen zum computerunterstützten Lernen angeführt. Dies sind zum einen Metaanalysen, die vor allem Ergebnisse zur Lernwirksamkeit betrachten und verschiedene Einzeluntersuchungen zum computerunterstützten Lernen und zum Einsatz von Simulationen im Unterricht. Auswahlkriterium für die angeführten Studien war ein möglichst enger Bezug zu den Forschungsfragen der vorliegenden Arbeit. Die Ergebnisse dieser Studien müssen, wie oben bereits angeführt, unter Berücksichtigung der in Kapitel 4.1 erläuterten Schwierigkeiten bei der Untersuchung eines computerunterstützten Lernens gesehen werden.

In einer Metaanalyse von Kulik/Kulik von 1991 werden verschiedene Evaluationsstudien zur Wirksamkeit eines computerunterstützten Lernens aus den 70er und 80er Jahren zusammenfasst.[115] In den insgesamt 248 betrachteten Studien konnte nur in einhundert Untersuchungen ein statistisch signifikanter Nachweis für eine höhere Lerneffektivität eines computerunterstützten Unterrichts gebracht werden. Diese Ergebnisse zur Lerneffektivität beziehen sich auf die Fehlerrate und Lernzeit. So reduzierte sich die Fehlerrate bei diesen Studien zwischen zehn und 30 Prozent und die Lernzeit zwischen 20 und 70 Prozent.

Kulik kommt zu folgenden Schlussfolgerungen:[116]

- „Insgesamt ist eine Verbesserung des Lernerfolgs festzustellen, dieser ist jedoch vergleichsweise gering.
- Es ergab sich eine relativ eindeutige Reduzierung der Lernzeit (durchschnittlich 34 Prozent bei der College-Ausbildung, 24 Prozent bei der Erwachsenenbildung).

---

[113] Vgl. hierzu Blumstengel 1998, S. 64

[114] Vgl. Euler 1994, S. 291-311 und Schulmeister 1996, S. 371 f.: Beide weisen auf die Problematik von Methodenvergleichsforschungen hin – zitieren dann aber Ergebnisse aus Untersuchungen, die einen computerunterstützten mit einem herkömmlichen Unterricht vergleichen.

[115] Angeführt in Blumstengel 1998, S. 64 f.

[116] Kulik angeführt in Blumstengel 1998, S. 65; Die Aussage von Kulik stammt von 1994.

- CUL wird von den Lernenden überwiegend positiv aufgenommen.
- Insgesamt ist kaum eine Verbesserung der Einstellung zum gelernten Fachinhalt nachweisbar."

Euler[117] zitiert eine weitere Metauntersuchung von Kulik, die dieser zusammen mit Bangert und Williams durchgeführt hat. Dort werden 51 Einzeluntersuchungen aus dem Sekundarbereich zusammengefasst. Das Ergebnis dieser Metastudie weist auf die Überlegenheit eines computerunterstützten Lernens im Vergleich mit herkömmlichen Lehrmethoden hin. Diese zeigt sich in den besseren Ergebnissen aus unterschiedlichen Tests, die entweder direkt im Anschluss an die Lehrsequenz oder nach mehreren Monaten durchgeführt worden sind. Die Überlegenheit zeigt sich auch in dem Lernzeitbedarf und in der positiven Einstellung der Lernenden zu den Lerninhalten und zu dem Computer als Lernmedium.

Bei Frey[118] finden sich Aussagen zur Wirksamkeit von computergestützten Programmen in verschiedenen Schulformen. In einer Metastudie werden Untersuchungen betrachtet, die einen Standardunterricht mit einem computerunterstützten Unterricht vergleichen. Ein computerunterstützter Unterricht ist nach diesen Untersuchungen insbesondere für Schüler aus Schulen zur individuellen Lernförderung geeignet. An zweiter Stelle liegen Primarschulen. Schüler der Sekundarstufe oder Studierende an Hochschulen profitieren demnach am wenigsten von einem Computereinsatz. Frey führt dieses Ergebnis darauf zurück, dass leistungsschwächere Schüler besonders von der freien Einteilung des Lerntempos profitieren. Zudem ermöglicht eine computerunterstützte Lernumgebung eine innere Differenzierung, die bei den heterogenen Klassen in Schulen zur individuellen Lernförderung und in Primarschulen besonders wichtig ist.

Im Gegensatz zu den Ergebnissen der angeführten Metastudien, die von einer Verbesserung des Lernerfolgs durch den Einsatz eines Computers ausgehen,[119] stehen die Aussagen von Schulmeister,[120] Hasebrook und Blumstengel. Hasebrook kommt ebenfalls auf Grund von durchgeführten Metaanalysen zu dem Fazit, dass generelle Aussagen über die Lernwirksamkeit von Mulimedia nicht möglich sind. „Nachdem heutigen Erkenntnisstand ist es nicht möglich, prinzipielle Aussagen über die Lernwirkung von Multimedia zu machen. Der Vergleich und eine kritische Bewertung der existierenden Studien und Übersichtsarbeiten haben zwar gezeigt, dass Multimediasysteme über Potentiale zur Verbesserung der Lernleistung verfügen. Dennoch haben die überwiegende Mehrheit der heute im Einsatz befindlichen Multimediasysteme nur wenig oder gar keine positive Auswirkung auf die Lernleistung."[121]

---

[117] Euler 1994, S. 304

[118] Frey 1989, S. 640 f.

[119] Eine weitere Untersuchung, die einen positiven Einfluss des Computers auf die Lernleistungen und die Motivation der Schüler feststellt, ist die sehr umfangreichen Studie „The Potential of Media Across the Curriculum". Diese Studie untersucht den Einsatz des Computers in vier verschiedenen Schulfächern. Die Validität dieser Untersuchungsergebnisse scheinen jedoch nicht gesichert. Vgl. Bertelsmann Foundation 1998 und Bertelsmann Stiftung 1998; Vgl. hierzu auch Burgert 2000, S. 57 f.

[120] Vgl. Kapitel 4.1: Aussage von Schulmeister zum Einfluss der Lernmethode

[121] Hasebrook zitiert nach Schulmeister 1996, S. 383; Vgl. auch Hasebrook 1995a, S. 101

Zu einem ähnlichen Ergebnis kommt auch Blumstengel. Nach der Analyse unterschiedlichster Untersuchungen zum computerunterstützten Lernen fasst sie zusammen, dass die Annahme, durch den Einsatz multimedialer Lernarrangements würden automatisch signifikant bessere Verstehens- und Behaltensleistungen erreicht werden, durch diese Studien nicht bestätigt werden kann. „Multimedia *kann*, muß aber nicht den Lernerfolg steigern“, so ihr Resümee.[122]

Diese angeführten Metastudien über computerunterstütztes Lernen basieren zumeist auf Untersuchungen der 70er und 80er Jahre. Tenberg führte eine umfangreiche Recherche nach aktuellen empirischen Untersuchungen über multimediales und telekommunikatives berufliches Lernen durch.[123] Der Recherchezeitraum der veröffentlichten Studien umfasst Januar 1997 bis einschließlich Juli 1999. Er bezog in diese Suche pädagogische Fachzeitschriften aus dem deutschen und englischen Sprachraum, Ergebnisse aus Modellversuchen, Homepages der einschlägigen Lehrstühle unterschiedlichster Universitäten und das Fachinformationssystem Bildung (FIS Bildung) ein (vgl. Abbildung 4-1).

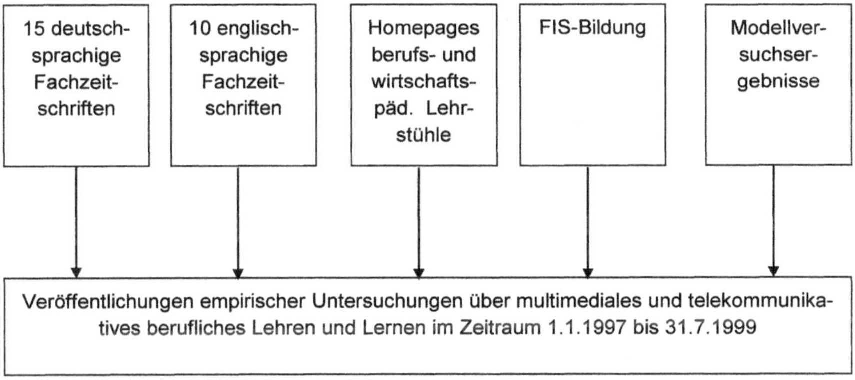

Abbildung 4-1: Gesamtrecherche empirischer Ergebnisse über multimediales und telekommunikatives berufliches Lernen (vgl. Tenberg 2001c, S. 204)

Trotz dieser umfassenden Recherche konnte er nur wenige auswertbare Untersuchungen finden. So wurde in der deutschsprachigen Literatur, die auf den Bereich der beruflichen Bildung eingegrenzt war, keine Zeitschriftenveröffentlichung zur Thematik gefunden. Bei den zehn untersuchten englischsprachigen Fachzeitschriften fanden sich insgesamt 45 Veröffentlichungen im Zusammenhang mit einem computerunterstützten Lernen im beruflichen Lernbereich. Von diesen 45 entsprechen jedoch nur sieben den von Tenberg festgelegten Kriterien.[124] So wurden beispielsweise Untersuchungen, die vergleichend vorgehen, oder auf einem quantitativen Ansatz beruhen, nicht weiter betrachtet. Bei den anderen Veröffentli-

[122] Blumstengel 1998, S. 66, Hervorhebung im Original

[123] Vgl. Tenberg 2001c, S. 201 f.

[124] Siehe hierzu Tenberg 2001c, S. 201 f.

chungen war beispielsweise der Personalcomputer Forschungsinstrument und nicht Medium, oder der Unterricht nicht Gegenstand der Untersuchung. Ähnlich verhält es sich mit den anderen vorgenommenen Recherchen. So führte die Recherche in der Datenbank FIS-Bildung[125] über Untersuchungen zu den Begriffen „Multimedia“ und „Telekommunikation“ zu 102 Treffern. Werden diese jedoch näher betrachtet, dann entspricht nur eine Studie den vorgegebenen Standards und der einschlägigen Thematik.

In einer übergreifenden Betrachtung der ‚verbliebenen' Forschungsansätze, die konstruktivistische bzw. problemorientierte multimedial unterstützte Lernumgebungen untersuchen, gelangt Tenberg zu folgenden Hauptaussagen:[126]

- Nur Lernende mit Vorerfahrungen sind in der Lage, sich in diesen Lernumgebungen zurecht zu finden. Sie besitzen bereits Qualifikationen, die ihnen der Unterricht vermitteln will.
- Lernende ohne Vorerfahrungen müssen zuerst an diese Lernumgebungen herangeführt werden. Dabei müssen sowohl das entsprechende Unterrichtskonzept, als auch die eingesetzten Programme ausführlich erläutert werden. Die Lernumgebungen müssen so gestaltet sein, dass ein Interesse aus der Bearbeitung der entsprechenden Arbeitsaufträge entsteht. Besonders wichtig ist dabei eine individuelle, umfassende Betreuung der Lernenden durch den Lehrer, die Mitschüler oder vielleicht einem in der Zukunft vorhandenen hochflexiblen Rechnersystem.

Eine erneute Recherche über die Literaturdatenbank FIS-Bildung in den Veröffentlichungen von 1997 bis 2001 bestätigte das von Tenberg angeführte Ergebnis. Es finden sich nach wie vor nur wenige Untersuchungen, die empirische Ergebnisse zum computerunterstützen Lernen im beruflichen Lernbereich veröffentlichen. Die Schlagwortsuche mit den Begriffen „Computer“ und „Unterricht“ führte zu 179 Treffern (in der Freitextsuche zu 888 Ergebnissen). Die Eingabe der Begriffe „Computer*“ und „Lernen“ führt zu 299 Veröffentlichungen, von „Multimedia*“ und „Lernen“ zu 132 Angaben. Diese Anzahl reduziert sich gewaltig, wenn die Suche nach Ergebnissen empirischer Untersuchungen im beruflichen Lernbereich erweitert wird. Die Überprüfung der verbliebenen Veröffentlichungen zeigt, dass diese keine weiteren für die Fragestellung der vorliegenden Arbeit verwertbaren, empirisch erhobenen Ergebnisse enthalten.

Weitere Untersuchungen zu computerunterstütztem Lernen

Die im Folgenden ausgewählten Untersuchungen sind Einzeluntersuchungen. Die Ergebnisse dieser Studien werden bei der Beurteilung der Ergebnisse der vorliegenden Arbeit nochmals aufgegriffen. Die angeführten Untersuchungen, die sich mit dem Einsatz von Simulationen im Unterricht befassen, haben ihren Bezug in der Lernstrecke der Teiluntersuchung B. Dort sollen die Schüler eine Schaltung mit einer Simulation erstellen und austesten.

---

[125] FIS-Bildung: Fachinformationssystem-Bildung

[126] Vgl. Tenberg 2001c, S. 246 f.

Strittmatter und Niegemann führen eine Untersuchung an, welche unter anderem die Wirksamkeit von Grafikanimationen untersucht.[127] Mehrere Gruppen sollten unterschiedliche Lernstrecken zu physikalischen Inhalten bearbeiten. Diese Lernstrecken unterschieden sich in der graphischen Darbietung, in der Form der Übungen und in den Lernzielen. Bei der Untersuchung der graphischen Darstellung wurden eine statische Graphik, eine bewegte Graphik (Animation) und eine Lernstrecke ohne Graphik eingesetzt. In einem Nachtest wurden die Ergebnisse und die Reaktionszeiten bei der Beantwortung von Lernzielkontrollfragen gemessen. Dabei zeigte sich, dass die Lernergebnisse unabhängig von der graphischen Darbietung sind. Die Reaktionszeiten hingegen unterschieden sich. Die schnellste Reaktion erfolgte bei der bewegten Graphik. Diese erleichtere die Erinnerung, so die Aussagen der Autoren. Die beiden anderen Lernstrecken unterschieden sich hingegen nicht. Dies könne darauf zurückgeführt werden, dass der Text die Bildung mentaler Vorstellungen fördere und deshalb kein Unterschied zur Lernstrecke mit der statischen Graphik bestehe.

Gleichzeitig zu dem im fünften Kapitel ausführlich beschriebenen Modellversuch „Multimedia und Telekommunikation an beruflichen Schulen (MUT)“ wurde ein Modellversuch mit dem Titel „Einsatz computerunterstützter Lernprogramme (CBT) in beruflichen Schulen“ durchgeführt.[128] Das Ziel dieses Modellversuchs war es, den Einsatz von Lernprogrammen (CBT's) zu überprüfen und daraus Aussagen über Chancen und Grenzen im Unterricht an beruflichen Schulen abzuleiten. Der Modellversuch ist seit Ende Januar 1998 abgeschlossen und führte zu folgenden Ergebnissen: Der Einsatz eines Computers im Unterricht ist für die meisten Schüler motivierend. Über 70% der über 900 befragten Schüler finden das Lernen mit Computerprogrammen gut. Bei der Akzeptanz spielen die Vorerfahrungen der Schüler mit diesen Medien eine nicht unerhebliche Rolle. Bei den Vorteilen eines computerunterstützen Unterrichts wurden besonders häufig die Möglichkeit des selbstgesteuerten Lernens und die Darstellungsmöglichkeiten der Programme genannt. Weiterhin wurden in dem Modellversuch 50 verschiedene Lernprogramme für den Einsatz im Unterricht getestet. Dabei zeigte sich, dass die gebräuchlichen Kriterienkataloge für die Beurteilung eines Lernprogramms häufig nicht geeignet sind, da diese nicht auf den konkreten Einsatz, bzw. den didaktischen Ort im Unterricht eingehen können.[129] Insgesamt, so ein Fazit des Modellversuchs, sind die befragten Schüler gegenüber einem computerunterstützten Lernen aufgeschlossen.

Von Hannafin sind neben einigen Grundlagenarbeiten zum Thema Computer im Unterricht[130] auch empirische Untersuchungen zum computerunterstützten Lernen durchgeführt worden. In der Studie „Patterns of understanding with open-ended learning environments: A

---

[127] Rieber und Boyse 1990 zitiert nach Strittmatter, Niegemann 2000, S. 143 f.

[128] Vgl. Hundsinger: Einsatz computerunterstützter Lernprogramme (CBT) in beruflichen Schulen. Siehe: http://www.leu.bw.schule.de/beruf/modvers/mv2/cbt-summary.htm (12.10.02). Laufende inhaltsähnliche Modellversuche werden im Kapitel 4.3 vorgestellt.

[129] Vgl. hierzu Kapitel 3.3.4: Hinweise zur Bewertung von Lernprogrammen mit Kriterienkatalogen

[130] Vgl. Burgert 2000, S. 15 f. Ebenfalls bei Burgert findet sich ein Interview, welches er mit Hannafin führte. Dabei geht es um die Einschätzungen Hannafins, welche Entwicklung ein computerunterstützter Unterricht nehmen wird. Seiner Aussage nach haben computerunterstützte Lernsysteme ein sehr großes Potential für den Unterricht. Der Einsatz dieser Medien in den Schulen wird zu einer Selbstverständlichkeit werden, so die Aussage von Hannafin. Burgert 2000, S. 64 f.

qualitative Study“[131] untersucht Hannafin, wie sich elf bis 13-jährige Schüler mit Hilfe eines Computerprogramms physikalisches Wissen aneignen. Mit Hilfe der verschiedenen Informationsquellen des eingesetzten Programms sollen die Schüler physikalische Zusammenhänge am Beispiel einer Achterbahn erkennen. Das wichtigste Ergebnis der Studie ist, dass die Lernenden kaum von ihrer vorgefassten Theorien abweichen. „Learner theories are resistant to change. Learners created initial theories, but the theories did not appear to evolve significantly."[132] Dieses Verhalten wird auch durch andere Untersuchungen bestätigt.[133] Wenn ein System, z.B. eine Unterrichtssoftware Ergebnisse liefert, die der eigenen Theorie widersprechen, dann werden diese häufig eher als Ausnahmen gesehen, als dass sie zu einer Überprüfung der eigenen Theorie führen. Damit diese Lernenden von ihrer intuitiven Theorie absehen, müssen sie mehrmals mit Widersprüchen konfrontiert werden.

Sehr unterschiedlich sind die Ergebnisse, ob computerunterstütztes Lernen eher für leistungsstärkere oder schwächere Schüler geeignet ist. So werden in einem Aufsatz von Euler[134] zwei Untersuchungen angeführt, die zu gegensätzlichen Aussagen kommen. Während die eine Untersuchung zu dem Ergebnis gelangt, dass lernstärkere Schüler besonders vom computerunterstützten Lernen profitieren, weist eine andere Studie darauf hin, dass computerunterstütztes Lernen besonders für leistungsschwächere Schüler, bzw. für ein eher niederes Anforderungsniveau geeignet sei. Die Auswahl und Gegenüberstellung dieser beiden Untersuchungsergebnisse soll nochmals verdeutlichen, dass generelle Aussagen über computerunterstütztes Lernen schwierig sind, wenn nicht das gesamte Lernarrangement mit dem Vorwissen der Schüler, den zu vermittelnden Lerninhalten etc. mit einbezogen wird.

Frey führt drei Untersuchungen an (von Becker 1984, Hansen 1988 und Lipinski 1986), die sich mit sozialen Auswirkungen eines computerunterstützten Lernens befassen.[135] Die Untersuchungen stellen fest, dass bei der Teamarbeit am Computer häufig ein Schüler eine Führungsrolle einnimmt. Diese äußert sich darin, dass er die Eingabegeräte (Tastatur, Maus) beansprucht und Tempo und Lernweg bestimmt. Häufig kann bei Schülergruppen, in denen ein Schüler dominiert ein aggressives Verhalten beobachtet werden.

Auch bei der Recherche nach Untersuchungen zum Einsatz von Simulationen bestätigte sich, dass es insgesamt nur wenige aussagekräftige Studien über diese Thematik gibt.[136] Die meisten Studien sind Vergleichsstudien und betrachten die Lernwirksamkeit. Dabei vergleichen sie den Einsatz von Simulationen im Unterricht zumeist mit anderen Lernarrangements, in denen die Schüler die Zusammenhänge nicht selbstständig erarbeiten, sondern von dem Lehrer instruiert werden. Deshalb wird bei einigen der Studien, die einem Unterricht, in dem eine Simulation eingesetzt wird, einen Lernvorteil bescheinigen, nicht deutlich, ob dieser Lernerfolg auf das Medium selbst, oder allgemein auf schüleraktivierende Methoden zurückzuführen ist. Schulmeister führt zwei Untersuchungen über den Zusammenhang von

[131] Hannafin, Land 1997

[132] Hannafin zitiert nach Burgert 2000, S. 55

[133] Vgl. Ackermann und Champagne, Gunstone und Klopfer zitiert nach Burgert 2000, S. 56

[134] Euler 1994, S. 304

[135] Zitiert nach Frey 1989, S. 649

[136] Vgl. Schulmeister 1996, S. 361

Simulation und problemlösendem Lernen an.[137] Beide angeführten Studien geben keine ausreichende Antwort auf die Frage, ob eine Simulation das Problemlösen fördert.

Einige Untersuchungen zum Einsatz von Simulationen wurden von Mandl zusammen mit Gräsel, Gruber, Renkl und anderen durchgeführt. Die Ergebnisse dieser Studien sprechen für den Einsatz von Simulationen in einem Lernarrangement. Ein Beispiel stellt das Programm „Thyroidea" dar, das im Studium der Medizin eingesetzt wird.[138] Dabei handelt es sich um eine Software, die ein fallbasiertes Lernen über Schilddrüsenerkrankungen anhand eines authentischen Problems aus der klinischen Praxis ermöglicht. Die Lernenden nehmen dabei die Rolle eines Arztes ein. Das Programm wurde nach konstruktivistischen Prinzipien erstellt und soll eine Brücke zwischen den theoretischen Lehrveranstaltungen und der praktischen Ausbildung schlagen. In mehreren Untersuchungen wurde das Lernen mit diesem Programm evaluiert. Die Ergebnisse zeigen, dass das Programm von den Studierenden im hohen Maße akzeptiert wird und dass die Lernmotivation sehr groß ist. In den durchgeführten Vor- und Nachtests zeigte sich, dass das Lernarrangement geeignet ist, Anwendungswissen und ein komplexes Zusammenhangswissen zu vermitteln. Der Wissenszuwachs fiel bei Probanden mit geringem Vorwissen am deutlichsten aus.

Auch der Modellversuch „Hypermediagestützte Simulationssysteme für berufliche Schulen", der in dem Bundesland Bremen durchgeführt worden ist, zieht insgesamt ein positives Fazit über den Einsatz von Simulationen im Unterricht. Die positiven Effekte liegen dabei zum einen in einem Neuigkeitseffekt, weil das Medium auf die Schüler motivierend wirkt. Zum anderen an den Einsatzmöglichkeiten des Mediums, die eine flexible und schülerzentrierte Gestaltung des Unterrichts ermöglichen.[139] Die befragten Lehrer konnten in den Unterrichtskonzepten durch den Einsatz von Simulationen eine Steigerung der Schüleraktivitäten und der Schülerselbsttätigkeit beobachten. Ob dies jedoch ausschließlich in Zusammenhang mit dem eingesetzten Programm oder generell mit der Gestaltung der Lernumgebung zusammenhängt, wurde in der Studie nicht nachgewiesen.

Leutner führte eine Untersuchung über den Einsatz von Planspielen durch.[140] Ein Ergebnis dieser Studie ist, dass leistungsschwächere Schüler, bzw. Schüler mit geringeren Vorkenntnissen stärker angeleitet werden müssen, als Schüler mit guten Vorkenntnissen. Diese sollten mehr Freiräume bei der Bearbeitung einer Lernstrecke erhalten.

Zusammenfassung

Auf Grund der durchgeführten Recherchen kann festgestellt werden, dass eine erhebliche Diskrepanz zwischen der aktuellen Bedeutung eines computerunterstützten Lernens und verwertbaren Ergebnissen aus empirischen Untersuchungen zu dieser Thematik besteht. ‚Viele der wenigen' Untersuchungsergebnisse müssen mit entsprechender Vorsicht betrachtet werden. Die meisten Studien versuchen eine Lernwirksamkeit der neuen Medien nach-

137 Clark (1992) und Mayer (1992) in Schulmeister 1996, S. 362

138 Vgl. Mandl, Gruber, Renkl 1997, S. 167 f.

139 Vgl. Müller 1997, S. 249 f.

140 Vgl. Leutner 1989, vgl. hierzu auch Kapitel 9.1.2: Entwicklung der Untersuchungsstrecke für die Teiluntersuchung B

zuweisen und vergleichen zumeist einen Unterricht, in dem ein Computer eingesetzt wird, mit einem traditionell instruktionsorientierten Lernarrangement. Wie in Kapitel 4.1 dargestellt, ist dieser Vergleich unterschiedlicher Lernarrangements bzw. generell der Nachweis der Lernwirksamkeit schwierig, da viele Variablen unberücksichtigt bleiben. So können Ergebnisse aus einem computerunterstützten Unterricht, in dem die Schüler zumeist eine aktive Rolle einnehmen, nicht mit Unterrichtsergebnissen aus einem traditionellen instruktionsorientierten Unterricht verglichen werden, in dem die Schüler eine vorwiegend passive Rolle einnehmen. (Dabei wird jedoch deutlich, dass der Einsatz eines Computers zumeist zu einem schüleraktiven Lernarrangement führt, bzw. erfolgt. Die Einsatzmöglichkeiten eines Computers in einem instruktionsorientierten Unterricht sind ungewöhnlich und eingeschränkt). Werden diese Schwierigkeiten bei der Untersuchung eines computerunterstützen Lernens ignoriert, bzw. wird eine Methodenvergleichsforschung akzeptiert, dann weisen viele Studien für einen computerunterstützten Unterricht im Vergleich mit einem herkömmlichen Unterricht Vorteile bei dem Lernerfolg, bei der Lernzeit und der Einstellung zum Lerninhalt nach. Diese Untersuchungsergebnisse sind jedoch zumeist weniger eindeutig, als von vielen erwartet (und erhofft). Die häufig gestellte generelle Frage, ob ein computerunterstütztes Lernen ‚besser' als ein herkömmliches Lernen sei, kann nicht eindeutig geklärt werden (und dürfte so auch nicht gestellt werden). Die Ergebnisse der angeführten Einzelstudien zeigen Anhaltspunkte für die Beurteilung eines Computereinsatzes im Unterricht auf. Diese Ergebnisse werden bei der Beurteilung der Ergebnisse der vorliegenden Arbeit nochmals aufgegriffen.

Zusammenfassend kann festgehalten werden, dass der Einsatz eines Computers mit entsprechender Software viele Möglichkeiten für die Gestaltung eines Lehr-Lern-Arrangements bietet. Der Computereinsatz kann dieses verbessern - ist jedoch kein Garant dafür.

4.3 Laufende inhaltsähnliche Untersuchungen

Von der Bund-Länder-Kommission (BLK) für Bildungsplanung und Forschungsförderung werden verschiedene Programme gefördert, die wiederum aus unterschiedlichen Modellversuchen bestehen. Das Thema „Computer im Unterricht" findet sich in einigen Modellversuchen wieder, die den Programmen „Systematische Einbeziehung von Medien, Informations- und Kommunikationstechnologien in Lehr- und Lernprozesse (SEMIK)" und „Neue Lernkonzepte in der dualen Berufsausbildung" (NELE) zugeordnet sind. Im Folgenden werden die Ziele dieser Programme, bzw. einzelner Modellversuche beschrieben. Der Status der oben beschriebenen Modellversuche ist, mit Ausnahme des Modellversuchs „Förderung des Verstehens multimedialer interaktiver Texte in der Berufsausbildung (TEBA)", laufend. Dies bedeutet, dass bisher nur die Beschreibung der Untersuchung und vereinzelt erste Zwischenergebnisse vorliegen.[141]

[141] Die Beschreibungen gehen auf die Informationen aus dem Internet zurück, da diese auf dem aktuellsten Stand sind. Auch für Ergebnisse aus den Modellversuchen siehe die entsprechenden URL's der einzelnen Modellversuche. Weitere und aktualisierte Ergebnisse auch unter http://www.blk-bonn.de/modellversuche/mv-modellvorhaben_system_einbeziehung.htm (18.10.2002)

An dem Programm „SEMIK“ nehmen alle Bundesländer teil. In 25 verschiedenen Projekten soll die Integration der Neuen Medien in den Unterricht gefördert und untersucht werden. Die Schwerpunkte des Programms liegen auf der Aus- und Fortbildung von Lehrkräften, der Schulentwicklung, Entwicklung von Unterrichtskonzepten, Curriculumentwicklung und Bereitstellung technischer Tools. Das Programm endet im September 2003.[142] Folgende Modellversuche haben einen engeren Bezug zu der eigenen Untersuchung:

Das Programm „Weiterentwicklung des Lernens insbesondere in der Sekundarstufe II durch systematische Einbeziehung von Medien, Informations- und Kommunikationstechnologien“ ist ein Verbundprojekt in unterschiedlichen Bundesländern.[143] Die Untersuchung in Baden-Württemberg hat den Schwerpunkt auf der Fortbildung von Lehrern mit Hilfe virtueller Lernumgebungen. Sachsen und Sachsen-Anhalt befassen sich hauptsächlich mit der Entwicklung und Erprobung von computerunterstützten Unterrichtskonzeptionen.[144]

Der Modellversuch „Entwicklung, Erstellung und Erprobung von digitalen Lehr- und Lernmaterialien“[145] findet in der Sekundarstufe II statt. Ausgewählte Schwerpunkte liegen in der Entwicklung und Anwendung von neuen Lehr- und Lernformen und in der Integration von Medien, Informations- und Kommunikationstechnologien in die traditionellen Schulfächer. Weiterhin sollen eigene digitale Lehr- und Lernmaterialien erstellt und diese im Unterricht erprobt und evaluiert werden.

In Mecklenburg-Vorpommern befasst sich der Modellversuch „Computergestützte Lehr- und Lernstrukturen in der beruflichen Schule“ mit der Frage, wie virtuelle Lernphasen in einen herkömmlichen Unterricht integriert werden können und ob dadurch Kompetenzen gefördert werden, die für ein selbstgesteuertes und entdeckendes Lernen Voraussetzung sind.[146] Untersucht werden soll auch, welche Voraussetzungen bei den Lehrenden und Lernenden vorhanden sein müssen, damit im Unterricht Selbstverantwortung eingeübt werden kann, mit dem Ziel die Schüler auf einen selbstständigen Wissenserwerb auch außerhalb der Schule vorzubereiten.

In Bremen findet im Rahmen des Programms „Weiterentwicklung des Lernens insbesondere in der Sekundarstufe II durch systematische Einbeziehung von Medien, Informations- und Kommunikationstechnologien“ der Modellversuch „Multimedia-Schule - Öffnung des Un-

---

[142] Siehe http://www.fwu.de/semik/ (18.10.2002) ausführliche Beschreibung des Programms mit einer Darstellung der 25 Projekte, weitere Informationen zu dem Programm und weiteren geförderten Programmen auf der Homepage der Bund-Länder-Komission (BLK) unter http://www.blk-bonn.de/modellversuche/mv-modellvorhaben_system_einbeziehung.htm (18.10.2002)

[143] Siehe http://www.fwu.de/semik/2_projekte/2_7_kurzbeschreibung/unterpunkte/bw2.htm (18.10.2002) Beschreibung des Modellversuchs und http://www.sn.schule.de/semik-20plus/sachsen/projekt.htm (18.10.2002) (Durchführung des Modellversuchs in Sachsen)

[144] In Sachsen wird dieser Modellversuch auch als 20plus bezeichnet. Weitere Informationen siehe http://www.sn.schule.de/semik-20plus/sachsen/ (18.10.2002); Informationen zur Umsetzung in Sachsen-Anhalt unter http://www.medienbausteine.bildung-lsa.de/ (18.10.2002)

[145] Siehe http://www.fwu.de/semik/2_projekte/2_7_kurzbeschreibung/unterpunkte/b2.htm (18.10.2002)

[146] Beschreibung des Modellversuchs „CLIBS“ unter http://www.clibs.de/ (18.10.2002)

terrichts für selbstorganisiertes Lernen mit Medien, Informations- und Kommunikationstechnologien“ statt.[147] Ein Ziel dieses Modellversuchs ist es, die Veränderungen durch die neuen Medien für Lehrer und Schüler aufzuzeigen. Dabei geht es auch um die Frage, ob die Schüler dadurch neben einem selbstständigen Arbeiten auch verstärkt voneinander und miteinander lernen. Es wird erwartet, dass sich dadurch das Verhältnis zwischen Lehrern und Schülern verbessert. Von diesem Modellversuch liegen erste Ergebnisse vor. Diese zeigen, dass das selbstgesteuerte Lernen von den Schülern sehr positiv beurteilt wird. Die Mehrheit der befragten Lehrer nennt die Fähigkeit zur Zusammenarbeit und Teamarbeit als wichtigste soziale Kompetenz für Schüler im Umgang mit den neuen Medien.

Innerhalb des Programms „Neue Lernkonzepte in der dualen Berufsausbildung“ haben zwei Modellversuche einen engeren Bezug zu der Untersuchung dieser Arbeit.[148] Neben Fragen zur Curriculumsentwicklung und der Erprobung neuer Organisationsprinzipien soll in diesem Programm auch der gezielte Einsatz computergestützter Medien untersucht werden.

Das Ziel des Modellversuchs „Komplexe Lehr- und Lernsituationen zur Umsetzung betrieblicher Handlungssituationen mit Hilfe multimedialer Lerntechnologien im Berufsfeld Wirtschaft und Verwaltung“,[149] der im Bundesland Rheinland-Pfalz durchgeführt wird, geht bereits weitgehend aus dem Titel hervor. Computerunterstützte Lehr-Lernsituationen sollen die Schüler motivieren, sich mit den komplexen Fragestellungen bzw. Zusammenhängen im wirtschaftlichen Bereich auseinanderzusetzen.

In Sachsen wird im Rahmen des Modellversuchs „Einführung der Fachrichtung Informations- und Kommunikationstechnologie am beruflichen Gymnasium“ ein komplexes Unterrichtsvorhaben untersucht, das Parallelen zu dem in dieser Arbeit evaluierten Unterrichtsprojekt aufweist.[150] Die Lernenden, Schüler eines beruflichen Gymnasiums, sollen in einer fiktiven Modellfirma grundlegende Kenntnisse zu Informationssystemen erlangen und betriebliche Geschäftsprozesse kennen lernen. Die Schüler wechseln zwischen den einzelnen Abteilungen der Übungsfirma. Die Zusammenarbeit der einzelnen Arbeitsgruppen erfolgt über ein Computernetzwerk. Das Unterrichtsvorhaben erfolgt im Informatikunterricht, in Abstimmung mit dem Unterrichtsfach Wirtschaftslehre/Recht. In einem weiteren Schritt soll das Unterrichtsvorhaben auf weitere Schulen ausgedehnt werden. Damit soll die direkte Kommunikation in dem Klassenzimmer eingeschränkt und computerunterstützte Kommunikation räumlich entfernter Gruppen gefördert werden. Erste Ergebnisse der wissenschaftlichen Begleitung zeigen die starke Motivation der Lernenden durch die praxisorientierte Umsetzung. Der Wechsel zwischen den einzelnen Abteilungen ermöglicht den Schülern vielfältige Rückschlüsse auf die betrieblichen Abläufe. Aus den Erhebungen über die Motive bei der-

---

[147] Siehe http://www.fwu.de/semik/2_projekte/2_7_kurzbeschreibung/unterpunkte/hb1.htm (18.10.02), erste Ergebnisse aus Befragungen von Eltern, Lehrern und Schülern unter www.schule.bremen.de/schulen/isl/media/Evaluation.pdf (18.10.2002)

[148] Siehe http://www.itb.uni-bremen.de/projekte/blk/programmtraeger.htm (31.10.02): Informationen des Programmträgers über das BLK-Programm

[149] Informationen zum Modellversuch „KLLU“ unter http://134.93.225.54/mov.htm (31.10.02)

[150] Vgl. Holl, Seeling 2002 und http://osg.informatik.tu-chemnitz.de/EFI/ (13.12.2002); Zwischenbericht der wissenschaftlichen Begleitung des Modellversuchs unter http://osg.informatik.tu-chemnitz.de/EFI/berichte/zb2/zb2.pdf (16.12.2002)

Wahl der Gruppenmitglieder werden vor allem freundschaftliche Bindungen oder ein ähnliches Leistungsniveau angeführt.

Der Modellversuch „Förderung des Verstehens multimedialer interaktiver Texte in der Berufsausbildung (TEBA)“ [151], der seit dem 31.3.2001 abgeschlossen ist, befasst sich vor allem mit Fragen zum Umgang mit Lernprogrammen oder Informationen aus dem Internet. Ein Untersuchungsschwerpunkt versucht zu klären, wovon ein effektiver Einsatz der neuen Medien abhängig ist und wie dieser gesteigert werden kann. Auf der einen Seite wird hierfür die Gestaltung entsprechender Programme oder Informationen betrachtet. Auf der anderen Seite wird untersucht, wie die Schüler für einen effektiven Umgang mit den neuen Medien vorbereitet werden sollten.

Zusammenfassung

Diese angeführten Modellversuche zeigen, dass das Thema Computer und Unterricht in unterschiedlichsten noch laufenden Programmen bzw. Modellversuchen untersucht wird. Alle Modellversuche haben das Ziel, das Potential der neuen Medien für den Unterricht in unterschiedlichsten Schularten, Stufen und Fächern zu erschließen. Der Schwerpunkt der einzelnen Modellversuche liegt in der Unterrichtsentwicklung. Empirische Ergebnisse oder Zwischenergebnisse der einzelnen Modellversuche wurden bisher noch nicht veröffentlicht.

---

[151] Informationen zum Modellversuch „TEBA“ unter http://homepages.tu-darmstadt.de/~tefas/Teba/start.html (31.01.02); Abschlussbericht mit den Ergebnissen des Modellversuchs in Vorbereitung

5 Modellversuch „Multimedia und Telekommunikation für berufliche Schulen"

Die in dieser Arbeit beschriebene Untersuchung findet im Rahmen des Modellversuchs „Multimedia und Telekommunikation für berufliche Schulen" statt. Dieses Kapitel stellt den inzwischen beendeten Modellversuch vor und fasst die wichtigsten bisher vorliegenden Ergebnisse der wissenschaftlichen Begleitung im gewerblich-technischen Bereich zusammen. Diese Ergebnisse sind ergänzend zu den in Kapitel 4 vorgestellten empirischen Untersuchungen zu sehen.

5.1 Modellversuche in der beruflichen Bildung

„«Modellversuche» sind raum-zeitlich abgegrenzte Ausschnitte der Erziehungswirklichkeit, in denen exemplarisch eine Veränderung herbeigeführt wird. Solche Veränderungen können bewirkt werden: durch den Einsatz neuer Technologien im Unterricht, durch Anwendung erfahrungsorientierter Seminare, durch Implementation von neuen Unterrichtszielen usw., und sie werden durch diejenigen vorgenommen, denen gesellschaftlich zugewiesen eine ‚Verfügungsmöglichkeit' über dieses Feld zusteht."[152] Die Struktur eines Modellversuchs ‚besteht' zumeist aus einem Modellversuchsträger und einer wissenschaftlichen Begleitung. Beim Modellversuchsträger kann laut Sloane eine administrative und eine durchführende Seite unterschieden werden.[153] Der administrativen Seite obliegt die Beantragung, Einführung und Leitung des Modellversuchs. Für die Durchführung des Modellversuchs sind so genannte „Feldagenten" notwendig. Feldagenten können beispielsweise Lehrer von Schulen sein, die an dem Modellversuch teilnehmen.[154] Die wissenschaftliche Begleitung soll die Innovationen eines Modellversuchs evaluieren und einen Transfer von den Modellversuchsschulen in die Breite ermöglichen. Die Aufgaben der wissenschaftlichen Begleitung beschränken sich zumeist jedoch nicht nur auf den Nachweis pädagogischer Weiterentwicklungen und auf die Übertragung der Erkenntnisse. Sie ist häufig auch in den Entwicklungsprozess mit eingebunden. Daraus ergibt sich das Dilemma, auf der einen Seite eine objektive Beurteilung leisten zu müssen und auf der anderen Seite den Innovationsprozess zu unterstützen oder zu optimieren.[155] Auch beim Modellversuch „Multimedia und Telekommunikation für berufliche Schulen" war die wissenschaftliche Begleitung an einigen Unterrichtsvorhaben[156] konzeptionell beteiligt.

[152] Sloane 1992, S. 9 (Hervorhebung im Original)

[153] Vgl. Sloane, 1995, S. 14

[154] Ebd., S. 15

[155] Vgl. ausführlich bei Pätzold 1995, S. 50 f.

[156] Vgl. Kapitel 5.5: zum Beispiel UNIX-Kurs an der Technikerschule München

5.2 Ausgangslage und Ziele des Modellversuchs „Multimedia und Telekommunikation für berufliche Schulen"

Ausgangslage für den Modellversuch „Multimedia und Telekommunikation für berufliche Schulen" ist vor allem die Verfügbarkeit von neuen Medien der Informations- und Telekommunikationstechnik für Lehr- und Lernprozesse und die mit der rasanten Verbreitung dieser Technologien einhergehenden Notwendigkeit von Medienkompetenz als weitere Schlüsselqualifikation. Der Modellversuch soll Möglichkeiten einer zielgerichteten und didaktisch optimalen Nutzung dieser Multimedia- und Telekommunikationsangebote im Schulalltag aufzeigen und diese im Hinblick auf ihre Auswirkungen auf den beruflichen Unterricht beurteilen. Dabei soll unter anderem folgenden Fragen nachgegangen werden:

Wird durch den Einsatz von multimedialen und telekommunikativen Elementen

- ein selbstständiges und schülergesteuertes Lernen intensiviert?
- ein problemorientiertes Lernen gefördert?
- ein fächerübergreifendes und handlungsorientiertes Lernen unterstützt?
- eine innere Differenzierung erreicht?

Darüber hinaus soll der Modellversuch aufzeigen, welche fachlichen (bei Lehrenden und Lernenden), materiellen und schulorganisatorischen Voraussetzungen notwendig sind, bzw. wie diese Voraussetzungen erfüllt werden können.

Der Modellversuch „Multimedia und Telekommunikation an beruflichen Schulen" ist jedoch nicht der erste Modellversuch in Bayern, der den Einsatz von Rechnern im Unterricht untersucht. Bereits 1984 wurde der Modellversuch „Informatik an Hauptschulen" an acht bayerischen Volksschulen durchgeführt. Modellversuche anderer Bundesländer, die sich mit computerunterstütztem Lernen befassen, wurden bereits im Kapitel 4.3 vorgestellt.

5.3 Ablauf und Organisation des Modellversuchs

Der Modellversuch, der mit Mitteln des Bundesministeriums für Bildung, Wissenschaft, Forschung und Technologie, sowie des Bayerischen Staatsministeriums für Unterricht, Kultus, Wissenschaft und Kunst[157] gefördert wurde, lief von September 1997 bis einschließlich Februar 2000. Er ist auf berufliche Schulen des Bundeslandes Bayern begrenzt.[158]

Der Träger des Modellversuchs ist das Staatsinstitut für Schule und Bildungsforschung (ISB), Abteilung „Berufliche Schulen" in München. Die wissenschaftliche Begleitung wird für den Bereich Wirtschaft und Verwaltung vom Lehrstuhl für Pädagogik, insbesondere Wirtschaftspädagogik der Friedrich-Alexander-Universität Erlangen-Nürnberg übernommen. Für die gewerblich-technischen Berufsfelder ist dies der Lehrstuhl für Pädagogik, der Technischen Universität München (vgl. Abbildung 5-1).

---

[157] Seit 1998 Aufteilung in das Staatsministerium für Unterricht und Kultus und Staatsministerium für Wissenschaft, Forschung und Kunst.

[158] Ergänzend hierzu siehe Staatsinstitut für Schulpädagogik und Bildungsforschung unter http://www.isb.bayern.de/bes/modell/mut/ (21.06.2002)

An dem Modellversuch sind zehn Schulen der beruflichen Bildung beteiligt. Davon sechs aus gewerblich-technischen Berufsfeldern und vier im Berufsfeld Wirtschaft und Verwaltung (siehe Abbildung 5-1). Die Auswahl dieser Schulen fand aufgrund von bereits gemachten Vorerfahrungen dieser Schulen mit den ‚neuen' Medien und der vorhandenen Ausstattung der Schulen statt. Außerdem wurden die regionale Verteilung innerhalb Bayerns und unterschiedliche Berufsfelder und Schularten als Kriterien herangezogen. So sind im gewerblich-technischen Berufsfeld auch zwei Technikerschulen am Modellversuch beteiligt.

Folgende Schulen beteiligten sich an dem Modellversuch:

Im Berufsfeld Wirtschaft und Verwaltung:

- Staatliche Berufsschule II Fürth
- Staatliche Berufsschule Lichtenfels
- Staatliche Berufsschule Neu-Ulm
- Städtische Kaufmännische Berufsschule Würzburg

Aus gewerblich-technischen Berufsfeldern:

- Fachschule der Stadt Erlangen (Technikerschule für Elektrotechnik)
- Technikerschule der Landeshauptstadt München (Elektrotechnik, Maschinenbautechnik)
- Werner-von-Siemens-Schule Cham (Elektrotechnik, Bautechnik, Gastronomie)
- Staatliche Berufsschule Gunzenhausen (Holztechnik, Agrarwirtschaft)
- Städtische Berufsschule für Informationstechnik München[159] (Elektrotechnik)
- Staatliche Berufsschule Pfarrkirchen (Elektrotechnik, Metalltechnik)

Auf die Untersuchungen der wissenschaftlichen Begleitung im Berufsfeld Wirtschaft und Verwaltung wird an dieser Stelle nicht näher eingegangen. Sie können dem Zwischenbericht, einem Tagungsband und dem Abschlussbericht entnommen werden.[160]

Im gewerblich-technischen Bereich werden von der wissenschaftlichen Begleitung zwei Detailuntersuchungen und eine Gesamtevaluation durchgeführt. Die Detailuntersuchungen finden an der Städtischen Berufsschule für Informationstechnik München und an der Technikerschule München statt. Die Detailuntersuchung an der Städtischen Berufsschule für Informationstechnik München ist Gegenstand der vorliegenden Arbeit.

Abbildung 5-1 stellt die Organisation des Modellversuchs graphisch dar.

---

[159] Bis Februar 2002: Städtische Berufsschule für Kommunikationstechnik

[160] Euler, Schelten 1999, Staatsinstitut für Schulpädagogik und Bildungsforschung 2000, Euler, Schelten, Zöller 2001

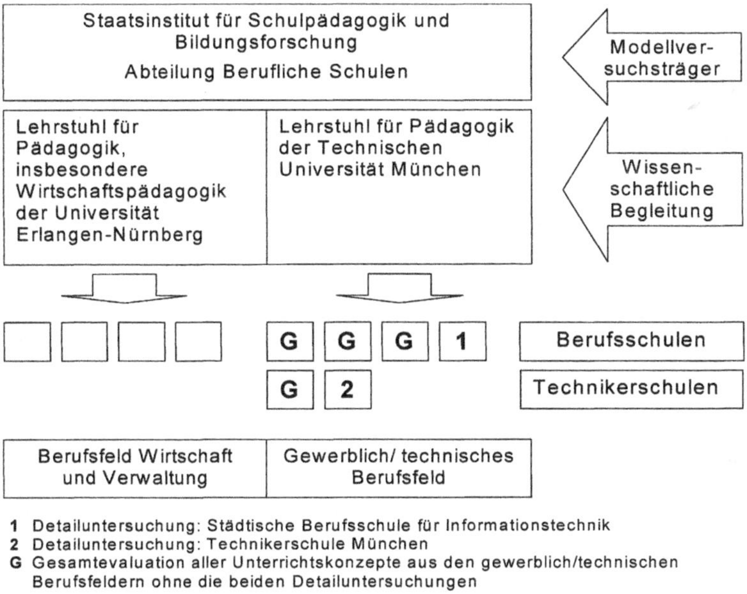

Abbildung 5-1: Organisation des Modellversuchs „Multimedia und Telekommunikation für berufliche Schulen". Weitere Erläuterungen im Text.

Der Unterricht an der Technikerschule wird von Adler evaluiert.[161] An der Technikerschule wird seit dem Schuljahr 1997/98 ein netzgestützter Onlinekurs über das Betriebssystem UNIX angeboten. Das Ziel der Untersuchung an der Technikerschule ist es, aus der Beobachtung, wie Schüler mit Hypertext-Lernumgebungen und Internettechniken umgehen, Schlussfolgerungen für die Gestaltung ähnlicher Lernumgebungen treffen zu können. Außerdem soll das Kommunikationsverhalten dieser Schüler untersucht werden.[162]

Zusätzlich zu diesen beiden Detailstudien werden alle anderen Unterrichtsvorhaben aus den gewerblich-technischen Berufsfeldern in einer Gesamtevaluation erfasst. Diese breit angelegte Untersuchung will über die unterschiedlichsten Unterrichtskonzepte hinweg eine Beurteilung von multimedial und/oder telekommunikativ unterstütztem Unterricht ermöglichen.[163]

Neben diesen Untersuchungen besuchte die wissenschaftliche Begleitung zusammen mit Vertretern des Staatsinstitutes für Schulpädagogik und Bildungsforschung die Modellversuchsschulen vor Ort und unterstützte diese bei der Entwicklung, Umsetzung und Optimie-

[161] Vgl. Adler 1999 und Adler 2001

[162] Vgl. Kapitel 5.5: Ergebnisse des Modellversuchs und Adler 1999, S. 138-157, Adler 2001b, S. 56-78

[163] Vgl. Kapitel 5.5 und Tenberg 1999, S. 105-115, sowie Tenberg 2001a, S. 13-33

rung der Unterrichtskonzepte. Neben regelmäßigen Sitzungen zum Austausch und zur Koordination wurde wiederum zusammen mit dem Staatsinstitut eine Fortbildungsveranstaltung zu „Multimedia und Telekommunikation“ veranstaltet, bei der alle am Modellversuch beteiligten Lehrer anwesend waren. Im Oktober 1999 fand eine dreitägige Abschlusstagung[164] statt, bei der alle Unterrichtsvorhaben des Modellversuchs und die aktuellen Ergebnisse der wissenschaftlichen Begleitung vorgestellt wurden.

5.4 Ergebnisse des Modellversuchs im gewerblich-technischen Bereich

Der Modellversuch endete zum 29. Februar 2000. Eine ausführliche Beschreibung der Unterrichtsprojekte können dem Tagungsband[165] und dem Internet,[166] die bisher vorliegenden Ergebnisse des Modellversuchs dem Zwischen- und dem Abschlussbericht[167] entnommen werden. Diese Ergebnisse fließen bereits in die erste und zweite Phase der Lehrerbildung und in die Lehrerfortbildung mit ein. Außerdem sind im Rahmen des Modellversuchs Zulassungsarbeiten und schriftliche Hausarbeiten für das erste und zweite Staatsexamen erstellt worden. Im Folgenden wird eine Hausarbeit, zwei Untersuchungen der wissenschaftlichen Begleitung und eine Zusammenfassung der Ergebnisse aus dem Modellversuch vorgestellt.

Schriftliche Hauarbeiten: Erfahrungen aus der Unterrichtspraxis

Wie oben angeführt, ist die Staatliche Berufsschule Pfarrkirchen am Modellversuch mit den Fachbereichen Elektrotechnik und Metalltechnik am Modellversuch beteiligt. Durch ihre Funktion als Seminarschule für die Ausbildung der Studienreferendare in der zweiten Phase der Lehrerbildung entstanden im Schuljahr 1998/99 im Rahmen der zweiten Staatsprüfung fünf Hausarbeiten, die sich mit dem Thema „Multimedia und Telekommunikation“ befassen. Hausarbeiten haben generell ihren Schwerpunkt in der unterrichtspraktischen Durchführung. Exemplarisch sollen die Ergebnisse der Arbeit von Hofmann vorgestellt werden, da sie den größten Bezug zu der Untersuchung dieser Arbeit hat.[168]

Hofmann untersucht zwei Unterrichtseinheiten, die mit dem Lernsystem „Com3Lab“ unterstützt werden. Dieses Lernsystem wird in einigen Klassen des Berufsgrundschulkurses Elektrotechnik eingesetzt. Beim „Com3Lab“ handelt es sich um eine Unterrichtssoftware die zusammen mit einem Experimentierboard eingesetzt werden kann, um reale elektronische Schaltungen aufbauen zu können. Über eine Datenschnittstelle können die Messwerte direkt von der Schaltung in das Unterrichtsprogramm übernommen werden. Entsprechend der Einteilung von Kapitel 3.3.3 entspricht das Programm einer tutoriellen Unterweisung, die durch

---

[164] Online-Zeitung der Fachtagung vom 10.10.99 - 13.10.99 unter http://s2.teamlearn.de/public/smv_stra.nsf/3c24ba3df808a8d6c1256703005273f0/a1fab4b2c5e069c7c12567b90058ab3e?OpenDocument (22.07.02)

[165] Staatsinstitut für Schulpädagogik und Bildungsforschung 2000

[166] Sammlung von Unterrichtskonzepten und Materialien (aus unterschiedlichen Modellversuchen) unter http://s2.teamlearn.de/public/bsnu-praesent.nsf (22.07.02). Mit der Bereitstellung der Unterrichtskonzepte in der Datenbank sollen auch andere Schulen auf die Unterrichtskonzepte zugreifen können.

[167] Euler, Schelten 1999 und Euler, Schelten, Zöller 2001

[168] Hofmann 1999

eine Simulation ergänzt ist. Die Schüler sollen selbstständig mit Hilfe dieses Lernsystems die gestellten Arbeitsaufträge bearbeiten. In der ersten Unterrichtseinheit zum Thema „lichtabhängiger Widerstand“ zeigte sich, dass sich die Schüler nur sehr oberflächlich mit den Lerninhalten auseinander setzten. Diese Beobachtung bestätigte sich in einem nachfolgenden Test. So wurden wesentliche Informationen von den Schülern nicht erkannt, bzw. memoriert. Diese ersten Ergebnisse führten dazu, dass die Schüler zusätzlich zu dem Lernprogramm Arbeitsblätter bearbeiten müssen. Dabei werden die Schüler angewiesen die Arbeitsergebnisse mit eigenen Worten zusammenzufassen.

Aus seinen Erfahrungen im Unterricht stellt Hofmann folgendes fest:

- Der Vorbereitungsaufwand für einen computerunterstützten Unterricht ist sehr groß.
- Der Unterrichtsverlauf ist wegen technischer Unwägbarkeiten und individuellen Lösungswegen der Schüler nicht exakt planbar.
- Die Rolle des Lehrers verändert sich: Der Lehrer wird zum Berater und rückt während des Unterrichts stärker in den Hintergrund. Eine Hauptaufgabe besteht in der Durchführung von Lernzielsicherungen und –kontrollen. Neben den bisherigen Qualifikationen muss der Lehrer vertiefte Kenntnisse in der Computertechnik besitzen.
- Die Rolle der Schüler verändert sich ebenfalls. Sie arbeiten verstärkt selbstständig. Das bedeutet auch, dass sie für ihre Arbeitsergebnisse mit verantwortlich sind. Sie müssen diese Ergebnisse selbst dokumentieren und ihren Mitschülern präsentieren.

Neben diesen Beobachtungen führte Hofmann eine Schülerbefragung durch. Zusammengefasst können folgende Ergebnisse festgehalten werden: Der Einsatz des Lernsystems wird von den Schülern generell begrüßt. Einige Aussagen der Schüler weisen darauf hin, dass diese Form des Unterrichts nicht ausschließlich, sondern im Wechsel mit einem traditionellen Unterricht erfolgen soll. Auf die Frage, ob das Lernen mit dem Lernsystem leichter bzw. schwerer fällt, ergibt sich ein divergentes Bild. Einigen Schülern fällt das Lernen mit dem Lernsystem leichter, anderen hingegen tun sich schwerer als in einem herkömmlichen Unterricht. Die Unterrichtseinheiten wurden von den Schülern überwiegend positiv beurteilt. Der häufigste Kritikpunkt war die Gruppenstärke von drei oder vier Schülern. Diese sei nach Aussagen der Schüler zu groß.

Detailuntersuchung: Telekommunikatives Lernen an der Technikerschule München

Gegenstand dieser detaillierten Untersuchung ist ein UNIX-Kurs, der an der Technikerschule München als zusätzliches Wahlfach angeboten wird.[169] Teilnehmer des Kurses sind Abendschüler, die die Technikerschule neben der Berufstätigkeit besuchen. Wegen der ohnehin großen zeitlichen Belastung dieser Schülergruppe wird der Kurs im Internet angeboten. Neben den Schülern der Technikerschule nehmen auch externe Teilnehmer teil. Dies sind zumeist Schüler anderer Technikerschulen, die durch eine Ausschreibung auf den UNIX-Kurs aufmerksam gemacht wurden. Durch die Teilnahme von externen Teilnehmern kann das Kommunikationsverhalten zwischen den Schülern verglichen werden, die sich täglich im Unterricht sehen und Teilnehmern, die keine Möglichkeit einer direkten Kommunikation

[169] Vgl. Adler 1999, S. 138-157 und Adler 2001b, S. 56-78

haben. Die Lerninhalte des UNIX-Kurses sind vorwiegend als Hypertext auf einem Server abgelegt und können von jedem registrierten Teilnehmer über das Internet abgerufen werden. Das erworbene Wissen kann auf einem realen UNIX-Rechner angewendet bzw. ausgetestet werden. Der Zugriff auf diesen Rechner erfolgt ebenfalls über das Internet. Der unterrichtende Lehrer steht den Kursteilnehmern für eine Betreuung über Emails zur Verfügung. Außerdem korrigiert er die Tests, die für eine Zertifizierung nach jedem Kursmodul von den Teilnehmern abgelegt werden müssen. Für auftretende Fragen wurde eine „Newsgroup“[170] eingerichtet. Die Adressen der Kursteilnehmer sind allen am Kurs Beteiligten bekannt, so dass eine Kommunikation zwischen allen Kursteilnehmern per Email möglich ist.

Das Ziel der Untersuchung ist es, aus den Beobachtungen, wie Schüler mit Hypertext-Lernumgebungen und Internettechniken umgehen, Schlussfolgerungen für die Gestaltung ähnlicher Lernumgebungen treffen zu können. Außerdem soll das Kommunikationsverhalten aller Kursteilnehmer untersucht werden.

Die Erhebung des umfangreichen Datenmaterials erfolgte über die Aufzeichnung von Logfiles und durch Befragungen der Kursteilnehmer mit einem Fragebogen und Interviews. Im Abschlussbericht beschreibt Adler folgende erste Ergebnisse der Untersuchung:[171] Das Bearbeiten der Lerninhalte erfolgt sehr individuell. Dies betrifft die Arbeitszeiten, die Dauer der Bearbeitung bzw. den Ort der Nutzung, die Reihenfolge der angebotenen Kursinhalte und die Informationen, die von den Schülern zusätzlich aufgerufen werden. Bei den Schülern der Technikerschule München erfolgt der Zugriff auf den Kurs sehr häufig während der freien Schulstunden von den Rechnerräumen der Schule aus. In der Befragung der Teilnehmer wird diese freie Einteilung der Zeit bzw. die Unabhängigkeit vom Lernort besonders häufig als ein Vorteil des Konzeptes gesehen. Außerdem gefallen den Schülern die Übungsmöglichkeit an einem realen Rechner, der Kursaufbau, sowie die Kommunikationsmöglichkeiten über das Netz (obwohl diese von den Teilnehmern kaum genutzt werden).

Als Kritikpunkte werden von den Teilnehmern unter anderem das Fehlen eines Manuskripts und Schwierigkeiten beim Lesen von Informationen am Bildschirm genannt. Einige Lernende fühlen sich isoliert. Der Kurs wurde im Schuljahr 1998/99 von 60 Schülern begonnen, jedoch nur von 19 Teilnehmern abgeschlossen. Diese hohe Abbrecherquote kann auf das Wahlfach zurückzuführen sein. Der UNIX-Kurs stellt ein für die Schüler freiwilliges Angebot dar. Ein weiterer Grund könnte nach Adler auch darin liegen, dass das Medium eine gewisse Unverbindlichkeit kennzeichnet. Der Kursleiter hat durch den fehlenden persönlichen Kontakt nur geringe Einflussmöglichkeiten auf die Teilnehmer.

Die Untersuchung des Kommunikationsverhaltens zwischen den Teilnehmern und dem Kursleiter zeigt, dass sich die Kommunikation über das Internet zumeist auf kursorganisatorisch erforderliche Emails (z.B. Anmeldung zum Kurs, durchzuführende Tests) oder auf technische Probleme, Fehlerhinweise und Verbesserungsvorschläge beschränkt. Treten bei der Aufgabenbearbeitung hingegen inhaltliche Schwierigkeiten auf, so versuchen die

---

[170] Kommunikationsforum im Internet, das dem Austausch von Informationen, Problemen und Lösungsvorschlägen dient.

[171] Vgl. Adler 2001b, S. 56-77

Kursteilnehmer diese zuerst selbst zu lösen. Gelingt dies nicht, so befragen sie ihre Mitschüler. Erst in einem letzten Schritt wird der Kursleiter zu Rate gezogen. Insgesamt findet nur wenig Kommunikation statt. Dies gilt auch für die externen Kursteilnehmern aus anderen Schulen. Als Grund für die geringe Kommunikation stellt Adler bei den Schülern der Technikerschule einen erheblichen Anteil an persönlicher Kommunikation fest. Die ebenfalls geringe Kommunikation zwischen den externen Teilnehmern kann darauf zurückgeführt werden, dass diese auf die Teilnehmer zu anonym wirkt, da sich die Teilnehmer nicht persönlich kennen.[172] Eine Kommunikation ohne direkten Kontakt verliert an Emotionalität, so die Aussagen einiger Schüler in der Befragung. Auch im Zusammenhang mit der oben beschriebenen hohen Abbrecherquote wäre es besser, das Konzept alternierend in den regulären Unterricht mit einzubetten, so dass ein direkter Kontakt zwischen Schülern und Lehrern gewährleistet ist.

Für den Lehrer bedeutet der Einsatz telekommunikativen Lernens, neben organisatorischen Vorteilen, einen hohen zeitlichen Aufwand für die Erstellung eines entsprechenden Angebotes. Hinzu kommt, dass er neben den technischen Fähigkeiten auch die tutorielle Betreuung übernehmen muss und für diese Tätigkeit auch entsprechend vorbereitet werden sollte. Stärker noch als in anderen schüleraktiven oder handlungsorientierten Unterrichtskonzepten verändert sich seine Lehrerrolle. Sie ist ausschließlich beratend. Darüber hinaus hat der Lehrer nur geringe Kontrollmöglichkeiten über die Schüler, bzw. über die Bearbeitung von Lerninhalten.

Gesamtevaluation im gewerblich-technischen Bereich

In der Gesamtevaluation[173] sollen alle Unterrichtskonzepte aus den gewerblich-technischen Berufsfeldern des Modellversuchs erfasst werden, die nicht in einer der beiden Detailuntersuchungen berücksichtigt wurden. Dazu werden die Schüler zu den entsprechenden Unterrichtskonzepten befragt. Diese Erhebung findet in schriftlicher Form über das Internet statt. Insgesamt werden vier Schulen (Erlangen, Cham, Gunzenhausen, Pfarrkirchen), zehn Unterrichtskonzepte mit 19 Schulklassen und insgesamt 253 Schülern erhoben. Die fast 3000 Schüleraussagen werden gebündelt und in unterschiedlichen modalen Netzen dargestellt.[174]

Tenberg kommt zu dem Fazit, dass die untersuchten Unterrichtskonzepte von den Schülern generell positiv beurteilt werden. In vielen Schüleraussagen wird ein multimedialer Unterricht als interessant, vielseitig, angenehm und attraktiv beurteilt. Die Schüler fühlen sich durch einen Computereinsatz zumeist motiviert und stehen diesem positiv gegenüber. Die Lernwirksamkeit hingegen wird von den Schülern unterschiedlich eingeschätzt. Kritisiert wird in vielen Aussagen der Schüler die eingesetzte Hard- und Software. Bei einigen Unterrichtskonzepten wird von den Schülern bemängelt, dass kein deutlicher Bezug zwischen dem Einsatz des Computers und dem zu erlernenden Beruf gegeben sei. Bei einigen Aussagen der Schüler ist nicht erkennbar, ob sich diese auf einen Computereinsatz beziehen, oder eher auf

---

[172] Aus diesem Grund bietet beispielsweise die Fernuniversität Hagen für die Teilnehmer immer wieder Präsenzphasen in den Studienzentren oder in Praktika an. Vgl. hierzu Fernuniversität Hagen unter http://www.fernuni-hagen.de/FeU/Ueberblick/studienzentren.html (08.05.02)

[173] Vgl. Tenberg 2001a, S. 13-33

[174] Vgl. Tenberg 2001b, S. 250 f.

einen Unterricht, in dem die Schüler ein hohes Maß an Selbsttätigkeit besitzen. Über alle untersuchten Konzepte hinweg stellt Tenberg fest, dass der Einsatz von Multimedia und Telekommunikation zumeist zu einem schüleraktiven und selbstgesteuerten Unterricht führt, bzw. schüleraktive Lernformen voraussetzt. Daraus folgert er: „Es erstaunt somit kaum, dass sich die Schüler im multimedialen Unterricht wohler fühlen, als im gewohnten, zumeist frontal dominierten. Durch die Lernautonomie verbessert sich ihr Verhältnis untereinander und auch zum unterrichtenden Lehrer, sie gewinnen an Individualität und können Erfolge im Zusammenhang mit eigenem Arbeiten erleben. Die daraus folgende Erhöhung der intrinsischen Motivation repräsentiert den positiven Gesamttenor der Untersuchung.“[175] Bei der Untersuchung hat sich aber auch gezeigt, dass die Gefahr besteht, dass der Umgang mit diesen Medien im Mittelpunkt eines Unterrichts stehen kann und somit andere anzustrebende Kompetenzen vernachlässigt werden. Diese Erkenntnisse können in den folgenden Schlussaussagen dargestellt werden:

„(1) Multimedia birgt als Medienform, welche schüleraktive Lehr-Lern-Formen bedingt, ein positives didaktisches Potential.

(2) Multimedia birgt als Technologie, welche durch ihre Komplexität und Dynamik kaum absehbar, beherrschbar oder eingrenzbar erscheint, die Gefahr, innerhalb des damit auszustattenden Unterrichts die anzustrebenden Kompetenzen der Schüler an den Rand zu stellen.“ [176]

Die Untersuchung führt zu folgendem Fazit: „Somit ist eine Verbreitung des Mediums generell als günstig zu sehen. Dies erfordert jedoch eine große didaktische Expertise: Zum einen, die Fähigkeit des Pädagogen, schülerorientiertes Arbeiten sinnvoll und effizient zu planen, zu gestalten, zu betreuen, etc., zum anderen, die Distanz des Pädagogen, das Medium immer nur unter einer kompetenzorientierten Perspektive einzusetzen.“[177]

Folgerungen und Konsequenzen

Die Ergebnissen aller im Rahmen des Modellversuchs durchgeführten Untersuchungen münden in Empfehlungen und Schlussfolgerungen für den Einsatz der ‚neuen' Medien im schulischen Unterricht. Diese sind im Abschlussbericht in dem Kapitel „Folgerungen und Konsequenzen“ angeführt und gegliedert in Konsequenzen für die verschiedenen Phasen der Lehrerbildung (Universität, Vorbereitungsdienst und Lehrerfortbildung), Folgerungen für schulische Rahmenbedingungen, Folgerungen für die Unterrichtskonzeption, Gestaltung von Modellversuchen und Förderung von multimedialem und telekommunikativem Lernen.[178]

Im Folgenden werden einige Schlussfolgerungen zu den schulischen Rahmenbedingungen und für die Unterrichtskonzeption angeführt, die im engen Bezug zu den Forschungsfragen der vorliegenden Arbeit stehen. Basieren diese Schlussfolgerungen vor allem auf den Ergeb-

[175] Ebd., S. 275

[176] Tenberg 2001a, S. 32

[177] Ebd., S. 33

[178] Vgl. Euler, Schelten, Zöller 2001, S. 285-330

nissen dieser Arbeit, werden sie ausführlich im 12. Kapitel vorgestellt.[179] Ergebnisse und Schlussfolgerungen, die aus den Untersuchungen von Adler, Hofmann und Tenberg resultieren wurden bereits oben beschrieben.

Für die schulischen Rahmenbedingungen gibt Adler[180] Empfehlungen für die Klassengröße, die technische Ausstattung und für die Betreuung von Hard- und Software bzw. schulinternen Netzen.[181] Bei der Klassengröße soll die Anzahl von 24 Schülern nicht überschritten werden. Darüber hinaus sollen Möglichkeiten der Klassenteilung oder eines gemeinsamen Unterrichtens von zwei Lehrern in einer Klasse möglich sein. Bei der technischen Ausstattung von Schulen sollen die Räume flexibel zugeteilt werden können. Diese sollten falls möglich als integrierte Fachunterrichtsräume (IFU) ausgelegt sein. Die Rechner sollten in ausreichender Anzahl vorhanden sein. Diese Anzahl ist vor allem von dem Berufsfeld, den zu vermittelnden Lerninhalten und dem Lernarrangement abhängig. Um die Netz- und Hardwarestruktur flexibel einsetzen zu können und um Installationen und Konfigurationen zu vereinfachen, muss diese im gesamten Schulbereich einheitlich sein. Für die Präsentation von Arbeitsergebnissen ist ein Videobeamer nötig. Die Akzeptanz eines Computereinsatzes im Unterricht ist in hohem Maße von der Funktionsfähigkeit und der Aktualität der technischen Ausstattung abhängig. Die Betreuung von Hard- und Software kann durch Lehrkräfte der Schule oder bei größeren Installations- und Wartungsarbeiten durch externe Dienstleister erfolgen.[182]

Tenberg[183] beschreibt bei den Folgerungen für den Unterricht sowohl Gründe, die für den Einsatz der ‚neuen' Medien sprechen, als auch Probleme, die dabei auftreten können. Dabei geht er auch auf mögliche Einsatzgebiete unterschiedlicher Lernprogramme ein. Diese Aussagen sind weitgehend mit den Ausführungen in Kapitel 3 identisch. Tenberg unterscheidet zwischen den Teilbereichen „schüleraktiver Unterricht", „handlungsorientierter Unterricht" und „telekommunikativer Unterricht". Der Einsatz der ‚neuen Medien' im Unterricht kann durch eine Art ‚Checkliste' überprüft werden. Für die beiden ersten angeführten Teilbereiche können folgende Fragen gestellt werden: Führt der Einsatz eines Computers im Unterricht zu einem ‚didaktischen Mehrwert', d.h. welche Vorteile haben Schüler oder Lehrer von dem Medieneinsatz? Wie ist das Verhältnis von Aufwand und Nutzen? Ist der Computer mit ei-

---

[179] Diese Folgerungen und Konsequenzen basieren auch auf einigen Ergebnissen der vorliegenden Untersuchung, die sich zu einem früheren Zeitpunkt abzeichneten und bereits im Abschlussbericht veröffentlicht wurden.

[180] Vgl. Adler 2001a, S. 301-303

[181] Weiterhin geht Adler auf spezielle Anforderungen für telekommunikatives Lernen und auf die Finanzierung der Ausstattung ein, die jedoch hier nicht näher erläutert werden, da ein enger Bezug zu den Untersuchungsschwerpunkten dieser Arbeit nicht gegeben ist (vgl. Adler 2001a). Die meisten der im Folgenden beschriebenen Empfehlungen für die schulischen Rahmenbedingungen sind bei dem in der vorliegenden Arbeit untersuchten Unterrichtsprojekt gegeben. (z.B. flexible Rechnerräume, integrierte Fachunterrichtsräume, einheitliche Netzwerk- und Hardwarestruktur, multimediafähige Rechner, Verfügbarkeit von Computern, Videobeamer). Vgl. Kapitel 6.3: Beschreibung des Unterrichtsprojektes. Vgl. auch Kapitel 12.1: Technische und organisatorische Folgerungen

[182] Vgl. hierzu auch: Bayerisches Staatsministerium 2000, S. 86-88

[183] Tenberg 2001a, S. 304-313

nem entsprechenden Lernprogramm das ‚beste‘ Medium, oder kann der Lerninhalt mit anderen Medien (oder mit realen Situationen, Gegenständen) gleich gut oder besser vermittelt werden? Wie ist die Ausstattung der Schule mit entsprechender Hard- und Software? Sind diese gut zugänglich und benutzersicher? Ist die Software aktuell und für den Lerninhalt und den geplanten Unterricht geeignet?[184] Welche Erfahrungen bringen die zu unterrichtenden Schüler mit? Wie können die Schüler auf den geplanten Unterricht vorbereitet werden? Erst nach Klärung dieser Fragen sollte mit der Realisierung von Unterrichtseinheiten begonnen werden.

Zusammenfassung

Der Modellversuch „Multimedia und Telekommunikation für berufliche Schulen“ zeigte in vielen Unterrichtskonzepten wie die neuen Medien zielgerichtet eingesetzt werden können. Die untersuchten Unterrichtskonzepte sind sehr unterschiedlich. Der Einsatz des Computers reicht von der Informationsgewinnung über das Internet über die Gestaltung von Homepages durch die Schüler bis zu sehr komplexen multimedialen Lernarrangements. Die von der wissenschaftlichen Begleitung durchgeführten Untersuchungen führten zu vielfältigen Ergebnissen. Neben Fragen zu Möglichkeiten und Grenzen eines Computereinsatzes, zur Akzeptanz der ‚neuen‘ Medien bei Schülern und Lehrern, lieferte der Modellversuch auch viele Hinweise für die Gestaltung entsprechender Lernumgebungen.

---

[184] Vgl. Tenberg 2001a, S. 307: Hinweise für die Auswahl von Programmen. Dabei handelt es sich nicht um einen Kriterienkatalog (vgl. hierzu Informations-System für neue Medien im Unterricht www.sodis.de (10.10.02)) sondern um Anhaltspunkte für eine Beurteilung. Zur Problematik zur Beurteilung von Programmen mit Hilfe von Kriterienkatalogen vgl. auch Tergan 2001, S. 319 f. und Anmerkung im Kapitel 3.3: Computer im Unterricht

6 Untersuchungsfeld

Die Untersuchung findet in unterschiedlichen Klassen mit Schülern des Ausbildungsberufes IT-Systemelektroniker/IT-Systemelektronikerinnen an der Städtischen Berufsschule für Informationstechnik in München statt. Diese Berufe erfordern aufgrund der Anforderungen im Informations- und Telekommunikationsbereich ein Unterrichtskonzept, bei dem nicht die Vermittlung von reinem Faktenwissen im Mittelpunkt steht, sondern verstärkt auch Methoden- und Sozialkompetenzen gefördert werden sollen (vgl. Kapitel 6.1 und 6.2). Wie in Kapitel 6.3 dargestellt, ist die Klasse als Modellfirma organisiert, um die Anforderungen einer geschäftsprozessorientierten Vermittlung von Lerninhalten einzulösen. Die Schüler erarbeiten die Lerninhalte weitgehend selbstständig. Hierfür stehen ihnen miteinander vernetzte Personalcomputer und eine komplexe Unterrichtssoftware zur Verfügung. Dieses Unterrichtsprojekt stellt die Grundlage für die Untersuchung dar.

6.1 Berufe der Informations- und Telekommunikationstechnik

6.1.1 Entwicklung der IT-Berufe

Anfang 1996 erfolgten auf Initiative der Wirtschaft erste Überlegungen für eine dringend notwendige Neuordnung der Berufsausbildung im Bereich der Informations- und Telekommunikationstechnik. Bis dato existierte für dieses attraktive und schnell wachsende Beschäftigungsfeld nur der inzwischen 30 Jahre alte Ausbildungsberuf Datenverarbeitungskaufmann/ Datenverarbeitungskauffrau. In enger Zusammenarbeit von Experten der Arbeitgeber- und Arbeitnehmerseite, Vertretern der Wirtschaftsverbände und Gewerkschaften, Initiativen der Unternehmen (besonders der Deutschen Telekom), dem Bundesinstitut für Berufsbildung und Experten der Länder wurden die Voraussetzungen für die Einführung der IT-Berufe geschaffen. Durch eine Verordnung der entsprechenden Bundesministerien traten am 10. Juli 1997 vier neue Ausbildungsberufe in Kraft:

- IT-Systemelektroniker/IT-Systemelektronikerin
- Fachinformatiker/Fachinformatikerin (Fachrichtung Systemintegration oder Anwendungsentwicklung)
- IT-System-Kaufmann/IT-System-Kauffrau
- Informatikkaufmann/Informatikkauffrau

Bereits im ersten Jahr (1997) wurden knapp 4800 Ausbildungsverträge in diesen Berufen unterschrieben. Innerhalb von vier Jahren erhöhte sich die Anzahl der neu abgeschlossenen Ausbildungsverhältnisse auf 18250 (vgl. Abbildung 6-1). Dabei konnten schon im ersten Jahr rund 1000 Betriebe für die Duale Berufsausbildung neu hinzugewonnen werden.[185] Bis zum Ende des Jahres 2003, so die Zusage von den Wirtschaftsverbänden, sollen in der Bundesrepublik rund 60.000 Ausbildungsplätze in dem IT-Bereich eingerichtet werden.

---

[185] Institut der deutschen Wirtschaft 2001, S. 6 f.; vgl. auch Bundesinstitut für Berufliche Bildung 2000, S. 4 und Bundesinstitut für Berufliche Bildung: Informationen zu den neuen IT-Berufen unter www.bibb.de/projekte/itberufe.htm (07.12.02)

	1997	1998	1999	2000
Fachinformatiker/-in	1774	3897	6165	9428
IT-Systemelektroniker/-in	1483	2156	2817	3375
IT-System-Kaufmann/-frau	754	1449	2084	2953
Informatik-Kaufmann/-frau	771	1393	1931	2494
gesamt	4782	8892	12997	18250

Abbildung 6-1: Neu abgeschlossene Ausbildungsverträge in den IT-Berufen (Quelle: Deutsche Industrie und Handelskammer, In: Institut der deutschen Wirtschaft 2001, S. 6 und 7)

Diese Zahlen verdeutlichen den hohen und stetig zunehmenden Bedarf an Fachkräften im IT-Bereich. Inzwischen haben die ersten Jugendlichen ihre Ausbildung abgeschlossen. Von den verschiedenen Seiten, von denen Bilanz gezogen wird, ist der Tenor, dass die neuen Berufe im Informations- und Telekommunikationsbereich trotz einiger Kritik gut angenommen werden.[186] Die Kritik bezieht sich sehr häufig auf die Gestaltung der Abschlussprüfungen, die in ‚herkömmlicher' Art und Weise gestellt sind und somit mit den Merkmalen der IT-Berufe kaum zu vereinbaren sind.

6.1.2 Merkmale der Berufe im IT-Bereich

Die Anforderungen im Informations- und Telekommunikationsbereich wie beispielsweise immer komplexer werdende Systemlösungen, oder der Wunsch des Kunden nach „Dienstleistungen aus einer Hand" erfordern einen Spezialisten, der neben dem technischen Wissen auch betriebswirtschaftliche Kenntnisse besitzt. Ein IT-Spezialist sollte zugleich Kaufmann, Techniker, Organisator, Dienstleister und Kundenbetreuer in einer Person sein. Hinzu kommt, dass er in der Lage sein muss, sich auf den rasanten technologischen und organisatorischen Wandel einzustellen.

Aus diesen Anforderungen leiten sich folgende Ziele bzw. Merkmale für die Berufe im IT-Bereich ab:[187]

1. Integration unterschiedlichster Lerninhalte aus dem Bereich der Technik, Betriebswirtschaft und Informatik. Die Vermittlung dieser Lerninhalte soll dabei in Projekten erfolgen. Diese Projekte sollen von den Auszubildenden selbstständig geplant, ausgeführt und kontrolliert werden.

---

[186] Aus: Bundesinstitut für Berufliche Bildung: Informationen zu den neuen IT-Berufen unter www.bibb.de/projekte/itberufe.htm (07.10.02), vgl. auch Petersen, Wehmeyer 2000, S. 7 f. und Vorschriften für die IT-Ausbildungsberufe unter http://www.it-onlineinfo.de (07.10.02)

[187] Vgl. Bundesinstitut für Berufsbildung 1998, S. 10 und Vorschriften für die IT-Ausbildungsberufe unter http://www.it-onlineinfo.de (07.10.02)

2. Kunden- und Dienstleistungsorientierung. Dazu gehören die Beratung des Kunden und eine ganzheitliche Aufgabenwahrnehmung.
3. Orientierung an realen Geschäftsprozessen mit ganzheitlichen Aufgabenstellungen. Die Jugendlichen sollen sich in der Ausbildung vom ersten Tag an den betrieblichen Anforderungen orientieren.

Diese Ziele bzw. Merkmale finden sich in den Ausbildungsordnungen, dem KMK-Rahmenplan und in den Lehrplänen der einzelnen Bundesländer wieder.[188]

Alle angeführten Ausbildungsberufe im IT-Bereich besitzen eine einheitliche Kernqualifikation, die rund die Hälfte der Ausbildungszeit umfasst. Dabei werden neben den technischen auch die betriebswirtschaftlichen Grundlagen vermittelt. So wird über die verschiedenen IT-Berufe hinweg eine einheitliche Basisqualifikation erreicht. Diese Qualifikation soll die IT-Fachkräfte befähigen, auf den schnellen technologischen Wandel zu reagieren. Der zeitliche Anteil der Kernqualifikation nimmt im Laufe der dreijährigen Berufsaubildung ab, d.h. die Kernqualifikationen werden schwerpunktmäßig zu Beginn der Ausbildung vermittelt. Im gleichen Maße steigt der Anteil der Fachqualifikation. Hier erfolgt eine Spezialisierung für das Tätigkeitsfeld der unterschiedlichen Ausbildungsberufe. Abbildung 6-2 stellt die Qualifikationen für den Ausbildungsberuf IT-System-Elektroniker/IT-System-Elektronikerin gegenüber.[189]

Kernqualifikation

- Ausbildungsbetrieb
- Geschäfts- und Leistungsprozesse
- Arbeitsorganisation und Arbeitstechniken
- Produkte und Marken
- Herstellen und Betreuen von Systemlösungen

Fachqualifikation

- Fachaufgaben einzelner Einsatzgebiete
  - Computersysteme
  - Festnetze
  - Funknetze
  - Sicherheitssysteme
- Instandhaltung
- Serviceleistungen
- IT-Technik
- Installation

Abbildung 6-2: Kern- und Fachqualifikationen beim Ausbildungsberuf IT-Systemelektroniker/ IT-Systemelektronikerin. Zu Beginn der Ausbildung werden vor allem die Kernqualifikationen, zum Ende der Ausbildung die Fachqualifikationen vermittelt. (vgl.: http://www.bibb.de/projekte/itberufe.htm (23.04.2000))

[188] Vgl. Konferenz der Kultusminister und –senatoren der Länder 1997, Bayerisches Staatsministerium für Unterricht, Kultus, Wissenschaft und Kunst 1997 und Kapitel 6.2.3

[189] Ausführliche Beschreibung der Ausbildungsinhalte vgl. Bundesinstitut für Berufsbildung 1998, S. 10 f., Müller, Häussler, Sonnek 1997 und Kompalka 1999, S. 14 f.

Der Tätigkeitsschwerpunkt des IT-Systemelektronikers/der IT-Systemelektronikerin ist der Service und der Support für den Kunden. Dazu müssen Informations- und Kommunikationssysteme geplant und Komponenten, Netzwerke und Softwareprogramme entsprechend den individuellen Kundenwünschen installiert werden. Außerdem muss der IT-Systemelektroniker/die IT-Systemelektronikerin in der Lage sein, auftretende Störungen durch elektrische Mess- und Prüfgeräte lokalisieren und beseitigen zu können.

6.2 Lehrplanrichtlinien für die IT-Berufe

Parallel zu der Erstellung der Ausbildungsordnungen wurden von der Ständigen Konferenz der Kultusminister der einzelnen Länder die Rahmenlehrpläne entwickelt (KMK-Rahmenlehrpläne). Diese Rahmenlehrpläne stellen die Grundlage für die Lehrpläne der einzelnen Bundesländer dar. Sowohl in den Rahmenlehrplänen, als auch in den Lehrplänen der Länder finden sich die oben angeführten Strukturmerkmale der Berufsausbildung wieder: "Die Vermittlung der Qualifikations- und Bildungsziele soll an exemplarischen, berufsorientierten Aufgabenstellungen lernfeldübergreifend, handlungs- und projektorientiert erfolgen."[190] Die Lerninhalte sind laut Rahmenlehrplan nicht einzelnen Fächern mit bestimmten Lernzielen, sondern fächerübergreifend bestimmten Lernfeldern mit relativ offenen Zielformulierungen zugeordnet. Durch die Einführung von Lernfeldern ist eine integrative Vermittlung der unterschiedlichen Lerninhalte möglich. Die im Rahmenlehrplan festgelegten elf Lernfelder sind für alle vier IT-Berufe identisch, variieren jedoch in ihrem zeitlichen Umfang entsprechend dem Ausbildungsberuf. Sie sind horizontal und vertikal miteinander verbunden. Die Lernfelder und die offene Lernzielformulierung bedeuten für den Lehrer einen großen pädagogischen Spielraum für die Gestaltung seines Unterrichts.

Der Rahmenlehrplan und die "Verordnung über die Berufsausbildung im Bereich der Informations- und Telekommunikationstechnik"[191] wird auf Landesebene in entsprechende Lehrpläne umgesetzt. In den Lehrplanrichtlinien des Bayerischen Staatsministeriums für die Fachklassen IT-Systemelektroniker/IT-Systemelektronikerin[192] erfolgt dies in Lerngebiete mit entsprechenden Lernzielen. Anstelle der bisher üblichen Fächertrennung in Fachrechnen, Fachtheorie, usw. werden im fachlichen Unterricht die Lerngebiete Englisch, Betriebswirtschaftliche Prozesse, IT-Systeme, Versorgungsnetze und IT-Anwendungen unterschieden.[193] Auch die bayerischen Lehrplanrichtlinien weisen auf die Merkmale der IT-Berufe hin: "Entsprechend den Intentionen der neuen IT-Berufe soll die Vermittlung der Lerninhalte im Rahmen der Bearbeitung praxisorientierter Geschäftsprozesse fächerübergreifend erfolgen."[194]

---

[190] Konferenz der Kultusminister und –senatoren der Länder 1997, S. 8

[191] Bundesgesetzblatt 1997

[192] Bayerisches Staatsministerium für Unterricht, Kultus, Wissenschaft und Kunst 1997

[193] Ebd., S. 3

[194] Ebd., S. 8

6.3 Konzeptionelle Beschreibung des Unterrichtsprojektes

6.3.1 Städtische Berufsschule für Informationstechnik

Seit dem Schuljahr 1997/98 werden an der Städtischen Berufsschule für Informationstechnik in München Schülerinnen und Schüler in den IT-Berufen ausgebildet. Innerhalb von drei Jahren erhöhte sich bei den IT-Systemelektronikern/IT-Systemelektronikerinnen die Anzahl der Auszubildenden in der Grundstufe von 97 auf 138 Schüler. Bei den IT-Fachinformatikern bzw. IT-Fachinformatikerinnen hat sich die Anzahl fast vervierfacht (von 58 auf 231 Schüler).

An der Städtischen Berufsschule für Informationstechnik findet der Unterricht in den IT-Berufen in Teilzeitform statt und ist als zweiwöchiger Blockunterricht organisiert. Dies bedeutet, dass drei Parallelklassen gebildet werden, die pro Schuljahr jeweils sechs Unterrichtsblöcke mit 10 Schultagen absolvieren.

Die Lerninhalte des fachlichen Bereichs sind im Verteilungsplan der Schule bestimmten Lerngebieten zugeordnet. Für den Ausbildungsberuf IT-Systemelektroniker/IT-Systemelektronikerin sind das im ersten Ausbildungsjahr: elektrotechnische Grundlagen, Informationsverarbeitung und Geschäftsprozesse, Anwendungssoftware und PC als Einzelplatz.[195] Das Lerngebiet „Informationsverarbeitung und Geschäftsprozesse" wird von StD Martin Roos mit einem zeitlichen Umfang von sieben Unterrichtsstunden pro Woche unterrichtet.[196] Dieses Unterrichtsprojekt ist Gegenstand der Teiluntersuchung A.

6.3.2 Die Klasse als Modellfirma

Entsprechend den Vorgaben der Lehrplanrichtlinien, den Unterricht an realen betrieblichen Geschäftsprozessen auszurichten, ist die Klasse als Modellfirma "ANDINA&GEPRO GmbH" organisiert.[197] Die Belegschaft der Modellfirma sind die Schüler einer Klasse. Sie sind in die Abteilungen Service, Projektierung, Einkauf und Verwaltung aufgeteilt. (siehe Abbildung 6-3). Das Ziel der Unterrichtsorganisation als lernendes Unternehmen ist es, die Geschäftsabläufe für die Schüler transparent zu machen und Fach- und Methoden-, bzw. Sozial- und Personalkompetenzen auszubilden bzw. zu fördern.

Im Laufe eines Schuljahres wird jede Abteilung der Modellfirma von jedem Schüler durchlaufen. Die verschiedenen Abteilungen des lernenden Unternehmens sind jeweils mit mehreren Rechnern ausgestattet. Alle Rechner der Klasse sind durch ein NOVEL-Netz miteinander verbunden. Da der Informations- und Datenaustausch zwischen den Abteilungen ausschließlich über das Netz erfolgt, stehen so jedem Schüler der Klasse alle vorliegenden Informationen und Gruppenergebnisse zur Verfügung.

---

[195] Vgl. Kompalka 1999, S. 40: Verteilungsplan der Lerninhalte

[196] Vgl. hierzu Unterrichtsfach: Betriebswirtschaftliche Fächer, Bayerisches Staatsministerium für Unterricht, Kultus, Wissenschaft und Kunst 1997, S. 8 f.

[197] ANDINA&GEPRO (ANaloge und DIgitale NAchrichtenübertragung & GEschäftsPROzesse); weitere Informationen unter : http://www.lrz-muenchen.de/~andina/main3.html (02.07.2002)

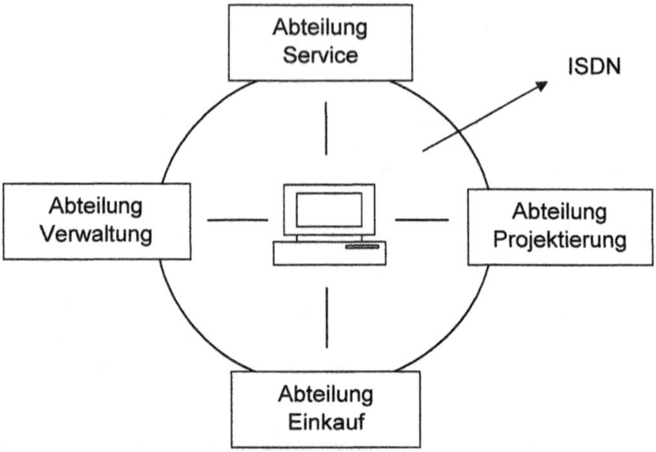

Abbildung 6-3: Struktur der Modellfirma „ANDINA&GEPRO“. In der Mitte ein zentraler Server, über den der Zugang zum ISDN-Netz möglich ist. Die vier Abteilungen sind über ein Netzwerk untereinander und mit dem zentralen Rechner verbunden.

Die Aufgabenverteilung zwischen den einzelnen Abteilungen der Modellfirma soll durch das nachfolgende Unterrichtsbeispiel verdeutlicht werden (vgl. Abbildung 6-4)

Ein Kunde möchte eine Telekommunikationsanlage von der Firma „ANDINA&GEPRO” einrichten lassen. Die Abteilung ‚Service' führt das Beratungsgespräch mit dem Kunden, geht auf seine Wünsche ein und erstellt ein Leistungsverzeichnis zum geplanten Kundenprojekt. Die Abteilung ‚Verwaltung' ist für die Kalkulation des gewünschten Kundenauftrages zuständig und erstellt gemeinsam mit den Abteilungen ‚Einkauf' und ‚Projektierung' einen Kostenvoranschlag. Außerdem hat dieses Team die Aufgabe, die Geschäftsprozesse zu kontrollieren und visuell aufzubereiten, bzw. darzustellen (zum Beispiel über das Präsentationsprogramm „Powerpoint" von Microsoft). Alle Unterlagen zum Kundenprojekt wie Installations- und Übersichtspläne, technische Dokumentationen und Stücklisten für den Einkauf werden von der Abteilung ‚Projektierung' erstellt. Das Team ‚Einkauf' ist auch für die Warenkunde zuständig und betreut das Warenlager, in dem Telefone, Kabel, Steckverbinderdosen, Installationsmaterial, usw. für die Installation vorhanden sind. Außerdem berät es die Abteilung ‚Service' bei der anschließenden Installation. Nach der Simulation des Arbeitsauftrages wird von der ‚Serviceabteilung' die Geräteinstallation auf Installationslochwänden vorgenommen, die Funktionen mit Hilfe von Messmitteln wie Oszilloskop und Logikanalysator überprüft und abschließend die Anlage dem Kunden übergeben. Der gesamte Geschäftsprozess wird von der Abteilung ‚Verwaltung' gesteuert und überwacht. Alle Tätigkeiten des durchgeführten Geschäftsprozesses werden protokolliert und sind für jeden Schüler der Klasse verfügbar.

Abteilung	Service	Projektierung	Einkauf	Verwaltung
Aufgaben	- Beratungsgespräch mit Kunden führen - Leistungsverzeichnis erstellen - Installation der Anlage - Überprüfung - Wartung	- Projektpläne erstellen - Dokumentation erstellen - Stückliste anfertigen	- Warenwirtschaft - Lagerverwaltung - Beschaffungskosten	- Kalkulation - Controlling - Wissensbank - Kostenvoranschlag erstellen - Kapazitätsplanung - Finanzplanung

Abbildung 6-4: Aufgabenverteilung zwischen den einzelnen Abteilungen der Modellfirma (vgl. Kompalka 1999, S. 46)

Die Modellfirma ist über das Internet mit weiteren Einrichtungen außerhalb der Schule verbunden. Dazu gehören auch unterschiedliche Ausbildungsbetriebe. Durch diesen Informationsaustausch zwischen den beiden dualen Partnern können Ausbildungsinhalte besser aufeinander abgestimmt, gemeinsame Projekte zwischen Ausbildungsbetrieben und Schule durchgeführt, oder Telelearning für die Schüler angeboten werden, die Unterrichtsinhalte versäumt haben.

Die Arbeitsaufträge werden den einzelnen Abteilungen mit schriftlichen Aufgabensätzen gegeben. Jeder Aufgabensatz besteht aus den Anweisungen, den Arbeits- und Lernaufträgen, und zusätzlichen Informationen zu den zu bearbeitenden Aufgabenblättern. Diese Leittexte sind Bestandteil der eingesetzten Unterrichtssoftware. Sie sind im ‚üblichen' Format von „Microsoft Word" und können so von dem unterrichtenden Lehrer an das Unterrichtskonzept angepasst und ergänzt werden.[198]

---

[198] Vgl. Anhang S. 280: Ausschnitt aus einem Arbeitsauftrag der Abteilung ‚Service'. Weitere Erläuterungen zum Unterrichtskonzept siehe Vögele 1999 und 2000

6.3.3 Räumliche Voraussetzungen, Ausstattung

Der Unterricht findet in dem Raum 3322 der Städtischen Berufsschule für Kommunikationselektronik München statt. Die Klassenzimmer sind, entsprechend den Empfehlungen aus dem Modellversuch „Fächerübergreifender Unterricht in der Berufsschule" (FügrU)[199] integrierte Fachunterrichtsräume (IFU's). Den Schülern stehen sowohl Rechnerplätze als auch Einzelarbeitsplätze ohne Rechner zur Verfügung (vgl. Abbildung 6-5).

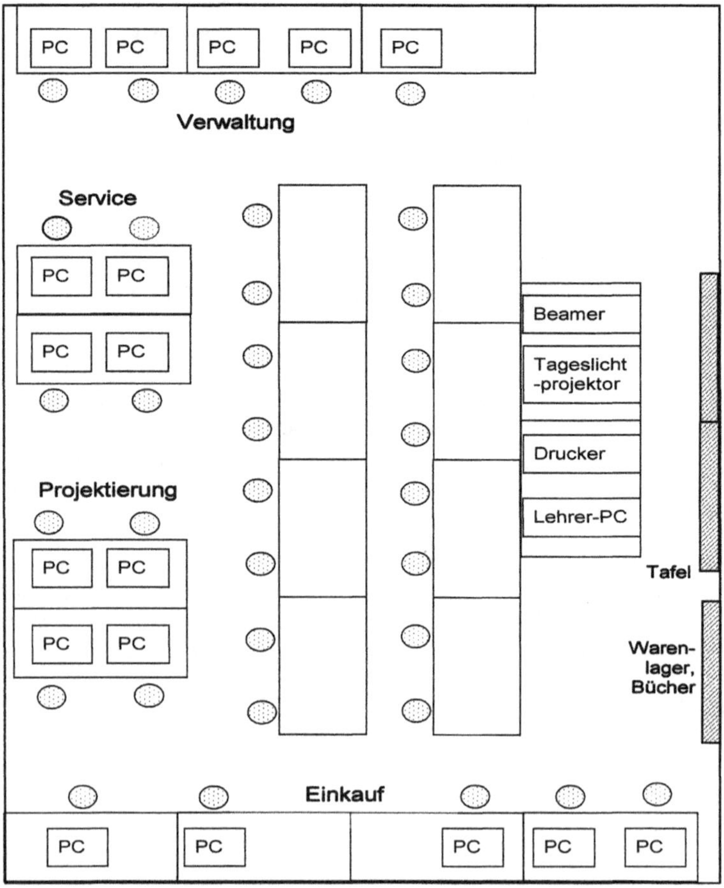

Abbildung 6-5: Klassenraum 3322 der Städtischen Berufsschule für Informationstechnik

[199] Heimerer, Schelten, Schießl 1996, S. 193 f.

Der Raum ist für eine Klassengröße von 24 Schülern ausgelegt. Das Klassenzimmer ist mit 19 Computern (Pentium 200, Arbeitsspeicher 32 MB, Festplatte 1,2 GB, 17" Monitor) ausgestattet. Auf den Rechnern ist folgende Software installiert: Windows NT 4.0, Novell-Netzwerk 4.11, Microsoft Office 97, MultiSkop-Trainer, LapLink, TK-Anlagen Konfigurationssoftware, Netscape Navigator und Produktkataloge verschiedener Hersteller. Alle Rechner sind über ein NOVEL-Netzwerk miteinander verbunden. Der freie Zugang zu dem Internet ist für alle Schüler möglich. Für instruktionsorientierte Phasen im Unterricht oder für die Präsentation von Gruppenergebnissen befinden sich in dem Klassenraum zudem eine Wandtafel, ein Tageslichtprojektor und ein Videobeamer. Die Arbeitsergebnisse können über den Netzwerkdrucker ausgegeben werden. Die eingesetzten Aufgabensätze mit den Arbeitsaufträgen können zum großen Teil selbstständig mit der Unterrichtssoftware „MultiSkop-Trainer“[200] bearbeitet werden. Ergänzt wird dieses Programm durch Informationen aus dem Internet (z.B. Produktkataloge unterschiedlicher Hersteller) oder Firmenprospekte, Kataloge und Fachliteratur. Diese Informationsquellen sind in einer Bibliothek im Klassenzimmer präsent. Für eine Umsetzung der Arbeitsaufträge steht den Schülern außerdem ein Warenlager mit umfangreichem Installationsmaterial (Anschlussdosen, Steckverbinder, Steckplatten usw.) zur Verfügung. Damit können die theoretisch erarbeiteten Schaltungen aufgebaut und überprüft werden.

6.3.4 Beschreibung der Unterrichtssoftware „MultiSkop-Trainer“

Die Schüler sollen in dem Unterrichtsprojekt alle für die Bearbeitung der Arbeitsaufträge erforderlichen Informationen weitgehend selbstständig erarbeiten. Neben den bereits angesprochenen Medien (Fachbücher, Kataloge, Leittexte, etc.) steht ihnen hierfür die Unterrichtssoftware „MultiSkop-Trainer“ zur Verfügung. Die nun folgende Beschreibung dieser Software erfolgt anhand von Inhalten aus der Digitaltechnik, da die Schüler in der Teiluntersuchung B eine digitale Schaltung mit Hilfe dieses Programms erstellen sollen.

Bei dem Programm „MultiSkop-Trainer“ (Version 4.1) handelt es sich um ein integriertes Softwarepaket, das in verschiedene Bereiche, Module und Werkzeuge gegliedert ist. Abbildung 6-6 zeigt das Startfenster des Bereichs “Elektronik und Kommunikationstechnik“. Auf der Benutzeroberfläche des Programms sind die Bereiche mit den einzelnen Modulen als Bibliotheksräume symbolisiert. Im Bereich ‚Elektronik und Kommunikationstechnik‘ können folgende Module unterschieden werden: Pulscodemodulation, Vermittlungstechnik, Schnittstellentechnik, Digitaltechnik, Multiplextechnik, SPC-Wählanlage, Datenendgeräte und öffentliche Netze, private Netze und Geschäftsprozesse. Durch Anklicken auf die entsprechenden „Knöpfe“[201] werden diese Module aufgerufen. Der Knopf über der rechten Tür führt zu Prüfungsfragen. Der über der linken Tür zum Bereich „Steuerung & Anlagen“.

[200] Siehe Kapitel 6.3.4: Beschreibung der Unterrichtssoftware

[201] Bezeichnung entspricht dem Bedienungshandbuch der Unterrichtssoftware

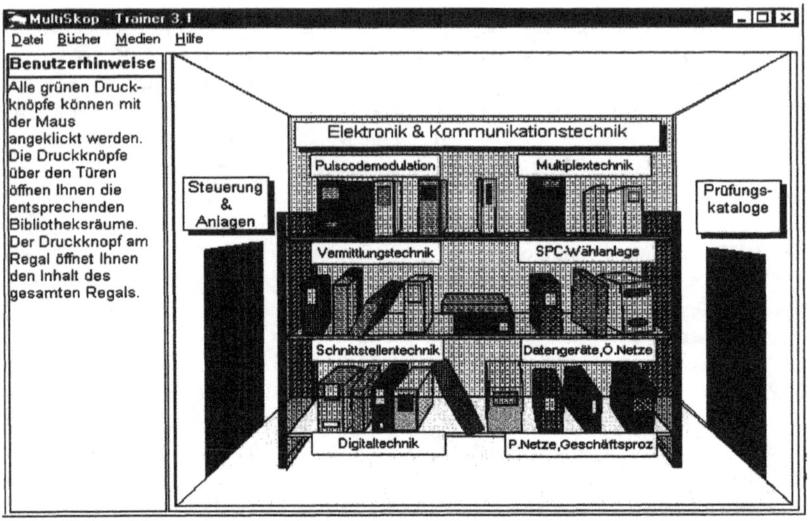

Abbildung 6-6: Startfenster des Programms „MultiSkop-Trainer" im Bereich „Elektronik und Kommunikationstechnik" mit den unterschiedlichen Modulen (z.B. Pulscodemodulation, Multiplextechnik, Vermittlungstechnik, Digitaltechnik)

Innerhalb eines Moduls (z.B. Digitaltechnik) stehen wiederum unterschiedliche Werkzeuge zur Verfügung (vgl. Abbildung 6-7). Auch diese sind teilweise als Bücher dargestellt und können durch Anklicken aktiviert werden. Auf der linken Seite des Bildschirms befinden sich Hinweise für die Bedienung des Programms. Von hier aus kann über das Startfenster zu den anderen Modulen gesprungen werden.

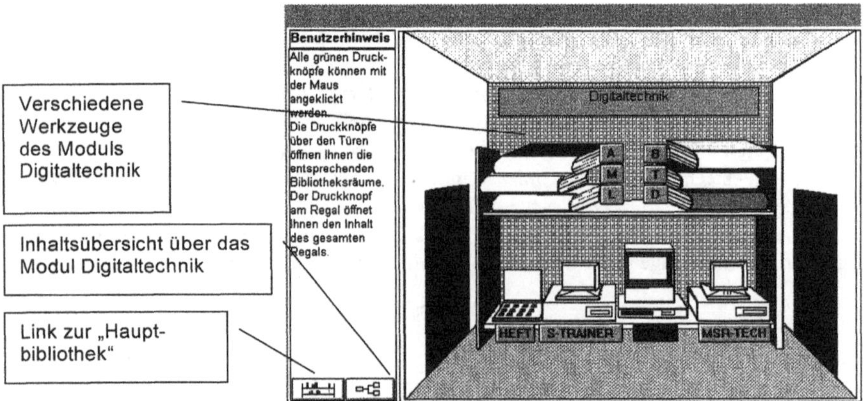

Abbildung 6-7: Modul Digitaltechnik mit den unterschiedlichen Werkzeugen (z.B. Anleitung, Lexikon, Testbuch). Tabelle mit Erläuterung der im Programm verwendeten Abkürzungen. Weitere Erläuterungen im Text.

Zur Informationsgewinnung stehen den Schülern die integrierten Werkzeuge Lexikon (L), Bildlexikon (B) Datenbuch (D), Modulbuch (M) und eine Hilfe-Funktion zur Verfügung. In dem Lexikon werden die Fachbegriffe erläutert. Dabei wird im ‚Hypertextverfahren' auf weitere Begriffe verwiesen. Das Bildlexikon stellt Bauteile und Geräte bildlich dar. Das Datenbuch bietet weitergehende technische Informationen und stellt Kenngrößen und Anschlussschemata für Bauteile dar. Durch Aufrufen des Modulbuches werden komplizierte technische Zusammenhänge mit Hilfe von Animationen (Trickfilmsequenzen) und Modellbildern veranschaulicht.

Abbildung 6-8 zeigt die Benutzeroberfläche der eingesetzten Unterrichtssoftware mit dem Fachlexikon, dem Modulbuch und dem Datenbuch. Der Zusammenhang dieser Werkzeuge soll am Beispiel einer UND-Verknüpfung verdeutlicht werden. Durch die ‚Fenstertechnik' können mehrer Werkzeuge gleichzeitig auf dem Bildschirm dargestellt werden. Die Bauelementefunktion kann dem Lexikon (oben) entnommen werden. Im Modulbuch (links) wird durch Drücken auf die unterschiedlichen Stößel eine UND-Verknüpfung simuliert. Das Anschlussschema, die Kennwerte und die Arbeitstabelle eines UND-Gatters (TTL 7408) kann dem Datenbuch (rechts) entnommen werden.

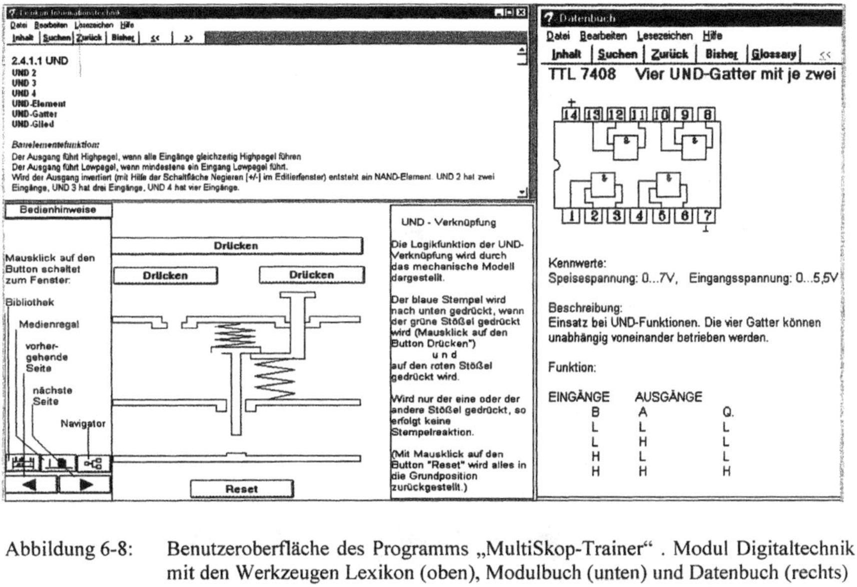

Abbildung 6-8: Benutzeroberfläche des Programms „MultiSkop-Trainer" . Modul Digitaltechnik mit den Werkzeugen Lexikon (oben), Modulbuch (unten) und Datenbuch (rechts)

Die Bedienung aller Werkzeuge und die Benutzerführung wird in der Anleitung (A) erklärt (vgl. weiterhin Abbildung 6-7). Zusätzlich bietet das Programm eine Hilfe-Funktion. Diese kann innerhalb der einzelnen Werkzeuge aufgerufen werden und bietet Informationen sowohl zu bestimmten Fachbegriffen, als auch zur Bedienung des Programms. Mit dem Schaltungstrainer (S-Trainer) können Schaltungen aufgebaut oder vom Lehrer bereits vorbereitete Schaltungen verändert werden. Für das Erstellen der Schaltungen bietet das Programm eine umfangreiche Bauteilebibliothek. Die Funktion der Schaltungen kann anschließend innerhalb verschiedener Parameter (z.B. Single-Step-Modus; vgl. Abbildung 6-9) simuliert und mit unterschiedlichen Messgeräten (z.B. Oszilloskop, Logikanalysator) analysiert werden.

Abbildung 6-9 zeigt eine mit dem Schaltungstrainer erstellte Schaltung, das Bauteilefenster und das mit dem Logikanalysator aufgezeichnete Zeitablaufdiagramm. Die Schaltung entstammt der Teiluntersuchung B (Datei ‚FUNKTION.DIG') und stellt das Verhalten der binären Grundschaltungen dar. Bei der Simulation der Schaltungsfunktion ist der Stromfluss im Simulationsplan durch die etwas helleren Linien (im Original in ‚rot' dargestellt) ersichtlich. Der Ausgang der binären Grundelemente ist durch die Kontrollleuchten ersichtlich. Das Zeitablaufdiagramm wurde mit Hilfe des Logikanalysators ermittelt.

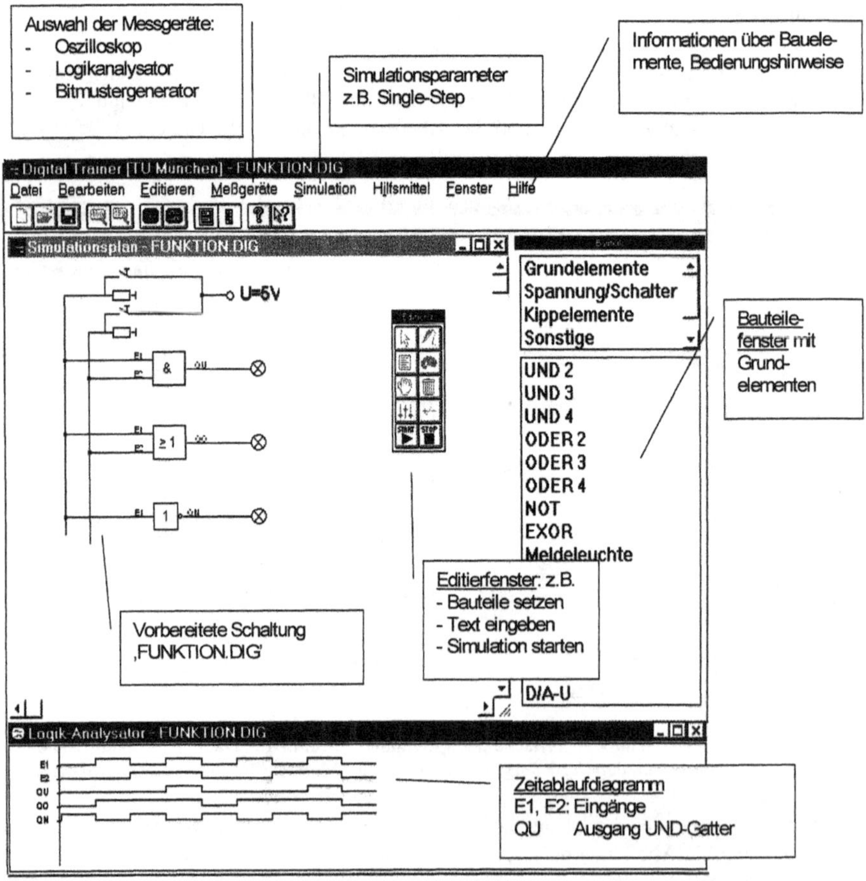

Abbildung 6-9: Simulation einer elektronischen Schaltung mit dem Programm „MultiSkop-Trainer"; Darstellung des Zeitablaufdiagramms mit dem Logikanalysator; weitere Erläuterungen im Text.

Über einen Messaufnehmer (MSR-Tech) kann ein Vergleich zwischen der Simulation mit dem Schaltungstrainer und einer real aufgebauten Schaltung erfolgen (weiterhin Abbildung 6-7). Für die Dokumentation bietet das Programm ein Arbeitsheft (Heft). Dazu lassen sich Informationen aus anderen Werkzeugen übernehmen und bearbeiten. Eine Lernzielkontrolle kann über die Testaufgaben (T) erfolgen. Diese sind als Multiple-Choice- Fragen ausgeführt. Die Einbindung von Videosequenzen (Video) ist in der Version 3.1 der Software nicht realisiert.

Das Programm MultiSkop-Trainer kann als Ganzes nicht einem bestimmten vorgestellten Programmtyp zugeordnet werden.[202] Die einzelnen Werkzeuge jedoch lassen sich wie folgt zuteilen (vgl. Abbildung 3-1): Bei dem Testbuch handelt es sich um ein Übungsprogramm. Das Datenbuch, das Lexikon, das Bildlexikon und das Modul entsprechen dem Aufbau von Hypermedia. Der Lerner kann zwischen unterschiedlichsten Informationen und Darstellungsarten auswählen. Der Schaltungstrainer ist eine Anwendungssimulation. Für den Einsatz des Programms in einem Lernarrangement muss den Lernenden eine konkrete Aufgabenstellung vorgegeben werden. Dies kann beispielsweise mit einem Leittext erfolgen.

Fehler der eingesetzten Unterrichtssoftware

Bei der Arbeit mit dem Programm „MultiSkop-Trainer“ (Version 4.1) haben sich einige Fehler und/oder zumindest ‚Eigenheiten’ des Programms gezeigt. Diese werden, soweit sie für die beiden Teiluntersuchungen relevant sind kurz beschrieben.

1. *Datenbuch*: Fehler bei dem IC TTL 74832: Die Beschreibung des Bauelements stimmt nicht mit dem Anschlussschema überein. (Beschreibung: „6 ODER-Gatter mit je zwei Eingängen“ ist falsch; TTL 74832 besitzt vier ODER-Gatter, die auch in dem Anschlussschema eingezeichnet sind)
2. *Schaltungstrainer*: Problem ‚kalte Lötstelle’: werden in dem Digitaltrainer Verbindungen nicht sauber aneinandergefügt, so entsteht eine ‚kalte Lötstelle’, d.h. ein Stromfluss kann nicht stattfinden. Diese Unterbrechung ist auf dem Bildschirm nicht ersichtlich, sondern kann nur mit Hilfe der Simulation festgestellt werden.
3. *Schaltungstrainer*: Verbindung der Gatter: In dem Digitaltrainer ist es möglich, Ausgänge verschiedener Gatter miteinander zu verbinden. Dies kann und darf in der Praxis nicht durchgeführt werden, da es zu einer Fehlfunktion der TTL-Bauelemente kommt.
4. *Schaltungstrainer*: Verhalten eines INVERTERS bei einem offenen Eingang. Ein TTL-Bauelement verhält sich bei einem nicht beschalteten Eingag so, als würde dieser auf einem „High-Pegel“ liegen. Bei der Simulation eines INVERTERS (NICHT-Gatters) wird dieses Verhalten von dem Lernprogramm falsch dargestellt.
5. Programmabsturz

[202] Vgl. Kapitel 3.3.3: Grundformen von Lernprogrammen

(1) In der Teiluntersuchung B wurden alle Schüler von dem Versuchsleiter auf den Fehler hingewiesen.[203] (2) Die Eigenheit des Programms bei der „kalten Lötstelle“ wurde von dem unterrichtenden Lehrer in den vorhergehenden Unterrichtsstunden erläutert. **Wie die Ergebnisse der Teiluntersuchung B zeigen, wirkt sich das Problem der ‚kalten Lötstelle' auf die Bearbeitung der Lernstrecke aus. Viele Schüler haben beim Erstellen der Schaltung mit dem Schaltungstrainer Schwierigkeiten, diese fehlerhaften Verbindungen zu erkennen.** (3) Die Möglichkeit, Ausgänge verschiedener Gatter miteinander zu verbinden wird in der Teiluntersuchung B von mehreren Schülern durchgeführt und nicht in Frage gestellt.[204]. Die Schüler werden in dem anschließenden Interview auf diesen Aspekt hingewiesen. Auf die Beurteilung des Lösungsvorgehens hat dies jedoch keinen Einfluss. (4) Einige Schüler versuchen in der Bearbeitung der Teilaufgabe 2.7 das Verhalten eines TTL-IC's bei einem offenen Eingang auch an einem NICHT-Gatter zu simulieren. Widerspricht das Ergebnis der Simulation eines offenen Eingas bei einem NICHT-Gatter einer bisher aufgestellten These, dann weist der Untersuchungsleiter die Schüler auf den Programmfehler hin. (5) Während der durchgeführten Erhebung kam es zu zwei Programmabstürzen. Ein Verlust von bereits erarbeiteten Ergebnissen trat nicht auf, da diese in dem Arbeitsheft mit dem Programm „Word für Windows“ festgehalten wurden.

[203] Vgl. Kapitel 9.2.2: Durchführung der Datenerhebung - Teiluntersuchung B

[204] Vgl. Kapitel 10.2: Analyse von individuellen Lernwegen

7 Forschungsmethodischer Ansatz

Dieses Kapitel geht auf den der Untersuchung zu Grunde liegenden forschungsmethodischen Ansatz ein. Kapitel 7.1 befasst sich mit den in beiden Teiluntersuchungen eingesetzten Methoden der Datenerhebung. Die Verfahren zur Aufbereitung und Auswertung der erhobenen Daten werden in dem Kapitel 7.2 angesprochen. Das anschließende Kapitel 7.3 geht auf Gütekriterien einer qualitativen Sozialforschung ein.

7.1 Eingesetzte Methoden der Datenerhebung

Das vorliegende Forschungsvorhaben ist der qualitativen Sozialforschung zuzuordnen. Qualitatives Denken lässt sich laut Mayring durch die Grundsätze ‚Subjektbezogenheit', ‚Alltagsbezug', ‚Deskription', ‚Interpretation' und ‚Verallgemeinerungsprozess' kennzeichnen.[205] Subjektbezogenheit bedeutet, dass die betroffenen Subjekte (in der vorliegenden Untersuchung sind dies vor allem die Schüler) im Mittelpunkt der Untersuchung stehen. Die Untersuchung findet dabei nicht in einem Labor statt, sondern im natürlichen Umfeld des Untersuchten (Alltagsbezug). Der Grundsatz der Deskription weist darauf hin, dass zu Beginn einer Analyse eine exakte Beschreibung des Gegenstandsbereiches erfolgen muss. Im Gegensatz zu einer quantitativen Erhebung wird bei einer qualitativen Analyse der Untersuchungsgegenstand immer auch durch eine Interpretation erschlossen. Die dabei gewonnenen Ergebnisse lassen sich zumeist nicht automatisch verallgemeinern, sondern müssen im Einzelfall begründet werden.[206]

Mayring beschreibt verschiedene Untersuchungspläne qualitativer Forschung.[207] Gemäß dieser Unterscheidung entspricht das Forschungsvorhaben weitgehend den Merkmalen einer qualitativen Evaluationsforschung. Diese gewinnt laut Mayring zunehmend an Bedeutung und wird unter anderem in der Pädagogik für Untersuchungen von Lehrplänen und neuen Unterrichtskonzepten eingesetzt. Der Grundgedanke dieses Untersuchungsplans ist: „Qualitative Evaluationsforschung will Praxisveränderungen wissenschaftlich begleiten und auf ihre Wirkungen hin einschätzen, indem die ablaufenden Praxisprozesse offen, einzelfallintensiv und subjektorientiert beschrieben werden."[208] Kriterien zur Bewertung können auch induktiv aus den beobachteten Prozessen aufgestellt werden. Die in der Praxis beteiligten Personen stehen im Mittelpunkt des Interesses und sollen selbst zu Wort kommen, bzw. an der Evaluation beteiligt werden. Die Untersuchung erfolgt in der Regel im natürlichen Umfeld und nicht in einer Laborsituation.

Wie in Kapitel 2 beschrieben, soll der Untersuchungsgegenstand möglichst umfassend und vielfältig erschlossen werden. Dies erfordert ein exploratives Vorgehen mit unterschiedlichen Zugängen und Methoden, die variabel eingesetzt und miteinander kombiniert werden. Ein explanatives Vorgehen, d.h. ein Vorgehen das Hypothesen aufstellt und diese anschlie-

---

[205] Ausführlich bei Mayring 1996, S. 9 f.

[206] Die fünf Postulate können durch die „13 Säulen qualitativen Denkens" näher spezifiziert werden, Vgl. hierzu Mayring 1996, S. 13 f.

[207] Ebd., S. 27 und S. 45

[208] Ebd., S. 46

ßend überprüft, ist für die Untersuchung der vorliegenden Arbeit weniger geeignet, da eine Analyse von individuellen Lernwegen beim Einsatz einer Unterrichtssoftware bisher kaum in empirischen Untersuchungen erhoben wurde.[209] Wie Abbildung 7-1 zeigt, werden die Daten der Untersuchungen hauptsächlich durch ganzheitliche Methoden wie die qualitative Befragung und die qualitative Beobachtung erhoben. Diese gehören nach Bortz, Mayring und anderen zu den wichtigsten Erhebungsmethoden qualitativer Sozialforschung.[210] In der vorliegenden Untersuchung werden diese Methoden noch durch die Auswertung der von den Schülern erstellten Arbeitsergebnisse ergänzt.

Methoden der Datenerhebung	**Untersuchung des Unterrichtsprojektes (Teiluntersuchung A)**	**Analyse von individuellen Lernwegen (Teiluntersuchung B)**
Qualitative Beobachtung	Teilnehmende Beobachtung *Zwei Unterrichtseinheiten mit audiovisueller Unterstützung (8.1.2.1)*	Teilnehmende Beobachtung *Vorgehen von 14 Schülergruppen mit audiovisueller Unterstützung (9.2.4.1)*
Befragung	Schriftliche Befragung *Erhebung der Schülersicht mit Fragebogen (8.1.2.2)* Schriftliche Befragung *Erhebung des Lösungsvorgehens mit Fragebogen (8.1.2.3)* Schriftliche Befragung *Erhebung der Lehrersicht mit Fragebogen (8.1.2.4)*	Problemzentriertes Interview *Befragung der Schülerpaare mit audiovisueller Aufzeichnung (9.2.4.2)*
Weitere Erhebung	Auswertung der Arbeitsergebnisse *(8.1.2.3)*	Auswertung der Arbeitsergebnisse *(9.2.4.3)*

Abbildung 7-1: Überblick über die in beiden Teiluntersuchungen verwendeten Methoden der Datenerhebung mit der jeweiligen Datenbasis (*kursiv*). Eine detaillierte Beschreibung der Erhebungsverfahren und der Durchführung der Datenerhebung erfolgt in den in Klammern angegebenen Kapiteln.

[209] Vgl. hierzu Kapitel 4

[210] Vgl. Bortz, Döring 1995, S. 283 f., Mayring 1996, S. 48 f., Flick 1995, S. 177 f.

Die Datenerhebung muss sorgfältig geplant werden.[211] Neben der Auswahl der Methoden gehören auch umfangreiche Überlegungen zur Umsetzung und eine Schulung aller an der Datenerhebung Beteiligter.[212]

7.1.1 Teilnehmende Beobachtung

In beiden Teiluntersuchungen wird die Methode der teilnehmenden Beobachtung eingesetzt. Diese Standardmethode der qualitativen Beobachtung ist besonders für Anwendungsgebiete geeignet, in denen der Gegenstand in soziale Situationen eingebettet ist, der Bereich von außen nur schwer einzusehen ist und wenn die Fragestellung eher explorativen Charakter hat.[213] Alle drei Aspekte treffen für die Untersuchung der vorliegenden Arbeit zu. In der teilnehmenden Beobachtung steht der Beobachter nicht außerhalb des zu untersuchenden Gegenstandsbereiches wie in einer nicht teilnehmenden Beobachtung, sondern nimmt selbst an der Interaktion teil. Entsprechend der Rolle des Beobachters können weitere Unterscheidungen getroffen werden: Beobachter, der sich völlig mit dem Feld identifiziert, Teilnehmer als Beobachter, Beobachter als Teilnehmer und reiner Beobachter ohne Interaktion mit dem Feld.[214] In den durchgeführten Untersuchungen entspricht die Rolle des Untersuchungsleiters gemäß dieser Einteilung einem Beobachter als Teilnehmer. Er steht den Schülern für Fragen zur Verfügung. Kromrey bezieht sich auf Friedrichs und unterscheidet darüber hinaus weitere Dimensionen bei Beobachtungen:[215] Sie können verdeckt bzw. offen, systematisch bzw. unsystematisch oder natürlich bzw. künstlich erfolgen. Entsprechend dieser Klassifizierung handelt es sich bei den in beiden Teiluntersuchungen durchgeführten Erhebungen um eine teilnehmende Beobachtung, die zudem offen, unsystematisch und weitgehend natürlich ist. Bei einer offenen Beobachtung ist dem Untersuchten klar, dass er beobachtet wird. Bei der durchgeführten Untersuchung wurden alle teilnehmenden Schüler im vorab intensiv mit den Zielen und dem Vorgehen der Untersuchung vertraut gemacht. Eine unsystematische Beobachtung ist dadurch gekennzeichnet, dass der Beobachter nicht streng nach vorher festgelegten Kriterien vorgeht. „Während bei der strukturierten Beobachtung aber der Forscher seine Beobachtungen nach einem relativ differenzierten System *im voraus festgelegter Beobachtungskategorien* aufzeichnet, sind bei der unstrukturierten Beobachtung nur mehr oder weniger *allgemeine Richtlinien*, d.h. bestenfalls grobe Hauptkategorien *als Rahmen der Beobachtung* vorhanden."[216] Da in der Untersuchung möglichst unterschiedliche Aspekte eines computerunterstützten Unterrichtskonzeptes erhoben werden sollen, werden für die Beobachtung nur sehr grobe Beobachtungskategorien aufgestellt.

---

[211] Vgl. Ellgring 1995, S. 208 und Bortz, Döring 1995, S. 248 f.

[212] Zur Schulung der an der Datenerhebung, Aufbereitung und Auswertung beteiligten Personen siehe die Kapitel 8.2.1: Aufbereitung und Auswertung der Daten der Teiluntersuchung A, Kapitel 9.1.2: Voruntersuchungen für die Teiluntersuchung B, Kapitel 9.2.3 und 9.3: Erhebung, Aufbereitung und Auswertung der Daten der Teiluntersuchung B

[213] Vgl. Mayring 1996, S. 61 f.

[214] Ausführlich bei Lamnek 1995b, S. 263 f.

[215] Vgl. Kromrey 1995, S. 258 f.

[216] Lamnek 1995b, S. 250, Hervorhebung im Original

Der Unterschied zwischen einer natürlichen und einer künstlichen Beobachtungssituation liegt in der Umgebung, in der die Untersuchung stattfindet. Eine künstliche Situation ist beispielsweise die Untersuchung des Spielverhaltens von Kindern in einem Labor anstelle einer Untersuchung auf einem Spielplatz. Die Beobachtung der Teiluntersuchung A findet im Klassenraum statt. Die Untersuchung der individuellen Lernwege in einem anderen Raum an der Schule. Die dabei eingesetzten Personalcomputer und die Unterrichtssoftware sind den Schülern vertraut. Die Gründe, weshalb die Teiluntersuchung B nicht in dem Klassenraum durchgeführt wird, hängen mit der Aufteilung der Klasse in die Abteilungen einer Modellfirma und mit den audiovisuellen Aufzeichnungen zusammen.[217] Außerdem ist es nicht möglich, im Klassenverband das individuelle Vorgehen von 14 Schülerpaaren zu untersuchen.

Die in der Untersuchung durchgeführten Beobachtungen können auch als qualitative Beobachtungen bezeichnet werden. „Qualitative Beobachtungen arbeiten mit offenen Kategorien bzw. Fragestellungen, erfassen größere Einheiten des Verhaltens und Erlebens und finden im natürlichen Lebensumfeld bei meist aktiver Teilnahme des Beobachters statt."[218] Darüber hinaus werden in einer qualitativen Beobachtung neben dem äußeren Verhalten bzw. dem Vorgehen auch die Motivations- und Bedeutungsstrukturen erschlossen, die dem Verhalten zu Grunde liegen.[219] Die Erhebung der Daten in einer teilnehmenden Beobachtung hat jedoch einen Einfluss auf die zu erhebende Situation selbst. Verschiedene Autoren weisen auf diese Beeinflussung durch die Anwesenheit eines Beobachters hin.[220]

Alle durchgeführten Beobachtungen werden in einem schriftlichen Protokoll festgehalten. Zwei beobachtete Unterrichtseinheiten der Teiluntersuchung A und das individuelle Vorgehen der 14 Schülerpaare beim Bearbeiten der Lernstrecke (Teiluntersuchung B) werden neben dem schriftlichen Protokoll durch eine **Videoaufzeichnung** festgehalten. Damit können die Beobachtungen zu einem späteren Zeitpunkt beliebig oft wiederholt und in Ruhe ausgewertet werden. Ellgring und Lamnek nennen weitere Vorteile einer audiovisuellen Aufzeichnung.[221] Übertragen auf die durchgeführte Untersuchung können diese wie folgt aufgeführt werden:

- das Vorgehen der Schüler wird ganzheitlich und vollständig erfasst, d.h. neben den Handlungen wird auch die Kommunikation aufgezeichnet. Das Vorgehen der Schüler ist somit für die Auswertung und Analyse lückenlos vorhanden.
- diese audiovisuellen Aufzeichnungen können vervielfältigt, geschnitten oder zusammengefasst werden (video editing).
- bestimmte Teilaspekte (z.B. Aufbau der Schaltung) können isoliert betrachtet und nachvollzogen werden (z.B. durch Standbild, Zeitlupe).
- flüchtige Phänomene können mit einbezogen werden.

---

[217] Vgl. Kapitel 9.1.1: Bedingungen für die Untersuchungsstrecke der Teiluntersuchung B und Kapitel 9.2.3: Durchführung der Datenerhebung der Teiluntersuchung B

[218] Bortz, Döring 1995, S. 297

[219] Vgl. ebd. S. 296 f.

[220] Vgl. hierzu auch Schunck 1993, S. 71f. oder Kromrey 1995, S. 258

[221] Vgl. Ellgring 1995, S. 203 f. und Lamnek 1995b, S. 100 f.

- Aufmerksamkeitsschwankungen des Beobachters können kompensiert werden (dies gilt für die Erhebung und Auswertung der Daten).
- Aufzeichnungen sind weitgehend objektiv, da sie alle Aspekte umfassen.

Auf die Nachteile bzw. Gefahren einer Videoaufzeichnung weisen unter anderem Atteslander, Borz oder Ellgring hin.[222] In erster Linie ist die Beeinflussung des/der Beobachteten zu nennen. So können Hemmungen auftreten, die sich beispielsweise an einer reduzierten oder veränderten Kommunikation oder an Verlegenheitsgesten äußern. Weiterhin kann eine Videoaufzeichnung dazu führen, dass sich die Beobachteten im Sinne einer *social desirability* verhalten, d.h. Antworten geben, die von ihnen ‚erwünscht' bzw. ‚erwartet' werden. Diese genannten Gefahren treten nicht nur bei audiovisuellen Aufzeichnungen auf. Die Anwesenheit eines Beobachters führt sehr häufig zu einer Beeinflussung der zu erhebenden Situation.
Ein ‚Kennzeichen' audiovisuell unterstützter Datenerhebungen sind zumeist sehr große, teilweise unüberschaubare Datenmengen. Auch dieser Aspekt sollte bei der Auswahl der Methoden zur Erhebung, Aufbereitung und Auswertung in Betracht gezogen werden.

Bei den Vorteilen einer audiovisuellen Unterstützung wurde eine weitgehende Objektivität angeführt. Dennoch zeichnet eine Kamera nur einen begrenzten Ausschnitt auf, der von der Kameraführung abhängig ist. „Zwar vermag die Kamera einen Verhaltensablauf oder eine soziale Interaktion kontinuierlicher zu registrieren als ein menschlicher Beobachter, aber auch sie deckt nur einen Bildausschnitt ab. Unmöglich kann auch eine noch so geschickte Kameraführung größere Vollständigkeit erreichen."[223]

Ellgring und andere[224] weisen darauf hin, dass die Datenerhebung sorgfältig geplant werden muss. Neben den Überlegungen zum Kamerastandpunkt etc. gehört dazu auch, eine Schulung des Beobachters vorzunehmen. Durch eine entsprechende Planung kann auch die Beeinflussung der Teilnehmer durch die Aufnahmesituation so klein als möglich gehalten werden. So sollte beispielsweise auch die Anzahl der eingesetzten technischen Geräte, der Standpunkt der Kamera oder eines externen Mikrophons bedacht werden. Lamnek nennt folgende Strategien, um eine Beeinflussung zu vermindern:[225]

1. „Schon zu Beginn der die Datenerhebung vorbereitenden Gespräche soll über das Ziel der Aufnahme, der Untersuchung und über die Nebeneffekte frei und offen gesprochen werden.
2. Dem Gesprächsteilnehmer wird das Aufnahmegerät gezeigt, erklärt, seine Funktion benannt und vielleicht probeweise überlassen, um die Scheu davor abzubauen.

---

222 Vgl. Atteslander 1993, S. 115, Bortz, Döring 1995, S. 210 f. und S. 244, , Ellgring 1995, S. 203 f. oder Kromrey 1995, S. 258

223 Ellgring 1995, S. 208

224 Ebd., S. 208 und Bortz, Döring 1996, S. 246

225 Lamnek 1995b, S. 101

3. Evtl. ist eine Vorlaufphase der Aufnahme vorzusehen und/oder die erste Aufnahmephase wird als besondere Eingewöhnungszeit betrachtet, also in der Auswertung nur begrenzt oder gar nicht berücksichtigt.
4. Optische und akustische Reize, die von den Aufnahmegeräten ausgehen, sollten weitestgehend verringert werden.
5. Die Gesprächssituation sollte trotz und wegen der Aufnahmegeräte durch den Forscher so gestaltet werden, daß die technischen Hilfsmittel in Vergessenheit geraten. Dies gelingt am ehesten, wenn aktives zuhören und Bestätigen des Gesprächspartners so dominant werden, daß die Aufzeichnung zu einem peripheren Phänomen wird.“

Die Umsetzung dieser Strategien wird an entsprechender Stelle im Kapitel 8.1.2.1 und 9.2.4.1 beschrieben.

7.1.2 Qualitative Befragung

„Qualitative Befragungen arbeiten mit offenen Fragen, lassen dem Befragten viel Spielraum beim Antworten und berücksichtigen die Interaktion zwischen Befragtem und Interviewer sowie die Eindrücke und Deutungen des Interviewers als Informationsquellen.“[226] Die Befragung kann sowohl mündlich als auch schriftlich erfolgen. Qualitative Befragungen sind beispielsweise Leitfadeninterview, problemzentriertes Interview oder narratives Interview. In der Teiluntersuchung A werden schriftliche Befragungen mit den beteiligten Schülern und mit dem unterrichtenden Lehrer durchgeführt. Die Befragung der Schüler in der Teiluntersuchung B erfolgt hingegen mündlich mit einem problemzentrierten Interview. Diese Zuordnung zum problemzentrierten Interview ist jedoch nicht eindeutig, da auch Kennzeichen eines fokussierten Interviews bzw. eines Leitfadeninterviews zutreffen. Eine eindeutige Zuordnung ist auch deshalb schwierig, da diese Methoden in der Literatur häufig nur ungenau, teilweise unterschiedlich und wenig trennscharf dargestellt werden.[227]

7.1.2.1 Schriftliche Befragung

Die Daten in der Teiluntersuchung A werden vor allem in schriftlichen Befragungen (vgl. Abbildung 7-1) gewonnen. So werden die Schülersicht zum Unterrichtsprojekt und die Bearbeitung einer Lerneinheit mit einem Fragebogen erhoben. Die Erfahrungen des unterrichtenden Lehrers mit dem Unterrichtsprojekt werden in einem Interview ebenfalls schriftlich abgefragt. Im Vergleich mit einer mündlichen Befragung hat eine schriftliche Befragung den Vorteil, dass sie anonym durchgeführt werden kann. Dadurch können mehr ‚ehrliche‘ und kritische Antworten erwartet werden.[228] Dieser Aspekt ist insbesondere bei der Beurteilung des Unterrichtsprojektes durch die Schüler wichtig.

---

[226] Bortz, Döring1995, S. 283

[227] Vgl. Bortz, Döring 1995, Flick u.a. 1995, Lamnek 1995a und b, Mayring 1996. Auf diese Unübersichtlichkeit weist auch Lamnek hin. Lamnek 1995b, S.1 f. und S. 36

[228] Vgl. Bortz, Döring 1995, S. 216

In dem Fragebogen zur Schülersicht kommen folgende Fragen zur Anwendung:[229]

1. **Geschlossene Fragen**. Geschlossene Fragen werden für die Angaben zur Schulbildung und für die Einschätzung hardwarebedingter Probleme gestellt. Die möglichen Antworten sind vorgegeben und sollen von den Schülern angekreuzt werden. Der Vorteil der geschlossenen Frage liegt in der schnellen Bearbeitung und Auswertung.
2. Bei der Frage nach den Besonderheiten des Unterrichtsprojektes handelt es sich um eine **offene Frage**. Die Schüler erhalten keine festen Antwortkategorien. Mit der offenen Frage sollen möglichst vielfältige Eindrücke und Einstellungen der befragten Schüler aufgezeigt werden. Laut Huschke-Rhein[230] soll bei offenen Fragen der Befragte schon vorab über das Thema nachgedacht und Erfahrungen gesammelt haben. Die offene Frage drückt generell eine höhere Wertschätzung gegenüber den Befragten aus als eine geschlossene.
3. Die Fragen zwei bis sechs des Fragebogens sind **Satzergänzungsfragen**.[231] Diese Fragen erfolgen nach dem Muster: „Mir gefällt der Unterricht gut, weil ..." Sie lassen sich im Vergleich mit ‚rein' offenen Fragen leichter auswerten, da die Schüler zum Argumentieren angeleitet werden. Um eine Beeinflussung der Befragten durch die Fragestellung zu verhindern und um sowohl positive als auch negative Argumente zu erhalten, werden alle Satzergänzungsfragen auch in ihrer komplementären Form gestellt („Mir gefällt der Unterricht weniger gut, weil ...").

Der Aufbau des Fragebogens entspricht dem „Prinzip des Fragetrichters".[232] Das heißt, dass zuerst weite und anschließend engere Fragen formuliert werden. Um einen Ausstrahlungseffekt der offenen Frage auf die anderen Fragen zu vermindern, wird diese vor den Satzergänzungsfragen gestellt.

Ein weiterer Fragebogen wird für die Bearbeitung der Lernstrecke eingesetzt. Dieser soll das Vorgehen jedes einzelnen Schülers während einer Unterrichtseinheit nachvollziehbar machen. Er setzt sich aus geschlossenen und offenen Fragen zusammen.[233]

Die Erfahrungen des unterrichtenden Lehrers werden in einem standardisierten Interview erhoben. Die Fragen werden ihm schriftlich gestellt und von ihm auch schriftlich beantwortet. Ein Vorteil gegenüber einem mündlichen Interview besteht darin, dass sich der Befragte für die Beantwortung mehr Zeit nehmen kann.

---

[229] Beschreibung des Fragebogens in Kapitel 8.1.2.2; vollständiger Fragebogen im Anhang S. 281 f.

[230] Vgl. Huschke-Rhein 1993, S. 56

[231] Laut Holm können diese auch als „Projektivfragen" bezeichnet werden. Er weist auf die Gefahr hin, dass bei diesen Fragen in vielen Fällen nur Klischees wiedergegeben werden. Außerdem weist er auf eine mögliche Manipulation der Befragten durch die Fragestellung hin. Vgl. Holm 1975, S. 118

[232] Vgl. Huschke-Rhein 1993, S. 58

[233] Beschreibung des Fragebogens vgl. Kapitel 8.1.2.3 und Anhang S. 289

7.1.2.2 Problemzentriertes Interview

Mayring zitiert Witzel und fasst mit dem Begriff des problemzentrierten Interview alle Formen einer offenen, halbstrukturierten Befragung zusammen.[234] Laut Flick ist sie eine Variante eines teilstrukturierten Interviews.[235] Er ordnet sie zwischen einem narrativen und einem leitfadenorientierten Interview ein, d.h. sie ist strukturierter als ein narratives aber offener als ein leitfadenorientiertes Interview. Auch das problemzentrierte Interview kann sich an einem Leitfaden orientieren, soll jedoch dem Befragten weiter reichende Antwortmöglichkeiten ermöglichen. Der Leitfaden stellt das Gerüst für die Erhebung und Auswertung der Daten dar. Damit wird auch ein Vergleich der Aussagen der Befragten möglich. Laut Mayring ist das problemzentrierte Interview besonders für folgende Anwendungsgebiete geeignet:[236] Für eine theoriegeleitete Forschung, die keinen rein explorativen Charakter hat und für eine Forschung wo schon einiges über das Thema bzw. den Gegenstand bekannt ist und wo eine Vergleichbarkeit zwischen mehreren Befragten gefordert ist. Diese Aspekte treffen für den Einsatz der Methode in der Teiluntersuchung B zu. Was den Aufwand für die Aufbereitung und Auswertung der erhobenen Daten betrifft, ist dieser bei einem problemzentrierten Interview geringer als in einem offenen Interview.

Die Fragen des eingesetzten Leitfadens werden aus einer Analyse des zu untersuchenden Problems generiert.[237] In der durchgeführten Untersuchung[238] sind dies Fragen zu den Lernzielen und über die Lernstrecke. Diese Fragen werden durch Sondierungsfragen und Ad-hoc-Fragen zum individuellen Vorgehen der Schüler ergänzt. Die Ad-hoc-Fragen gehen aus der teilnehmenden Beobachtung hervor. Mit den Sondierungsfragen soll ein Einstieg in die Thematik hergestellt werden. Dabei soll auch geklärt werden, welche Bedeutung das Thema für die Schüler hat. Weiterhin können mit den Sondierungsfragen eventuell vorhandene Hemmungen oder Vorbehalte reduziert werden.[239]

Bei Ballin und Mayring finden sich unter anderem folgende Hinweise für die Leitfadenfragen, bzw. für das Durchführen der Befragung:[240]

- Vertrauensverhältnis zwischen dem Befragten und dem Interviewer schaffen.
- das Gespräch vorsichtig führen. Dabei
  - beschreiben – nicht bewerten: z.B. Sie sind folgendermaßen vorgegangen: ..., Das habe ich beobachtet ...; Ich habe beobachtet, dass …
  - Ich-Botschaften verwenden: z.B. Auf mich wirkte das so und so ...

[234] Vgl. Mayring 1996, S. 50

[235] Vgl. Flick 1995, S. 177

[236] Vgl. Mayring 1996, S. 52 f.

[237] Ebd., S. 51 f.

[238] Vgl. Kapitel 9.2: Durchführung der Datenerhebung

[239] Vgl. Mayring 1996, S. 51 f.

[240] Vgl. Ballin 1996, S. 329 f. und Mayring 1996, S. 52 f.

- der Teilnehmer soll am Ende einer Lernsitzung seinen Lernprozess anhand konkreter Fragen reflektieren können.
- der Befragte muss frei, d.h. ohne vorgegebene Antwortalternativen und möglichst ohne Beeinflussung durch den Untersuchungsleiter antworten können.
- die Befragung muss von dem Interviewer im vorab eingeübt werden.

Die Hinweise bzw. die oben angeführten Fragen (Sondierungsfragen, Lernzielkontrollfragen, Ad-hoc-Fragen) wurden vor der Datenerhebung in mehreren Pilotuntersuchungen ausgetestet und eingeübt. Die Erkenntnisse aus diesen Pilotuntersuchungen führten zu Modifikationen bei der Formulierung der Fragen. Die weitere Beschreibung der Datenerhebung siehe Kapitel 9.2.4.

7.2 Aufbereitung und Auswertung der Daten

Zwischen der Erhebung und Auswertung der Daten liegt der Schritt der Datenaufbereitung. Mayring empfiehlt, diesen stärker zu thematisieren, da eine exakte und dem Gegenstand der Untersuchung angemessene Beschreibung ein Anliegen einer qualitativ orientierten Forschung ist.[241] Dies bedeutet, dass die Darstellungsmittel (z.B. Text, Tabellen, Prozessmodelle) und die Techniken der Protokollierung (z.B. wörtliches Protokoll, zusammenfassendes Protokoll) sorgfältig ausgewählt werden müssen. Beide müssen sich an dem zu beschreibenden Gegenstand orientieren und sollen diesen möglichst genau und verständlich wiedergeben. Dafür kann es auch notwendig sein, unterschiedliche Medien der Darstellung zu kombinieren. In der Teiluntersuchung A werden die Aussagen der Schüler zusammengefasst, einzelnen Kategorien zugeordnet und graphisch dargestellt. Zusätzlich erfolgt eine Beschreibung und Interpretation der Schüleraussagen. Die graphische Darstellung in Form von Netzstrukturen[242] erlaubt einen Überblick und erleichtert die weitere Auswertung. In der Teiluntersuchung B wird das Vorgehen der Schüler bei der Bearbeitung einer Lernstrecke in einem Protokoll mit Kommentarspalte, mit einer Symboldarstellung und verbal beschrieben, um die Bearbeitung möglichst lückenlos darzustellen. In beiden Teiluntersuchungen gehen die Schritte der Aufbereitung und Auswertung teilweise fließend ineinander über. So ist beispielsweise bei dem Ablaufprotokoll der Teiluntersuchung B eine Kommentarspalte enthalten, die das Vorgehen näher erläutert. Dies kann bereits dem Schritt der Datenauswertung zugeordnet werden.

Was bei der Erhebung und Aufbereitung angeführt wurde, gilt auch für die Auswertung der Datenbasis. Auch diese muss sich zuallererst an dem zu untersuchenden Gegenstand orientieren. „[...] kreative qualitativ orientierte Forschung bedeutet Vielfalt, nicht Einseitigkeit, bedeutet Gegenstandsbezogenheit, nicht Methodenfixiertheit.“[243] Neben quantitativen stehen verschiedene qualitative Techniken der Auswertung zur Verfügung (z.B. Phänomenologische Analyse, Typologische Analyse).

---

[241] Vgl. Mayring 1996, S. 65

[242] Vgl. die Kapitel 10.1.2.: Beschreibung der Datenaufbereitung und Auswertung und Kapitel 8.2.1: Darstellung der Untersuchungsergebnisse

[243] Mayring 1996, S. 108

Die Auswertung des qualitativen Datenmaterials der beiden Teiluntersuchungen lehnt sich an das Vorgehen einer qualitativen Inhaltsanalyse an.[244] Diese lässt sich folgendermaßen skizzieren:[245] Nach einer Sichtung der gesamten Datenbasis wird ein Kategoriensystem entwickelt, auf das hin das gesamte Material untersucht wird. Durch verschiedene interpretative Techniken werden die Ausprägungen dieser Kategorien näher definiert. Einzelfälle werden durch spezifische Merkmalskombinationen charakterisiert. Diese Einzelfallbeschreibungen werden anschließend fallübergreifend generalisiert. Die in einer qualitativen Analyse getroffenen Interpretationen müssen auch von anderen Personen nachvollzogen werden können.[246] Diesen Anspruch versucht die Untersuchung auch dadurch einzulösen, dass die Auswertung der Daten von mehreren Personen unabhängig voneinander durchgeführt und die Ergebnisse abgeglichen werden. Diese Personen legen auch gemeinsam die Kriterien für die Auswertung des Datenmaterials fest.

Einige Teilaspekte der durchgeführten Untersuchung werden auch quantitativ erfasst (z.B. wie häufig wird der Untersuchungsleiter befragt, welche Zeit benötigen die Schüler für die Lösung einer Teilaufgabe). Diese quantitativen Daten werden jedoch nur ergänzend zu den qualitativ ausgewerteten Daten betrachtet.

7.3 Gütekriterien der Untersuchung

Mit Gütekriterien soll die Qualität einer (sozialwissenschaftlichen) Forschung beurteilt werden. Im Folgenden werden einige Kriterien der qualitativen Sozialforschung vorgestellt. Eine Reflexion der in der Untersuchung gewonnenen Ergebnisse an den Kriterien erfolgt in den Kapiteln 8.3 und 9.4.

Flick und andere weisen darauf hin, dass die klassischen Gütekriterien wie Objektivität, Validität und Reliabilität nicht einfach auf die qualitative Sozialforschung übertragbar sind: „Gütekriterien qualitativer Forschung müssen neu definiert, mit neuen Inhalten gefüllt werden. Denn die Maßstäbe müssen zu Vorgehen und Ziel der Analyse passen.“[247]

Mayring beschreibt sechs allgemeine Gütekriterien der qualitativen Forschung die anschließend kurz erläutert werden:[248]

1. Verfahrensdokumentation
2. Argumentative Interpretationsabsicherung
3. Regelgeleitetheit
4. Nähe zum Gegenstand

---

[244] Eine eindeutige Zuordnung ist auch hier schwierig, da für die Auswertung auch Kennzeichen einer typologischen Analyse zutreffen.

[245] Vgl. Lamnek 1995b, S. 218, ausführlich auch bei Flick u.a. 1995, S. 209 f.

[246] Vgl. Kapitel 7.3: Gütekriterien der Untersuchung

[247] Flick zitiert nach Mayring 1995, S. 115

[248] Vgl. Mayring 1995, S. 115 f.

5. Kommunikative Validierung
6. Triangulation

(1) In der qualitativen Sozialforschung ist es unabdingbar, alle **Verfahren** der Untersuchung exakt zu dokumentieren. Dies betrifft die Explikation des Vorverständnisses, die Zusammenstellung des Analyseinstrumentariums, sowie die Methoden der Datenerhebung, Aufbereitung und Auswertung. Durch diese genaue Beschreibung soll der Forschungsprozess auch von anderen nachvollzogen werden können.

(2) Im Gegensatz zur quantitativen wird die qualitative Sozialforschung vor allem von Interpretationen dominiert. Eine **Absicherung dieser Interpretation** erfolgt argumentativ. Dies erfordert ein dem Untersuchungsziel adäquates Vorverständnis. Treten bei der Interpretation Brüche auf, so müssen diese angeführt und erläutert werden. Weiterhin ist es wichtig, auch alternative Deutungen zu suchen, bzw. zuzulassen. Bei den Interpretationsergebnissen können laut Borz die Fragen nach der Gültigkeit und der Generalisierbarkeit gestellt werden.[249] Gültigkeit fragt nach, ob sich die Gesamtinterpretation zwingend bzw. plausibel aus den Daten ableiten lässt. Die Interpretation sollte von mehreren, möglichst unabhängig voneinander stehenden Personen vorgenommen werden. Zwischen den einzelnen Ergebnissen sollte Konsens bestehen. Generalisierbarkeit prüft, ob sich die Ergebnisse auch auf andere, ähnliche Situationen transferieren lassen.

(3) Ein Kennzeichen qualitativer Forschung besteht in einer Offenheit gegenüber dem zu untersuchenden Gegenstand. Dies kann bedeuten, im Voraus geplante Analyseschritte zu modifizieren. Daraus darf jedoch nicht ein völlig unsystematisches Vorgehen resultieren. Um das Material systematisch zu bearbeiten, muss sich die Untersuchung an **Verfahrensregeln** halten.

(4) Ein weiterer Leitgedanke der qualitativen Forschungsrichtung ist die **Nähe zum untersuchten Gegenstand**. Dies wird vor allem dadurch erreicht, dass die Untersuchung möglichst an der Alltagswelt der beforschten Subjekte anknüpft. Dieser Grundsatz ‚verbietet' eine Untersuchung im Labor. Eine größtmögliche Nähe wird auch durch eine Interessenübereinkunft von beiden Seiten und durch ein offenes, gleichberechtigtes Verhältnis erreicht.

(5) **Kommunikative Validierung** bedeutet, dass die Interpretationen den Untersuchungsteilnehmern nochmals vorgelegt werden, bzw. mit ihnen diskutiert werden.

(6) Die Qualität einer Forschung kann erhöht werden, wenn mehrere Analysegänge zu dem Untersuchungsfeld geschaffen werden. Dabei ist es auch denkbar, qualitative und quantitative Zugänge miteinander zu verbinden. Der Vergleich der vielleicht auch unterschiedlichen Ergebnisse lässt eine Bewertung der Stärken und Schwächen des jeweiligen Weges zu und führt zu einem vielfältigeren Bild. Diese Verbindung mehrere Analysegänge wird als **Triangulation** bezeichnet.

---

[249] Vgl. Bortz, Döring 1995, S. 310

Obwohl oben festgestellt wurde, dass sich die Gütekriterien der quantitativen Sozialforschung nicht generell auf qualitative Untersuchungen übertragen werden können, führt Bortz[250] die Objektivität, Reliabilität und Validität bei den Gütekriterien qualitativer Sozialforschung an. Er verweist auf die Diskussionen, ob diese auch in einer qualitativen Forschung angewendet werden können.[251] Übertragen auf die durchgeführte Forschung können folgende Fragen entsprechend den Gütekriterien gestellt werden: Kommen bei dem zu untersuchenden Gegenstand unterschiedliche Forscher unter Verwendung derselben Methoden zu vergleichbaren Ergebnissen? Besteht bei den Interpretationen ein intersubjektiver Konsens? Sind die Äußerungen der Befragten authentisch und ehrlich? Wurden die Antworten durch den Untersuchungsleiter verändert? Sind die eingesetzten Methoden der Datenerhebung und Aufbereitung (z.B auch Ablaufprotokolle) geeignet, den Gegenstand valide abzubilden? Wurden diese Protokolle durch Unaufmerksamkeiten verfälscht? Besteht Konsens zwischen den an der Erhebung, Aufbereitung und Auswertung beteiligten Personen?

Ein letzter Punkt, der im Zusammenhang mit der Validität der Untersuchung angesprochen werden soll, betrifft den Gegenstand der Untersuchung. Wie in den Forschungsfragen in Kapitel 2 beschrieben, soll vor allem die Akzeptanz eines Unterrichtsprojektes und die Bearbeitung einer Lernstrecke mit den individuellen Lernwegen der Schüler untersucht werden. In diesem Unterricht, bzw. für die Lernstrecke steht den Schülern eine Lernsoftware zur Verfügung. Die Qualität dieses Programms mit den Möglichkeiten der Interaktion, den Darstellungen, den bereitgestellten Informationen etc. hat einen großen Einfluss sowohl auf die Akzeptanz des Unterrichts als auch auf die individuellen Lernwege der Schüler. Das heißt, dass die Ergebnisse der Untersuchung im Zusammenhang mit den Kennzeichen der Lernsoftware zu sehen sind.

---

[250] Ebd., S. 301 f.

[251] Z.B. bei Flick 1995 und Lamnek 1995a und Lamnek 1995b

8 Untersuchung des Unterrichtsprojektes (Teiluntersuchung A)

In der Teiluntersuchung A wird das im Kapitel 6.3 beschriebene Unterrichtsvorhaben untersucht. Dabei geht es insbesondere darum, wie dieser Unterricht von den beteiligten Schülern und dem unterrichtenden Lehrer beurteilt werden. Weiterhin soll die Bearbeitung der Aufgabenstellungen untersucht werden.[252] Diese Untersuchungsschwerpunkte sollen einen Einblick in das komplexe Unterrichtsprojekt geben und klären, ob mit Hilfe von neuen Unterrichtskonzepten und neuen Medien die Lerninhalte der IT-Berufe im Rahmen praxisorientierter Geschäftsprozesse fächerübergreifend vermittelt werden können. Um dieses komplexe Unterrichtsprojekt möglichst detailliert beschreiben und untersuchen zu können, werden unterschiedlichste methodische Zugänge miteinander kombiniert. Diese Verfahren der Datenerhebung, sowie der Aufbereitung bzw. Auswertung werden im Folgenden erläutert. Die Ergebnisse der Teiluntersuchung A können dem Kapitel 10.1 entnommen werden.

8.1 Datenerhebung

Abbildung 8-1 gibt einen Überblick über die Datenerhebung der Teiluntersuchung A. Neben den unterschiedlichen Methoden werden die Verfahren der Datenaufzeichnung, die Datenbasis (die untersuchten Klassen, bzw. der befragte Lehrer) und der Zeitpunkt bzw. Zeitraum der Datenerhebung aufgeführt.

Methode	**Verfahren**	**Datenbasis** (Klassenbezeichnungen)	**Zeitpunkt der Erhebung**
Teilnehmende Beobachtung	Handschriftliches Protokoll	K111, K121, K131	1998/99
	Audiovisuelle Aufzeichnung handschriftliches Protokoll	K122	1999/2000
Befragung der Schüler			
- Schülersicht des Unterrichts	Fragebogen	K111, K121, K131	März-Mai 1998
- Bearbeitung der Arbeitsaufträge	Fragebogen	K122	Juni 1999
Befragung des Lehrers	Schriftliches Interview	StD Martin Roos	Sept. 1998
	Schriftliches Interview		März 2000

Abbildung 8-1: Überblick über die Datenerhebung der Teiluntersuchung A

[252] Vgl. Kapitel 2: Fragestellung und Aufbau der Arbeit

Bei den teilnehmenden Beobachtungen und bei den im Vorfeld der Untersuchung durchgeführten Pilotuntersuchungen hat sich gezeigt, dass in dem komplexen Unterrichtsprojekt viele Arbeitsschritte der Schüler nicht eindeutig nachvollzogen werden können. So war es nicht möglich, die Kommunikation der Schüler über das eingesetzte Netzwerk, oder die Verwendung aller eingesetzten Medien (z.B. Unterrichtssoftware, Internet) durch eine teilnehmende Beobachtung zu dokumentieren. Um diese Vorgänge untersuchen zu können, wurde im Juni 1999 eine weitere Datenerhebung durchgeführt. Die Schüler der Klasse K122 wurden gebeten, in einem Fragebogen die Bearbeitung der Arbeitsaufträge, die Kommunikation über das eingesetzte Netzwerk und die verwendeten Medien anzugeben.[253]

8.1.1 Rahmendaten der untersuchten Klassen

Die Datenerhebung findet in vier unterschiedlichen Klassen statt (siehe Abbildung 8-1). Dabei handelt es sich ausschließlich um Klassen des Ausbildungsberufes IT-Systemelektroniker/IT-Systemelektronikerin im ersten Ausbildungsjahr. Die Schülersicht zum Unterrichtsprojekt wird in den Klassen K111, K121 und K131 im Schuljahr 1998/99 erhoben. Die Untersuchung, wie die Arbeitsaufträge von den Schülern bearbeitet werden, erfolgt in der Klasse K122 im Schuljahr 1999/2000. Die teilnehmende Beobachtung des Unterrichtsverlaufs wird in allen vier Klassen durchgeführt.

Klassen: K111, K121, K131

In den Klassen K111, K121 und K131 findet die Befragung der Schüler zum Unterrichtsvorhaben statt. Zum Zeitpunkt der Erhebung der Schülersicht (Mai 1998) besuchen insgesamt 80 Schüler diese drei Klassen. Die Klasse K111 wird von 24 Schülern, die Klassen K121 und K131 von jeweils 28 Schülern besucht. In den Klassen des Ausbildungsberufes IT-Systemelektroniker/IT-Systemelektronikerin sind auch Schüler des Ausbildungsberufes IT-Fachinformatiker/IT-Fachinformatikerin.[254] So befinden sich in der Klasse K111 drei Schüler und in der Klasse K121 sechs Schüler des Ausbildungsberufes IT-Fachinformatiker/ IT-Fachinformatikerin. Das Durchschnittsalter über alle drei Klassen hinweg beträgt 19,5 Jahre. Die Altersdifferenz in den einzelnen Klassen beträgt maximal 13 Jahre. So ist in der Klasse K111 der jüngste Schüler 17 Jahre, der älteste 30. Für die Beschreibung der Schülersicht können insgesamt 70 Fragebögen ausgewertet werden. Aus der Auswertung der Fragebögen ergibt sich folgende Verteilung der Schulabschlüsse: sieben Schüler haben einen qualifizierten Hauptschulabschluss, 52 Schüler einen mittleren Schulabschluss und 11 Schüler haben das Gymnasium abgeschlossen (vgl. Abbildung 8-2).

---

[253] Vgl. Kapitel 8.1.2.3: Befragung der Schüler – Bearbeitung der Arbeitsaufträge

[254] Eine Integration dieser Schüler in die Klassen des Ausbildungsberufes IT-Systemelektroniker/ IT-Systemelektronikerin ist durch die gemeinsamen Kernqualifikationen im ersten Jahr der Ausbildung möglich.

Klasse K122

In der Klasse K122 wird mit Hilfe eines weiteren Fragebogens und durch teilnehmende Beobachtungen das Vorgehen der Schüler bei der Bearbeitung der Arbeitsaufträge untersucht. Dabei wird auch das Kommunikationsverhalten der Schüler über das Netzwerk und die Verwendung der Medien betrachtet. Die Klasse K122 wird zum Zeitpunkt der Datenerhebung (Juni 1999) von einer Schülerin und 27 Schülern besucht. Das Durchschnittsalter beträgt 19 Jahre. Drei Schüler haben einen qualifizierenden, 25 Schüler einen mittleren Schulabschluss. Weitere Angaben über die Klasse können dem Kapitel 9.2.1 entnommen werden, da in der Klasse K122 auch die Teiluntersuchung B der Forschungsarbeit (Analyse von individuellen Lernwegen) durchgeführt wird.

Eine Übersicht über die Schulabschlüsse der befragten Schüler zeigt Abbildung 8-2.

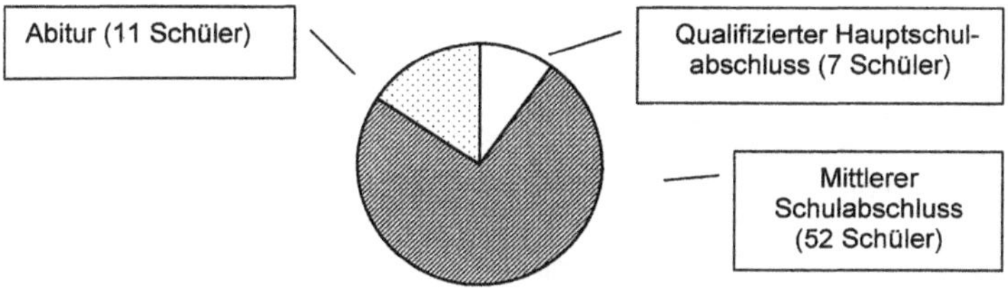

Abbildung 8-2: Schulabschlüsse der 70 befragten Schüler in den Klassen K111, K121 und K131 der Städtischen Berufsschule für Kommunikationselektronik München (1998/99)

Darüber hinaus wurden in weiteren Klassen Pilotuntersuchungen durchgeführt. So wurde beispielsweise die audiovisuelle Aufzeichnung mit zwei Videokameras in der Klasse K112 getestet.[255]

8.1.2 Methoden der Datenerhebung

Wie oben angeführt, werden in der Teiluntersuchung A unterschiedliche Methoden zur Datenerhebung eingesetzt. Diese Erhebungsverfahren und die Durchführung der Datenerhebung werden im Folgenden erläutert.

Vor Beginn der jeweiligen Untersuchung werden die Schüler von dem Versuchsleiter über den Zweck der Erhebung und die Verwendung der erhobenen Daten informiert. Dabei sollen auch Fragen der Schüler geklärt oder eventuell vorhandene Bedenken ausgeräumt werden. Sehr eindringlich werden die Schüler darauf hingewiesen, dass die Untersuchung auf keinen Fall eine Beurteilung bzw. Leistungserhebung darstellt.

[255] Vgl. Kompalka 1999, S. 60 f.

8.1.2.1 Teilnehmende Beobachtung

Die teilnehmende Beobachtung wird in dem Schuljahr 1998/99 in den Klassen K111, K121 und K131 und im Schuljahr 1999/2000 in der Klasse K122 durchgeführt. Bei diesen Klassen handelt es sich um das erste Ausbildungsjahr im Ausbildungsberuf IT-Systemelektroniker/ IT-Systemelektronikerin. Die Klassen K111, K121 und K131 sind Parallelklassen, d.h. sie kommen entsprechend der Organisation des Unterrichts in geblockter Form jeweils für zwei Wochen an die Städtische Berufsschule für Informationstechnik. Im Anschluss daran sind sie für vier Wochen in der betrieblichen Ausbildung und die Parallelklassen besuchen die Berufsschule. Alle Unterrichtsbeobachtungen finden ausschließlich im Lerngebiet „Informationsverarbeitung und Geschäftsprozesse“ bei StD Martin Roos statt. In der Klasse K122 ist in einigen Unterrichtsstunden als weiterer Lehrer StR Bernd Reiber anwesend. Die Beobachtungen werden von dem Autor und von Studierenden des Lehramtes an beruflichen Schulen durchgeführt. Dabei werden der Verlauf einer Unterrichtseinheit mit den Arbeitsaufträgen und den Arbeitsergebnissen, sowie das Arbeitsverhalten der Schüler festgehalten. Die Aufzeichnungen werden handschriftlich vorgenommen. Eventuelle Unklarheiten werden nach der Unterrichtseinheit mit dem Lehrer besprochen. Da bei einer handschriftlichen Protokollierung nicht alle Aktivitäten der Schüler, vor allem aber die Kommunikation der Schüler nicht vollständig erfasst werden kann, werden zwei Unterrichtseinheiten audiovisuell aufgezeichnet. Diese Aufzeichnungen finden am 10. und am 24. Juni 1999 in der Klasse K122 statt. Die Aufzeichnung am 10. Juni erfolgt mit zwei Videokameras, wobei eine Kamera auf den gesamten Klassenraum gerichtet ist. Die andere Kamera nimmt nur die Schüler der Abteilung ‚Service' auf. Durch ein externes Mikrophon, das an der Decke befestigt ist und sich in einem Abstand von ca. einem Meter über dem Arbeitsplatz der Schüler befindet, wird die verbale Kommunikation der Schüler festgehalten. Die Videoaufzeichnung am 24. Juni erfolgt mit einer Videokamera, die das Klassenzimmer in der Totalen erfasst.

8.1.2.2 Befragung der Schüler – Schülersicht des Unterrichts

Das Ziel der Befragung ist, einen Einblick in die Schülersicht des Unterrichts zu bekommen. Die Schüler sind, entsprechend einer konstruktivistischen Lernauffassung Subjekt des Unterrichts. Ihre Sichtweise ist für eine Beurteilung des Unterrichtsprojektes die wichtigste. Die Befragung erfolgt schriftlich durch einen Fragebogen. Diesem wurde gegenüber einem Interview der Vorzug gegeben, da eine schriftliche Befragung von den Befragten anonymer erlebt wird und dadurch mehr ‚ehrliche' und kritische Antworten erwartet werden können.[256]

Wie im Kapitel 7.1.2.1 beschrieben, entspricht der Aufbau des Fragebogens dem „Prinzip des Fragetrichters“. Nach zwei geschlossenen Fragen (Schulabschluss und Einschätzung der hardwarebedingten Probleme) werden eine offene Frage (Frage 1) und dann die engeren Satzergänzungsfragen (Fragen 2 bis 6) gestellt.[257] Mit der Einschätzung der hardwarebedingten Probleme soll eine Relation zu den anderen Schüleraussagen hergestellt werden, da im Schuljahr 97/98 der Unterricht häufig durch Programmabstürze oder durch andere Schwierigkeiten mit den Rechnern oder dem Netzwerk gestört wurde.

---

[256] Vgl. Kapitel 7.1.2.1: Schriftliche Befragung

[257] Ebd.

Die weiteren Fragen lauten:[258]

1a) Das Besondere an diesem Unterricht ist:

2a) Mir gefällt dieser Unterricht im Vergleich zum herkömmlichen[259] Unterricht besser, weil ...

2b) Mir gefällt dieser Unterricht im Vergleich zum herkömmlichen Unterricht weniger gut, weil ...

Die Klasse ist in diesem Unterricht in Arbeitsgruppen, entsprechend den Geschäftsabteilungen einer Übungsfirma aufgeteilt.

3a) Ich finde diese Aufteilung gut, weil ...

3b) Ich finde diese Aufteilung weniger gut, weil ...

4a) Ich finde, daß die Inhalte dieses Unterrichts für meinen Beruf wichtig sind, weil ..

4b) Ich finde, daß die Inhalte dieses Unterrichts für meinen Beruf weniger wichtig sind, weil

5a) Das Arbeiten mit der Lernsoftware „Multiskop" spricht mich an, weil ...

5b) Das Arbeiten mit der Lernsoftware „Multiskop" spricht mich weniger an, weil ...

6a) Ich empfinde es als angenehm, im Unterricht weitgehend selbständig arbeiten zu können, weil ...

6b) Ich empfinde es als unangenehm, im Unterricht weitgehend selbständig arbeiten zu müssen, weil ...

Die offene Frage 1 soll zu möglichst vielen Aspekten führen. Um den Ausstrahlungseffekt auf die anderen Fragen zu vermindern, wird diese Frage vor den Satzergänzungsfragen gestellt. Um die Möglichkeit einer Beeinflussung der Befragten durch die Fragestellung zu verhindern und um sowohl positive als auch negative Argumente zu erhalten, werden diese Fragen auch komplementär gestellt.[260]

In der Einführung des Fragebogens werden die Schüler darauf hingewiesen, dass die Anzahl ihrer Antworten beliebig sei und dass sich positive und negative Argumente in einer Fragestellung keinesfalls ausschließen.

Die Daten werden in den Klassen K111, K121, und K131 durch den Autor erhoben. Dies erfolgt im Deutschunterricht, direkt im Anschluss an die beschriebene Unterrichtseinheit.

---

[258] Vollständiger Fragebogen vgl. Anhang S. 281 f.

[259] Vor Beginn der eigentlichen Datenerhebung wurde den Schülern erläutert, dass es sich hierbei um einen Frontalunterricht handelt. Siehe unten.

[260] Vgl. Kapitel 7.1.2.1: Schriftliche Befragung

Vor der eigentlichen Erhebung fand jeweils eine ausführliche Einführung statt, in der die Schüler deutlich darauf hingewiesen wurden, dass die Befragung sich nur auf das Unterrichtsprojekt im Lerngebiet „Informationsverarbeitung und Geschäftsprozesse“ bei StD Martin Roos bezieht. Die Hinweise zum Ausfüllen des Fragebogens wurden mit einer Projektionsfolie anhand eines Beispiels verdeutlicht.[261] Alle Fragen des Fragebogens wurden gemeinsam durchgegangen. Dabei wurden auch eventuelle Unklarheiten (z.B. Frage 2: Definition eines „herkömmlichen Unterrichts“) erläutert. Das Ausfüllen der Fragebögen dauerte zwischen 15 und 25 Minuten. Die Möglichkeit bei eventuellen Unklarheiten nachzufragen, wurde von den Schülern kaum in Anspruch genommen.

Die Datenerhebung fand folgendermaßen statt:

Klasse K121: 24. und 29. März 1998, 25 Fragebögen

Da die Schüler mit einem gymnasialen Bildungsabschluss vom Deutschunterricht der Berufsschule befreit sind, wurden sieben der 25 Fragebögen in der darauf folgenden Unterrichtseinheit am 29. März ausgefüllt. Vor der Erhebung fand in dem zu bewertenden Unterricht eine Diskussion über das Unterrichtsprojekt statt. Dabei wurde das Konzept von einigen Schülern massiv kritisiert. An der Diskussion beteiligten sich rund 10 Schüler und der unterrichtende Lehrer. Alle anderen Schüler der Klasse waren anwesend, diskutierten jedoch nicht mit.[262]

Klasse K 131: 8. Mai 1998, 27 Fragebögen

Die Schüler mit gymnasialem Bildungsabschluss wurden bei dieser Erhebung gebeten, bis zum vollständigen Ausfüllen des Fragebogens in dem Klassenraum zu bleiben. In dem der Datenerhebung vorausgehenden und zu beurteilenden Unterricht ‚gelang‘ es einer Schülergruppe das Computersystem abstürzen zu lassen. Dadurch war ein regulärer Unterricht über längere Strecken nicht möglich.

Klasse K111: 22. Mai 1998, 21 Fragebögen

In dem zu beurteilenden Unterricht wurde ein Leistungstest geschrieben. Die Ergebnisse sollten von den Schülern auf einem zentralen Rechner abgelegt werden. Dabei hatten einige Schüler Schwierigkeiten mit dem Abspeichern der Testergebnisse auf dem Rechner.

8.1.2.3 Befragung der Schüler - Bearbeitung der Arbeitsaufträge

Wie oben bereits beschrieben, hat sich bei den durchgeführten Unterrichtsbeobachtungen gezeigt, dass trotz der Aufzeichnung mit zwei Videokameras die Bearbeitung der einzelnen Arbeitsaufträge in den Arbeitsteams nicht vollständig nachvollzogen werden kann. Dies ist vor allem auf die Komplexität der vermittelten Unterrichtsinhalte, die sehr offen formulierten Arbeitsaufträge, auf die Gruppengröße der einzelnen Abteilungen mit bis zu acht Schülern und auf die Kommunikation über das Netzwerk zurückzuführen. Deshalb wurde in der Klasse K122 eine zusätzliche schriftliche Befragung durchgeführt.

---

[261] Vgl. auch Hinweise auf dem Fragebogen, Anhang S. 281

[262] Vgl. Kapitel 8.3.1.2: Reflexion der eingesetzten Methoden

In der dreistündigen Unterrichtseinheit am 24. Juni 1999 sollen die Schüler Geschäftsprozesse graphisch darstellen. Dieses Lernziel ist dem Lerngebiet „Informationsverarbeitung und Geschäftsprozesse“ zuzuordnen. Über entsprechende Leittexte[263] und Arbeitsblätter, die Teil der eingesetzten Unterrichtssoftware sind, bekommen die einzelnen Abteilungen der Modellfirma „ANDINA&GEPRO“ die Arbeitsaufträge. Diese sollen von den Schülern selbstständig bearbeitet werden. Für die Informationsgewinnung stehen ihnen die Unterrichtssoftware „MultiSkop-Trainer“, Informationen aus dem Internet, Fachbücher, Fachzeitschriften und Kataloge mit elektronischen Bauelementen zur Verfügung.[264]

Die Datenerhebung findet schriftlich mit einem Fragebogen statt (siehe Abbildung 8-3). Darin soll das Lösungsvorgehen in der beschriebenen Unterrichtseinheit dokumentiert werden. Die einzelnen Schüler sollen beschreiben, welchen Arbeitsauftrag sie bearbeitet haben und wie die Kooperation (Kommunikation und Datenaustausch) innerhalb der Abteilungen erfolgte. Außerdem werden sie gebeten, die Wege der Informationsgewinnung (z.B. Unterrichtssoftware, Internet, ...) anzugeben.

Zu Beginn der Unterrichtseinheit (10.10 Uhr) werden die Schüler von dem Autor auf die im Anschluss an die Unterrichtseinheit stattfindende Befragung hingewiesen. Da sich Schüler und Versuchsleiter von der Datenerhebung der Teiluntersuchung B bereits kennen, wird auf eine persönliche Vorstellung und Beschreibung des Modellversuchs verzichtet. Am Ende der Unterrichtseinheit (12.30 Uhr) wird der Aufbau des Fragebogens erläutert und auftretende Fragen geklärt. Die Schüler werden gebeten, den Fragebogen vollständig auszufüllen und die erzielten Arbeitsergebnisse beizuheften. Um die Vollständigkeit der Fragebögen kontrollieren zu können, sollen die Schüler ihren Namen auf dem Fragebogen angeben. So soll gewährleistet werden, dass jeder Schüler den Fragebogen abgibt. Damit jedoch die Auswertung anonym erfolgen kann, wird der Name nach der Erhebung abgetrennt. Auf dem Fragebogen ist dies durch die gestrichelte ‚Schneidelinie‘ dargestellt.

[263] Beispiel für einen Arbeitsauftrag der Abteilung ‚Service‘ siehe Anhang S. 280, komplette Aufgabensätze für die Unterrichtseinheit vom 24.06.99 siehe Kompalka 1999, S. 22-67

[264] Vgl. Kapitel 6.3: Beschreibung des Unterrichtsprojektes

Name: ____________________ Klasse: ________ Datum: __________

Befragung über die Unterrichtseinheit

1. In welcher **Abteilung** sind Sie bei ‚Andina & Gepro' beschäftigt?

   ❑ Service ❑ Projektierung ❑ Verwaltung ❑ Einkauf

2. Welche **Arbeitsaufträge** haben Sie in der Unterrichtseinheit bearbeitet?

   ____

   ____

   ____

3. a) Haben Sie mit **anderen Abteilungen** zusammengearbeitet?
   b) Wie erfolgte die **Zusammenarbeit** (über das **Netz** oder **persönlich**)?
   c) Welche **Daten** haben Sie ausgetauscht?

Abteilung	**Netz**	**pers.**	**Daten**
❑ Service	❑	❑	______________
❑ Projektierung	❑	❑	______________
❑ Verwaltung	❑	❑	______________
❑ Einkauf	❑	❑	______________

4. Haben Sie mit jemandem aus Ihrer **eigenen Abteilung** zusammengearbeitet?

   ❑ ja, mit ____ Mitarbeitern ❑ nein

5. a) Woher haben Sie die **Informationen** für das Lösen der Arbeitsaufträge?
   b) Welche Informationen sind das?

   ❑ Multiskop-Trainer: ______________________

   ❑ Internet: ______________________

   ❑ Andere: ______________________

Drucken Sie bitte Ihre Arbeitsergebnisse aus und heften Sie diese an den Fragebogen.

Vielen Dank!

Abbildung 8-3: Eingesetzter Fragebogen für die Ermittlung der Arbeitsaufträge, der Zusammenarbeit und der eingesetzten Medien (verkleinert dargestellt). Erläuterungen im Text.

8.1.2.4 Befragung der Lehrkraft

Mit dem unterrichtenden Lehrer werden zwei schriftliche Befragungen durchgeführt. Die erste Befragung findet rund ein Jahr nach Beginn des Modellversuchs am 29. Oktober 1998 statt. Das zweite Interview wird Ende des Modellversuchs am 27. März 2000 geführt. Das Ziel der Befragung ist es, die wichtigsten Erfahrungen des unterrichtenden Lehrers zusammenzufassen. Die Fragen für das erste Interview basieren auf der teilnehmenden Beobachtung. Die Fragen des zweiten Interviews orientieren sich an den Fragen 1, 4 und 5 der ersten Befragung, um eventuelle Entwicklungen bzw. Veränderungen deutlich zu machen.

Fragestellung des Interviews am 29. Oktober 1998

- *Was sind die wichtigsten Erfahrungen, die Sie im ersten Jahr mit „Ihrem" Unterrichtskonzept gemacht haben?*
- *Welche davon lassen sich allgemein auf computerunterstützten Unterricht übertragen?*
- *Wie beurteilen Sie den Einsatz einer multimedialen Lernsoftware für den Unterricht? Welche Vorteile/ Nachteile/ Gefahren sehen Sie?*
- *Wo traten in dem vergangenen Schuljahr die größten Probleme auf?*
- *Was wollen Sie im kommenden Schuljahr an der Organisation des Unterrichts verändern?*

Fragestellung des Interviews am 27. März 2000

- *Was sind die wichtigsten Erfahrungen, die Sie im Laufe des Modellversuchs mit „Ihrem" Unterrichtskonzept gemacht haben?*
- *Wo traten die größten Probleme auf?*
- *Welche Veränderungen wurden vorgenommen, bzw. führten zu einer Verbesserung des Unterrichts?*

Die Fragen wurden dem unterrichtenden Lehrer per Email übermittelt. Auch die Beantwortung erfolgte schriftlich und wurde per Email übersandt.

8.2 Aufbereitung und Auswertung der Daten

Bei einer ersten Betrachtung des umfangreichen Datenmaterials hat sich gezeigt, dass insbesondere die Beurteilung des Unterrichtsprojektes durch die Schüler und die schriftlich durchgeführte Erhebung, wie die Arbeitsaufträge einer Unterrichtseinheit bearbeiten werden, aufschlussreiche Ergebnisse erwarten lassen. Deshalb liegt auch der Schwerpunkt der weiteren Auswertung auf diesen Auswertungssträngen. Die während der teilnehmenden Beobachtung erstellten Protokolle werden in Verbindung mit den audiovisuellen Aufzeichnungen exemplarisch für eine Verlaufsbeschreibung herangezogen. Die Auswertung und die Ergebnisse der weiteren Unterrichtsbeobachtungen können der Arbeit von Kompalka[265] entnommen werden.

---

[265] Vgl. hiezu Kompalka, S. 66-81

8.2.1 Schülersicht des Unterrichtsprojektes

Die Aussagen der Schüler zu dem Unterricht im Lernfeld „Informationsverarbeitung und Geschäftsprozesse“ werden entsprechend den einzelnen Fragestellungen in strukturellen Netzwerken abgebildet. Neben dieser graphischen Darstellung findet eine ergänzende Beschreibung der Schüleraussagen statt. Diese greift auf die einzelnen Schüleräußerungen und auf das Netzwerk zurück und soll gewährleisten, dass die Meinungen der Schüler möglichst genau wiedergegeben werden. Zur Verdeutlichung werden in der ergänzenden Beschreibung einzelne Schüleräußerungen zitiert.

Wie in Kapitel 8.1.2.2 beschrieben, findet die Erhebung in den Klassen K111, K121 und K131 statt. Von den insgesamt 80 Schülern wurden 70 Fragebögen ausgefüllt, bzw. abgegeben. Davon können zwei Fragebögen nur zum Teil ausgewertet werden, da die Aussagen unvollständig sind oder nicht nachvollzogen werden können.

Die Auswertung der Sondierungsfragen (Schulabschluss und Einschätzung der hardwarebedingten Probleme) erfolgt quantitativ. Die Verteilung der Schulabschlüsse ist bereits in den Rahmendaten der Klassen (vgl. Kapitel 8.1.1) beschrieben. Das Ergebnis der „hardwarebedingten Probleme“ wird im Kapitel 10.1.2 dargestellt.

Die Aufbereitung und Auswertung der Fragen 1 bis 6 erfolgt in mehreren Schritten. Da ein Vergleich zwischen den einzelnen Klassen nicht durchgeführt werden soll, werden alle Schüleraussagen der drei Klassen entsprechend den einzelnen Fragen gebündelt und transkribiert.[266] Unsachliche Schüleraussagen, oder Äußerungen, die in keinem Zusammenhang mit der Fragestellung stehen werden nicht übernommen. Diese Aussagen werden durch einen Platzhalter gekennzeichnet. Fehler in der Rechtschreibung und in der Grammatik werden korrigiert. Werden in einer Schülerantwort zwei Aspekte genannt, so werden zwei Teilantworten gebildet. Bei den Fragen 2 bis 6 erfolgt bereits bei der Transkription eine Aufteilung entsprechend der positiv und negativ gestellten Fragestellung.Vereinzelt kommt es vor, dass beispielsweise bei der positiven Fragestellung eine negative Aussage angeführt wird. Ist dies eindeutig erkennbar, dann wird diese Schüleraussage der negativen Fragestellung zugeordnet.[267]

Um eine übersichtliche Darstellung der Schüleraussagen zu ermöglichen, werden in einem nächsten Auswertungsschritt diese Schüleräußerungen in bestimmten Kategorien gebündelt. Damit kann eine übersichtliche Darstellung in einem Netz erreicht werden. Diese Kategorien ‚bilden‘ sich aus einer ersten Betrachtung des gesamten Datenmaterials. Dabei werden für die einzelnen Kategorien bestimmte Kriterien für die Zuordnung der Schüleraussagen festgelegt.[268] Am Beispiel der Frage 6 (selbstständiges Arbeiten im Unterricht) soll diese Zuordnung der einzelnen Schüleräußerungen zu den gebildeten Kategorien verdeutlicht werden.[269]

[266] Vgl. Anhang, S. 283 f.: exemplarische Darstellung der Schüleraussagen zur Frage 6; alle Schüleraussagen der Fragen 1 bis 6 siehe Lorenz 1999, S. 81-111

[267] Vgl. Anhang S. 286 f.: Kategorienbildung und Zuordnung der einzelnen Schüleraussagen

[268] Vgl. Auswertung der Frage 1 und exemplarische Darstellung der Auswertung von Frage 6 im Anhang S. 283 f.

[269] Vgl. Kapitel 10.1.1.6 mit Abbildung 10-7 und Anhang S. 283 f.

Die festgelegten Kategorien müssen den Inhalt der Aussagen möglichst genau wiedergeben. Eine zu große Anzahl an unterschiedlichen Kategorien würde allerdings die Übersichtlichkeit des Netzes erschweren. In mehreren Durchläufen werden nun die Schüleraussagen passenden Kategorien zugeordnet. Dabei werden auch neue Kategorien gebildet, oder andere zusammengefasst. Diese Zuordnung setzt eine Interpretation der Schüleraussagen voraus. Deshalb ist es notwendig, dass die mit der Auswertung beschäftigten Personen mit dem Unterrichtsprojekt sehr genau vertraut sind. Um die Güte der Untersuchung zu erhöhen, wurde die Kategorienbildung und Einteilung der Schüleraussagen unabhängig von zwei Personen durchgeführt. Die Ergebnisse wurden anschließend diskutiert und abgeglichen. Bei Unstimmigkeiten wurde dieser Auswertungsschritt wiederholt oder eine weitere Person hinzugezogen.

Auswertung der Frage 1

In der offen gestellten Frage nach den Besonderheiten des Unterrichts werden von den 68 Schülern insgesamt 187 Argumente angeführt. Diese Schüleraussagen werden in 15 Kategorien eingeteilt. Diese Kategorien werden teilweise auch für die Auswertung der weiteren Fragen verwendet, um eine bessere Vergleichbarkeit zu erreichen. Für die Kategorienbildung und die Einteilung der Einzelaussagen werden alle Schüleräußerungen einzeln ausgedruckt und mit Hilfe einer großen Pinnwand in mehreren Durchläufen sortiert. Im Gegensatz zu der Auswertung der Fragen 2 bis 6 können bei dieser Frage die Schüleräußerungen nicht eindeutig positiven oder negativen Antwortkategorien zugeteilt werden. Viele Schüleräußerungen sind ‚neutral' formuliert und werden dementsprechend zugeordnet.[270] So können auf die erste Frage nach den Besonderheiten des Unterrichts beispielsweise 17 Schüleräußerungen der Kategorie »Teamarbeit« zugeordnet werden (vgl. Abbildung 8-4). 16 davon sind neutral formuliert (z.B. „Teamarbeit in vier verschiedenen Gruppen"), eine eindeutig positiv („Gruppenarbeit finde ich gut").

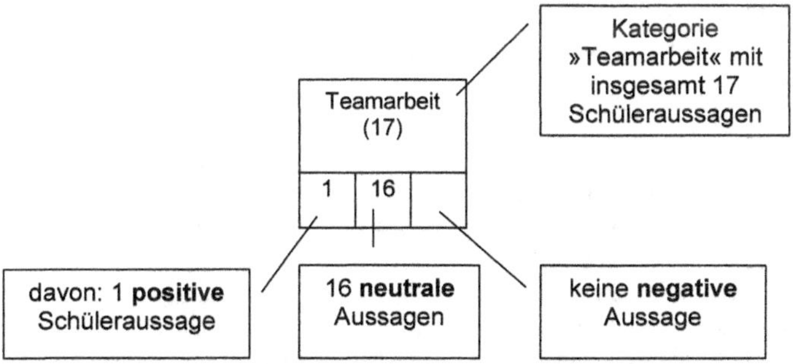

Abbildung 8-4: Ausschnitt aus dem Netz zur Frage 1: Besonderheiten des Unterrichts; Erklärung im Text

[270] Vgl. Kapitel 10.1.2.1: Besonderheiten des Unterrichtskonzeptes

Auswertung der Fragen 2 bis 6

Bei den Fragen 2 bis 6 ist die Zuordnung der Schüleraussagen in positive oder negative Kategorien durch die polarisierte Fragestellung bereits vorgegeben.

Das Bilden der Kategorien, bzw. die Zuordnung der einzelnen Schüleräußerungen zu den Kategorien soll exemplarisch bei Frage 6 aufgezeigt werden. Von den Schülern werden auf die positiv formulierte Frage nach dem selbstständigen Arbeiten (*Ich empfinde es als angenehm, im Unterricht weitgehend selbständig arbeiten zu können, weil ...)* insgesamt 100 Argumente angeführt, auf die negative Fragestellung (*Ich empfinde es als unangenehm, im Unterricht weitgehend selbständig arbeiten zu müssen, weil ...)* insgesamt 47 Aussagen.[271] Aus diesen Aussagen werden zehn unterschiedlichen Kategorien gebildet.[272] Von den 100 positiv formulierten Schüleraussagen können 96 den positiven Kategorien zugeordnet werden. Drei der restlichen vier Aussagen sind unklar; eine Aussage ist negativ formuliert und wird der negativen Fragestellung zugeordnet. Die Anzahl der Aussagen ist in der jeweiligen Kategorie in Klammern angegeben und durch die Pfeilstärke graphisch verdeutlicht. In der positiven Kategorie »Bezug zum Beruf vorhanden« (siehe Abbildung 8-5) sind folgende sieben Schüleraussagen auf die positiv formulierte Frage gebündelt:

6a) Ich empfinde es als angenehm, im Unterricht weitgehend selbstständig arbeiten zu können, weil ...

- man dadurch sehr gut auf das Berufsleben vorbereitet wird
- ich muss in meiner Firma auch sehen, wo ich bleibe. Das ist auch richtig!
- in der Arbeit auch sehr viel selbstständig gearbeitet wird
- es später nicht anders sein wird
- wir in unserem Beruf nie auslernen werden und uns selbstständig in neue Technologien einarbeiten müssen
- es mir dann auch in anderen Bereichen leichter fällt selbständig zu sein
- ich später selbständiger mir Material und Informationen erarbeiten kann

Die Aussagen der Schüler zu der negativ gestellten Frage finden sich in den negativen Kategorien wieder (z.B. drei Äußerungen in der Kategorie »Kontrollen fehlen«). Zwischen der positiven und negativen Fragestellung sind in dem Diagramm die Doppelkategorien angeordnet. Hier stehen sich die positiven und negativen Schüleraussagen gegenüber. So wird beispielsweise das selbstständige Arbeiten in 17 Schüleraussagen als effektiv bezeichnet. Diesen positiven Aussagen stehen hingegen sechs entgegen, die das selbstständige Arbeiten als weniger effektiv bezeichnen

---

[271] Vgl. Anhang S. 286 f. und Abbildung 10-7. Alle Schüleraussagen zur Frage 6 siehe Anhang S. 283 f.

[272] Zuordnung aller positiv formulierten Schüleraussagen der Frage 6 zu den entsprechenden Kategorien siehe Anhang S. 286 f.

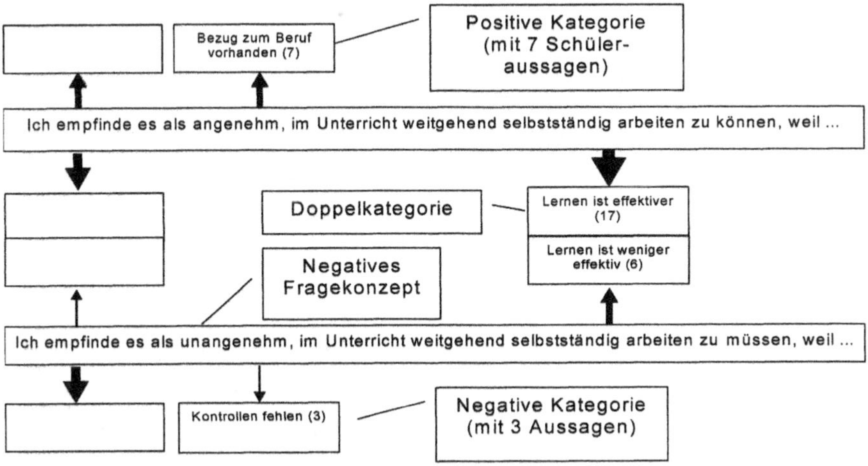

Abbildung 8-5: Ausschnitt aus einem Netz zur Frage 6: Selbstständiges Arbeiten; Erklärung im Text; vollständiges Netz siehe Abbildung 10-7

Durch diese Umsetzung der Schüleraussagen in einem Netz ist eine anschauliche und detaillierte Darstellung möglich. Wie oben bereits angeführt, besteht jedoch die Gefahr, dass durch die Zuordnung der Aussagen zu einzelnen Kategorien, einige Schüleraussagen nicht exakt wiedergegeben werden. Um die Güte der Untersuchung zu erhöhen, werden deshalb in der zusätzlichen Beschreibung und Erläuterung der einzelnen Fragen neben den entsprechenden Netzen auch die originären Schüleraussagen mit einbezogen.[273]

8.2.2 Bearbeitung der Arbeitsaufträge

Wie in Kapitel 8.1.2.3 beschrieben, wird in der Klasse K122 eine schriftliche Befragung durchgeführt, die das Bearbeiten eines komplexen Arbeitsauftrages untersucht. Dabei soll auch die Kommunikation der Schüler und die für das Lösen der Aufgabenstellung verwendeten Medien analysiert werden.

Die Aufbereitung und Auswertung der Fragebogen erfolgt in folgenden Schritten, bzw. führt zu folgenden Ergebnisbereichen:

1. Bearbeitung in den einzelnen Abteilungen (z.B. Abteilung ‚Projektierung')
2. Kommunikation zwischen den Abteilungen (z.B. Datenaustausch zwischen den Abteilungen ‚Projektierung' und ‚Service')
3. Verwendete Medien (z.B. MultiSkop-Trainer, Werkzeug „Datenbuch")

Alle Ergebnisse werden in dem Kapitel 10.1.3 graphisch dargestellt und beschrieben.

---

[273] Vgl. Kapitel 10.1.2: Beschreibung und Erläuterung der Schülersicht

Auf Grund der Erfahrungen des unterrichtenden Lehrers und aus ersten Ergebnissen der teilnehmenden Beobachtung, sowie aus der Erhebung der Schülersicht wurden die einzelnen Abteilungen des lernenden Unternehmens in mehrere Teams aufgeteilt (siehe Abbildung 8-6). Die Arbeitsaufträge wurden ebenfalls weiter aufgegliedert, so dass jedes Team einer Abteilung einen bestimmten Teil eines komplexen Arbeitsauftrages bearbeiten kann. In einem nächsten Schritt wurde eine Aufteilung der Klasse in zwei Modellfirmen vorgenommen.[274]

Exemplarisch soll die Auftragsbearbeitung und die Umsetzung in eine entsprechende graphische Darstellung innerhalb der Abteilung ‚Projektierung' erläutert werden (vgl. Abbildung 8-6):

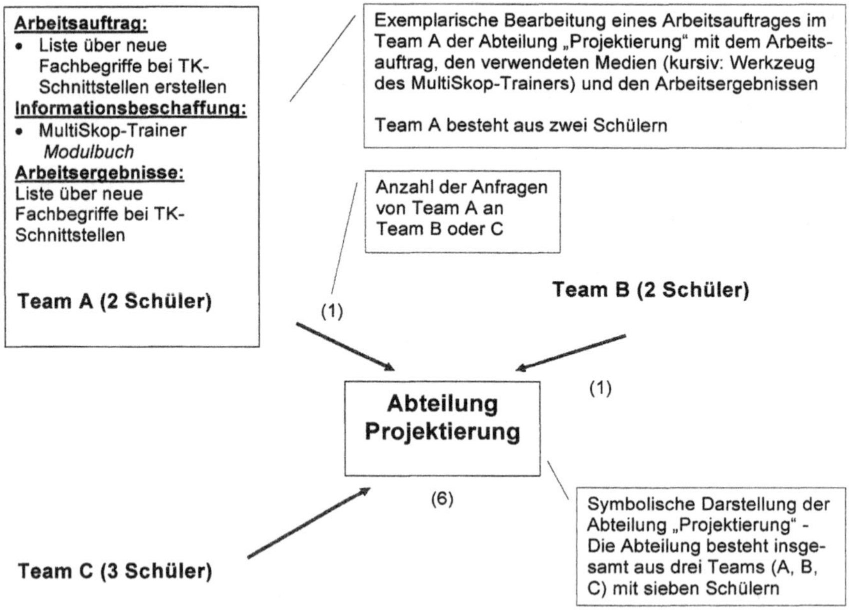

Abbildung 8-6: Bearbeitung eines Arbeitsauftrages, Informationsbeschaffung und Arbeitsergebnisse in der Abteilung ‚Projektierung', exemplarisch dargestellt am Team A. (weitere Erklärungen im Text)

Wie Abbildung 8-6 zeigt, setzt sich die Abteilung Projektierung aus insgesamt sieben Mitarbeitern zusammen. Diese sind entsprechend der neu gegliederten Arbeitsaufträge in drei Teams aufgeteilt. Die Bezeichnung der einzelnen Teams (z.B. Team A) geht auf die Reihenfolge der bearbeiteten Arbeitsaufträge zurück, d.h. Team A hat in der Abteilung den ersten Teilauftrag bearbeitet. Der Arbeitsauftrag für dieses Team lautet, eine Liste über neue Fachbegriffe bei Telekommunikations-Anlagen zu erstellen. Team B zeichnet den Anschlussplan

---

[274] Vgl. Kapitel 10.1.4: Befragung des unterrichtenden Lehrers

und erstellt ein Exzerpt über die Regeln der Dokumentation von Normen. Die Informationen für den Arbeitsauftrag erhält Team A aus der Unterrichtssoftware „MultiSkop-Trainer“ in dem Werkzeug Modulbuch. Das Ergebnis der Unterrichtseinheit ist die entsprechende Liste über die Fachbegriffe. Mit den Pfeilen soll die Kommunikation zwischen den einzelnen Teams der Abteilung Projektierung dokumentiert werden. So richtete beispielsweise das Team A eine Anfrage (in Klammern angegeben) an die Teams der eigenen Abteilung. Die Kommunikation zwischen den einzelnen Abteilungen der Modellfirma wird in einem weiteren Schaubild nochmals verdeutlicht.[275]

8.2.3 Befragung des Lehrers

Die Ergebnisse aus der Befragung des unterrichtenden Lehrers werden im Kapitel 10.1.4 vorgestellt. Dabei werden die Aussagen aus dem Interview vom 29. Oktober 1999 nach thematischen Gesichtspunkten zusammengefasst. Der Wortlaut dieses Interviews kann dem Zwischenbericht der wissenschaftlichen Begleitung[276] entnommen werden. Die wichtigsten Aussagen aus dem Interview vom 27. März 2000 werden im Kapitel 10.1.4.2 im Wortlaut wiedergegeben.

8.3 Reflexion der eingesetzten Methoden

Das Ziel dieses Kapitels ist es, Stärken und Schwächen bei der in der Teiluntersuchung A durchgeführten Erhebung, Aufbereitung und Auswertung der Daten offen zu legen. Eine Reflexion der eingesetzten Methoden soll auch dazu dienen, Erkenntnisse für das methodische Vorgehen in weiteren Untersuchungen zu liefern. Die folgenden Kapitel sind entsprechend den in der Teiluntersuchung A eingesetzten Methoden gegliedert. So geht Kapitel 8.3.1 auf die Erhebung, Aufbereitung und Auswertung der Daten der teilnehmenden Beobachtung, Kapitel 8.3.2 auf die Untersuchung der Schülersicht und Kapitel 8.3.3 auf die Analyse der Arbeitsaufträge einer Unterrichtseinheit ein. Die Befragung des Lehrers wird im Kapitel 8.3.4 nochmals knapp reflektiert.

Schon im Laufe der Bearbeitung der bisher erhobenen Daten hat sich abgezeichnet, welche methodischen Zugänge für eine Untersuchung des komplexen Unterrichtsprojekts besonders ergiebig sind (oder nicht). Da die in der Teiluntersuchung A durchgeführten teilnehmenden Beobachtungen keine ausreichenden Ergebnisse erwarten ließen, wurde entgegen der ursprünglichen Untersuchungsplanung, eine weitere Befragung durchgeführt.[277] Für das weitere Vorgehen bedeutete dies, dass nicht alle erhobenen Daten mit der gleichen Intensität aufbereitet und ausgewertet wurden. So werden in der vorliegenden Arbeit nur einige Ergebnisse der durchgeführten Unterrichtsbeobachtungen beschrieben.

---

[275] Vgl. Kapitel 10.1.3.1 mit Abbildung 10-10: Bearbeitung der Arbeitsaufträge in der Abteilung ‚Service‘

[276] Siehe Vögele 1999, S. 135 f.

[277] Vgl. Kapitel 8.1.2.3: Befragung der Schüler über die Bearbeitung der Arbeitsaufträge

8.3.1 Teilnehmende Beobachtung

Wie in Kapitel 8.1 ausführlich beschrieben, kann das komplexe Unterrichtsprojekt durch eine teilnehmende Beobachtung nicht ausreichend dokumentiert werden. Dies gilt auch dann, wenn diese Beobachtung wie in der Unterrichtseinheit vom 10. Juni 1999 von drei Personen durchgeführt und mit zwei Videokameras aufgezeichnet wurde. Auch hier konnte die Kommunikation zwischen den Schülergruppen, bzw. der Datentransfer über das eingesetzte Netzwerk nicht vollständig nachvollzogen werden. In einer Abteilung wurde die Kommunikation der Schüler untereinander mit einem externen Mikrophon aufgezeichnet, das sich über dem Gruppenarbeitsplatz befand. Das Verständnis bzw. die personelle Zuordnung der Kommunikation wurde durch die Gruppengröße von sechs Schülern erschwert. Dies machte auch die Auswertung der Gespräche sehr schwierig. Um das individuelle Vorgehen aller Schüler der Klasse in einer teilnehmenden Beobachtung erheben zu können, müsste für jedes Team mindestens ein teilnehmender Beobachter vorhanden sein und die Bearbeitung zusätzlich audiovisuell aufgezeichnet werden. Für eine Auswertung der Kommunikation müssten zudem für alle Schüler Körpermikrophone eingesetzt werden. Dies würde einen erheblichen personellen und technischen Aufwand bedeuten. Hinzu kommt, dass dadurch eine massive Beeinflussung der Teilnehmer bzw. des Unterrichtsablaufs entstehen würde. Die Kommunikation der einzelnen Teams über das Netzwerk könnte lückenlos über ein Logfile-Protokoll[278] erhoben werden. Da jedoch, wie die Ergebnisse der Untersuchung zeigen, insgesamt nur sehr eingeschränkt über das Netzwerk kommuniziert wird, ist der Aufwand einer Logfile-Aufzeichnung nicht gerechtfertigt.

Neben diesen angeführten Einschränkungen führte die durchgeführte teilnehmende Bebachtung zu wichtigen Erkenntnissen, die mit den anderen Erhebungsmethoden nicht aufgezeigt wurden. So beteiligten sich einige Schüler nicht am Unterricht, sondern führten Tätigkeiten aus, die keinen Bezug zu den gestellten Arbeitsaufträgen haben (z.B. ‚surfen' im Internet). Bei der schriftlichen Befragung zur Bearbeitung der Arbeitsaufträge werden bzw. wurden diese unterrichtsfremden Tätigkeiten von den Schülern nicht angeführt. Durch die Anwesenheit eines Beobachters in jeder Abteilung und durch zusätzliche Aufzeichnungen durch Video oder ein Logfile-Protokoll, würden diese unterrichtsfremden Tätigkeiten vermutlich nicht auftreten.

8.3.2 Befragung der Schüler – Schülersicht des Unterrichts

Die Erhebung der Schülersicht wurde in den drei untersuchten Klassen direkt im Anschluss an eine Unterrichtseinheit aus dem zu beurteilenden Unterrichtsprojekt durchgeführt. Wie in Kapitel 8.1.2.2 beschrieben, fand an zwei Erhebungstagen unmittelbar vor der Erhebung eine teilweise sehr emotional geführte Diskussion satt. Dabei wurden das zu beurteilende Unterrichtsprojekt und die Notengebung von einigen Schülern massiv kritisiert. Der dritten Erhebung ging ein schriftlicher Test voraus, bei dem einige Schüler Probleme hatten, die Testergebnisse über das Netzwerk auf einem Rechner abzuspeichern. Es muss davon ausgegangen werden, dass diese Diskussionen und die Schwierigkeiten beim Test einen Einfluss auf die

[278] Mit einem Logfile-Protokoll können alle Eingaben der Schüler festgehalten und nachvollzogen werden.

Aussagen der Schüler hatten. Die Datenerhebung wurde dennoch durchgeführt, da davon ausgegangen wurde, dass durch die Diskussionen besonders viele Argumente von den Schülern angeführt werden. Deshalb wurde diese Beeinflussung der Erhebungssituation in Kauf genommen.

Die in dem Fragebogen formulierten Fragen sind geeignet, das komplexe Unterrichtsprojekt differenziert zu beschreiben. Aus den Antworten der Schüler wird deutlich, dass die Fragen von den Schülern verstanden wurden. Die bei Erläuterung der Satzergänzungsfragen in Kapitel 7.1.2.1 angeführten Bedenken wie Beeinflussung der Befragten durch die Fragestellung oder Gefahr von klischeehaften Antworten konnten in der Untersuchung nicht bestätigt werden. Die Antworten der befragten Schüler sind vielfältig und differenziert. Insbesondere im Vergleich mit der offen formulierten ersten Frage zeigen sich die Vorteile der Satzergänzungsfragen. So sind die Antworten der Schüler in der Regel aussagekräftiger, da die Befragten in dieser Frageform zum Argumentieren ‚gezwungen' waren. Damit lassen sich die Kategorien für die Darstellung in den Netzen[279] leichter bilden und die Auswertung ist leichter durchführbar. Die Aufteilung in eine positiv und eine negativ gestellte Frage führte zu vielen Argumenten und erleichterte zudem die Zuordnung zu den positiven und negativen Kategorien.

Die Interpretation nicht eindeutiger Schüleraussagen, das Bilden von Kategorien und die Zuordnung der Schüleräußerungen wurden von zwei unabhängig voneinander mit dem Unterrichtsprojekt vertrauten Personen durchgeführt. Konnte bei diesen Aufbereitungsschritten zwischen diesen beiden Personen kein Konsens hergestellt werden, wurde eine dritte Person hinzugezogen. Auf eine zusätzliche kommunikative Validierung mit den Schülern wurde verzichtet, da dadurch die Anonymität der Befragung aufgehoben worden wäre.

Bei der Auswertung der Frage nach dem Berufsbezug[280] traten Schwierigkeiten auf. Da einige Antworten der Schüler hier nicht eindeutig sind, war es schwer, geeignete Kategorien zu bilden. Dies ist vermutlich auch auf die Fragestellung zurückzuführen. Bei dieser Frage zeigte sich auch, dass bei einigen Schülern nur ein geringer Bezug zwischen den Inhalten ihrer beruflichen Ausbildung und dem Unterrichtsprojekt besteht. Der fehlende Berufsbezug wirkt sich vermutlich stark auf die Beurteilung des Unterrichtsprojektes, bzw. auf die Beantwortung der anderen Fragen aus. Ob ein Zusammenhang zwischen dem Berufsbezug und der Integration der Schüler des Ausbildungsberufes IT-Fachinformatiker/IT-Fachinformatikerin in die Klassen des Ausbildungsberufes IT-Systemelektroniker/IT-Systemelektronikerin besteht, kann aus den anonym erhobenen Daten nicht belegt werden.

Die Darstellung der Schüleraussagen in den Netzen mit den Fragekonzepten zugeordneten positiven, negativen und doppelten Kategorien ist übersichtlich. Um diese Übersichtlichkeit nicht zu ‚gefährden', wurde die Anzahl der Kategorien eingeschränkt. Um jedoch möglichen Auswertungsfehlern durch eine Zuordnung in einer eventuell nicht ausreichend differenzierten Kategorie zu begegnen, wird zusätzlich bei jeder Frage eine Beschreibung und Interpretation vorgenommen. In diese werden auch die originären Schüleraussagen mit einbezogen.

---

[279] Vgl. Kapitel 8.1.2.2 und 10.1.2: Darstellung der Schüleraussagen in Netzen

[280] Vierte Frage, vgl. Fragebogen im Anhang S. 282 und Ergebnisse Kapitel 10.1.2.4

8.3.3 Befragung der Schüler – Bearbeitung der Arbeitsaufträge

Der Einsatz eines Fragebogens ist in dem untersuchten Unterrichtsprojekt im Vergleich mit den durchgeführten teilnehmenden Beobachtungen besser geeignet, um die Bearbeitung der Arbeitsaufträge in einer Unterrichtseinheit offen zu legen. Die Fragen gehen auf die wichtigen Abläufe ein, ohne diese jedoch in allen Einzelheiten zu dokumentieren. So wurde beispielsweise deutlich, welche Medien verwendet werden, jedoch nicht wie häufig. Zusammen mit den erstellten Arbeitsergebnissen der Schüler geben die Ergebnisse dieser Erhebung einen guten Einblick über das Vorgehen der Schüler während der untersuchten Unterrichtseinheit. Eine Beeinflussung des Unterrichts durch den Beobachter und technische Aufzeichnungsgeräte war dabei kaum gegeben. Die Auswertung der Fragebögen ist im Vergleich zu Videoaufzeichnungen wesentlich einfacher und schneller möglich.

Wie bei der teilnehmenden Beobachtung bereits beschrieben, ist die Erhebung mit dem Fragebogen hingegen nicht geeignet, Prozesse aufzuzeigen, die von den Schülern nicht aufgeführt werden, da sie ‚unerwünscht' sind (z.B. unterrichtsfremde Tätigkeiten) oder von ihnen nicht bewusst wahrgenommen werden (z.B. Gruppenstrukturen). Hierfür ist die durchgeführte teilnehmende Beobachtung unverzichtbar.

8.3.4 Befragung des Lehrers

Die beiden Interviews mit dem unterrichtenden Lehrer wurden schriftlich geführt. Die Fragen wurden ihm per Email zugesendet. Der Befragte hatte zwei Wochen Zeit, diese Fragen zu beantworten. Im Gegensatz zu einem direkten Interview hatte der Befragte so mehr Zeit, sich die Antworten zu überlegen. Der Nachteil dieser schriftlichen Befragung liegt darin, dass sowohl für den Befragten, als auch für den Interviewer Rückfragen nur schwer möglich sind.

Zusammenfassung

Mit unterschiedlichsten Methoden der Erhebung, Aufbereitung und Auswertung wurde versucht, ein sehr komplexes Unterrichtsprojekt zu untersuchen. Die Ergebnisse haben gezeigt, dass dies mit den eingesetzten Methoden gelungen ist. Dafür war es jedoch notwendig, während der Phase der Datenerhebung eine weitere Methoden (Befragung der Schüler über die Bearbeitung der Arbeitsaufträge) einzusetzen, da sich abzeichnete, dass das Vorgehen ansonsten nur unvollständig nachvollzogen werden kann.

9 Analyse von individuellen Lernwegen (Teiluntersuchung B)

9.1 Beschreibung der Untersuchungsstrecke

9.1.1 Bedingungen für die Untersuchungsstrecke

Die Analyse von individuellen Lernwegen erfordert eine Untersuchungsstrecke, die nicht im Rahmen des in der Teiluntersuchung A untersuchten Unterrichts bearbeitet wird.[281] Die Bearbeitung komplexer, geschäftsprozessorientierter Arbeitsaufträge in den einzelnen Abteilungen einer Modellfirma lässt nicht zu, das Vorgehen der Schüler beim Bearbeitung von Lerninhalten mit Hilfe eines Computers und einer Unterrichtssoftware detailliert zu erfassen. Innerhalb des Klassenverbandes ist es zudem nicht möglich, das Vorgehen von 14 Schülerpaaren bei der Bearbeitung identischer Lerninhalte zu untersuchen. Deshalb wurde für die Teiluntersuchung B eine Lernstrecke erstellt, die in Partnerarbeit durchgeführt werden soll.[282]

Die Lernstrecke basiert auf folgenden grundsätzlichen Überlegungen: Sie soll

1. mit Hilfe der Unterrichtssoftware „MultiSkop-Trainer" bearbeitet werden können.
2. alternative Lösungsmöglichkeiten und Lösungswege zulassen.
3. ein selbständiges Bearbeiten ermöglichen.
4. in maximal drei Schulstunden bearbeitet werden können.

Diese Überlegungen werden folgendermaßen umgesetzt:

1. In der Lernstrecke wird das Programm „MultiSkop-Trainer" eingesetzt, da den Schülern dieses Programm aus dem Unterricht vertraut ist. Die Aufgabenstellung wurde so gewählt, dass die für das Lösen der Arbeitsaufträge benötigten Informationen mit Hilfe einer Lernsoftware gewonnen werden können. Neben der Informationsgewinnung wird die Software auch für den Aufbau und die Simulation von elektrischen Schaltungen eingesetzt.
2. Die Aufgabenstellung ist so angelegt, dass unterschiedliche Lösungswege von den Schülern beschritten werden können. Dies trifft sowohl für die Informationsgewinnung, als auch für den Aufbau und die Simulation der Schaltung zu. Für die Informationsgewinnung stehen unterschiedliche Werkzeuge innerhalb der Unterrichtssoftware zur Verfügung. Die Aufgabenstellung kann durch unterschiedliche Schaltungsvarianten realisiert werden.
3. Mit der detaillierten Beschreibung der Arbeitsaufträge wird eine weitgehend selbstständige und schüleraktive Bearbeitung ermöglicht.[283] Diese erfolgt in Partnerarbeit. Durch die dabei stattfindende Kommunikation zwischen den Schülern sollen Rückschlüsse auf die Lernwege gezogen werden können.[284]

---

[281] Vgl. hierzu auch Kapitel 7.1.1: Teilnehmende Beobachtung

[282] Vgl. Kapitel 9.2: Datenerhebung

[283] Vgl. Kapitel 9.1.2: Grad der Lenkung; Erfahrungen aus den Voruntersuchungen

[284] Vgl. Kapitel 9.2: Datenerhebung und Kapitel 9.4: Reflexion der Methoden und der Lernstrecke

4. Die Untersuchungsstrecke ist so angelegt, dass sie in maximal drei Schulstunden bearbeitet werden kann. Dadurch soll einem Ermüdungseffekt bei den untersuchten Schülern vorgebeugt werden. Außerdem kann so die Datenerhebung mit allen beteiligten Schülern innerhalb eines Unterrichtsblocks von zwei Wochen durchgeführt werden.

Auswahl der Lerninhalte

Bei der erstellten Unterrichtseinheit handelt es sich um eine Einführungsstunde in die Digitaltechnik aus dem Lehrplan für den Ausbildungsberuf IT-Systemelektroniker/IT-Systemelektronikerinnen. Sie ist Inhalt des Lerngebiets 1: Einfache IT-Systeme. Abbildung 9-1 zeigt Lerninhalte und Lernziele aus dem Lerngebiet 1 aus dem entsprechenden Lehrplan. Die Inhalte der für die Teiluntersuchung B erstellten Lerneinheit sind kursiv dargestellt.

LERNZIELE	**LERNINHALTE**
1 Einfache IT-Systeme Die Schülerinnen und Schüler sollen einzelne IT-Systeme in Einzel- oder Teamarbeit für einen Auftrag unter Berücksichtigung der Sicherheitsvorschriften planen, Komponenten begründet auswählen, installieren, konfigurieren, in Betrieb nehmen, dokumentieren, präsentieren und handhaben. Dazu sind Strukturen und Elemente von IT-Systemen, -Produkten und –Leistungen zu beschreiben und zu vergleichen, Grundlagen der Informationsverarbeitung in IT-Systemen zu erläutern, systembezogene elektrotechnische Größen kennen, Komponenten der Systemsoftware und ihr Zusammenwirken zu beschreiben, Anwendungs- und Systemsoftware zu installieren, zu konfigurieren und zu handhaben und Arbeitsplätze ergonomisch zu gestalten. Sie sollen Entwicklungstrends von IT-Systemen und –Leistungen kennen sowie soziale Wirkungen beschreiben.	**Konzeption:** ▪ Kundenanforderung ▪ IT-Produkte und Leistungen ▪ Dokumentation Hardwareaufbau und –konfiguration: ▪ Baugruppen ▪ Zusammenwirken von Hardwarekomponenten ▪ Ergonomie und Umweltverträglichkeit Informationsverarbeitung in IT-Systemen: ▪ *Bedeutung und Darstellungsformen der Information* ▪ *Zahlensysteme* ▪ *Codes* ▪ *Logische Grundfunktionen der Digitaltechnik* ▪ Boolsche Algebra Elektrotechnische Grundkenntnisse: ▪ elektrische Grundgrößen ▪ Elektrostatik ▪ *analoge und digitale Signale* ▪ elektromagnetische Verträglichkeit Software: ▪ Systemsoftware ▪ Anwendungssoftware Inbetriebnahme und Übergabe: ▪ Systemstart ▪ Fehlersuche ▪ Systemdokumentation und Präsentation

Abbildung 9-1: Lerngebiet 1: Einfache IT-Systeme aus dem Lehrplan für den Ausbildungsberuf IT-Systemelektroniker/IT-Systemelektronikerinnen[285] (kursiv: Lerninhalte der Lernstrecke; Hervorhebung durch den Autor)

[285] Bayerisches Staatsministerium für Unterricht und Kultus 1997, S. 12 f.

Laut Lehrplan umfasst dieses Lerngebiet insgesamt einen zeitlichen Umfang von 78 Stunden. Dabei liegt es weitgehend in der pädagogischen Verantwortung des Lehrers, wie er die einzelnen Lerninhalte gewichtet, bzw. wann er welche Lerninhalte behandelt. Für die Auswahl dieser Lerninhalte für die Untersuchungsstrecke war u.a. entscheidend, dass sie nur wenig auf anderen Lerninhalten des Lerngebiets aufbauen. Somit konnte gewährleistet werden, dass die Datenerhebung nicht an eine konkrete Blockwoche gebunden war. Außerdem konnte so von einem vergleichbaren Vorwissen der Schüler ausgegangen werden.

Geplante Lernziele der Unterrichtseinheit

Die offene Formulierung der Lernziele in den Lehrplänen, die nach Lerngebieten gegliedert sind, erfordert eine Untergliederung in entsprechende Feinziele. Diese Operationalisierung von Lernzielen in Teil- oder Feinziele soll auf das oben angeführte Lernziel übertragen werden. In Verbindung mit den Leitgedanken des Lehrplans[286] bzw. dem Bildungs- und Erziehungsauftrag der Berufsschule[287] können für die Unterrichtseinheit folgende Teilziele aufgestellt werden:

Die Schüler sollen

- die Grundlagen der Digitaltechnik kennen.
- die Funktion der logischen Grundfunktionen (UND, ODER, NICHT) erläutern.
- das Verhalten eines TTL-IC's bei einem offenen Eingang beschreiben.
- mit den entsprechenden logischen Gattern eine elektronische Schaltung aufbauen und überprüfen.

Darüber hinaus sollen die Schüler,

- alle benötigten Informationen mit Hilfe einer Unterrichtssoftware selbstständig erarbeiten und die gewonnenen Erkenntnisse in einem Arbeitsheft dokumentieren.
- die Schaltung fehlerfrei und systematisch aufbauen, die Funktion simulieren und gegebenenfalls Fehler beseitigen.
- im Team zusammenarbeiten.

9.1.2 Voruntersuchungen

Die Lernstrecke der Teiluntersuchung B wurde in insgesamt acht durchgeführten Pilotuntersuchungen präzisiert. Teilnehmer dieser Tests waren zwei wissenschaftliche Mitarbeiter des Lehrstuhls für Pädagogik, sechs Studierende des Lehramts an beruflichen Schulen mit unterschiedlichen Berufsfeldern bzw. Vorkenntnissen und vier Berufsschüler des Ausbildungsberufes „IT-Systemelektroniker/IT-Systemelektronikerinnen“. Der Zeitraum dieser Voruntersuchungen erstreckte sich vom 17. Juli bis zum 1. Dezember 1998. Die Mitarbeiter des Lehrstuhls, sowie zwei Studierende führten die Untersuchung in Einzelarbeit durch.

---

[286] Vgl. Bayerisches Staatsministerium für Unterricht und Kultus 1997, S. 5

[287] Ebd., S. 1

Alle anderen Untersuchungen wurden in Partnerarbeit organisiert. Diese Voruntersuchungen führten zu folgenden Erkenntnissen, bzw. zu Veränderungen an der Untersuchungsstrecke und der Datenerhebung.

Untersuchungsstrecke

1. Grad der Lenkung[288]

   Bei den Vortests hat es sich gezeigt, dass je nach Vorkenntnissen aber auch je nach individuellen Lernpräferenzen die Beschreibung der Arbeitsaufträge gestaltet werden muss. Dabei muss ein Mittelweg gefunden werden, zwischen Schülern, die ein entdeckendes Lernen bevorzugen und die gewohnt sind, selbstständig vorzugehen und Schülern, die eine detaillierte Anleitung benötigen oder bevorzugen. Bei der erstellten Untersuchungsstrecke[289] nimmt der Grad der Lenkung im Laufe der Arbeitsaufträge ab. So werden die Schüler beispielsweise bei den Arbeitsaufträgen der „Binären Grundelemente" explizit auf die Verwendung des Programmwerkzeuges „Lexikons" hingewiesen. Im nächsten Arbeitsauftrag wird ihnen hingegen die Auswahl der Werkzeuge der eingesetzten Unterrichtssoftware selbst überlassen. Ein zuviel an Lenkung kann dazu führen, dass wenig Aussagen über individuelle Lernwege getroffen werden können, da sich die Schüler ausschließlich auf dem vorgezeichneten Pfad bewegen. Ist die Lenkung für die Schüler hingegen zu gering, so ist er nicht in der Lage, die Aufgabenstellung zu lösen.

2. Kopieren von Informationen[290]

   Alle wichtigen Erkenntnisse der Unterrichtseinheit sollen von den Schülern festgehalten werden. Dies soll zum einen dazu führen, dass die Schüler die Lerninhalte zu jeder beliebigen Zeit wiederholen können. Zum anderen wird erwartet, dass sich Schüler Lerninhalte besser merken können, wenn diese in einem Heft zusammengefasst und strukturiert werden.

   Bei den Voruntersuchungen konnte beobachtet werden, dass die Möglichkeit, Informationen beliebiger Länge ‚per Mausklick' zu kopieren dazu führen kann, dass diese nicht mehr gelesen werden. So kopierte ein Proband zweimal den gleichen Text, ohne es zu bemerken.

   Die Untersuchungsstrecke wurde dahingehend verändert, dass neben Passagen, die ‚zum Kopieren einladen', die Schüler zum selbstständigen Formulieren oder Ausfüllen von Arbeitstabellen aufgefordert werden (z.B. Verhalten eines TTL-Bauelementes bei einem offenen Eingang soll von den Schülern selbst formuliert werden).

[288] Vgl. Kapitel 12.2: Didaktische Folgerungen aus den Untersuchungsergebnissen

[289] Vgl. Kapitel 9.1.3 und Anhang S. 293 f.: Beschreibung der Aufgabenstellung

[290] Vgl. Kapitel 12.2: Didaktische Folgerungen aus den Untersuchungsergebnissen

3. Zeitlicher Bedarf

   Die Arbeitsaufträge wurden entsprechend gekürzt, so dass sich eine durchschnittliche Bearbeitungszeit von zwei Unterrichtsstunden ergibt. Diese Kürzungen betrafen „Signalarten", sowie die Unterscheidung von „Logikpegel" und „Logikzustand". Diese Grundlagen werden für das Lösen der Handlungsaufgaben (Erstellen einer Kontrollschaltung) von den Schülern nicht benötigt und werden kurz in dem Arbeitsheft erläutert.

Ein weiteres Ziel der Voruntersuchungen war das Entwickeln und Testen der Erhebungsinstrumente.

Entwickeln und Testen der Erhebungsinstrumente

1. Bei den Voruntersuchungen bestätigten sich die Vorüberlegungen, dass für die Analyse der Lernprozesse zwei Videoaufnahmen nötig sind.[291] Die Zuordnung dieser beiden Aufnahmen wird durch ein Protokoll erleichtert. Außerdem muss für die Aufzeichnung der Kommunikation ein externes Mikrophon angeschlossen werden, um eine Verbesserung der Aufnahmequalität zu erreichen. Aufgrund der umfangreichen technischen Ausstattung entstand aus den Erfahrungen der Voruntersuchungen eine ‚Checkliste' für die Durchführung der Datenerhebung.
2. Problemzentriertes Interview: Die Leitfragen für das problemzentrierte Interview ergaben sich aus den Erfahrungen der Vortests. Außerdem konnte in den durchgeführten Vortests die Befragung der Schüler eingeübt werden.

9.1.3 Beschreibung der Aufgabenstellung

In der Aufgabenstellung[292] soll eine Kontrollschaltung für einen Personalcomputer erstellt werden. Dabei soll die Funktion zweier Lüfter überwacht und ein unerlaubter Zustand durch eine Kontrolllampe signalisiert werden. Für die Realisierung der Schaltung stehen den Schülern verschiedene digitale Bauelemente aus der TTL-Logikfamilie zur Verfügung. Mit Hilfe der verschiedenen Werkzeuge der eingesetzten Unterrichtssoftware und Erläuterungen, die über das vorbereitete Arbeitsheft zur Verfügung gestellt werden, sollen von den Schülern alle für den Aufbau der Kontrollschaltung notwendigen Informationen selbstständig erarbeitet und zusammengefasst werden. Nach einigen Grundlagen über analoge und digitale größten sollen die Funktion, die Arbeitstabelle, die Anschlussbelegung und das Zeitablaufdiagramm der binären Grundelementen (UND, ODER, NICHT) ermittelt werden. Eine ‚Besonderheit' stellt das Verhalten eines TTL-Bauelementes bei einem offenen Eingang dar. Dieser verhält sich so, als wäre ein „High-Pegel" angeschlossen. Dieser Zusammenhang soll von den Lernenden mit Hilfe der Simulation ermittelt werden. Anschließend soll der Aufbau der Schaltung mit Hilfe des Werkzeuges „Schaltungstrainer" erfolgen und die Funktion der Schaltung überprüft werden. Diese Simulation soll durch ein Zeitablaufdiagramm graphisch dargestellt und nochmals überprüft werden.

---

[291] Vgl. Kapitel 9.2: Datenerhebung und Kapitel 9.4: Reflexion der eingesetzten Methoden und der Lernstrecke

[292] Siehe Anhang S. 293 f. und Abbildung 9-2: Ablaufschema der Unterrichtssequenz

Abschließend sollen die Schüler eine Arbeitstabelle und eine Stückliste für den Aufbau der Schaltung erstellen. Bei der Stückliste müssen die Schüler darauf achten, dass sich in einem realen Bauelement mehrere Gatter befinden. D.h. werden für den Aufbau der Kontrollschaltung zwei UND-Gatter benötigt, kann dies mit einem Bauelement aus der TTL-Reihe realisiert werden.

In einem **Leittext** sind neben der Aufgabenstellung die entsprechenden Arbeitsaufträge formuliert. Diese sind so gestellt, dass möglichst unterschiedliche Wege der Informationsbeschaffung mit Hilfe der eingesetzten Unterrichtssoftware beschritten werden können. Die Arbeitsaufträge sind zu Beginn detaillierter ausgeführt, d.h. die Schüler werden in ihrem Vorgehen stärker gelenkt. So erhalten die Schüler zu Beginn konkrete Hinweise zur Informationssuche. Im Laufe der Bearbeitung nehmen diese Hinweise ab und die Schüler müssen selbstständig die Informationen mit Hilfe der Unterrichtssoftware suchen und bewerten.[293] Den Schülern werden zwei vorbereitete Dateien zur Verfügung gestellt: Für die Aufzeichnung der Zeitablaufdiagramme und die Simulation eines TTL-IC's bei einem offenen Eingang die Datei FUNKTION.DIG und für die zu erstellende Kontrollschaltung die Datei KONTROLL.DIG. Bei der Datei FUNKTION.DIG sind die Spannungsversorgung und ein binäres Bauelement vorgegeben, bei der Datei KONTROLL.DIG sind die beiden Lüfter und die Kontrollleuchte bereits eingefügt.[294] Diese Dateien wurden mit der eingesetzten Unterrichtssoftware erstellt und können von den Schülern erweitert werden.

Alle Arbeitsergebnisse sollen in einem bereits vorstrukturierten **Arbeitsheft** festgehalten werden. Dieses Arbeitsheft im Format „Word für Windows" kann von den Schülern entsprechend gestaltet und verändert werden. Der in der Unterrichtssoftware „MultiSkop-Trainer" integrierte Arbeitshefteditor wird in der Unterrichtseinheit nicht verwendet, da seine Gestaltungsmöglichkeiten sehr eingeschränkt sind.

9.1.4 Ablaufschema der Lerneinheit

Abbildung 9-2 skizziert den Ablauf der Unterrichtseinheit, wie er durch die gestellten Arbeitsaufträge (weitgehend) vorgegeben ist. So sollen die Schüler bevor sie die Kontrollschaltung an dem Personalcomputer erstellen und simulieren, die Arbeitsaufträge 1: Grundlagen und 2: Binäre Grundelemente bearbeiten.[295] Die Bezüge zwischen diesen Lerninhalten (in der Abbildung 9-2 links dargestellt) und den entsprechenden Werkzeugen der Unterrichtssoftware (rechts) sind durch die Pfeile dargestellt.[296] Sind diese Pfeile gestrichelt ausgeführt, so können die Schüler auf unterschiedliche Werkzeugen der Unterrichtssoftware für die Bearbeitung der Arbeitsaufträge zurückgreifen.

[293] Vgl. Kapitel 9.1.2: Ergebnisse aus den Voruntersuchungen – Grad der Lenkung

[294] Vgl. hierzu Aufgabenstellung im Anhang S. 293 f.

[295] Die Analyse der Lernwege zeigt jedoch, dass einige Schülergruppen mit dem Erstellen der Kontrollschaltung beginnen. Siehe Kapitel 10.2.4: Lösungsvorgehen der einzelnen Gruppen

[296] Vgl. Kapitel 6.3.4: Beschreibung der Unterrichtssoftware

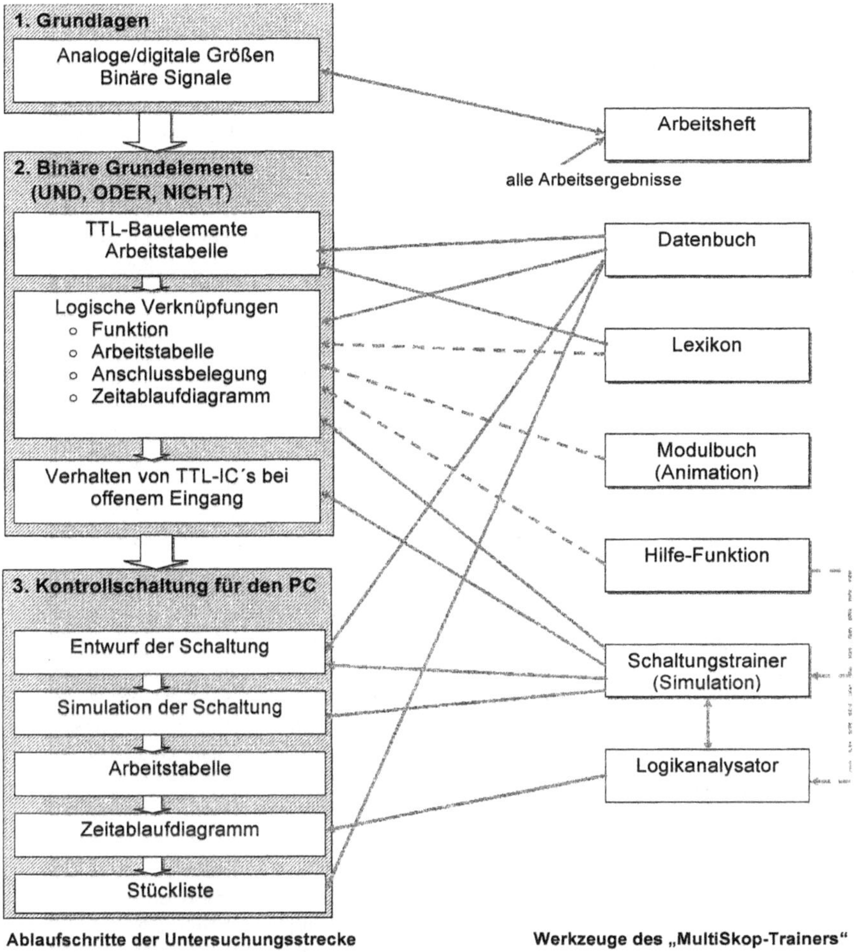

Abbildung 9-2: Ablaufschema der Unterrichtssequenz: Die Pfeile stellen den Bezug zwischen den Arbeitsaufträgen der Aufgabenstellung und den unterschiedlichen Werkzeugen des „MultiSkop-Trainers“ her. Sind diese Pfeile gestrichelt dargestellt, dann können die Schüler zwischen unterschiedlichen Werkzeugen auswählen.

9.2 Datenerhebung

9.2.1 Rahmendaten der untersuchten Schüler

Alle Daten der Teiluntersuchung B werden in der Klasse K122 der Städtischen Berufsschule für Informationstechnik in München erhoben. Diese Klasse der 10. Jahrgangsstufe wird zum Zeitpunkt der Erhebung (Januar 1999) von einer Schülerin und 27 Schülern des Ausbildungsberufes IT-Systemelektroniker/IT-Systemelektronikerin besucht.

Die 28 Schüler werden in sieben Betrieben ausgebildet, wobei das Gros bei den Firmen Siemens[297] (18 Schüler), Digital Equipment[298] (vier Schüler) und Rhode & Schwarz[299] (drei Schüler) beschäftigt ist.

Die schulische Vorbildung stellt sich wie folgt dar: drei Schüler haben einen qualifizierenden Hauptschulabschluss, 25 Schüler einen mittleren Schulabschluss. Der mittlere Bildungsabschluss wurde zum größten Teil auf der Realschule (18), aber auch auf der Wirtschaftsschule (5) und in dem Gymnasium (2) erreicht. Ein Schüler brach ein informationstechnisches Studium an der Fachhochschule ab.

Die Schüler der Klasse K122 sind zum Zeitpunkt der Erhebung zwischen 17 und 22 Jahre alt. Das Durchschnittsalter beträgt 19 Jahre.

Die Schüler besitzen sehr gute bis befriedigende PC-Kenntnisse. Dies betrifft sowohl den Umgang mit dem eingesetzten Betriebssystem „Windows 95“ als auch die Textverarbeitung „Word für Windows“ und die Unterrichtssoftware „MultiSkop-Trainer“. Dieses Programm wird seit Beginn des Schuljahres im Unterricht eingesetzt. Im Gegensatz zur Teiluntersuchung A wurde das Programm systematisch eingeführt und ausführlich erläutert.[300] Die Verwendung des in dem Programm integrierten Werkzeugs „Schaltungstrainer“, mit dem Schaltungen erstellt und simuliert werden können, wurde in den letzten acht Stunden vor der Datenerhebung eingeübt.

9.2.2 Vorbesprechung

Die Vorbesprechung mit den Schülern, in der auch die Schülerpaare eingeteilt wurden, erfolgte am Montag, den 18. Januar 1999. In dieser Veranstaltung wurden die Schüler auch über die Ziele und den Ablauf der Untersuchung informiert. Dabei wurde der gesamte Modellversuch „Multimedia und Telekommunikation für berufliche Schulen“ kurz skizziert und der Tätigkeitsbereich des Autors umrissen. Außerdem wurde den Schülern erläutert, welche

---

Informationen über die Ausbildungsbetriebe:

[297] http://www.siemens-ausbildung.de/ (12.07.02)

[298] http://www.digital.de/ vgl. auch http://thenew.hp.com/ (12.07.02)

[299] http://www.rohde-schwarz.com/homepage (12.07.02)

[300] Vgl. Kapitel 10.1.4: Interview mit dem unterrichtenden Lehrer und Kapitel 11.1 Ergebnisse der Teiluntersuchung A

wichtige Rolle sie als Probanden für die Untersuchung haben. Besonders eindringlich wurde darauf verwiesen, dass es sich bei der Untersuchung um keinen Test handelt, der zu Konsequenzen für den normalen ‚Schulalltag' führt. Dieser Hinweis wurde den Schülern nochmals zu Beginn der Datenerhebung gegeben. Ziel dieser Vorbesprechung war es, ein Vertrauensverhältnis zwischen dem Versuchsleiter und den Schülern herzustellen und eventuell vorhandene Vorbehalte auszuräumen. Im Anschluss an diese Hinweise wurden die Schüler gebeten, sich in die bereits mit Datum und Uhrzeit vorstrukturierte Liste einzutragen (siehe Abbildung 9-3). Dabei blieb es den Schülern selbst überlassen, Partner und Zeit für die Bearbeitung der Unterrichtseinheit auszuwählen. (Hinweis auf der Liste: *Bitte suchen Sie sich einen Partner, mit dem Sie die Aufgabe bearbeiten und tragen Sie sich bei einem der angegebenen Termine ein.*). Die Schülernamen wurden aus Gründen der Anonymität nach der durchgeführten Datenerhebung durch die Gruppenbezeichnungen ersetzt (z.B. Gruppe 1 mit Schüler A und B).

Gruppe	Kürzel	Name	Tag, Datum	Bearbeitungszeit
1	1A 1B		Mittwoch, 20.01.99	8.20 – 10.50 *8.35 – 9.58**
2	2A 2B		Mittwoch, 20.01.99	11.05 – 13.20 *11.00 – 12.03*
3	3A 3B		Mittwoch, 20.01.99	13.20 – 15.50 *12.50 – 13.57*
4	4A 4B		Donnerstag, 21.01.99	7.35 – 10.05 *7.50 – 9.08*
5	5A 5B		Donnerstag, 21.01.99	10.05 – 12.35 *9.50 – 10.40*
6	6A 6B		Freitag, 22.01.99	7.35 – 10.05 *8.45 – 10.45*
7	7A 7B		Montag, 25.01.99	7.35 – 10.05 *7.50 – 9.20*
8	8A 8B		Montag, 25.01.99	10.05 – 12.35 *10.15 – 11.20*
9	9A 9B		Montag, 25.01.99	13.20 – 15.50 *13.20 – 14.40*
10	10A 10B		Dienstag, 26.01.99	7.35 – 10.05 *7.52 – 8.45*
11	11A 11B		Dienstag, 26.01.99	10.05 – 12.35 *9.35 – 10.18*
12	12A 12B		Dienstag, 26.01.99	10.05 – 12.35 *10.45 – 11.40*
13	13A 13B		Dienstag, 26.01.99	13.00 –15.15 *13.36 – 14.05*
14	14A 14B		Mittwoch, 27.01.99	8.20 – 10.50 *11.05 – 12.37*

Abbildung 9-3: Verkleinert dargestellte Liste der Bearbeitung. Die Schüler konnten sich Partner und Beareitungszeiten selbst auswählen. **Die kursiv markierten Bearbeitungszeiten entsprechen den tatsächlichen Zeiten für die Bearbeitung der Lernstrecke ohne durchgeführtes Interview.* Die Namen der Schüler wurden nach der Datenerhebung aus Gründen der Anonymität entfernt. Weitere Erläuterungen im Text.

Die Termine für die Bearbeitungen orientieren sich an dem Stundenplan der Schüler. Sollten sich Überschneidungen mit Freistunden oder Pausen ergeben, so wurden den Schülern diese Freizeiten zu einem späteren Zeitpunkt eingeräumt. Dies gilt auch dann, falls die Schüler durch eine längere Bearbeitung der Unterrichtseinheit ihre reguläre Unterrichtszeit überschreiten würden. Auch diese Regelungen wurden mit den Schülern besprochen.

Die Datenerhebung erfolgte durch den Autor. An zwei Sitzungen nahmen zusätzlich jeweils zwei Studierende teil, die in die Auswertung der Daten eingebunden waren und die Erhebungssituation kennen lernen sollten. Außerdem sollten sie dem Untersuchungsleiter eine Rückmeldung über die Durchführung der Datenerhebung geben. Die Erhebung wurde an sechs Tagen durchgeführt. Dabei konnten die vorgegebenen Termine weitgehend eingehalten werden (vgl. Abbildung 9-3). War eine Gruppe vor dem vorhergesehenen Zeitpunkt mit der Bearbeitung fertig, begann die darauffolgende Gruppe entsprechend früher. Zu Beginn der Datenerhebung wurden die Schüler von dem Versuchsleiter begrüßt und nochmals auf die wichtigsten Aspekte der Untersuchung hingewiesen. Dabei erfolgte auch der Hinweis auf die Bedeutung der Unterrichtssequenz: Die Lerninhalte basieren auf dem Lehrplan und werden in dem ‚regulären' Unterricht nicht wiederholt. Anschließend wurde den Schülern der Versuchsaufbau erklärt und die Aufzeichnung durch die Videokamera, den Videorecorder mit dem Konverter und das externe Mikrophon erläutert. Der Versuchsleiter wies alle Schüler darauf hin, dass er für Fragen der Schüler zur Verfügung stehe. Eventuell auftretende Fragen der Schüler wurden vor Beginn der Bearbeitung geklärt.

Vor der Untersuchung wurden mit Hilfe einer bei den Voruntersuchungen entwickelten Checkliste die Einstellungen des Rechners, bzw. der verwendeten Software und die Funktion alle Geräte überprüft. Dadurch sollte sichergestellt werden, dass alle Schüler die gleichen Ausgangsbedingungen vorfinden und dass keine technischen Probleme während der Aufzeichnung der Daten auftreten.

Wie bei der Beschreibung der eingesetzten Unterrichtssoftware im Kapitel 6.3.4 dargestellt, stimmt in der Software „MultiSkop-Trainer" im Datenbuch bei dem elektronischen Bauelement TTL 74832 die Anschlussskizze nicht mit der tatsächlichen Anzahl der Gatter überein. Alle Schülerpaare wurden während der Bearbeitung des Arbeitsauftrages 2.1 (ODER-Verknüpfung) von dem Versuchsleiter auf diesen Programmfehler hingewiesen.

9.2.4 Erhebungsverfahren

Im Folgenden werden die einzelnen Erhebungsverfahren beschrieben.[301] Abbildung 9-4 zeigt eine Übersicht über die verschiedenen Erhebungsverfahren mit den entsprechenden Aufzeichnungen. Die Daten der Teiluntersuchung B wurden, wie oben angeführt, von dem Autor in den 14 durchgeführten Untersuchungen selbst erhoben.

[301] Vgl. hierzu Kapitel 7.1: Forschungsmethodischer Ansatz - Eingesetzte Methoden der Datenerhebung

Erhebungsverfahren	**Aufzeichnung**
Teilnehmende Beobachtung	Schriftliches Protokoll Audiovisuelle Aufzeichnung - Computermonitor (Videoband A) - Arbeitsweise der Schüler (Videoband B)
Problemzentriertes Interview	Audiovisuelle Aufzeichnung (Videoband B)
Ergänzende Datengewinnung	Arbeitsheft der Schülergruppe

Abbildung 9-4: Übersicht über die Erhebungsverfahren der Teiluntersuchung B (vgl. Methodische Grundüberlegungen in Kapitel 7)

9.2.4.1 Teilnehmende Beobachtung

Schriftliches Protokoll:

In einem vorstrukturierten Protokoll werden die wichtigsten Arbeitsschritte der Schüler mit der Bearbeitungszeit festgehalten. Besonderes Augenmerk wird bei diesen Aufzeichnungen auf ‚ungewöhnliche' Lernwege, Schwierigkeiten bei der Bearbeitung, oder Fragen, die von den Schülern an den Versuchsleiter gestellt werden, gelegt. Diese Aspekte sind die Grundlage für die Ad-hoc-Fragen, die in dem nach der Bearbeitung stattfindenden problemzentrierten Interview gestellt werden.[302] Wie oben beschrieben, steht der Untersuchungsleiter den Schülern für Fragen zur Verfügung. Er ist nicht distanziert von dem Unterrichtsgeschehen, sondern teilnehmender Beobachter.[303] Deshalb ist es wichtig, dass er mit den Lerninhalten des Unterrichts und der Handhabung der Unterrichtssoftware bestens vertraut ist.

Audiovisuelle Aufzeichnung

Das Vorgehen der Schülerpaare wird durch zwei Videoaufzeichnungen festgehalten. Beide Aufnahmen sind nötig, um die Unterrichtseinheit möglichst exakt zu dokumentieren. Mit einer Aufnahme (Aufnahme A) werden der Computerbildschirm und die Kommunikation der Schüler untereinander und mit dem Untersuchungsleiter aufgenommen. Mit der zweiten Aufnahme (Aufnahme B) wird die Arbeitsweise der Schüler festgehalten. Diese Aufzeichnung der beiden Schüler erfolgt durch eine Videokamera, die in überhöhter Position auf einem Stativ ca. zwei Meter von den Schülern platziert ist (vgl. Abbildung 9-5). Für die Aufnahme A wird der Bildschirminhalt mit Hilfe eines Konverters auf einen Videorecorder übertragen. Dieser Konverter wandelt das Bildschirmsignal in ein für einen Videorecorder kompatibles Fernsehsignal um. Die Bildqualität dieser Aufnahme ist im Vergleich mit einer Aufzeichnung des Bildschirms über eine Videokamera besser. Außerdem fühlen sich dadurch die Schüler nicht durch eine weitere Videokamera beobachtet. Parallel zu dem Eingang des Videorecorders wird der Bildschirminhalt auf einen weiteren Monitor übertragen.

---

302 Siehe Anhang S. 296: Beispiel eines schriftlichen Protokolls

303 Vgl. Kapitel 7.1.1: Teilnehmende Beobachtung

Dieser dient dem teilnehmenden Beobachter als Kontrollmonitor, d.h. der Versuchsleiter schaut nicht direkt den Schülern über die Schultern, sondern beobachtet ihr Vorgehen auf dem Kontrollmonitor, der sich in einem Abstand von ca. 1,5 Metern von den Schülern befindet. Bei den durchgeführten Pilotversuchen und bei der Datenerhebung hat sich gezeigt, dass beide Aufnahmen notwendig sind. Nur so können zum einen die Aktionen am Bildschirm genau nachvollzogen werden und zum anderen die entsprechende Mimik und Gestik der Schüler aufgenommen werden. So unterstützte z.B. ein Proband in den Pilotuntersuchungen seine Erklärungen immer mit dem Finger am Bildschirm.

Die Kommunikation der Untersuchungsteilnehmer wird durch das eingebaute Mikrophon der Videokamera und durch ein externes Mikrophon aufgezeichnet. Dieses externe Mikrophon ist auf einem Stativ befestigt, das sich an der rechten Seite des Computermonitors befindet. Es führt zu einer sehr guten Tonqualität, was die Auswertung der Kommunikation erleichtert. Diese Tonaufnahme befindet sich gemeinsam mit dem aufgezeichneten Bildschirm auf dem Band A. So kann der Schwerpunkt der Datenauswertung durch das Band A erfolgen. Dennoch sind beide Audioaufnahmen wichtig, um die Kommunikation den entsprechenden Schülern zuordnen zu können.

Abbildung 9-5: Datenerhebung im Raum 25.22 der Städtischen Berufsschule für Informationstechnik. Aufnahme ohne Versuchsleiter, der ansonsten den Kontrollmonitor beobachtet. Weitere Erläuterungen im Text.

9.2.4.2 Problemzentriertes Interview

Im Anschluss an die Bearbeitung der Unterrichtseinheit findet ein problemzentriertes Interview zwischen den beiden Schülern und dem Versuchsleiter statt. Dies erfolgt in offener Form anhand von Leitfragen.[304] Diese setzten sich aus Sondierungsfragen, Lernzielkontrollfragen, aus den eigentlichen Leitfragen und aus den Ad-hoc-Fragen zusammen. In den Sondierungsfragen, die zu Beginn des Interviews gestellt werden, sollen sich die Schüler allgemein über die Aufgabenstellung bzw. die Lernstrecke und die Erhebungssituation äußern. Weiterhin werden die Schüler befragt, ob für sie die Lerninhalte neu oder bereits teilweise bekannt seien. Diese Aussagen und die Äußerungen zur Erhebungssituation werden in die Reflexion der eingesetzten Methoden mit aufgenommen.[305] In den Lernzielkontrollfragen werden mindestens sechs Fragen zum Verständnis der Lerninhalte gestellt. Bei diesen Fragen werden beide Schüler abwechselnd befragt, so dass jeder Schüler mindestens drei Fragen beantworten muss. Treten bei der Bearbeitung der Lernstrecke besondere Schwierigkeiten auf, so werden hierzu weitere Lernzielkontrollfragen gestellt. Anschließend werden die Leitfadenfragen zusammen mit den Ad-hoc-Fragen gestellt. Die Leitfadenfragen beziehen sich beispielsweise auf die eingesetzte Unterrichtssoftware, auf die Motivation der Bearbeitung, auf die Einschätzung des Lernerfolgs, auf den Bezug zur betrieblichen Ausbildung oder auf die Partnerarbeit. Die Ad-hoc-Fragen ergeben sich aus den Beobachtungen und Aufzeichnungen des Untersuchungsleiters.[306] Im Mittelpunkt dieser Fragen steht das individuelle Vorgehen der Schülerpaare. Thematisiert werden insbesondere ‚ungewöhnliche' Lernwege oder Schwierigkeiten, die bei der Bearbeitung aufgetreten sind. Mit Ausnahme der Lernzielkontrollfragen werden alle anderen Fragen an beide Schüler gestellt.

Das Interview wird audiovisuell mit der Videokamera und dem externen Mikrophon auf dem Videoband B aufgezeichnet. Hierfür muss das Mikrophon umgesteckt werden. Die Anordnung der Geräte entspricht der Datenerhebung in der teilnehmenden Beobachtung (vgl. Abbildung 9-5).

9.2.4.3 Arbeitsergebnisse

Alle Arbeitsergebnisse sollen von den Schülern in das bereits vorstrukturierte Arbeitsheft eingetragen werden. Die Schüler werden vor der Unterrichtssequenz darauf hingewiesen, dass es ihr persönliches Arbeitsheft ist und sie es entsprechend gestalten können. Dabei ist ihnen jedoch weitgehend freigestellt, wie ausführlich sie die Erkenntnisse darstellen. Das Arbeitsheft wird unter dem Namen der beiden Schüler abgespeichert und ihnen im Anschluss an die abgeschlossene Datenerhebung mit allen Schülerteams ausgehändigt. Dadurch soll einer größeren Beeinflussung nachfolgender Schülerpaare vorgebeugt werden. So könnten Schüler, die die Lernstrecke bereits absolviert haben, die Ergebnisse nachfolgenden Schülerteams weitergeben. Werden von den Schülern Skizzen oder weitere Aufzeichnungen angefertigt, so werden diese ebenfalls ausgewertet.

---

[304] Leitfragen für das Interview vgl. Anhang S. 298

[305] Siehe Kapitel 9.4: Reflexion der Methoden und der Lernstrecke

[306] Vgl. Kapitel 9.2.4.1: Teilnehmende Beobachtung

9.3 Aufbereitung und Auswertung der Daten

Die Aufbereitung und Auswertung des Datenmaterials ist sehr aufwändig und erfolgt in sechs Schritten (vgl. Abbildung 9-6):

1. Erstellen des Ablaufprotokolls und
2. Formulieren der Symboldarstellung
3. Verfassen des Wortprotokoll
4. Beurteilung des Lösungsvorgehen der einzelnen Gruppen
5. Gruppenübergreifende Beurteilung
6. Beurteilung der Ergebnisse

Bei diesen Schritten kann nicht eindeutig zwischen der Phase der Datenaufbereitung und der Datenauswertung unterschieden werden.[307] So ist beispielsweise das Erstellen des Ablaufprotokolls sowohl der Aufbereitung als auch der Auswertung zuzuordnen. Die ‚ungefilterte' Übertragung des Schülervorgehens ist eine Aufbereitung der Daten. Wird das Vorgehen des Schülerpaares in einer zusätzlichen Spalte (Kommentarspalte) erläutert, ist dies der Datenauswertung zuzuordnen. Hierbei findet eine erste Interpretation der Bearbeitung statt.

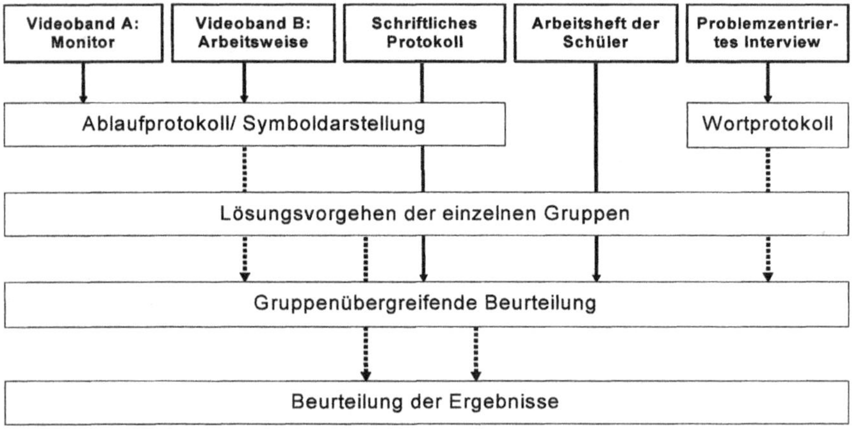

Abbildung 9-6: Aufbereitung und Auswertung der erhobenen Daten. Durchgezogene Pfeile bedeuten, dass die ‚Rohdaten' (fett dargestellt) aufbereitet und ausgewertet werden. Punktierte Pfeile deuten darauf hin, dass bereits aufbereitete und ausgewertete Daten die Basis für eine weitere Datenauswertung ist. (z.B. das Lösungsvorgehen der einzelnen Gruppen basiert auf dem erstellten Ablaufprotokoll mit der Symboldarstellung, dem schriftlichen Protokoll dem Arbeitsheft der Schüler und dem aufbereiteten Wortprotokoll). Weitere Erläuterungen im Text.

[307] Vgl. Kapitel 7.2: Aufbereitung und Auswertung der Daten

Die Darstellung der entsprechenden Ergebnisse erfolgt im Kapitel 10.2. Die Beurteilung der Ergebnisse der Teiluntersuchung B wird im Kapitel 11.2 vorgenommen.

9.3.1 Ablaufprotokoll

Das Ablaufprotokoll stellt den ersten und zugleich aufwändigsten Zugang zu dem umfangreichen Datenmaterial dar. Wie Abbildung 9-6 zeigt, werden für das Erstellen des Ablaufprotokolls beide Videoaufzeichnungen und das schriftliche Protokoll herangezogen. Mit dem Ablaufprotokoll, das zusammen mit der Symboldarstellung die wichtigste Grundlage für die Beurteilung des Lösungsvorgehens der einzelnen Gruppen und für die gruppenübergreifende Beurteilung darstellt, soll das Vorgehen der Schüler in allen relevanten Aspekten nachvollzogen werden können. Deshalb ist es wichtig, dass das Lösungsvorgehen der Schüler möglichst vollständig und dabei möglichst frei von Interpretationen widergegeben wird.

Diesem Anspruch einer vollständigen Darstellung aller Schülertätigkeiten, mit der dabei stattfindenden Kommunikation steht die enorme Menge an aufgezeichneten Daten entgegen. So müssen an dieser Stelle pro Schülergruppe rund drei Stunden Videoaufzeichnungen (Band A und B) betrachtet und weiterverarbeitet werden. Diese große Materialfülle muss nach bestimmten Auswahlkriterien für die Aufbereitung bzw. Auswertung reduziert werden.[308] Diese Kriterien müssen genau festgelegt und definiert werden.

Bereits vor der Durchführung der Datenerhebung wurden für die Aufbereitung, Auswertung und Darstellung der Daten unterschiedlichste Darstellungsarten und Kriterien für die Protokollierung entwickelt und ausgetestet. Die neben dem Autor an der Aufbereitung und Auswertung beteiligten Personen[309] wurden in Pilotuntersuchungen gebeten, eine kurze Unterrichtssequenz anhand den erhobenen Daten so zu verschriftlichen, dass das Vorgehen der beiden Probanden vollständig nachvollzogen werden kann. Der anschließende Abgleich aller erstellten Protokolle führte dann zu den nachfolgend angeführten Kriterien für die Aufbereitung und Auswertung der Daten. Der Umgang mit den festgelegten Kriterien wurde an weiteren Videoausschnitten eingeübt.

Kriterien für die Protokollierung

Protokolliert werden:

- Handlungen der einzelnen Schüler.
- verwendete Medien (Werkzeuge und Dateien der Unterrichtssoftware „MultiSkop-Trainer“, Arbeitsheft, Arbeitsaufträge, Konzeptpapier).
- Verwendung von Tastatur und Maus (und gegebenenfalls Konzeptpapier).
- Arbeitsergebnisse (z.B. Eintragungen in das Arbeitsheft).

[308] Vgl. Mayring 1996, S. 78 f.

[309] Fünf Studierende für ein Lehramt an beruflichen Schulen (siehe unten)

- Kommunikation und Kommentar der Schüler, soweit für das Verständnis des Vorgehens notwendig.*
- Mimik und Gestik der Schüler, falls besonders ‚augenfällig'.

* Die Kommunikation der beiden Schüler untereinander, bzw. mit dem Wissenschaftler wird nicht protokolliert, falls:

- die Kommunikation und die Kommentare der Schüler in einer unmittelbaren Handlung zum Ausdruck kommt.
- kein Bezug zur Aufgabenstellung besteht.

In Anlehnung an Borz und Riedl[310] ergeben sich weiterhin folgende Hinweise, die für das Erstellen des Verlaufsprotokolls übertragen werden können.

- ausschließlich wahrnehmbare Vorgänge beschreiben. Dazu möglichst handlungsnahe Begriffe verwenden.
- sorgfältig zwischen Beobachtungen und Kommentar unterscheiden.
- Verhaltensbeschreibungen sollen positiv formuliert sein.
- nur jeweils eine Aktion in einer Zeile bzw. einem Satz beschreiben.

Die Ablaufprotokolle (siehe Abbildung 9-7 und 9-8) werden vom Autor und von fünf pädagogisch und fachlich qualifizierten Studenten erstellt. Die Studierenden belegen den Studiengang für ein Lehramt an beruflichen Schulen in der Fachrichtung Elektrotechnik. Im Vorfeld der Untersuchung wurde mit allen an der Erhebung, Aufbereitung und Auswertung Beteiligten eine intensive Schulung durchgeführt.[311] Dazu gehörte auch, dass diese die Aufgabenstellung selbstständig bearbeiten mussten, um einen Einblick in die Komplexität der Unterrichtssoftware und in den Ablauf der Unterrichtseinheit zu gewinnen. Zusammen mit dem Studium stellt dies stellt eine Voraussetzung für das Verständnis des Vorgehens der Schüler beim Bearbeiten der Lerninhalte aus der Digitaltechnik dar. Bei der Bearbeitung der Lernstrecke gaben die Studierenden auch wichtige Hinweise, die zu Veränderungen in der Aufgabenstellung führten. Die Kriterien für das Ablaufprotokoll wurden wiederum gemeinsam mit allen an der Auswertung beteiligten Studenten und dem Untersuchungsleiter erarbeitet und eingeübt. Alle erstellten Ablaufprotokolle wurden in regelmäßigen Sitzungen vom Untersuchungsleiter und von anderen Studierenden gegengelesen und gegebenenfalls korrigiert und aufeinander abgestimmt.

---

[310] Borz, Döring 1995, S. 242 f. und Riedl 1998, S. 108 f.

[311] Vgl. Borz, Döring 1995, S. 248 f.: Borz weist auf die Bedeutung einer Beobachterschulung bzw. eines Beobachtertrainings hin. Vgl. hierzu auch Kapitel 7.3: Gütekriterien einer qualitativen Untersuchung und Kapitel 9.1.2: Voruntersuchungen.

Erläuterung des Ablaufprotokolls

Die Darstellung der einzelnen Arbeitsschritte erfolgt in Tabellenform (vgl. Abbildung 9-7 und 9-8).

t	A	B	Medien	Tätigkeit, *Kommunikation*	Kommentar

Abbildung 9-7: Aufbau des Ablaufprotokolls, Erläuterungen im Text

Erläuterung der einzelnen Spalten des Ablaufprotokolls (vgl. Abbildung 9-7)

Zeit: t

In der ersten Spalte wird die Bearbeitungszeit entsprechend des Videobandes A (Aufzeichnung des Computermonitors) eingetragen. Die in der Videoaufnahmen B eingeblendete und die im schriftlichen Protokoll notierte Echtzeit werden darauf bezogen. Die Notierung im Ablaufprotokoll erfolgt ungefähr im Minutenabstand, ohne Angaben der Sekunden. Der Zeiteintrag wird entsprechend der Tätigkeit vorgenommen, d.h. sind beispielsweise die Schüler drei Minuten mit dem Beschriften eines Diagramms beschäftigt, erfolgt der nächste Zeiteintrag erst mit einer neuen Tätigkeit (Eventsampling).

Schüler **A** und **B:**

In den Spalten A und B erfolgt die Zuordnung der Tätigkeiten, bzw. der Kommunikation zu den beiden Schülern A und B. Durch die Verwendung von entsprechenden Abkürzungen (siehe Abbildung 9-8) wird das Vorgehen näher erläutert. Dies ermöglicht auch Rückschlüsse über die Aufgabenverteilung zwischen den beiden Schülern. So kann beispielsweise festgestellt werden, ob ein Schüler eher eine aktive oder passive Rolle innerhalb der Gruppe einnimmt.

Medien:

In der Spalte Medien werden die entsprechenden Werkzeuge der Unterrichtssoftware „MultiSkop-Trainer“ (z.B. Lexikon, Schaltungstrainer, usw.) sowie die Verwendung des Arbeitsheftes, des Leittextes mit den Arbeitsaufträgen, oder zusätzlicher Materialien wie z.B. Konzeptpapier eingetragen.

Tätigkeit, *Kommunikation*:

Der Umgang mit den Medien und die Aktionen der Schüler werden in der nächsten Spalte näher beschrieben. Außerdem wird hier die Kommunikation zwischen den Schülern untereinander und mit dem Versuchsleiter eingetragen, soweit diese für das Verständnis des Vorgehens bedeutsam ist. Zur Unterscheidung wird eine wörtliche Rede *kursiv* dargestellt. Die Zuordnung der Kommunikation zu den beiden Schülern ist aus den Spalten A und B ersichtlich.

KOMMENTAR:
Bei den Auswertungen der Daten hat sich gezeigt, dass das Verständnis des Vorgehens der beiden Schüler häufig durch einen Kommentar erleichtert wird. Dieser Kommentar erfolgt nur dann, wenn für einen ‚Außenstehenden' das Vorgehens der beiden Schüler nicht eindeutig ist. So ist beispielsweise für einen geschulten und routinierten Wissenschaftler schnell und zweifelsfrei ersichtlich, wenn die Schüler erfolglos Informationen in unterschiedlichen Werkzeugen der Unterrichtssoftware suchen, oder wenn eine Teilaufgabe korrekt gelöst wird (vgl. Abbildung 9-8 und Lesebeispiel). Die Kommentarspalte erleichtert zudem die weiteren Auswertungsschritte.

Das Ablaufprotokoll wird in mehreren Schritten erstellt. Im Mittelpunkt stehen dabei die Aufzeichnungen des Bildschirms und die ebenfalls auf dem Band A aufgezeichnete Kommunikation der Schüler untereinander, bzw. mit dem Untersuchungsleiter. Für eine Zuordnung der Stimmen von Band A zu den Schülern muss zuerst das Band B betrachtet werden. Zumeist genügt eine kurze Sequenz, um diese Zuordnung treffen zu können. In einem ersten Auswertungsschritt werden dann die verwendeten Werkzeuge der Unterrichtssoftware und die Tätigkeiten der Schüler direkt vom Fernsehbildschirm in den PC eingegeben. Dies geschieht mit dem Programm „Word für Windows" in das vorstrukturierte Ablaufprotokoll. Dazu steht ein hochwertiger Videorecorder mit einer Standbild- und Zeitlupenfunktion zur Verfügung. Die Eintragungen in die Zeitspalte erfolgen entsprechend dem Echtzeitzählwerkes des Videorecorders. Die Kommunikation der Schüler wird anhand der oben angeführten Kriterien eingetragen. Bei dem teilweise sehr komplexen Vorgehen ist an manchen Stellen ein mehrmaliges Betrachten einer Sequenz nötig. Parallel dazu können die Aufzeichnungen der teilnehmenden Beobachtung hinzugezogen werden. Ist das Vorgehen der Schüler anhand des Bandes A und des Protokolls nicht eindeutig feststellbar, wird dies im Ablaufprotokoll markiert. Dies kann beispielsweise dann der Fall sein, wenn einer der beiden Schüler mit Hilfe des Leittextes oder einer selbst angefertigten Skizze einen Lösungsvorschlag macht. Dies wird in der nachfolgenden Betrachtung der Aufnahme B deutlich. Auf diese Art und Weise wird das Band A vollständig übertragen.

Mit der Aufzeichnung B wird die Aufgabenverteilung, die Verwendung weiterer Medien und die Mimik und Gestik der Schüler ersichtlich. Auch hier erfolgt die Eingabe direkt von der Aufzeichnung in das Ablaufprotokoll. In die Spalten A und B des Ablaufprotokolls (siehe Abbildung 9-8) werden die Aktionen der Schüler eingetragen. So wird beispielsweise deutlich, wer von den beiden Schülern Tastatur oder Maus bedient oder ob der Arbeitsauftrag gelesen wird. Die Spalte „Medien" wird anschließend entsprechend ergänzt. Wie bei den Kriterien für die Protokollierung beschrieben, wird die Mimik und Gestik der Schüler nur dann in Betracht gezogen, wenn sie besonders augenfällig ist. So hat sich schon in den Pilotuntersuchungen gezeigt, dass beispielsweise einige Schüler ihre Erklärungen mit dem Finger auf dem Bildschirm verdeutlichen. Im Gegensatz zu der Auswertung des Bandes A kann dieser Auswertungsschritt zügiger durchgeführt werden. Besondere Aufmerksamkeit kommt jedoch den bei der Übertragung von Band A markierten Stellen zu, die jetzt nachbearbeitet werden.

Ausschnitt aus einem Ablaufprotokoll:

t	A	B	Medien	Tätigkeit, *Kommunikation*	Kommentar
	3 Kontrollschaltung				
37	T	M			
	L	L	AA		
		L	AH		
38			ST	Aufrufen	
	V			*Dazu brauchen wir ein UND-Element*	Richtiger Vorschlag
	M			Setzen eines UND Elements (1)	
				Verbinden von UND mit den Lüftern und der Kontrollleuchte (2)	Teilaufgabe richtig gelöst
				Simulation der Teillösung	

Tätigkeit

D:	Besprechung, Diskussion
H:	Hinweis
L:	Lesen
V:	Vorschlag, Idee
?U:	Frage an den Untersuchungsleiter
?A:	Frage an den Schüler A
?B	Frage an den Schüler B
!U	Hinweis des Untersuchungsleiters

Medien

MultiSkop-Trainer: (MST)

BIB:	Bibliothek
DB:	Datenbuch
ST:	Schaltungstrainer
LA:	Logikanalysator
LX:	Lexikon
BildLX:	Bildlexikon
AA:	Arbeitsauftrag
AH:	Arbeitsheft
T:	Tastatur
M:	Maus

Abbildung 9-8: Ausschnitt aus einem Ablaufprotokoll mit allen in den Protokollen verwendeten Abkürzungen; Erläuterungen im Text.

Lesebeispiel:

37 Minuten nach Beginn der Bearbeitung der Lernstrecke wird die Teilaufgabe 3 „Kontrollschaltung“ bearbeitet.[312] Schüler A bedient die Tastatur, Schüler B die Maus. Beide Schüler lesen den Arbeitsauftrag. Das Arbeitsheft hingegen wird nur von Schüler B gelesen. Anschließend ruft Schüler B das Werkzeug „Schaltungstrainer“ der eingesetzten Software auf. Von Schüler A kommt der richtige Vorschlag, ein UND-Element zu verwenden. Schüler A übernimmt die Bedienung der Maus und setzt das entsprechende Element mit Hilfe des Schaltungstrainers. Dieses UND–Gatter wird eingangsseitig mit den beiden Lüftern verschaltet und der Ausgang mit der Kontrollleuchte verbunden. Abschließend erfolgt die Simulation der Teillösung. Die Zahlen in Klammern entsprechen den einzelnen Schritten der Symboldarstellung. (vgl. Kapitel 9.3.2 und Abbildung 9-9)

[312] Siehe Kapitel 9.1.3 und Anhang S. 293 f.: Beschreibung der Aufgabenstellung

Der Aufwand für das Erstellen des Ablaufprotokolls ist beträchtlich. Es kann von einem Verhältnis von mindestens 1:6 ausgegangen werden, d.h. für eine Stunde Bearbeitungszeit der Schüler müssen rund sechs Stunden für das Erstellen des Ablaufprotokolls angesetzt werden. Für eine gesamte Bearbeitungszeit von ca. 45 Stunden für alle 14 Schülerpaare ergeben sich somit rund 270 Stunden für das Erstellen der Ablaufprotokolle.

9.3.2 Symboldarstellung der Bearbeitung

Die Symboldarstellung wird nach, teilweise parallel zum Ablaufprotokoll erstellt. Sie basiert hauptsächlich auf dem Band A (Aufzeichnung des Bildschirminhaltes) und stellt die Bearbeitung in allen Einzelschritten genau dar. So geht aus der Symboldarstellung eindeutig hervor, welche Bauteile von den Lernenden gewählt und wie diese miteinander verbunden werden. Zusammen mit dem erstellten Ablaufprotokoll wird so ein sehr detaillierter Einblick in das individuelle Vorgehen der beiden Schüler möglich. Die Symboldarstellung ist jedoch im Gegensatz zum Ablaufprotokoll für den Leser weniger leicht zu erschließen. Er muss sich sowohl inhaltlich mit der Lernstrecke als auch mit den verwendeten Kürzeln intensiv auseinander setzen. Deshalb wird die Symboldarstellung nicht in das Ablaufprotokoll integriert, sondern gesondert dargestellt. In der Symboldarstellung wird neben den einzelnen Arbeitsschritten die von den Schülern erstellte Schaltung abgebildet (vgl. Abbildung 9-9).

Für die Symboldarstellungen werden folgende Kürzel für die einzelnen Arbeitsschritte verwendet (vgl. Beschreibung des Beispiels und Abbildung 9-9):

S:	Setzen eines Bauelements
V:	Verbinden mit Anschlusspunkten (Eingänge, Ausgänge)
L:	Löschen von Bauelementen oder Verbindungen
A:	Anordnen von Bauelementen, Leitungen
L1, L2	Anschlusspunkte der Lüfter 1 und 2
U1	Logisches Gatter UND (entsprechend U2, O1, O2, N1, ...)
U1x, U1y	Eingänge des logischen Gatters UND (entsprechend U2, ... O1, ...)
U1z	Ausgang des logischen Gatters UND (entsprechend U2, ... O1, ...)
KL	Anschlusspunkt Kontrollleuchte

Beispiel: Aufbau der Kontrollschaltung

Die einzelnen Arbeitsschritte aus dem Beispiel für das Ablaufprotokoll, wie in Abbildung 9-8 dargestellt, stellen sich in der Symboldarstellung und in der anschließenden Simulation wie folgt dar:

Durchgeführte Arbeitsschritte:

1. S: U1

2. V: L1-U1x, L2-U1y, U1z-KL korrekte Teilschaltung

Simulieren der Teilfunktion

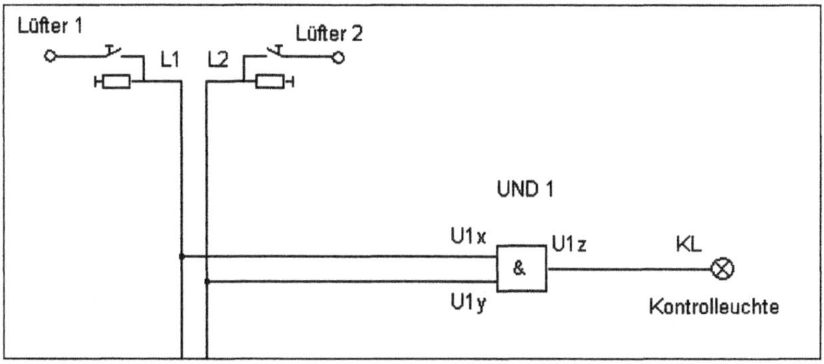

Abbildung 9-9: Erstellen und Simulation einer (korrekten) Teilfunktion der Kontrollschaltung mit dem Programm „MultiSkop-Trainer". Beide Lüfter sind in Betrieb; die Kontrollleuchte leuchtet. (vgl. Ablaufprotokoll, Abbildung 9-8). In der Simulation (bzw. auf dem Computermonitor) werden alle stromführenden Verbindungen rot dargestellt. Beschreibung der Kürzel für die einzelnen Arbeitsschritte siehe Text.

Beschreibung

Für die Realisierung der Teilfunktion der Kontrollschaltung mit Hilfe des Werkzeuges Schaltungstrainer benötigen die beiden Schüler in obigem Beispiel zwei Arbeitsschritte.[313] Sie gehen wie folgt vor:

1. Setzen eines logischen Gatters UND-Gatters
2. Verbinden des Anschlusspunktes von Lüfter 1 mit dem Eingang x des UND-Gatters
   Verbinden des Anschlusspunktes von Lüfter 2 mit dem Eingang y des UND-Gatters
   Verbinden des Ausgangs des UND-Gatters mit dem Anschlusspunkt der Kontrollleuchte

Durch die Simulation der Schaltung wird die korrekt erstellte Teilfunktion bestätigt. Sind beide Lüfter in Betrieb, dann wird dieser Zustand durch die Kontrollleuchte angezeigt. Das Vorgehen dieser beiden Schüler ist sehr systematisch, da Bauelemente oder Verbindungen

[313] Arbeitsschritte sind das Setzen, Verbinden, Löschen oder Anordnen von Bauelementen oder Verbindungen. Werden beispielsweise drei Bauelemente gesetzt, oder mehrere Verbindungen hergestellt, so ist dies jeweils ein Arbeitsschritt.

weder gelöscht noch mehrmals angeordnet werden.[314]

In Verbindung mit dem Ablaufprotokoll ermöglicht die Symboldarstellung weitere Rückschlüsse auf das Vorgehen der beiden Schüler. So zeigt diese Darstellung eindeutig, ob die Schüler zielgerichtet oder nach dem Prinzip von „Versuch und Irrtum" vorgehen. Aus der Symboldarstellung nicht ersichtlich sind hingegen die Aufgabenverteilung und die Kommunikation zwischen den Schülern, bzw. Fragen, die an den Wissenschaftler gestellt werden. Deshalb ist immer eine gemeinsame Betrachtung mit dem Ablaufprotokoll notwendig.

Die Symboldarstellung wird nur für den Aufbau und die Simulation der Kontrollschaltung erstellt. Bei diesem Lernabschnitt wird das unterschiedliche Vorgehen der Schülerteams besonders deutlich.[315]

9.3.3 Wortprotokoll

Die Aussagen der Schüler in dem nach der Bearbeitung stattfindenden problemzentrierten Interview werden auf Band B aufgezeichnet. Diese Aufzeichnungen werden verschriftlicht und tabellarisch dargestellt. Die Tabelle besteht aus drei Spalten.[316] In der linken Spalte steht die Frage des Untersuchungsleiters. In den beiden anderen Spalten die entsprechenden Antworten der Schüler A und B. Da für die Untersuchung vor allem der Inhalt dieses Gesprächs im Vordergrund steht, kann auf aufwändige und relativ schlecht lesbare Darstellungen (z.B. Aussprache entsprechend dem Internationalen Phonetischen Alphabet (IPA))[317] verzichtet werden. Für die Transkription wird eine Form verwendet, in der

- dialektische Äußerungen bereinigt werden.
- Fehler im Satzbau ausgeglichen werden.
- Pausenfüller (`äh´, `mhm´) unberücksichtigt bleiben.
- und der Stil geglättet wird.[318]

Weiterhin werden in der Aufbereitung Pausen, auffällige Betonungen, Schwankungen der Stimme, Lachen, Mimik und Gestik und ähnliches nur dann berücksichtigt, wenn sie für eine inhaltliche Betrachtung relevant sind. Sind die Äußerungen der Schüler unverständlich (akustisch oder sinngemäß), so wird dies in der Tabelle vermerkt und gegebenenfalls eine Vermutung (Wortlaut oder Bedeutung) angeführt.

---

[314] Vgl. Kapitel 10.2.4: Unsystematisches Vorgehen der Gruppe 4: Bauteile werden mehrfach gesetzt, gelöscht, unterschiedlichste Schaltungsvarianten simuliert, ...)

[315] Vgl. Kapitel 9.3.7: Auswahl der Daten und Ergebnisse; sowie Kapitel 10.2.2: Untersuchungsergebnisse - Symboldarstellung

[316] Beispiel eines Wortprotokolls (Gruppe 4) siehe Anhang, S. 299 f.

[317] Weitere Hinweise zur Auswertung qualitativer Interviewdaten siehe Lamnek 1995b, S. 107 f. und Mayring 1993

[318] Vgl. hierzu Flick 1995, S. 161, Lamnek 1995b, S. 108 oder Mayring 1996, S. 70

9.3.4 Lösungsvorgehen der einzelnen Gruppen

In einem nächsten Schritt wird das Lösungsvorgehen der 14 Einzelgruppen analysiert und beurteilt. Dieser tiefgehende interpretative Zugang basiert auf dem Ablaufprotokoll mit der Symboldarstellung, den Ergebnissen im Arbeitsheft und dem Wortprotokoll. Bei Unklarheiten wird auch das schriftliche Protokoll mit einbezogen (vgl. Abbildung 9-6). Dieser Auswertungsschritt wird von dem Untersuchungsleiter zusammen mit einem, teilweise auch zwei Studierenden vorgenommen und abgeglichen. Alle an diesem Auswertungsschritt beteiligten Personen sind bestens sowohl mit der Lernstrecke, als auch mit dem Ablauf der Auswertung vertraut. Die Ergebnisse dieses Auswertungsschrittes werden im Kapitel 10.2.4 für alle Gruppen dargestellt.

Wie schon im Kapitel 9.1 beschrieben, können die Schüler für die Lösung der gestellten Aufgaben unterschiedliche Lösungswege beschreiten. Dies gilt beispielsweise für die Auswahl der Informationen in den unterschiedlichen Werkzeugen der Unterrichtssoftware oder für die Realisierung der Kontrollschaltung. Die Auswertung zeigt, dass die Schüler diese Möglichkeiten nutzen und die Aufgabenstellung auf unterschiedlichen Lösungswegen umsetzen. Trotz verschiedener Lösungsmöglichkeiten wird im Anhang eine Musterlösung dargestellt. Dieses stellt **eine mögliche** Lösung der Aufgabenstellung dar. Neben der korrekten Bearbeitung aller Teilaufgaben ist eine ‚Expertenlösung'[319] durch folgende Kriterien gekennzeichnet:

- die Lerninhalte werden von beiden Schülern verstanden.
- das Vorgehen der beiden Schüler erfolgt systematisch.
- die Zusammenarbeit der beiden Schüler ist gut.
- die Unterrichtssoftware wird zielgerichtet verwendet.

Diese Kriterien ergeben sich aus den durchgeführten Beobachtungen und aus den Erfahrungen aller an der Aufbereitung und Auswertung beteiligten Personen. Sie wurden von diesen unabhängig voneinander festgestellt und abgestimmt. Zusammen mit Zielen der Untersuchung und den unter 9.1 aufgestellten Lernzielen stellen sie die Grundlage für die **Erschließungsfragen** dar. Diese ermöglichen eine einheitliche, systematische und objektive Beschreibung des Schülervorgehens. Die Erschließungsfragen erleichtern auch, das Vorgehen der einzelnen Gruppen miteinander zu vergleichen. Sie werden sowohl für die Beurteilung des Lösungsvorgehens der einzelnen Gruppen (Kapitel 10.2.4), als auch für die gruppenübergreifende Beurteilung (Kapitel 10.2.5) angewendet.

[319] Der Begriff „Expertenlösung" wird für eine korrekte Lösung der Aufgabenstellung verwendet, wie sie einer mit den Inhalten und der Unterrichtssoftware bestens vertrauter Experte erstellen würde.

Erschließungsfragen

1. Wie gehen die Schüler bei der Bearbeitung der Lernstrecke vor?

Diese erste Erschließungsfrage liefert einen Überblick über das Lösungsvorgehen der einzelnen Gruppen. Die anschließenden Fragen gehen dann auf einzelne Aspekte der Bearbeitung näher ein. Innerhalb dieser Frage wird eine Aufteilung in drei Teillernstrecken entsprechend den Arbeitsaufträgen bzw. dem Arbeitsheft vorgenommen.[320] Diese Abschnitte sind Grundlagen und binäre Grundelemente (Arbeitsauftrag 1 bis 2.6), Verhalten eines TTL-IC's bei einem offenen Eingang (Arbeitsauftrag 2.7) und die Realisierung der Kontrollschaltung (Aufgabe 3). Grundlage für die Auswertung dieser Frage ist vor allem das Ablaufprotokoll und das Arbeitsheft der Schüler. Gegebenenfalls wird das schriftliche Protokoll hinzugezogen, das während der Bearbeitung von dem Untersuchungsleiter erstellt wurde.

2. Werden alle Teilaufgaben der Lernstrecke korrekt gelöst?

Die korrekte Lösung der Teilaufgaben wird anhand der Eintragungen im Arbeitsheft überprüft. Außerdem wird zusammen mit dem Ablaufprotokoll festgestellt, ob alle Teilaufgaben von der Schülergruppe bearbeitet wurden.

3. Werden die Lerninhalte von den Schülern verstanden?

Wie oben beschrieben, werden die einzelnen Schüler nach der Bearbeitung über die Lerninhalte befragt.[321] Diese Lernzielkontrollfragen beziehen sich vor allem auf die Grundlagen der Digitaltechnik mit den binären Verknüpfungen. In der teilnehmenden Beobachtung kann das Lösungsvorgehen der beiden Schüler nicht immer in allen Details nachvollzogen werden.[322] Dies trifft vor allem auf die Bearbeitung der Arbeitsaufträge 2.7 und 3 zu, d.h., wie die Schüler das Verhalten eines TTL-IC's bei einem offenen Eingang ermitteln und wie sie die Kontrollschaltung realisieren. Ist dieses Vorgehen für den Beobachter während der Bearbeitung nicht eindeutig, fixiert er dies in dem schriftlichen Protokoll. Der Eintrag geht dann als Adhoc-Frage in das Interview mit ein. Die Antworten der beiden Schüler zu diesen Fragen werden mit dem Lösungsvorgehen und den Eintragungen im Arbeitsheft verglichen. Dabei wird auch deutlich, dass aus einem korrekten Eintrag im Arbeitsheft nicht generell darauf geschlossen werden kann, dass die entsprechenden Lerninhalte auch verstanden werden. Dabei können sich weitere Unterfragen ergeben: Verstehen die Schüler die Inhalte bei einem korrekten Ergebnis? Verstehen beide Schüler einer Lerngruppe die Inhalte? Verstehen die Schüler den Zusammenhang, obwohl die Eintragungen im Arbeitsheft falsch sind?[323]

Neben den Lernzielkontrollfragen gehen auch die Schülerfragen, die während der Bearbeitung gestellt wurden, mit in die Beurteilung ein. Sollten sich aus der Bearbeitung oder aus

[320] Vgl. Kapitel 9.1.4: Ablaufschema der Unterrichtssequenz. Aufgabenstellung und Arbeitsheft siehe Anhang S. 293 f.

[321] Vgl. Kapitel 9.2.4.2 und Anhang S. 298: Leitfragen zu den Lerninhalten

[322] Vgl. Kapitel 9.2.4.1: Teilnehmende Beobachtung und 9.2.4.2: Problemzentriertes Interview

[323] Siehe Kapitel 11.2: Beurteilung der Ergebnisse der Teiluntersuchung B

der Befragung Hinweise über das Vorwissen der Schüler ergeben, so wird dies ebenfalls beschrieben.

4. Ist das Vorgehen der beiden Schüler bei der Teillernstrecke „Kontrollschaltung" systematisch?

Diese Frage soll das Lösungsvorgehen der beiden Schüler zwischen den beiden Polen „systematischen Problemlösen" und einem Problemlösen durch Ausprobieren bzw. dem Prinzip „Versuch und Irrtum" einteilen.[324] Im Gegensatz zu allen anderen Erschließungsfragen bezieht sich diese Frage ausschließlich auf die Teillernstrecke der Kontrollschaltung (Aufgabe 3), da dieser Abschnitt für diese Fragestellung die interessantesten und vielfältigsten Ergebnisse erwarten lässt.[325] Die Auswertung basiert hier ausschließlich auf der Symboldarstellung und dem Ablaufprotokoll.

5. Welche Hilfen erhalten die Schüler von dem Untersuchungsleiter?

In der Vorbesprechung und auf dem Leittext mit der Aufgabenstellung werden alle Schüler darauf hingewiesen, dass sie sich bei auftretenden Fragen an den Untersuchungsleiter wenden können.[326] Neben der Beantwortung der Schülerfragen gibt der Untersuchungsleiter in einzelnen Fällen von sich aus Hinweise zur Bearbeitung. Diese Hinweise richten sich nach der für ihn erkennbaren Problemlösefähigkeit der Schülergruppe. Der Untersuchungsleiter greift dann ein, wenn offenkundig wird, dass die Schüler nicht in einem vertretbaren zeitlichen Rahmen[327] zu einem entsprechenden Lernfortschritt gelangen. Die Auswertung dieser Erschließungsfrage geht vor allem auf das Ablaufprotokoll zurück. Einzelne Schülergruppen werden in dem Interview befragt, warum sie trotz erheblicher Schwierigkeiten die Hilfe des Untersuchungsleiters nicht in Anspruch genommen haben.

6. Wie ist die Zusammenarbeit der beiden Schüler?

Die Zusammenarbeit der beiden Schüler wird vor allem aus dem Ablaufprotokoll ersichtlich. Darüber hinaus werden die Schüler in dem abschließenden Interview zu ihrer Einschätzung über die erfolgte Zusammenarbeit befragt. Durch die Organisation der Lerneinheit in der Sozialform ‚Partnerarbeit' sollen neben inhaltlichen auch soziale Kompetenzen vermittelt werden[328]. Eine gute Zusammenarbeit ist beispielsweise dadurch gekennzeichnet, dass die beiden Schüler aufeinander eingehen. Dies betrifft das Lerntempo, unterschiedliche Lernwege, oder Fragen die bei Unklarheiten an den Partner gerichtet werden. Auch die Aufgabenverteilung und die Bedienung von Tastatur und Maus liefern Hinweise für die Zusammenarbeit der beiden Schüler.

---

[324] Siehe hierzu Edelmann 1996, S. 307 f.

[325] Vgl. Kapitel 9.1: Begründung für die Auswahl der Teillernstrecke

[326] Vgl. Kapitel 9.2.3: Durchführung der Datenerhebung

[327] Vgl. Kapitel 9.1: Die Lernstrecke ist für eine Bearbeitung von maximal drei Schulstunden angelegt. Vgl. hierzu auch Kapitel 12.3: Folgerungen für die Rolle des Lehrers

[328] Vgl. Kapitel 9.1: Beschreibung der Untersuchungsstrecke

7. Wie ist die Motivation der beiden Schüler?

Die Motivation der beiden Schüler ist aus dem Ablaufprotokoll, dem Arbeitsheft und dem Wortprotokoll ersichtlich. Das Ablaufprotokoll und das Arbeitsheft zeigen, ob die Schüler die Arbeitsaufträge lesen und alle Arbeitsaufträge bearbeiten. Werden diese Eintragungen formatiert bzw. gestaltet, weist dies auf eine hohe Motivation hin. Weiterhin können aus den Äußerungen der beiden Schüler während der Bearbeitung und aus der anschließenden Befragung Rückschlüsse auf die Motivation gezogen werden.

8. Wie ist die Umgang mit der eingesetzten Unterrichtssoftware?

Diese Frage soll den Umgang mit dem Programm „MultiSkop-Trainer“, das seit Beginn des Schuljahres in dem Unterricht eingesetzt wird, näher untersuchen. Neben Aspekten, die sich auf die Informationsgewinnung (z.B. welche Werkzeuge werden aufgerufen), die Bedienung (z.B. wie geübt sind die Schüler in der Handhabung des Schaltungstrainers), soll die Verwendung der Kopiermöglichkeiten untersucht werden. Die Schüler können bei manchen Teilaufgaben selbst entscheiden, ob sie Informationen aus dem Unterrichtsprogramm kopieren, oder Zusammenhänge selbst formulieren. In dem Interview werden die Schüler gebeten, ihr Vorgehen zu begründen.

9. Wie wird die eingesetzte Unterrichtssoftware von den Schülern bewertet?

In dem abschließenden Interview werden die Schüler zu den Stärken und Schwächen der eingesetzten Unterrichtssoftware befragt. Die Aussagen der Schüler zu der Unterrichtssoftware sollen auch in Bezug zu dem Umgang mit der Unterrichtssoftware (Erschließungsfrage 8) gebracht werden.

9.3.5 Gruppenübergreifende Beurteilung der Bearbeitung

Im Anschluss an die Beurteilung der einzelnen Schülerpaare wird das Lösungsvorgehen gruppenübergreifend betrachtet. Wie bei dem Lösungsvorgehen der einzelnen Gruppen werden auch hier die Erschließungsfragen angewendet, bzw. das Kapitel entsprechend dieser Fragen gegliedert. Bei den ersten beiden Erschließungsfragen (*Wie gehen die Schüler vor? Werden alle Teilaufgaben korrekt gelöst?*) erfolgt neben der Beschreibung eine Darstellung in Tabellenform. In diesen Tabellen werden die Bearbeitung einzelner Teilaufgaben und die Bearbeitungszeiten dargestellt. Dies ermöglicht einen Überblick über das Vorgehen aller Schülergruppen. Verschiedene Indizes geben Anhaltspunkte, wie diese Teilaufgaben von den Schülern bearbeitet werden. In den Tabellen 10-16, 10-17 und 10-18 beschreibt ein Indize, ob die Aufgaben selbstständig oder mit Hilfe des Untersuchungsleiters von den Schülern gelöst werden. Eine Unterstützung durch den Untersuchungsleiters liegt dann vor, wenn von den Schülern Verständnisfragen zu den Lerninhalten gestellt werden. Sie liegt selbstverständlich auch dann vor, wenn der Untersuchungsleiter eingreift, da er davon ausgeht, dass die Gruppe nicht selbstständig in einem vertretbaren zeitlichen Rahmen zu einer korrekten Lösung gelangt wäre. Eine Unterstützung des Untersuchungsleiters wird nicht angegeben, wenn sich die Fragen auf die Bedienung der eingesetzten Unterrichtssoftware beziehen und wenn die mit der Auswertung beteiligten Personen den Eindruck haben, dass die Gruppe auch selbstständig zu einer korrekten Lösung gekommen wäre.

Treten bei dieser Unterscheidung Schwierigkeiten auf, wird dieser Aspekt mit weiteren an der Auswertung beteiligten Personen geklärt.

9.3.6 Zusammenfassung und Beurteilung der Ergebnisse

Eine Zusammenfassung und Beurteilung der Ergebnisse der Teiluntersuchung B erfolgt im Kapitel 11.2. Diese Ergebnisse werden im Kapitel 11.3 in einigen Aspekten mit den Erkenntnissen aus der Untersuchung des Unterrichtsprojektes (Teiluntersuchung A) zusammen geführt. Im elften Kapitel erfolgt auch eine Gegenüberstellung von Ergebnissen aus inhaltsähnlichen Untersuchungen, die im vierten und fünften Kapitel dargestellt wurden.

9.3.7 Ausgewählte Darstellung der Daten und Ergebnisse

Eine vollständige Darstellung der Daten, Protokolle, Arbeitshefte, etc. würde bei den 14 untersuchten Schülergruppen einen Umfang von rund 250 Seiten bedeuten.[329] Aus diesem Grund wird eine Reduktion vorgenommen und einige Daten und Auswertungsschritte im Rahmen der Arbeit exemplarisch vorgestellt. Abbildung 9-10 macht die Auswahl der Daten und Darstellungen deutlich.

	Schriftl. Protokoll (Anhang)	Arbeitsheft (Anhang)	Ablaufprotokoll (10.2.1)	Symboldarstellung (10.2.2)	Wortprotokoll (Anhang)	Lösungsvorgehen (10.2.4)
Grundlagen, binäre Grundelemente (Aufgabe 2.1-2.6)	Gruppe 4	Gruppe 4	Gruppe 4, 11	-	Gruppe 4	Gruppe 1-14
Verhalten bei offenem Eingang (Aufgabe 2.7)	Gruppe 4	Gruppe 4	Gruppe 4, 11	-	Gruppe 4	Gruppe 1-14
Kontrollschaltung (Aufgabe 3)	Gruppe 4	Gruppe 4	Gruppe 4, 11, 14	Gruppe 4, 11, 14	Gruppe 4	Gruppe 1-14

Abbildung 9-10: Auswahl aus den erhobenen und ausgewerteten Daten für die vorliegende Arbeit, Darstellung der Ergebnisse im Kapitel 10.2. und Anhang; weitere Erläuterung im Text.

Wie Abbildung 9-10 zeigt, wird die Beschreibung des Lösungsvorgehens von allen 14 Schülergruppen angeführt.[330] Die vollständige Bearbeitung aller Teilaufgaben mit dem schriftlichen Protokoll und dem Arbeitsheft[331] und allen weiteren Auswertungsschritten wird exemplarisch anhand der Gruppe 4 vorgestellt.

---

[329] Im Durchschnitt für eine Arbeitsgruppe zwei Seiten schriftliches Protokoll, fünf Seiten Arbeitsheft, sechs Seiten Ablaufprotokoll, eine Seite Symboldarstellung und vier Seiten Wortprotokoll.

[330] Kapitel 10.2.4: Beschreibung des Lösungsvorgehens der einzelnen Gruppen

[331] Schriftliches Protokoll und Arbeitsheft im Anhang, S. 296 - 297 und 304 f.

Bei dieser Gruppe handelt es sich um ein Schülerpaar mit einer im Vergleich mit den anderen Schülergruppen durchschnittlichen Bearbeitung. Von der Gruppe 14 wird ein Ausschnitt aus dem Ablaufprotokoll und die Symboldarstellung vorgestellt. Das Lösungsvorgehen dieser Gruppe ist äußerst fachgerecht. Das Vorgehen bei der Erstellung der Kontrollschaltung ist sehr systematisch und entspricht einer Musterlösung. Dem durchschnittlichen Vorgehen der Gruppe 4 und dem sehr fachgerechten Vorgehen der Gruppe 14 wird die Bearbeitung der Gruppe 11 gegenüber gestellt. Die Gruppe 11 bearbeitet die Lernstrecke sehr oberflächlich und geht dabei wenig systematisch vor. Von dieser Gruppe wird das vollständige Ablaufprotokoll mit der Symboldarstellung vorgestellt.

9.4 Reflexion der Aufgabenstellung und der eingesetzten Methoden

Um die individuellen Lernwege der Schüler in einem computerunterstützten Unterricht analysieren zu können, wurde für die Untersuchung eine ‚eigene' Lernstrecke erstellt. Diese unterscheidet sich im zeitlichen Umfang und in der Komplexität erheblich von Aufgabenstellungen, die ansonsten von den Schülern im Lernfeld „Einfache IT-Systeme" bearbeitet werden. Außerdem wird diese Lernstrecke nicht geschäftsprozessorientiert in den Abteilungen einer Modellfirma bearbeitet, sondern in Partnerarbeit. Kapitel 9.4.1 betrachtet diese Lernstrecke und untersucht unter anderem, ob sie für eine Analyse individueller Lernwege geeignet ist. Dabei kommen auch die Schüler zu Wort, die in dem problemzentrierten Interview die Unterrichtseinheit beurteilten. Außerdem soll reflektiert werden, ob mit der Unterrichtseinheit die angestrebten Lernziele vermittelt werden.[332] Kapitel 9.4.2 geht dann auf die eingesetzten Methoden ein. Die Unterkapitel sind entsprechend den Erhebungsverfahren gegliedert. Kapitel 9.4.2.1 geht auf die Datenerhebung, Aufbereitung und Auswertung der teilnehmenden Beobachtung ein. Kapitel 9.4.2.2 und 9.4.2.3 leisten dies für das problemzentrierte Interview und für die festgehaltenen Arbeitsergebnisse.

9.4.1 Reflexion der Aufgabenstellung

Beim Erstellen der Lernstrecke wurde darauf geachtet, dass die Lerninhalte von den Schülern selbstständig mit einer Lernsoftware bearbeitet werden können.[333] Dabei sind unterschiedliche Lernwege und Lösungsmöglichkeiten zugelassen. Der zeitliche Rahmen für die Bearbeitung beträgt maximal drei Schulstunden. Neben den inhaltlichen Zielen (Grundlagen der Digitaltechnik, Grundfunktion der binären Gatter, Verhalten eines TTL-IC's bei offenem Eingang, Aufbau einer elektronischen Schaltung) sollen die Schüler eigenverantwortlich, gewissenhaft und systematisch vorgehen. Durch die Bearbeitung in Partnerarbeit sollen soziale Kompetenzen gefördert werden.

Die oben skizzierten und in Kapitel 9.1.1 ausführlich beschriebenen Bedingungen für die Lerneinheit und die damit verbundenen Lernziele wurden von den 28 Schülern zum größten Teil erreicht. Schwierigkeitsgrad und Komplexität der erstellten Lernstrecke waren der untersuchten, sehr heterogenen Klasse angemessen. Nahezu allen Schülerpaaren gelang es,

[332] Vgl. Kapitel 9.1.1 Bedingungen für die Untersuchungsstrecke

[333] Vgl. hierzu auch Ergebnisse der Bearbeitung Kapitel 10.2.4 und 10.2.5 und Beschreibung der Aufgabenstellung in Kapitel 9.1

weitgehend selbstständig die Grundlagen der Digitaltechnik und die Grundfunktionen der binären Gatter zu erarbeiten und mit diesen Grundlagen eine funktionierende Schaltung aufzubauen. Eine Unterforderung der leistungsstärksten Schüler trat kaum auf, da diese selbstständig in der verwendeten Software über den Arbeitsauftrag hinausgehende Informationen aufriefen oder zusätzliche Schaltungsvarianten entwickelten. Die Zusammenarbeit innerhalb der Schülerpaare war zumeist gut bis sehr gut.[334] Auch der vorgesehene Zeitrahmen von drei Schulstunden wurde eingehalten.[335] Einige Schwierigkeiten traten jedoch bei der Teilaufgabe 2.7 der Aufgabenstellung auf.[336] Hier sollten die Schüler mit Hilfe einer Simulation das Verhalten eines TTL-IC's bei einem offenen Eingang erklären. Der Hälfte der Gruppen gelang es nicht, die Ergebnisse der Simulation korrekt zu interpretieren. Einigen anderen Schülern, die diese Teilaufgabe korrekt lösten, gelang dies vermutlich nur deshalb, da sie über ein entsprechendes Vorwissen verfügten und den Zusammenhang bereits kannten. Die Gründe für die Schwierigkeiten bei dieser Teilaufgabe werden im Kapitel 10.2 und 11.2 ausführlich erläutert. In der direkt nach der Bearbeitung durchgeführten Befragung gaben nur zwei Schüler an, dass sie Schwierigkeiten mit dem gestellten Arbeitsauftrag der Teilaufgabe 2.7 hatten. Dies steht im Widerspruch zu Ergebnissen aus der teilnehmenden Beobachtung: Diese zeigen, dass weit mehr Schüler Schwierigkeiten mit der Teilaufgabe 2.7 hatten. So benötigten sechs der 14 Schülerpaare für das Verständnis der Aufgabenstellung die Unterstützung des Untersuchungsleiters. Eine Konsequenz aus diesem Ergebnis könnte eine veränderte Aufgabenstellung sein. Diese müsste sehr detailliert sein um die Schüler bei dieser Teilaufgabe stärker zu führen.[337] In den Voruntersuchungen hingegen konnten diese Schwierigkeiten nicht beobachtet werden. Ansonsten wurde die Aufgabenstellung von den befragten Schülern bis auf einen sehr positiv beurteilt. Sie sei klar und verständlich, so die häufigsten Aussagen in der Befragung.

Das Vorgehen der Schüler bei der Bearbeitung der Teilaufgabe 2.7 (offener Eingang) hat aufgezeigt, dass bei einigen Schülern bereits inhaltliche Vorkenntnisse vorhanden sind. Auch die Grundlagen der binären Verknüpfungen sind einigen Schülern aus dem betrieblichen Unterricht, aus dem Unterricht an der Realschule, aus einer vorhergehenden Berufsausbildung oder einem abgebrochenen, einschlägigen Studium bekannt. Das Vorwissen der Schüler wurde in dem problemzentrierten Interview erhoben. Ein Eingangstest über die individuellen Voraussetzungen der Schüler wurde nicht durchgeführt, da dieser bereits eine erste Auseinandersetzung mit den zu vermittelnden Lerninhalten bedeutet hätte. So hätte ein Vortest zum Verhalten eines TTL-IC's bei offenem Eingang vermutlich dazu geführt, dass sich die Schüler im vorab über die Lösung informiert hätten. Außerdem steht im Mittelpunkt des Untersuchungsinteresses die Analyse der individuellen Lernwege der Schüler und nicht die Evaluation eines Wissenszuwachses.

---

[334] Vgl. Kapitel 10.2.5.6: Zusammenarbeit der Schüler

[335] Bei einer Gruppe wurde die Bearbeitung durch den Untersuchungsleiter abgebrochen. Vgl. Kapitel 10.2.4

[336] Siehe hierzu Beschreibung der Aufgabenstellung in Kapitel 9.1.3 und Arbeitsauftrag mit exemplarischem Arbeitsheft im Anhang S. 293 - 295 und 304 f.

[337] In den durchgeführten Pilotuntersuchungen traten die beschriebenen Schwierigkeiten bei der Teilaufgabe 2.7 nicht auf.

9.4.2 Reflexion der eingesetzten Methoden

9.4.2.1 Teilnehmende Beobachtung

Wie in Kapitel 9.2.4.1 beschrieben, wurde die teilnehmende Beobachtung durch den Untersuchungsleiter durchgeführt. In zwei der insgesamt 14 Erhebungen waren zusätzlich zwei weitere Beobachter anwesend. Sie sollten die Erhebungssituation für die Aufbereitung und Auswertung der Daten kennen lernen und dem Untersuchungsleiter eine Rückmeldung über die Durchführung der Erhebung geben. Das Vorgehen der Schüler wurde mit in einem handschriftlichen Protokoll und zwei Videoaufzeichnungen festgehalten. In dem Protokoll wurden ‚auffällige' Beobachtungen eingetragen, die in dem im Anschluss an die Bearbeitung stattfindenden Interview thematisiert werden. Somit stellte dieses handschriftliche Protokoll die Grundlage für die Ad-hoc-Fragen des nachfolgenden problemzentrierten Interviews dar. Die Eintragungen waren auch für das Erstellen des Ablaufprotokolls wichtig.

Um das Vorgehen der Schüler lückenlos festhalten zu können, waren neben dem Protokoll beide Videoaufnahmen nötig. Eine für den Bildschirminhalt, die andere für die Arbeitsweise der Schüler. Für die Aufzeichnung der Arbeitsweise wurde eine Videokamera (SVHS) eingesetzt, die eine sehr gute Bildqualität liefert. Der Bildschirminhalt wurde nicht mit einer Kamera aufgezeichnet, sondern über einen Konverter direkt aufgenommen. Dieser führt zu einer sehr guten Bildqualität. Da die Schüler den Konverter während der Bearbeitung nicht wahrnehmen, wird so die Erhebung weit weniger beeinflusst, als durch den Einsatz einer weiteren Videokamera. Für die Aufzeichnung der Kommunikation zwischen den Schülern und zwischen den Schülern und dem Untersuchungsleiter wurde ein externes Mikrophon eingesetzt, das eine sehr gut verständliche Aufzeichnung der Sprache ermöglichte.[338] Während der Bearbeitung saß der Untersuchungsleiter in einem Abstand von eineinhalb Metern seitlich der Schüler und beobachtete das Vorgehen auf einem weiteren Monitor. Dieser zusätzlichen Monitor beeinflusst die Erhebung weit weniger, als den Schülern ‚über die Schultern zu blicken'.

Die Erhebungssituation wurde in dem nach der Bearbeitung stattfindenden Interview thematisiert. Die Frage, ob sie sich durch den Untersuchungsleiter oder die technische Ausstattung gestört fühlten, wurde von den meisten Schülern verneint. Die Befragten begründeten dies, dass sie sich sehr schnell an die Erhebungssituation gewohnt hätten. Ein Schüler bemerkte, dass er es generell nicht mag, beobachtet zu werden. Er fühlte sich durch die Anwesenheit des Untersuchungsleiters gestört. Ein anderer Schüler sagte aus, dass durch das externe Mikrophon Hemmungen auftraten. Auch der zweite Schüler der Gruppe stellte fest, dass die Situation für ihn nicht angenehm gewesen sei. Diese Aussagen dieser beiden Schüler können durch die Beobachtungen weitgehend bestätigt werden. In dieser Gruppe sprachen die Schüler nur sehr selten miteinander und zudem sehr leise. Bei allen anderen Gruppen konnte kein gehemmtes Verhaltens der Schüler in der Erhebungssituation beobachtet werden. Trotzdem kann davon ausgegangen werden, dass die Erhebungssituation mit der Anwesenheit des Untersuchungsleiters einen gewissen Einfluss auf das Verhalten der Schülerpaare hatte.

[338] Mit Ausnahme von einer Gruppe, in der beide Schüler sehr leise sprachen.

Die Erhebung fand in einem Besprechungsraum der Schule statt. Dieser Wechsel vom Klassenraum war notwendig, da im Rahmen des regulären, laufenden Unterrichts eine Untersuchung des individuellen Vorgehens nicht möglich ist.[339] Die Beobachtungen und die Aussagen der Schüler auf die Frage, ob sie sich in der Erhebung wohl gefühlt haben, zeigen, dass von den Schülern dieser Raumwechsel nicht negativ wahrgenommen wurde. Vermutlich liegt dies daran, dass die Rechner mit der installierten Software und weitere Elemente aus dem Unterrichtsprojekt (z.B. Partner- bzw. Gruppenarbeit) den Schülern bekannt sind.

Die Aufbereitung der in beiden Videoaufzeichnungen erhobenen Rohdaten erfolgte in einem Ablaufprotokoll und einer Symboldarstellung. Der tabellarische Aufbau des Ablaufprotokolls mit den verwendeten Abkürzungen führt zu einer übersichtlichen, gut verständlichen Darstellung. Für das Protokoll wurde zuerst Band A übertragen. Anschließend wurden diese Eintragungen mit den Informationen aus Band B ergänzt. Eine Erleichterung dieser sehr zeitaufwändigen Auswertungsschritte würde eine Zusammenführung beider Videoaufnahmen bringen („Bild in Bild" - Darstellung). Das zentrale Bild müsste die Aufzeichnungen des Bildschirms sein. In einem kleineren, am besten verschiebbaren Bild kann die Arbeitsweise der Schüler dargestellt werden. Damit wäre die Aufbereitung erheblich schneller durchführbar.[340] Das Ablaufprotokoll geht, wie in Kapitel 9.3.1 beschrieben, auf die Erfahrungen aus den Pilotuntersuchungen zurück. Die Kriterien für die Protokollierung wurden gemeinsam mit allen an der Auswertung beteiligten Personen entwickelt und ihre Anwendung eingeübt. Die Aufbereitung zeigte, dass sich diese Kriterien sehr gut eignen, das Vorgehen der Schüler für die weiteren Auswertungsschritte festzuhalten. Alle erstellten Ablaufprotokolle wurden von einer zweiten Person überprüft. Besonderes Augenmerk wurde dabei auf die Eintragungen in der Kommentarspalte gelegt, da diese bereits einen ersten Interpretationsschritt darstellen können. Traten beim Erstellen der Protokolle Unstimmigkeiten auf, wurde eine weitere Person hinzugezogen.

Schon während der Datenerhebung zeichnete sich ab, dass sich das individuelle Vorgehen der Schüler besonders deutlich beim Erstellen der Kontrollschaltung beobachten lässt. Da der Leittext bei dieser Teilaufgabe nur wenig lenkt, gehen die Schülerpaare sehr unterschiedlich vor. Deshalb wird für diese Teilaufgabe zusätzlich zum Ablaufprotokoll die Symboldarstellung erstellt. Die Symboldarstellung gibt alle Eingaben der Schüler wieder. Im Vergleich zum Ablaufprotokoll ist sie jedoch für den Leser schwerer verständlich. Sie setzt ein tiefgehendes Verständnis über die Zusammenhänge der erstellten Schaltung und eine Einarbeitung in die verwendeten Symbole voraus. Eine Ausweitung der Symboldarstellung auf die gesamte Lernstrecke würde zu keinen weiteren Erkenntnissen für die Fragestellungen der Untersuchung führen.

[339] Vgl. Kapitel 9.1: Beschreibung der Untersuchungsstrecke.

[340] Vgl. Kapitel 9.3.1: Zeit für das Erstellen der Ablaufprotokolle betrug rund 270 Stunden

9.4.2.2 Problemzentriertes Interview

Das problemzentrierte Interview fand direkt im Anschluss an die Bearbeitung der Lernstrecke statt und wurde ebenfalls durch eine Videoaufzeichnung unterstützt. Auch hier führte die Verwendung eines externen Mikrophons zu einer sehr guten Sprachqualität, was die Auswertung erleichterte. Indem die Kameraposition wie in der teilnehmenden Beobachtung beibehalten wurde, kann davon ausgegangen werden, dass sich die Schüler weitgehend an die Aufzeichnung gewohnt hatten. Von dem Untersuchungsleiter wurden beiden Schülern jeweils drei Fragen zu den Lerninhalten gestellt. Da korrekt beantwortete Fragen nicht nochmals an den anderen Schüler gerichtet werden konnten, wurde nicht eindeutig klar, ob dieser Schüler diese Frage ebenfalls fachlich richtig hätte beantworten können. Alle anderen Fragen des problemzentrierten Interviews wurden zumeist an beide Schüler gerichtet. Einige Male schlossen sich Schüler den Äußerungen des Partners an. Dies trifft vor allem für die Gruppen zu, in denen ein Schüler eine Führungsrolle eingenommen hat. Bei den Ad-hoc-Fragen wurde auf eine zusätzliche Videokonfrontation verzichtet. In einer Videokonfrontation wird den Schüler ihr Vorgehen nochmals gezeigt, in dem die Aufzeichnung an die entsprechende Stelle gespult wird. Die Schüler sollen dann dazu Stellung nehmen. Die durchgeführten Voruntersuchungen und Erhebungen haben gezeigt, dass es dem Untersuchungsleiter durch eine verbale Beschreibung gelingt, einen Situationsbezug herzustellen. Das Suchen bzw. Zurückspulen des Videobandes bei einer Videokonfrontation hätte vermutlich die weitgehend natürlich ablaufende Gesprächssituation negativ verändert. Außerdem hätte dies die Erhebungssituation nochmals verlängert.

Die Fragen des problemzentrierten Interviews sind geeignet, das Vorgehen der Schüler zu erklären, Lernfortschritte zu überprüfen und Einschätzungen der Schüler über die Lernstrecke offen zu legen. Zusammen mit den Ad-hoc-Fragen stellen sie eine wichtige Ergänzung für die Analyse des individuellen Vorgehens der Schüler dar. Durch die Leitfragen wurde ein Vergleich der Schüleraussagen möglich.

9.4.2.3 Arbeitsergebnisse der Schüler

Die Schüler wurden in der Vorbesprechung und in den Arbeitsaufträgen angeleitet, ihre Ergebnisse in einem bereits vorstrukturieren Arbeitsheft festzuhalten. Von allen Schülern wurde ein Arbeitsheft geführt und unter dem Namen abgespeichert. Diese wurden für die Auswertung von dem Untersuchungsleiter korrigiert und den Schülern erst zu einem späteren Zeitpunkt zurückgegeben. Der Grund hierfür liegt darin, dass ansonsten die Schüler der ersten Erhebungen diese Eintragungen an die anderen Schüler weitergereicht hätten. Dies hätte zu einer Verfälschung der Ergebnisse geführt. Die Eintragungen und die Art der Gestaltung flossen in die Beurteilung des Lösungsvorgehens der einzelnen Gruppen (Kapitel 10.2.4) und in die gruppenübergreifende Beurteilung (Kapitel 10.2.5) mit ein.

9.4.3 Zusammenfassung

Die für die Teiluntersuchung B erstellte Lernstrecke und die eingesetzten Methoden sind geeignet, das individuelle Vorgehen der Schüler zu analysieren. Die Lernstrecke ermöglicht den Schülern, auf unterschiedlichsten Lösungswegen, mit unterschiedlichen Medien und unterschiedlicher Vorgehensweise die gestellten Arbeitsaufträge zu bearbeiten. Dies gilt auch für die Kontrollschaltung. So kann mit verschiedenen Schaltungen die geforderte Funktion realisiert werden. Diese unterschiedlichen Lösungswege werden von den Schülern beschritten und erlauben somit Aussagen über das individuelle Vorgehen.

Die Erhebung des individuellen Vorgehens in einer teilnehmenden Beobachtung, einem problemzentrierten Interview und der Auswertung der Arbeitsergebnisse führt zu einer Vielzahl an Daten. Diese beschreiben und begründen die Bearbeitung der Lernstrecke und zeigen auch die Einschätzung der Schüler über das Unterrichtsvorhaben auf. Die Daten werden in einem Ablaufprotokoll, einer Symboldarstellung und einem Wortprotokoll aufbereitet und ausgewertet. Zusammen mit der Beschreibung des Lösungsvorgehens und einer gruppenübergreifenden Beurteilung wird so das Vorgehen der Schüler deutlich. Einige der Ergebnisse können mit Ergebnissen der Teiluntersuchung A zusammen geführt werden.

An der Erhebung, Aufbereitung und Auswertung der Daten waren neben dem Untersuchungsleiter weitere Personen beteiligt. Diese wurden vor der Erhebung geschult und sind mit den Lerninhalten und der Lernstrecke bestens vertraut. Alle Schritte der Aufbereitung und Auswertung wurden von mindestens zwei Personen unabhängig voneinander durchgeführt. Konnten hierbei auftretende Differenzen nicht geklärt werden, dann wurde eine weitere Person hinzugezogen. Diese Personen waren auch an den Vortests und an der Entwicklung und Erprobung der Lernstrecke und der eingesetzten Methoden beteiligt. Die fachliche und pädagogische Expertise dieser Personen führte zu wertvollen Hinweisen, die in die Untersuchung mit einflossen.

In beiden untersuchten Unterrichtseinheiten steht den Schülern eine Unterrichtssoftware zur Verfügung. Zusammen mit den erstellten Arbeitsaufträgen bzw. Leittexten können die Schüler selbstständig die Arbeitsaufträge bearbeiten. Dieses Programm hat einen großen Einfluss sowohl auf die Beurteilung des Unterrichtsprojektes als auch auf die Lernwege, die von den Schülern beschritten wurden. Bei der Interpretation der Untersuchungsergebnisse muss dieser Zusammenhang beachtet werden.

10 Darstellung der Untersuchungsergebnisse

Im Kapitel 10 werden die Ergebnisse der beiden Teiluntersuchungen vorgestellt. Kapitel 10.1 bezieht sich dabei auf die Untersuchung des Unterrichtsprojektes (Teiluntersuchung A). Die Ergebnisse aus der Analyse individueller Lernwege (Teiluntersuchung B) werden in dem Kapitel 10.2 beschrieben (vgl. Abbildung 10-1). Eine Beurteilung, Bewertung und Zusammenfassung der Ergebnisse erfolgt im 11. Kapitel. Hier werden auch Zusammenhänge zwischen den beiden Teiluntersuchungen A und B hergestellt.

10.1 Untersuchung des Unterrichtsprojektes (Teiluntersuchung A)	**10.2 Analyse von individuellen Lernwegen (Teiluntersuchung B)**
10.1.1 Teilnehmende Beobachtung	10.2.1 Ablaufprotokoll
10.1.2 Schülersicht des Unterrichts	10.2.2 Symboldarstellung der Bearbeitung
10.1.3 Bearbeitung der Arbeitsaufträge	10.2.3 Wortprotokoll
10.1.4 Interview mit dem unterrichtenden Lehrer	10.2.4 Lösungsvorgehen der einzelnen Gruppen
10.1.5 Zusammenfassung der Ergebnisse	10.2.5 Gruppenübergreifende Beurteilung

Abbildung 10-1: Darstellung der Untersuchungsergebnisse: Überblick über Kapitel 10 mit den beiden Teiluntersuchungen A und B

10.1 Untersuchung des Unterrichtsprojektes

Die Beschreibung der Ergebnisse der Teiluntersuchung A folgt der Gliederung aus Kapitel 8 (vgl. auch Übersicht 10-1). Kapitel 10.1.1 stellt ausgewählte Ergebnisse der teilnehmenden Beobachtung vor. Anschließend gibt Kapitel 10.1.2 die Schülersicht zum Unterrichtsprojekt wieder. Im Kapitel 10.1.3 wird dargestellt, wie die Schüler die Arbeitsaufträge einer Unterrichtseinheit bearbeiten. Hieraus ergeben sich auch Erkenntnisse über die Kommunikation zwischen den einzelnen Abteilungen der Modellfirma und über die verwendeten Medien. Die Ergebnisse aus dem Interview mit dem unterrichtenden Lehrer werden in Kapitel 10.1.4 angeführt. Das Kapitel 10.1.5 fasst die wichtigsten Ergebnisse der Teiluntersuchung A nochmals zusammen.

10.1.1 Teilnehmende Beobachtung

Wie im Kapitel 8.1.2.1 beschrieben, findet die teilnehmende Beobachtung in vier unterschiedlichen Klassen während eines Zeitraums von zwei Schuljahren statt. Die Ergebnisse der teilnehmenden Beobachtungen liefern wichtige Anhaltspunkte für die Auswertung der weiteren Untersuchung. Dies gilt insbesondere für die Auswertung der Schülersicht und der Bearbeitung der Arbeitsaufträge. Dies soll am Beispiel der Unterrichtsbeobachtung vom 27.04.1999 in der Klasse K122 verdeutlicht werden.

Lerninhalt der Unterrichtseinheit sind Geschäftsprozesse, die von den Schülern graphisch dargestellt werden sollen.[340] Die Arbeitsaufträge für die einzelnen Gruppen werden den Schülern in Leittexten vorgegeben. Nach organisatorischen Tätigkeiten (z.B. Kontrolle der Anwesenheit) und der Einteilung der Schüler entsprechend den einzelnen Geschäftsabteilungen der Modellfirma bearbeiten die Schüler die Arbeitsaufträge. Dabei können folgende Aspekte beobachtet werden:

Aufteilung der Klasse in die Geschäftsabteilungen einer Modellfirma

Zu Beginn eines neuen Unterrichtsblocks sollen die einzelnen Geschäftsabteilungen innerhalb der Modellfirma wechseln, d.h. die Schüler der bisherigen Abteilung ‚Service' wechseln in die Abteilung ‚Verwaltung' usw. Nach vier Wochen betrieblicher Ausbildung fällt diese Rotation der Gruppen schwer, da die Schüler teilweise nicht mehr wissen, in welcher Abteilung sie bereits gearbeitet haben. Im weiteren Verlauf zeigt sich, dass die Aufgabenverteilung zwischen den einzelnen Gruppenmitgliedern nicht klappt. So kann beobachtet werden, dass sich innerhalb der einzelnen Gruppen Schüler passiv verhalten, bzw. Tätigkeiten durchführen, die keinen Bezug zu den gestellten Arbeitsaufträgen aufweisen.

Verständnis der Arbeitsaufträge

Die beiden anwesenden Lehrkräfte werden häufig von den einzelnen Gruppen gebeten, die Aufgabenstellung nochmals zu erläutern. Viele Schüler scheinen die gestellten Arbeitsaufträge bzw. die komplexe Aufgabenstellung nicht zu verstehen.

Unterrichtsfremde Tätigkeiten

Die Beobachtung zeigte, dass sich nicht alle Schüler am Unterricht beteiligen. Dies trifft insbesondere für die Unterrichtsphasen, in denen die unterrichtenden Lehrer Hinweise für die Arbeitsaufträge geben. Schüler, die nicht mit der Bearbeitung der Arbeitsaufträge beschäftigt sind, ‚surfen' häufig im Internet.

10.1.2 Schülersicht des Unterrichts

Die Auswertung der Schülersicht basiert auf den Aussagen[341] der befragten Schüler. Wie in Kapitel 8.2.1 beschrieben, werden alle auswertbaren Schüleräußerungen der 68 Fragebögen in einzelnen Kategorien zusammengefasst und graphisch dargestellt. Anschließend erfolgen auf Basis der erstellten Netze und der originären Schüleraussagen eine ergänzende Beschreibung und eine Zusammenfassung der Ergebnisse. Die Ausführungen orientieren sich an der Reihenfolge und Fragestellung des Fragebogens, d.h. das Kapitel 10.1.2.1 wertet die Frage 1 des Fragebogens aus, Kapitel 10.1.2.2 die zweite Frage usw.

---

[340] Vgl. Kompalka 1999 S. 66-81: Ausführliche Beschreibung der Unterrichtseinheit vom 27.04.1999 und weitere Ergebnisse der teilnehmenden Beobachtung

[341] Vgl. Beschreibung der Datenerhebung in Kapitel 8.1.2.2: Die Schüler können bei einer Frage mehrere Argumente anführen.

Auf der ersten Seite des Fragebogens werden die Schüler gebeten, die hardwarebedingten Probleme im Unterricht einzuschätzen und in einer dreiteiligen Skala anzugeben. Die Auswertung führt zu folgendem Ergebnis: 13 Schüler bezeichnen die hardwarebedingten Probleme als gering, 40 als groß und 15 als sehr groß.

HINWEIS ZUR KATEGORIE »UNTERRICHTSORGANISATION«:

Bei der Auswertung der negativen Schüleraussagen zeigte sich, dass sich sehr viele auf die gestellten Arbeitsaufträge beziehen. Die Schüler kritisieren, dass diese zu komplex, bzw. dass die Arbeitsanweisungen nicht detailliert genug seien. Auch die Klassen- bzw. Gruppengröße wird sehr häufig bemängelt. In den drei untersuchten Klassen beträgt die Klassengröße zwischen 24 und 28 Schülern, was für die Modellfirma eine Abteilungs- oder Gruppengröße von 6 oder 7 Schülern bedeutet. Weiterhin wird von den Schülern die Unruhe in der Klasse kritisiert. Wie die durchgeführten Unterrichtsbeobachtungen zeigen, kann zwischen diesen Aspekten ein Zusammenhang festgestellt werden: Gerade bei großen Gruppen sind detaillierte Arbeitsanweisungen besonders wichtig. Nur so kann gewährleistet werden, dass jeder Schüler der Klasse eine bestimmte Teilaufgabe bearbeiten kann. Ist dies nicht der Fall, oder wissen die Schüler nicht, wie sie vorgehen sollen, ist die Unruhe innerhalb der Gruppe, bzw. der Klasse unvermeidbar. In den weiteren Beschreibungen werden Schüleraussagen, die sich auf die Arbeitsaufträge oder die Gruppengröße beziehen, generell der Kategorie »Unterrichtsorganisation« zugeteilt. Dies wird bei der Auswertung der Frage 2 (Vergleich mit einem herkömmlichen Unterricht) nochmals verdeutlicht.

10.1.2.1 Besonderheiten des Unterrichtsprojektes

Auf die offen formulierte Frage nach den Besonderheiten des Unterrichtsprojektes können 159 Schüleraussagen ausgewertet werden.[342] Davon lassen sich einige zweifelsfrei einer positiven oder negativen Kategorie zuordnen. So sind beispielsweise in der Kategorie »PC/Netzwerk« (vgl. Abbildung 10-2) fünf Schüleraussagen eindeutig positiv (z.B. „Die Rechner sind neu“), sechs hingegen negativ (z.B. „dass die Hardware nie funktioniert (Netzwerk, Abstürze“)). Diese eindeutige Einteilung in positive oder negative Schüleraussagen ist bei den meisten Äußerungen der Schüler nicht möglich, da diese ‚neutral' formuliert sind. So sind alle Aussagen der Schüler, die der Kategorie »Selbstgesteuertes Lernen« zugeordnet sind, ohne Wertung formuliert.[343] Die Schüler antworten auf die Frage nach den Besonderheiten des Unterrichtsprojektes beispielsweise mit „selbstständiges Arbeiten“. Diese Schüleraussagen werden in der graphischen Darstellung der mittleren Spalte zugeteilt, obwohl auf Grund der Auswertung der weiteren Fragen davon ausgegangen werden kann, dass die Schüler das selbstständige Arbeiten begrüßen. Dies gilt auch für alle weiteren Schüleraussagen. Sind diese nicht eindeutig positiv oder negativ, so werden diese der mittleren Spalte zugeteilt. Der negative Eindruck, der durch eine rein quantitative Betrachtung der Schüleräußerungen (27 positive zu 41 negativen Aussagen) entsteht, muss wegen der Vielzahl an ‚neutral' formulierten Äußerungen relativiert werden.

---

[342] Vgl. Kapitel 8.1.2.2: Fragestellung: „Das Besondere an diesem Unterricht ist:“

[343] Vgl. Kapitel 8.2.1: Auswertung der Frage 1

Selbstgesteuertes Lernen (35)		35	
Wenig Druck, Freiheiten (20)		20	
Arbeit mit PC und Netzwerk (20)	4	15	1
Unterrichtsorganisation (20)			20
Teamarbeit (17)	1	16	
Berufsbezug (14)	13		1
PC/ Netzwerk (11)	5		6
Lernerfolg (9)			9
Neues Konzept (6)	1	5	
Motivation (5)	3		2
Benotung (2)			2
Gesamt (159)	27	91	41

Abbildung 10-2: Auswertung der Frage1: Besonderheiten des Unterrichtsprojektes; Erläuterung der Graphik siehe Kapitel 8.2.1.

Die häufigsten Schüleraussagen können der Kategorie »Selbstgesteuertes Lernen«[344] zugeordnet werden. Diese Aussagen sind zumeist ‚neutral' formuliert. Die 20 Aussagen, die der Kategorie »Wenig Druck, Freiheiten« zugeteilt werden können, beziehen sich ebenfalls auf die Möglichkeit, selbstgesteuert vorzugehen. Im Unterschied zu den Aussagen in der Kategorie »Selbstgesteuertes Lernen«, beziehen sich diese nicht auf konkrete Lerninhalte des Unterrichts, sondern sind allgemein formuliert (z.B. „recht locker"). Einige Äußerungen lassen vermuten, dass die Schüler diese ‚Freiheiten' für unterrichtsfremde Tätigkeiten ausnutzen. In der Kategorie »Arbeit mit dem PC und Netzwerk« sind alle Schüleraussagen zusammengefasst, welche die Arbeit am Rechner, bzw. das Erarbeiten von Lerninhalten mit Hilfe des Personalcomputers betreffen. Auch hier sind die meisten Aussagen neutral formuliert (z.B. „dass die meiste Arbeit am PC verrichtet wird"). Es kann jedoch davon ausgegangen werden, dass diese Schüler den Einsatz des Computers im Unterricht begrüßen. Die Kategorie »PC/Netzwerk« bezieht sich auf die Ausstattung selbst, d.h. die Schüler äußern sich hier über die Qualität der eingesetzten Geräte.

Die Aussagen, die der Kategorie »Unterrichtsorganisation«[345] zugeteilt werden können, sind allesamt negativ. Sie sind teilweise sehr konkret (z.B. „unübersichtliche Arbeitsaufträge"). Die meisten Aussagen werden jedoch nicht weiter erläutert (z.B. „das Chaos herrscht"). Die Teamarbeit[346] wird in 17 Schüleräußerungen angesprochen und in den Aussagen zumeist neutral formuliert. Der Berufsbezug[347] des Unterrichtsprojektes wird in 13 Äußerungen positiv beurteilt (z.B. „der praxisnahe Ablauf der Tätigkeiten"). Acht Schüleräußerungen können der Kategorie »Lernerfolg« zugeteilt werden. Alle sind eindeutig negativ formuliert (z.B. „dass man weniger lernt, bzw. nichts"). Insgesamt fünf Schüleraussagen bezeichnen das Unterrichtsprojekt „neu" und „anders" gegenüber dem von ihnen gewohnten Unterricht. Vier Aussagen sind neutral formuliert, eine eindeutig positiv.

---

[344] Vgl. Kapitel 10.1.2.6: Frage 6: Selbstgesteuertes Arbeiten

[345] Vgl. Beginn des Kapitels 10.1.2: Hinweis zur Kategorie »Unterrichtsorganisation«

[346] Vgl. Frage 3: Aufteilung der Klasse in Arbeitsgruppen

[347] Vgl. Frage 4: Bedeutung der Lerninhalte, Berufsbezug

Ebenfalls sechs Aussagen können der Kategorie »Motivation« zugeordnet werden. Fünf davon sind positiv (z.B. „kein sinnloses auswendig Lernen", „sehr abwechslungsreich"), zwei negativ. In zwei weiteren Schüleräußerungen wird die Leistungserhebung in dem Unterrichtsprojekt kritisiert.

Zusammenfassung

Durch die offene Fragestellung wird ein erster Eindruck der Schülersicht bzgl. des Unterrichtsprojektes möglich. So wird deutlich, dass insbesondere die Möglichkeit des selbstgesteuerten Lernens mit den damit verbundenen Freiheiten und die Arbeit mit dem PC bzw. dem Netzwerk von den Schülern als Besonderheit des Unterrichts genannt werden. Die Aussagen sind jedoch zumeist ‚neutral' formuliert und eingeteilt. Aus den weiteren Ergebnissen der Untersuchung kann geschlossen werden, dass die Schüler diese Aspekte mehrheitlich positiv beurteilen. Kritisiert werden von den Schülern insbesondere die Unterrichtsorganisation und der Lernerfolg. Viele der genannten Aspekte werden von den Schülern in den weiteren Fragen näher erläutert, bzw. begründet.

10.1.2.2 Vergleich mit herkömmlichem Unterricht

Bei den nun folgenden Fragen zur Schülersicht handelt es sich um Satzergänzungsfragen. Abbildung 10-3 stellt die Auswertung der zweiten Frage graphisch dar.

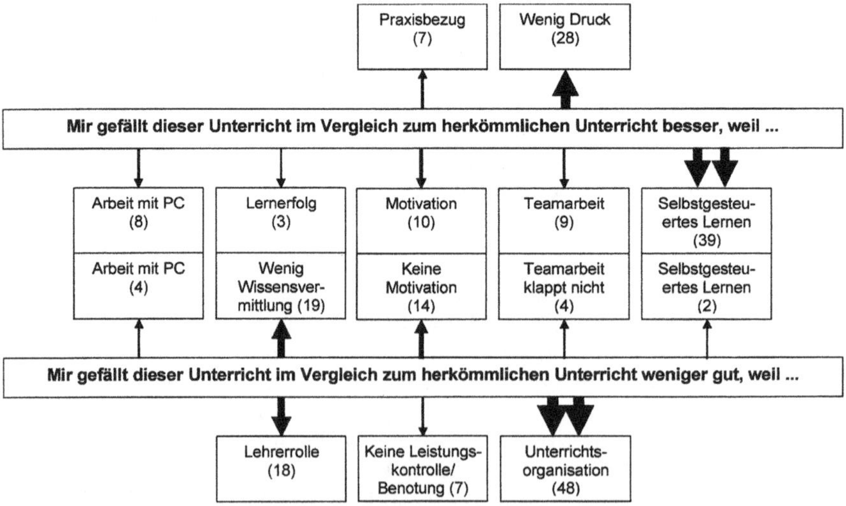

Abbildung 10-3: Auswertung der Frage 2: Vergleich des beschriebenen Unterrichtsprojektes mit einem herkömmlichen Unterricht; Erläuterungen der Graphik siehe Kapitel 8.2.1.

Beschreibung und Erläuterung

Im Gegensatz zu der ersten Frage, lassen sich in den nun folgenden Fragen durch die komplementär formulierte Fragestellung die Schüleraussagen eindeutig positiven oder negativen Kategorien zuordnen. In der relativ offen formulierten zweiten Frage sollen die Schüler das beschriebene Unterrichtsprojekt mit einem herkömmlichen Unterricht vergleichen. Dabei zeigt sich folgendes Bild: Insgesamt werden etwas weniger positive als negative Argumente angeführt (104 positive zu 116 negative).

39 positive Aussagen können der Kategorie »Selbstgesteuertes Lernen« zugewiesen werden. Diese Aussagen weisen zum einen auf die Bedeutung eines selbstständigen und eigenverantwortlichen Arbeitens hin („freies und selbstständiges Arbeiten wichtig ist", „das Lernmaterial selbst angeeignet werden muss"). Andere Aussagen, die dieser Kategorie zugeordnet werden, begrüßen, dass unterschiedliche Lernwege beschritten werden können, bzw. ein individuelles Lerntempo gewählt werden kann. In enger Verbindung mit dieser Kategorie steht die ebenfalls positive Kategorie »wenig Druck«. Auch hier wird in vielen Schüleräußerungen betont, dass der Unterricht Freiheiten zulässt (z.B. „man mehr Freiheiten hat"). Im Unterschied zu den Aussagen, die der Kategorie »Selbstgesteuertes Lernen« zugeordnet werden, beziehen sich diese Schüleraussagen jedoch sehr häufig auf unterrichtsfremde Aktivitäten (z.B. „man Computerspiele spielen kann", „man tun und lassen kann, was man will"). Diese Aussagen können durch die Unterrichtsbeobachtungen bestätigt werden. So konnte festgestellt werden, dass beispielsweise einige Schüler während des Unterrichts im Internet ‚surfen'. Sieben Schüleraussagen weisen auf den Praxisbezug zwischen dem Unterricht und ihrer beruflichen Tätigkeit hin. Sehr kontrovers werden von den Schülern die Aspekte »Arbeit mit PC«, »Lernerfolg«, »Motivation« und »Teamarbeit« beurteilt. Die Arbeit mit dem Computer bzw. dem Netzwerk wird in acht Schüleraussagen begrüßt (z.B. „man lernt mit Problemen am Computer umzugehen", „man mit Computern zu tun hat"). Vier Äußerungen kritisieren die Arbeit mit dem PC (z.B. „PC's beim Arbeiten behindern") oder die eingesetzten Rechner. In Bezug auf den Lernerfolg schneidet das untersuchte Unterrichtsprojekt im Vergleich mit einem herkömmlichen Unterricht wesentlich schlechter ab. Nur drei Schüleraussagen sehen einen besseren Lernerfolg; 19 hingegen einen schlechteren („der Stoff schlecht vermittelt wird", „ich beim herkömmlichem Unterricht genau weiß, was ich lerne"). Aus einigen der Aussagen kann der Eindruck gewonnen werden, dass die Schüler nur dann von einem guten Lernerfolg sprechen, wenn hauptsächlich Fachwissen vermittelt wird. Der Doppelkategorie »Motivation« können 23 Schüleräußerungen zugeordnet werden. Den zehn positive Aussagen (z.B. „man seine Kreativität frei entfalten kann", „es ist mal etwas anderes") stehen 14 negative entgegen („der Unterricht uninteressant gestaltet ist", „die Motivation mancher Schüler nicht sehr hoch ist und sie deshalb das Netzwerk manipulieren (Langeweile)").

48 der 116 negativen Aussagen sind in der Kategorie »Unterrichtsorganisation« zusammengefasst. Diese Aussagen beziehen sich zumeist auf die Klassen bzw. Gruppengröße (sieben Aussagen), auf die Gestaltung der Arbeitsaufträge (17 Aussagen) oder kritisieren die große Unruhe in der Klasse (16 Aussagen). Aus vielen Schüleraussagen wird deutlich, dass sich die Schüler eine stärkere Lenkung in dem Unterricht wünschen.

Wird von den Schülern die Rolle des Lehrers in dem Unterricht kritisiert, dann werden diese der Kategorie »Lehrerrolle« zugeordnet (z.B. „einfach eine etwas strengere Hand fehlt", „mit die Erklärung/Auslegung des Lehrers mit seinen eigenen Worten fehlt").

Sieben Schüleraussagen kritisieren die Kontrolle der Arbeitsergebnisse und die Durchführung der Benotung. Sie wünschen sich hier, dass die Arbeitsergebnisse häufiger verglichen, bzw. überprüft werden und dass die Notengebung transparenter gemacht wird.

Zusammenfassung

Im direkten Vergleich mit einem herkömmlichen Unterricht schneidet das beschriebene Unterrichtsprojekt etwas schlechter ab. Dies liegt vor allem an der Vielzahl der Aussagen, welche die Gestaltung der Arbeitsaufträge, die Größe der Arbeitsgruppen und die Unruhe in der Klasse kritisieren. Eindeutig negativ wird auch der Lernerfolg beurteilt. Aus einigen Schüleraussagen wird dabei deutlich, dass diese Schüler einen Lernerfolg an dem vermittelten Faktenwissen messen und nicht an der von dem Lehrer angestrebten Förderung der Methodenkompetenz. Ebenfalls kritisiert wird die Rolle des Lehrers in dem Unterricht. Einige Schüler erwarten sich von ihm mehr fachliche Unterstützung und ein stärkeres Durchgreifen bei Disziplinproblemen. Sehr positiv hingegen werden die im Vergleich zum herkömmlichen Unterricht größeren Freiheiten im Unterricht beurteilt. Diese Freiheiten beziehen sich auf die Möglichkeit, Lernweg und Lerntempo individuell zu wählen. Sie werden von den Schülern jedoch auch ausgenutzt, um unterrichtsfremde Tätigkeiten auszuführen. In dem Unterrichtsprojekt nimmt der PC eine zentrale Stellung ein. Dennoch beziehen sich auffallend wenig Aussagen auf diesen Aspekt.

10.1.2.3 Aufteilung in Abteilungen

Abbildung 10-4 zeigt die Auswertung der Frage 3 in graphischer Form.

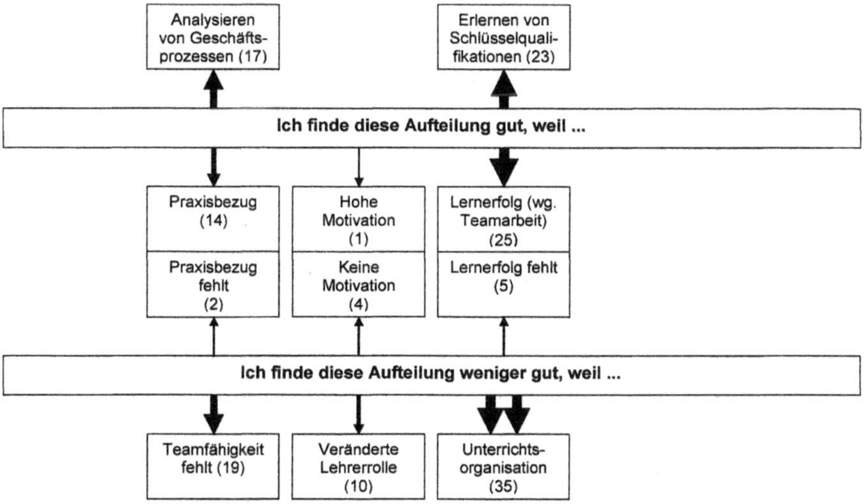

Abbildung 10-4: Auswertung von Frage 3: Aufteilung der Klasse entsprechend den Geschäftsabteilungen einer Übungsfirma.

Beschreibung und Erläuterung

Die vollständig formulierte dritte Frage lautet: „Die Klasse ist in diesem Unterricht in Arbeitsgruppen, entsprechend den Geschäftsabteilungen einer Übungsfirma aufgeteilt. Ich finde diese Aufteilung gut/ weniger gut, weil ...“.[348] Insgesamt werden von den Schülern 155 Argumente angeführt. Diese teilen sich auf in 80 Schüleraussagen, die die Aufteilung gut finden und 75 die diese Aufteilung weniger gut finden. Die häufigsten positiven Argumente können der Kategorie »Lernerfolg« zugeordnet werden. Dieser wird in fast allen Schüleraussagen auf die Teamarbeit zurückgeführt (z.B. „man in der Gruppe Gedanken austauschen kann“). Gehen die Schüleraussagen hingegen auf das Erlernen von Teamarbeit ein (z.B. „die Leute lernen im Team zu arbeiten“) dann werden diese in der Kategorie »Erlernen von Schlüsselqualifikationen« zugeteilt. Neben Teamfähigkeit werden in dieser Kategorie auch Aussagen über planerisches Handeln (z.B. „man lernt, wie man Projekte richtig angeht“) oder Kommunikationsfähigkeit („weil man das Diskutieren mit anderen lernt“) mit aufgenommen. 17 Aussagen beurteilen die Aufteilung der Klasse entsprechend den Abteilungen einer Übungsfirma gut, weil dadurch die komplexen Strukturen und die Zusammenarbeit zwischen den Abteilungen deutlich werden. Diese Aussagen sind in der Kategorie »Analysieren von Geschäftsprozessen« enthalten. In der positiven Kategorie »Praxisbezug« sind 14

[348] Vgl. Kapitel 8.1.2.2: Erhebungsverfahren und Durchführung der Datenerhebung und Fragebogen im Anhang S. 281 f.

Aussagen zusammengefasst, die auf den Bezug zwischen dem Unterrichtsprojekt und einer realen Firma hinweisen (z.B. „es wirklichkeitsgetreu ist"). Den 14 positiven Aussagen in der Kategorie »Praxisbezug« stehen zwei negative Schüleraussagen entgegen.

Knapp die Hälfte (35 von 75) aller negativen Schüleraussagen können der Kategorie »Unterrichtsorganisation« zugeordnet werden. Wie bei den anderen Fragestellungen auch, sind das zumeist Aussagen, welche die Gruppengröße (acht Argumente) betreffen oder mit der Gestaltung der Arbeitsaufträge (14 Argumente) zusammenhängen. In der negativen Kategorie »Teamfähigkeit fehlt« sind neunzehn Schüleraussagen gebündelt. Diese Aussagen kritisieren, dass zumeist einige Gruppenmitglieder nicht an dem Gruppenauftrag beteiligt sind, bzw. sich in die Gruppenarbeit nicht mit einbringen. Dabei werden Aussagen, welche die Arbeit innerhalb der Gruppen betreffen und Aussagen, die die Zusammenarbeit zwischen den einzelnen Gruppen betreffen zusammengefasst. Diese Aussagen reichen von „weil nicht so gearbeitet wird, wie ich es will", über „weil es Leute gibt, die alles allein machen wollen" bis zu „weil manche nicht mitarbeiten". In der Kategorie »Veränderte Lehrerrolle« wird der Lehrer, bzw. seine durch das Unterrichtsprojekt bedingte veränderte Rolle kritisiert. Dabei wird von den Schülern auch bemängelt, dass der Unterricht nicht effektiv ist, weil der Lehrer sich um die Belange einzelner Gruppen kümmert (z .B. „der Lehrer bestimmte Sachverhalte fünfmal erklären muß, wobei die Zeit für andere Erklärungen dann fehlt"). Den 25 Aussagen, die den Lernerfolg durch die Aufteilung in Gruppen besser einschätzen, stehen fünf entgegen.

Zusammenfassung

Die Aufteilung der Klasse in Gruppen entsprechend einzelner Abteilungen einer Modellfirma findet bei den Schülern insgesamt Zustimmung. Diese Zustimmung ist größer, als eine rein quantitative Betrachtung der Argumente vermuten lässt. Besonders die in der Kategorie »Unterrichtsorganisation« zusammengefassten Äußerungen zeigen, dass durch veränderte Arbeitsaufträge und durch eine Verkleinerung der Gruppengrößen das Unterrichtsprojekt weit besser beurteilt würde. Aus einigen Schüleraussagen, die den Kategorien »Veränderte Lehrerrolle« und »Teamfähigkeit fehlt« zugeordnet werden, klingt die Kritik, dass in dem Unterricht zu wenige Lerninhalte vermittelt werden. Diese Schüler, so ist zu vermuten, sind stark motiviert und fühlen sich teilweise auch durch ihre Mitschüler ‚gebremst'. Die Bedeutung von Teamfähigkeit für moderne Arbeitsorganisationen ist sehr vielen Schülern bewusst.

10.1.2.4 Berufsbezug der Lerninhalte

Abbildung 10-5 zeigt die graphische Darstellung der Frage 4.

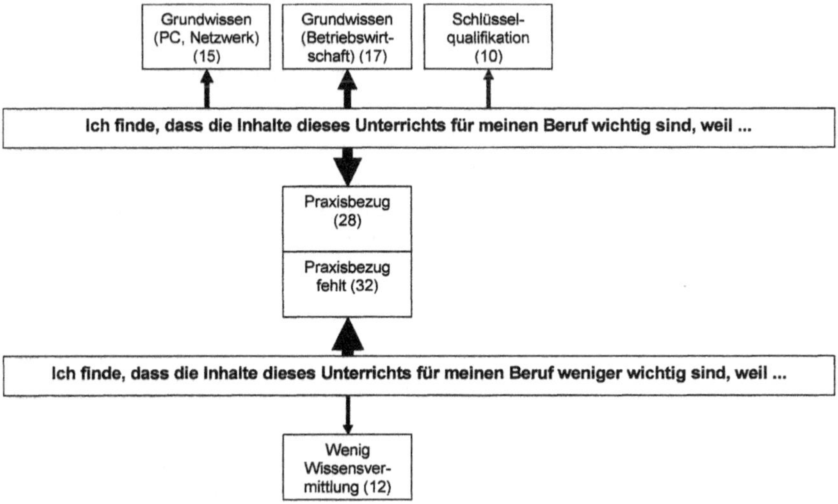

Abbildung 10-5: Auswertung der Frage 4: Berufsbezug der Lerninhalte

Beschreibung und Erläuterung

Die Auswertung dieser Frage führt zu einem sehr divergenten Bild. So werden insgesamt 70 Schüleraussagen fünf positiven Kategorien zugeordnet, 49 hingegen in negative. Sieben Schüleraussagen können nicht eingeteilt werden, da der Bezug zur Fragestellung nicht gegeben ist. Besonders auffallend ist die Doppelkategorie »Praxisbezug«: 28 Schüleraussagen stellen eindeutig einen Bezug zwischen den vermittelten Inhalten und der Berufspraxis her. Diese Aussagen beziehen sich sowohl auf betriebswirtschaftliche Kenntnisse, als auch auf Grundlagen der Informationstechnik. 32 Argumente bezeichnen den Unterricht als praxisfremd. Betrachtet man hierzu die einzelnen Schüleraussagen genauer, so kann festgestellt werden, dass sich die Inhalte der betrieblichen Ausbildung von den Lerninhalten des Unterrichtsprojektes massiv unterschieden (z.B. „TK-Anlageninstallation nicht zu meinem Beruf gehört"). In engem Zusammenhang mit der Kategorie »Praxisbezug» stehen die beiden Kategorien »Grundwissen (PC und Netzwerk)« und »Grundwissen (Betriebswirtschaft)«. Die Zuordnung der Schüleraussagen zu diesen drei Kategorien erfolgt nach folgenden Gesichtspunkten: In der Kategorie »Praxisbezug« werden Schüleraussagen zusammengefasst, die eindeutig auf den Berufsbezug hinweisen (z.B. „man im Beruf auch viel mit Computern zu tun hat"). In der Kategorie »Grundwissen (PC und Netzwerk)« beziehen sich die Aussagen auf allgemeine oder auf technische Aspekte (z.B. „sie mir Grundkenntnisse vermitteln", „Netzwerkkenntnisse vermittelt werden"). (Die obige Aussage „man im Beruf auch viel mit Computern zu tun hat", wird der Kategorie »Praxisbezug« und nicht der Kategorie »Grundwissen« zugeordnet, da explizit der Berufsbezug genannt wird). In der Kategorie »Grundwissen (Betriebswirtschaft)« sind alle Schüleraussagen, die auf betriebswirtschaftliche Abläufe, Zusammenhänge hinweisen (z.B. „ich jetzt weiß, was die kaufmännische Abteilung in unserer Firma arbeitet"). Trotz dieser Schwierigkeiten bei der Zuordnung der Schüleraussagen in dieser Frage wird eine differenzierte Betrachtungsweise möglich: 15 Schüleraussagen beziehen sich auf Grundlagen der Rechneranwendung und auf Computernetzwerke, 17 Argumente auf Grundlagen der Betriebswirtschaft. In der Kategorie »Schlüsselqualifikationen« werden zehn Schüleraussagen wie „wir gezielt auf das Zusammenarbeiten trainiert werden" oder „man lernen kann, Kompromisse zu schließen" zusammengefasst.

17 Schüleraussagen bemängeln, dass in dem Unterricht zu wenig Wissen vermittelt wird (z.B. „sowieso im Unterricht nichts herauskommt"). Sie werden in der negativen Kategorie »Wenig Wissensvermittlung« zusammengefasst. Diese Äußerungen stehen im engeren Sinn nicht in Bezug zur Fragestellung und stellen eine grundsätzliche Kritik an dem Unterrichtsprojekt dar.

Zusammenfassung

Die Aussagen der Schüler zu der Bedeutung der Lerninhalte für ihren Beruf sind heterogen. Eine Ursache könnte sein, dass dies hauptsächlich von den Inhalten der betrieblichen Ausbildung abhängig ist. So wird beispielsweise von vielen Schülern geäußert, dass sie keinen Berufsbezug zu Telekommunikations-Anlagen herstellen können. Der Zusammenhang zwischen der Bearbeitung der Arbeitsaufträge und dem Praxisbezug wird durch die Beschreibung des Lösungsvorgehens bei den Gruppen ‚Service' und ‚Verwaltung' deutlich.[349]

[349] Vgl. Kapitel 10.1.3: Bearbeitung der Arbeitsaufträge

10.1.2.5 Unterrichtssoftware „MultiSkop-Trainer"

Abbildung 10-5 zeigt die Auswertung der Schüleraussagen bei Frage 5.

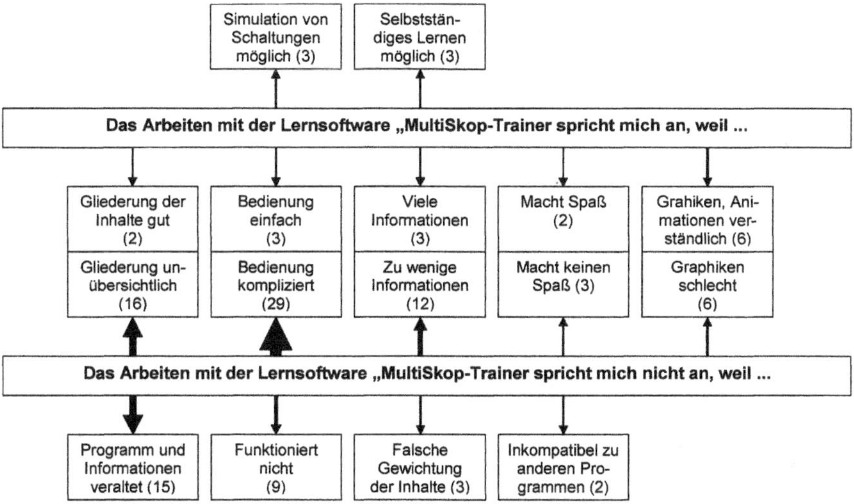

Abbildung 10-6: Auswertung der Frage 5: Arbeit mit der Unterrichtssoftware „MultiSkop-Trainer"

Beschreibung und Erläuterung

22 positiven Schüleraussagen stehen 95 Aussagen gegenüber, welche die eingesetzte Unterrichtssoftware kritisieren. Besonders häufig (29 Argumente) wird die Bedienung des Programms bemängelt (z.B. „Nicht benutzerfreundlich"). Diese Schüleraussagen stehen in engem Zusammenhang mit der negativen Kategorie »Gliederung unübersichtlich«. Beiden negativen Kategorien stehen ‚vereinzelte' Schüleraussagen entgegen, die die Bedienung des Programms (drei Aussagen) einfach bzw. die Gliederung der Inhalte positiv beurteilen (z.B. „es gut gegliedert ist"). 15 Schüleraussagen sind in der Kategorie »Programm und Informationen veraltet« zusammengefasst. Da diese Aussagen nicht eindeutig der Bedienung, bzw. der Benutzeroberfläche und der Aktualität der Informationen zugeordnet werden können, sind sie in einer Kategorie zusammengefasst (z.B. „das Programm veraltet ist", „zu alte Angaben"). Neun Schüleraussagen kritisieren die Funktion des Programms. Dies ist zum einen auf das Werkzeug „Schaltungstrainer"[350] aber auch auf Programmabstürze zurückzuführen. Ob diese jedoch auf das Programm oder auf das Netzwerk zurückzuführen sind, geht aus den Schülerantworten nicht hervor. Ebenfalls sehr häufig kritisiert wird, dass das Programm zu wenige Informationen beinhaltet. Diesen zwölf Aussagen stehen jedoch drei entgegen, die besagen, dass das Programm viele Informationen enthält.

[350] Vgl. Kapitel 6.3.4: Beschreibung der Unterrichtssoftware (‚kalte Lötstelle')

Sehr kontrovers werden die Graphiken und die Animationen beurteilt. Jeweils sechs Aussagen können der Kategorie »Graphiken und Animationen verständlich« (z.B. „man kann sich z.B. anschauen, wie eine Codierung von analogen in digitale Signale umgewandelt wird") und der Kategorie »Graphiken und Animationen schlecht« (z.B. „schlechte Graphiken") zugeordnet werden. Die Möglichkeit des Programms, elektronische Schaltungen zu simulieren, wird in drei Schüleraussagen begrüßt. Ebenfalls drei Argumente sind in der positiven Kategorie »Selbstständiges Lernen« enthalten. Schüleraussagen wie zum Beispiel „das Programm teilweise unwichtige Themen stärker behandelt als wichtige" werden in der Kategorie »Falsche Gewichtung der Inhalte« zusammengefasst. Zwei Schüleraussagen bemängeln, dass die Unterrichtssoftware zu anderen Programmen inkompatibel ist.

Zusammenfassung

Das im Unterricht eingesetzte Programm „MultiSkop-Trainer" wird von den Schülern sehr negativ beurteilt. Die meisten Argumente beziehen sich dabei auf die Bedienung der Unterrichtssoftware und auf die Gliederung der Inhalte. Diese Kritikpunkte könnten jedoch darauf zurückzuführen sein, dass die Schüler zum Zeitpunkt der Datenerhebung mit dem Aufbau und der Bedienung des Programms nicht genügend vertraut sind. Diese Vermutung wird durch weitere Unterrichtsbeobachtungen bestätigt. In dem beschriebenen Projekt sollen die Schüler die Informationen selbstständig mit Hilfe der Unterrichtssoftware erarbeiten. Dafür werden ihnen verschiedene Medien, unter anderem die Unterrichtssoftware zur Verfügung gestellt. Eine systematische Einführung erfolgt nicht, da die Schüler selbstständig vorgehen sollen. Dies führt dazu, dass die Schüler mit den Möglichkeiten, die das Programm bietet, nicht vertraut sind. Hinzu kommt, dass das Programm „MultiSkop-Trainer" nicht einer für die Schüler gewohnten Benutzeroberfläche, wie zum Beispiel „Microsoft Windows" entspricht.

10.1.2.6 Selbstständiges Arbeiten im Unterricht

Die Schüleraussagen bei der Frage 6 werden in Abbildung 10-7 dargestellt.

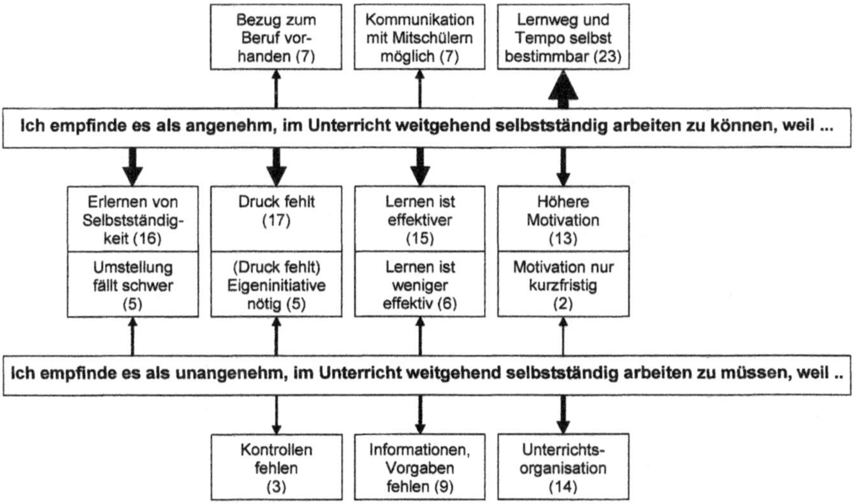

Abbildung 10-7: Auswertung der Frage 6: Selbstständiges Arbeiten im Unterricht

Beschreibung und Erläuterung

Schon bei der Auswertung der anderen Fragen zeigte sich, dass die Möglichkeit des selbstständigen Arbeitens von den Schülern stark befürwortet wird. Bei der direkten Frage werden 96 Argumente auf die positive und 47 auf die negative Fragestellung angeführt. Schon eine rein quantitative Betrachtung zeigt, dass das selbstständige Arbeiten von den Schülern begrüßt wird. Die häufigsten Aussagen (23) können der Kategorie »Lernweg und Lerntempo selbst bestimmbar« zugeordnet werden. In engem Zusammenhang dazu ist die Kategorie »Druck fehlt« zu sehen. 17 Aussagen sehen dies als einen Vorteil eines selbstständigen Arbeitens im Unterricht. Aus den Unterrichtsbeobachtungen und aus der Formulierung einiger Aussagen ist jedoch davon auszugehen, dass hier von den Schülern auch unterrichtsfremde Tätigkeiten gemeint sind. Diesen positiven Aussagen stehen jedoch fünf in einer negativen Kategorie entgegen, die bemerken, dass durch den fehlenden Druck mehr Eigeninitiative nötig sei. Die Schüler bemerken hier, dass sie dadurch mehr „selber überlegen müssen" und kritisieren, dass „man nichts lernt, wenn man nicht will". Ebenfalls kontrovers diskutiert wird die Effektivität des selbstgesteuerten Lernens. 15 Aussagen schätzen das Lernen effektiver ein, wenn sie im Unterricht selbstständig arbeiten (z.B. „ich so besser lernen kann und es leichter behalte") sechs Argumente besagen das Gegenteil (z.B. „man fast nichts lernt"). In einer ‚rein' positiven Kategorie sind sieben Schüleraussagen zusammengefasst, die einen Bezug zwischen dem selbständigen Arbeiten in Unterricht und im Beruf herstellen.

In diesen Aussagen wird explizit auf die Bedeutung für den Beruf hingewiesen. In der Doppelkategorie »Erlernen von Selbstständigkeit« hingegen sind die Aussagen allgemeiner formuliert, d.h. die Schüler geben die Gründe nicht näher an, warum sie es als wichtig empfinden, selbstständiges Arbeiten zu erlernen. Diesen 16 Schüleraussagen stehen fünf gegenüber, die beklagen, dass für sie die Umstellung von einem für sie gewohnten Unterricht zu einem Unterricht, in dem sie selbstständig arbeiten müssen, schwer fällt (z.B. „die Umstellung vom alten zum neuen schwer ist“). Eine weitere Doppelkategorie fasst die Aussagen zu der Motivation zusammen. 13 Argumente sprechen von einer höheren Motivation (z.B. „es mehr Spaß macht“), zwei Argumente geben zu bedenken, dass die Motivation durch selbstständiges Arbeiten nur kurzfristig ist und nicht länger anhält („Motivation lässt schnell nach“). In einer positiven Kategorie sind sieben Schüleraussagen zusammengefasst, welche die Möglichkeit begrüßen, mit den Mitschülern kommunizieren zu können. Aus einigen dieser Aussagen wird nicht deutlich, ob sich diese Kommunikation auf die Arbeitsaufträge bezieht. Die häufigsten negativen Argumente verbinden sich auch hier mit der Unterrichtsorganisation. Dabei werden zumeist die wenig detaillierten Arbeitsaufträge und die zu großen Klassen/bzw. Gruppengrößen genannt. Sieben weitere negative Argumente sind in der Kategorie »Informationen fehlen« zusammengefasst. Diese beziehen sich sowohl auf die eingesetzte Unterrichtssoftware (z.B. „häufig die nötigen Informationen nicht erreichbar sind“)[351] als auch auf die Arbeitsaufträge („ich ab und zu nicht ganz verstehe, was ich tun soll“). Drei Aussagen können der negativen Kategorie »Kontrollen fehlen« zugeteilt werden. In den Aussagen dieser Schüler wird auch die Effektivität des selbstständigen Arbeitens im Unterricht in Frage gestellt.

Zusammenfassung

Wie oben bereits angeführt, wird von einer eindeutigen Mehrheit das selbstständige Arbeiten im Unterricht begrüßt. Dieser Eindruck wird auch durch die Auswertung der Frage zwei bestätigt. Im Vergleich des untersuchten Unterrichtsprojektes mit einem herkömmlichen Unterricht wird besonders häufig das selbstständige, bzw. selbstgesteuerte Lernen positiv genannt. Die Aussagen zu der negativ gestellten Frage sind zumeist auf die bereits genannten Kritikpunkte der Unterrichtsorganisation zurückzuführen. Einige Schüler sind der Auffassung, oder äußern die Befürchtung, dass ‚nur' durch einen entsprechenden Druck im Unterricht effektiv gelernt wird. Aus den Aussagen dieser Schüler klingt auch der Wunsch, im Unterricht mehr lernen zu wollen. Andere Schüleraussagen, die der positiven Fragestellung zugeordnet wurden, begrüßen und benützen diese ‚Freiheiten' im Unterricht teilweise auch für unterrichtsfremde Aktivitäten. Zusammengefasst lässt sich sagen, dass die Akzeptanz eines selbstständigen Arbeitens bereits gut ist und durch veränderte Aufgabenstellungen mit detaillierten Arbeitsanweisungen nochmals verbessert werden könnte.

[351] Siehe Kapitel 10.1.2.5: Frage 5 zum Programm „MultiSkop-Trainer“

10.1.2.7 Zusammenfassende Beurteilung

Das beschriebene Unterrichtsprojekt wird insgesamt sehr heterogen beurteilt.[352] So ‚schneidet' es im direkten Vergleich und in der offen formulierten Frage nach den Besonderheiten des Unterrichts etwas schlechter ab, als ein herkömmlicher Unterricht. Dies liegt vor allen Dingen an den Schüleraussagen, die in der Kategorie »Unterrichtsorganisation« zusammengefasst werden. Diese Aussagen beziehen sich häufig direkt auf die gestellten Arbeitsaufträge oder stehen zumindest in engem Zusammenhang mit den Arbeitsaufträgen. Diese sind laut Schüleraussagen zu komplex und die Aufgabenstellungen zu wenig detailliert ausgeführt. Dies führt dazu, dass viele Schüler nicht wissen, wie sie selbstständig vorgehen sollen. Hinzu kommt, dass durch die Arbeitsaufträge und die Klassengröße die Aufgabenverteilung in den einzelnen Abteilungen mit bis zu sieben Schülern nicht klappt. Außerdem führten zu Beginn des Schuljahres Probleme mit der eingesetzten Hardware, bzw. mit dem Netzwerk häufig zu ‚Leerlaufzeiten' im Unterricht, was auch durch die Einschätzung der hardwarebedingten Probleme zum Ausdruck kommt. So bezeichnen mehr als drei Viertel der Schüler die Probleme mit der eingesetzten Hardware als groß oder sehr groß.

Sehr positiv hingegen wird von den Schülern grundsätzlich die Möglichkeit beurteilt, im Unterricht selbstständig arbeiten zu können. Bei der direkten Frage nach dem selbstständigen Arbeiten weisen sie insbesondere darauf hin, dass sie Lernweg und Lerntempo selbst bestimmen können, dass sie Selbstständigkeit erlernen und dass sie durch das selbstständige Arbeiten höher motiviert sind. In engem Zusammenhang mit dem selbstständigen Arbeiten sind auch Schüleraussagen zu sehen, die in den Kategorien »wenig Druck« gebündelt sind. Auch diese Kategorie wird in mehreren Fragen angeführt. Allerdings lassen einige Schüleraussagen darauf schließen, dass die Schüler diese ‚Freiheiten' für unterrichtsfremde Aktivitäten nutzen. Dieser Eindruck wird auch durch die Unterrichtsbeobachtungen bestätigt. Diesen zumeist positiven Aussagen in den Kategorien »selbstständiges Lernen« und »wenig Druck« stehen jedoch einige entgegen, die sich mehr Unterstützung und teilweise auch mehr Kontrollen durch den Lehrer wünschen.

Sehr differenziert wird in der Befragung der Lernerfolg beurteilt. Im direkten Vergleich, bei der Frage nach dem Berufsbezug und in der offen formulierten ersten Frage wird von den Schülern der Lernerfolg deutlich schlechter eingeschätzt, als in einem herkömmlichen Unterricht. Dies ist wahrscheinlich wiederum auf die kritisierten Arbeitsaufträge zurückzuführen. Bei den direkten Fragen 3 und 6 hingegen sehen die Schüler einen sehr guten Lernerfolg, wenn sie im Team und selbstständig arbeiten können.

Ähnlich verhält es sich mit der Beurteilung der Motivation. Selbstständiges Arbeiten ist laut Schüleraussagen motivierend. Im direkten Vergleich mit einem herkömmlichen Unterricht ist in der Kategorie »Motivation« die Anzahl der negativen Schüleraussagen geringfügig höher als die der positiven.

Eindeutig negativ wird das im Unterricht eingesetzte Programm „MultiSkop-Trainer" beurteilt. Die von den Schülern häufig genannten Kritikpunkte bezüglich Bedienung und Gliederung des Programms sind jedoch in hohem Maße auf die fehlende systematische Einführung

---

[352] Vgl. hierzu auch Zusammenfassung und Beurteilung der Ergebnisse im Kapitel 11.1

der Software im Unterricht zurückzuführen. Wie die weiteren Unterrichtsbeobachtungen zeigten, stieg nach einer gründlichen Einarbeitung in die Möglichkeiten der Software die Akzeptanz erheblich an.

10.1.3 Bearbeitung der Arbeitsaufträge

Dieses Kapitel beschreibt die Bearbeitung der Arbeitsaufträge der Unterrichtseinheit vom 24. Juni 1999 in den Abteilungen ‚Service' und ‚Verwaltung'. Besonders durch die Gegenüberstellung dieser beiden Abteilungen werden Zusammenhänge zwischen dem Bezug der beruflichen Tätigkeit und der Bearbeitung der gestellten Arbeitsaufträgen deutlich. Die Beschreibung des Vorgehens der Abteilungen ‚Projektierung' und ‚Einkauf' und das gesamte Datenmaterial können der Arbeit von Kompalka[353] entnommen werden. In dem Kapitel 10.1.3.3 wird dann näher auf die Kommunikation zwischen den Abteilungen und innerhalb der einzelnen Abteilung eingegangen. Die für die Bearbeitung der Aufgabenstellung verwendeten Unterrichtsmedien werden in dem Kapitel 10.1.3.4 aufgeführt. Alle Ergebnisse des Kapitels 10.1.3 gehen auf die durchgeführte Unterrichtsbeobachtung in Verbindung mit den Fragebögen zurück.[354]

10.1.3.1 Abteilung ‚Service'

Die Abteilung ‚Service' hat in der Modellfirma die Aufgabe, den Kontakt mit den Kunden aufzubauen, deren Bedürfnisse festzustellen und ein Leistungsverzeichnis für den Kundenwunsch zu erarbeiten. In einem mehrwöchigen Unterrichtsblock soll die Abteilung ‚Service' in Zusammenarbeit mit den Abteilungen ‚Einkauf', ‚Verwaltung' und ‚Projektierung' eine Telekommunikationsanlage planen, installieren und testen.[355]

Wie in Abbildung 10-8 dargestellt, besteht die Abteilung ‚Service' aus sechs Schülern, die wiederum fünf Teams bilden. Die Arbeitsaufträge sind so gestaltet, dass jedes Team bzw. jeder Schüler einen Teilauftrag bearbeiten kann.[356] Die Verteilung innerhalb einer Abteilung wird von den Schülern selbst vorgenommen. Das Team A hat den Auftrag, eine Fachwortliste stichwortartig und graphisch zu erstellen. Dieser Arbeitsauftrag wird von dem Schüler mit Hilfe der Unterrichtssoftware „MultiSkop-Trainer" mit den Werkzeugen „Modulbuch" und „Fachlexikon" bearbeitet. Das Ergebnis ist eine stichpunktartige Fachwortliste. Der Schüler des Teams B soll einen Rufnummernplan erstellen. Dieser Plan wird mit Hilfe der Informationen auf den Arbeitsblättern angefertigt. Team C, das aus zwei Schülern besteht, erstellt einen Übersichtsplan der logischen Strukturen und verwendet hierzu die Informationen der Arbeitsblätter.

---

[353] Kompalka 1999, S. 82-99

[354] Vgl. hierzu Erhebung und Auswertung der bearbeiteten Arbeitsaufträge in den Kapitel 8.1.2.3 und Kapitel 8.2.2

[355] Ausführlich bei Vögele 1999, S.118 f.

[356] Die vollständigen Arbeitsaufträge für die einzelnen Abteilungen siehe Kompalka, Beispiel im Anhang S. 280. Die Arbeitsaufträge wurden nach der Erhebung der Schülersicht überarbeitet. Vgl. Kapitel 10.1.4: Interview mit dem Lehrer und Kapitel 11.1: Beurteilung der Ergebnisse der Teiluntersuchung A

Team D der Abteilung ‚Service' ist für die Präsentation der Leistungsmerkmale der Endgeräte zuständig. Dabei greift der Schüler auf die Ergebnisse der anderen Teams und auf Informationen der Unterrichtssoftware zurück. Das Ergebnis wird mit dem Programm „Microsoft Powerpoint" zusammengefasst. Das Team E soll eine Stückliste mit den für den Kundenauftrag benötigten Materialien erstellen. Diese Liste wird der Abteilung ‚Projektierung' auf Anfrage übermittelt (vgl. Abbildung 10-10).

Diese durchgeführten Arbeitsaufträge werden zumeist in enger Kooperation mit den anderen Teams der Abteilung ‚Service' und mit anderen Abteilungen der Modellfirma erstellt. Der Datentransfer innerhalb der Abteilung ‚Service' ist aus der Abbildung 10-8 ersichtlich. Die Kommunikation mit den anderen Abteilungen wird im Kapitel 10.1.3.3 beschrieben.

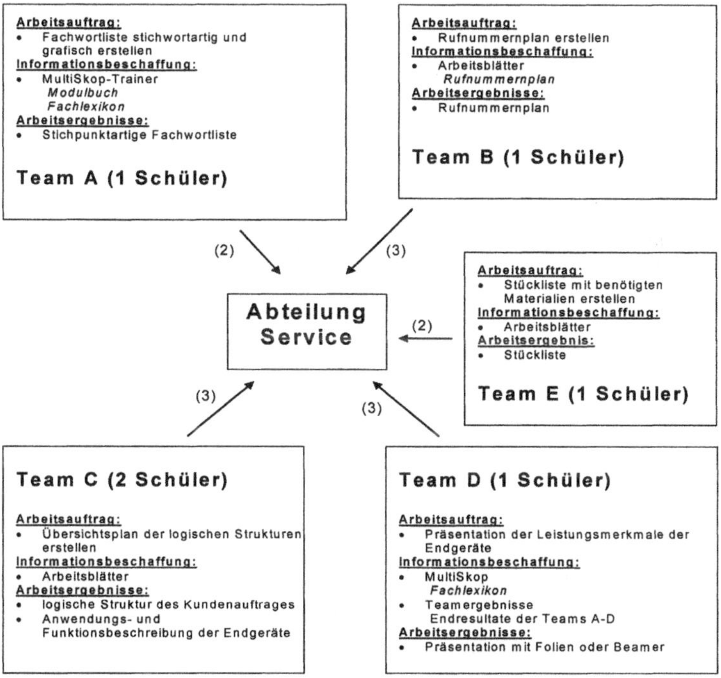

Abbildung 10-8: Auftragsbearbeitung der Abteilung ‚Service' (vgl. Kompalka 1999, S. 92)

Die gestellten Arbeitsaufträge werden in hohem Maße selbstständig mit Hilfe der zur Verfügung stehenden Medien gelöst. Die Verteilung der Arbeitsaufträge innerhalb der Abteilung gelingt ebenfalls sehr gut. Die Arbeitsergebnisse sind vollständig und korrekt.[357]

[357] Darstellung der Arbeitsergebnisse siehe Kompalka 1999

Die Ursache für diese sehr gute Bearbeitung in der Abteilung ‚Service' kann in folgenden Gründen liegen: Der Bezug zwischen den Inhalten der beruflichen Ausbildung und den Arbeitaufträgen in der Abteilung ‚Service' ist gegeben. Damit ist auch die Aufgabenstellung für die Schüler verständlich und motivierend. Die einzelnen Arbeitsaufträge sind schlüssig formuliert und in ihrem Anforderungsniveau vergleichbar, so dass jeder Schüler einen Teil bearbeiten kann. Außerdem sind genügend Teilaufträge vorhanden, so dass auch in einer größeren Gruppe jeder Schüler einen Teilauftrag durchführen kann.

10.1.3.2 Abteilung ‚Verwaltung'

Die Abteilung ‚Verwaltung' ist für die Kalkulation des Kundenauftrages zuständig und erstellt zusammen mit allen anderen Abteilungen einen Kostenvoranschlag. Außerdem wird von ihr der gesamte Geschäftsprozess gesteuert und überwacht. Dies erklärt, wie aus Abbildung 10-10 ersichtlich, dass der größte Kommunikationsanteil innerhalb der Modellfirma von der Abteilung ‚Verwaltung' ausgeht.

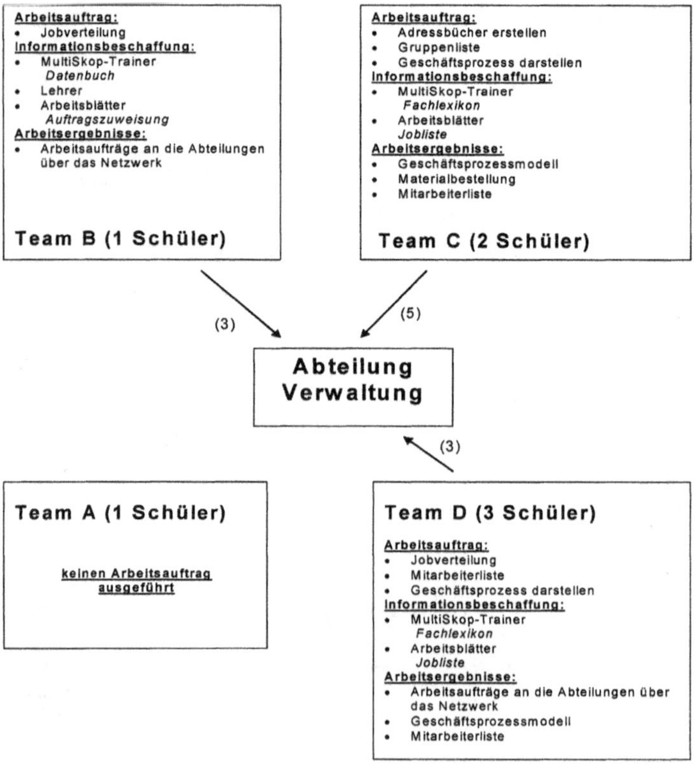

Abbildung 10-9: Auftragsbearbeitung der Abteilung ‚Verwaltung' (vgl. Kompalka 1999, S. 82)

Die Abteilung ‚Verwaltung' besteht aus sieben Schülern, die in vier Arbeitsteams aufgeteilt sind. Der Schüler des Teams A führt keinen Arbeitsauftrag aus und beteiligt sich nicht an dem Unterricht.[358] Der Schüler des Teams B und die drei Schüler des Teams D sind für die Verteilung der Arbeitsaufträge innerhalb der Modellfirma zuständig. Dabei greifen die Schüler auf die Unterrichtssoftware, die Arbeitsblätter und auf den Lehrer zurück. Die Arbeitsaufträge für die einzelnen Abteilungen werden anschließend über das Netzwerk transferiert. Team D formuliert darüber hinaus ein Modell über den Geschäftsprozess und die Mitarbeiterliste. Team C hat folgende Arbeitsaufträge auszuführen: Adressbücher und Gruppenliste erstellen, Geschäftsprozess darstellen. Diese Arbeitsaufträge werden nur zum Teil gelöst. Vergleicht man den Arbeitsablauf und die Ergebnisse der Abteilung ‚Verwaltung' mit der Abteilung ‚Service', so muss festgestellt werden, dass die Auftragsbearbeitung einige Defizite aufweist.

Dieses im Vergleich mit der Abteilung Service ‚schlechtere' Lösungsvorgehen könnte auf folgende Ursachen zurückzuführen sein: Die Abteilung ‚Verwaltung' nimmt in der Modellfirma eine zentrale Position ein, d.h. ein großer Kommunikationsanteil geht von ihr aus. Das bedeutet, dass die Abteilung ‚Verwaltung' Arbeitsaufträge an die einzelnen Abteilungen verteilt, aber auch, dass sie auf die Arbeitsergebnisse der anderen Abteilungen für die Bearbeitung der eigenen Arbeitsaufträge angewiesen ist. In der beobachteten Unterrichtseinheit führt dies zu Wartezeiten für die einzelnen Teams der Abteilung ‚Verwaltung'. Außerdem ist davon auszugehen, dass der Berufsbezug mit dem Aufgabengebiet der Abteilung ‚Verwaltung' nicht eindeutig ist und die Arbeitsaufträge für die Schüler nicht immer verständlich sind. Die gestellten Arbeitsaufträge beziehen sich zumeist auf die Erarbeitung der theoretischen Grundlagen über Geschäftsprozesse und haben damit einen geringen Bezug zu den Inhalten der betrieblichen Ausbildung.

10.1.3.3 Kommunikation zwischen den Abteilungen

Die Kommunikation zwischen den einzelnen Abteilungen der Modellfirma wird in der Abbildung 10-10 dargestellt. Auch diese Daten wurden mit Hilfe des Fragebogens erhoben.[359]

Wie aus Abbildung 10-10 ersichtlich, geht in der Unterrichtseinheit vom 24.6.99 der größte Kommunikationsanteil von der Abteilung ‚Verwaltung' aus. Diese Abteilung ist in der Graphik zentral angeordnet. Die Kommunikation ist ausschließlich auf die vorgegebenen Arbeitsaufträge zurückzuführen. Die Kommunikation zwischen den Abteilungen über das Netzwerk ist defizitär. So werden beispielsweise von der Abteilung ‚Verwaltung' von der Abteilung ‚Service' die Arbeitsaufträge, die Stückliste, die Mitarbeiterdaten und weitere Daten angefordert. Von der Abteilung ‚Service' übertragen werden hingegen nur die Daten zu den Mitarbeitern. Dies betrifft auch die Kommunikation zwischen der Abteilung ‚Einkauf' und ‚Service'. Auch hier wird die Stückliste während des beobachteten Unterrichts von der Abteilung ‚Service' nicht übersendet.

---

[358] Ergebnis geht auf die Aussagen des Schülers in der schriftlichen Befragung zurück. Was der Schüler während der Unterrichtseinheit gemacht hat, kann auch durch die Videoaufzeichnungen der teilnehmenden Beobachtung nicht reproduziert werden

[359] Vgl. 8.1.2.3 und 8.2.2: Erhebung und Auswertung der Bearbeitung der Arbeitsaufträge

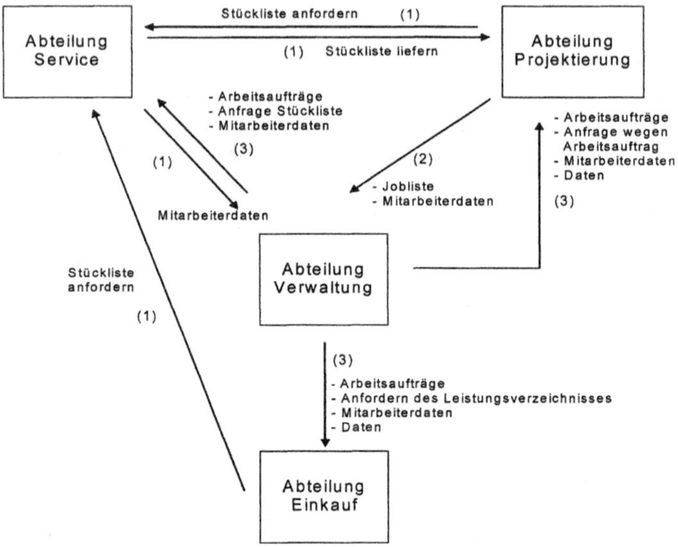

Abbildung 10-10: Kommunikation zwischen den Abteilungen der Modellfirma (aus: Kompalka 1999, S. 96)

Bei dem Unterrichtsprojekt ist eine gute Zusammenarbeit zwischen den einzelnen Abteilungen der Modellfirma sehr wichtig. Das Arbeitsergebnis einer Abteilung wird häufig von anderen Abteilungen für das Bearbeiten des Arbeitsauftrages benötigt. Durch einen nicht reibungslosen Datentransfer über das Netzwerk entstehen für die Abteilungen, bzw. die einzelnen Teams der Abteilungen immer wieder Wartezeiten. Diese ‚Leerlaufzeiten' wirken für viele Schüler demotivierend und werden für unterrichtsfremde Tätigkeiten verwendet. Auch scheint es, dass einigen Schülern die Arbeitsaufträge bzw. die Zusammenarbeit innerhalb einzelner Abteilungen der Modellfirma nicht klar sind.

10.1.3.4 Verwendete Medien

Neben dem Programm „MultiSkop-Trainer" werden in der Unterrichtseinheit von den Schülern Informationen aus dem Internet und Unterlagen aus den Ausbildungsbetrieben verwendet oder der unterrichtende Lehrer befragt. Die Zuordnung dieser Medien zu den einzelnen Abteilungen ist aus Abbildung 10-11 ersichtlich. Dabei können jedoch keine Aussagen darüber getroffen werden, wie oft beispielsweise ein Team das Datenbuch der eingesetzten Unterrichtssoftware verwendet hat.[360]

[360] Daten über die eingesetzten Medien wurden ebenfalls über den Fragebogen erhoben. Vgl. 8.1.2.3 und 8.2.2: Erhebung und Auswertung der Bearbeitung der Arbeitsaufträge

Abteilung	**MultiSkop-Trainer**				**Internet**	**Andere**	
Service	MB	FL	DB	AB		Betrieb	Lehrer
Team A	1	1					
Team B				1			
Team C				1			
Team D				1			
Team E		1					
Summe	**1**	**2**		**3**			
Verwaltung							
Team A							
Team B			1	1			1
Team C		1		1			
Team D		1		1			
Summe		**2**	**1**	**3**			**1**
Einkauf							
Team A						1	
Team B					1	1	
Summe						**2**	
Projektierung							
Team A	1						
Team B			1	1			
Team C			1	1		1	1
Summe	**1**		**2**	**2**		**1**	**1**
Gesamtergebnis	**2**	**4**	**3**	**8**	**1**	**3**	**2**

MB: Modulbuch DB: Datenbuch
FL: Fachlexikon AB: Arbeitsblätter

Abbildung 10-11: Tabellarische Darstellung der verwendeten Medien

Wie Abbildung 10-11 zeigt, wird in der untersuchten Unterrichtseinheit insbesondere das Programm „MultiSkop-Trainer" verwendet. Dabei greifen vier Teams auf das Werkzeug Fachlexikon, drei auf das Datenbuch und zwei Abteilungen auf das Modulbuch zu. Acht Teams verwenden für die Informationsbeschaffung die Arbeitsblätter. Diese sind Teil der Unterrichtssoftware und können dem Unterrichtseinsatz entsprechend modifiziert werden. Das Internet wird von der Abteilung ‚Einkauf' für die Kalkulation des Kundenauftrags eingesetzt. Zwei Teams verwenden bereitgestellte Unterlagen der Ausbildungsbetriebe. Der unterrichtende Lehrer wird von einer Arbeitsgruppe befragt. Fachbücher, Zeitschriften und andere Medien werden für die Informationsbeschaffung nicht herangezogen.

10.1.4 Befragung des Lehrers

Wie im achten Kapitel beschrieben, werden mit dem unterrichtenden Lehrer zwei ausführliche Interviews durchgeführt. Der Wortlaut des Interviews vom 29. Oktober 1998 kann dem Zwischenbericht[361] entnommen werden. Die wichtigsten Aussagen dieser Befragung werden im Kapitel 10.1.4.1 zusammengefasst. Kapitel 10.1.4.2 stellt Aussagen des Interviews vom 27. März 2000 vor, die einen Vergleich mit dem ersten Interview erlauben. Durch den zeitlichen Abstand (ca. 18 Monate) der beiden Befragungen können Entwicklungen aufgezeigt werden.

10.1.4.1 Interview vom 29. Oktober 1998

Die Aussagen des unterrichtenden Lehrers in dem ersten Interview beziehen sich schwerpunktmäßig auf folgende Aspekte:

1. Eingesetzte Hard- und Software, Netzwerk
2. Vermittlung von Schlüsselqualifikationen
3. Heterogenität der Schüler
4. Geplante Änderungen

zu 1. (Eingesetzte Hard- und Software, Netzwerk)

In vielen Äußerungen werden Probleme mit der eingesetzten Hard- und Software, bzw. mit dem Netzwerk angesprochen. Dies liegt laut Aussage des Lehrers zum einen an der Komplexität des Netzwerkes, an der fehlenden Fort- und Weiterbildung der Lehrer aber auch an Schülern, die bewusst das Netzwerk sabotieren. Auf Grund des hohen Betreuungsaufwandes für die Technik fehlen dann Zeiten für die Betreuung der Schüler.

zu 2. (Vermittlung von Schlüsselqualifikationen)

Einige Schüler haben Schwierigkeiten, sich von dem ‚gewohnten' Unterricht zu lösen. Es ist schwer, diesen Schülern die Bedeutung von Schlüsselqualifikationen zu vermitteln. Hinzu kommt, dass in den beruflichen Abschlussprüfungen diese Qualifikationen nicht entsprechend abgeprüft werden.

zu 3. (Heterogenität der Schüler)

Die Heterogenität der Schüler ist beträchtlich. Dies betrifft die schulische Vorbildung, aber auch die in den Ausbildungsbetrieben durchgeführten Tätigkeiten. Eine multimediale Unterrichtssoftware kann eine innere Differenzierung unterstützen. Sie ermöglicht leistungsstarken Schülern eine tiefere Auseinandersetzung mit der Thematik. Leistungsschwächere Schüler profitieren von der Anschaulichkeit durch unterschiedliche Darstellungen.

[361] Vögele 1999, S.135-136

zu 4. (Geplante Änderungen)

Auf die Frage nach den geplanten Änderungen für das kommende Schuljahr führt der unterrichtende Lehrer folgende Punkte an: Verkleinerung der Arbeitsgruppen mit zwei oder drei Schülern, Veränderung der Arbeitsaufträge, mehr Lernzielkontrollen, ausführliche Einführung in die Unterrichtssoftware, Verbesserung des „Workgroup-Computings“[362] und eine bessere Instruktion der Kollegen.

Die meisten der angeführten Folgerungen wurden im Schuljahr 1999/2000 umgesetzt.[363]

10.1.4.2 Interview vom 27.März 2000

Die folgenden Ausführungen sind Ausschnitte aus dem zweiten Interview mit dem unterrichtenden Lehrer (*kursiv dargestellt*) mit der entsprechenden Fragestellung.

1. Was sind die wichtigsten Erfahrungen, die Sie im Laufe des Modellversuchs mit „Ihrem“ Unterrichtskonzept gemacht haben?

   Erkenntnis, dass dies eine praktikable Lösung ist, Schlüsselqualifikationen zu den Zielforderungen der neuen Lehrpläne ganzheitlich und handlungsorientiert zu erlernen.

   Die intensive Nutzung und Durchdringung von Multimedia in Verbindung mit den Diensten eines PC und eines PC-Netzwerks ermöglichte vielfältige Unterrichtskonzepte Schlüsselqualifikationen praxisnah und handlungsorientiert zu realisieren.

2. Wo traten die größten Probleme auf?

Schülererwartung

Die Schüler kommen mit dem fest verwurzelten Bewußtsein, Unterricht müsse Wissen gut verständlich darbieten und aus den schriftlichen Unterlagen müsse das Wissen vertieft und bei Prüfungen wiedergegeben werden. Die Schüler sind von dieser Erwartungshaltung abzubringen. Sie müssen davon überzeugt werden, dass selbsttätige Informationsgewinnung und -verarbeitung mit Einsatz aller relevanten Medien eine höhere Qualität des Lernens ist und dass dies ein schwieriger und ein langwieriger Prozess ist. Das Bedürfnis der Schüler ist, Wissen und deren Umfang greifbar (auf Papier) vor sich zu haben. Die heute wichtigen Prozesse der Informationsgewinnung und –verarbeitung werden als Lernziel nur schwer begriffen.

Technische und organisatorische Probleme

Die Betriebsunterhaltung (Administration, technische und organisatorische Wartung) ist im Schulbereich völlig ungenügend gelöst. Dadurch sind die Netzwerkdienste zwischen 30% und 50% der Unterrichtszeit nicht ausreichend nutzbar.

---

[362] Unter „Workgroup-Computing“ wird der gemeinsame Umgang mit Informationen (Informationen generieren, strukturieren, verteilen) in einem Arbeitsteam bezeichnet.

[363] Siehe Zusammenfassung dieses Kapitels

Dies hat zur Folge, dass Schüler auf ihre gespeicherten Daten vom Vortag nicht zugreifen können,

- *Ergebnisse nicht gedruckt werden können,*
- *die Summierung selbst kleinerer Störungen, wenn sich diese häufen, sehr demotivierend auf Schüler und Lehrer wirken (viele Lehrer haben nach derartiger dreijähriger Unterrichtserfahrung den PC-Netzwerkseinsatz stark reduziert).*

3. Welche Veränderungen wurden vorgenommen, bzw. führten zu einer Verbesserung des Unterrichts?

Unterrichtsorganisation

Die Klasse wird in zwei Hälften geteilt. Jede Klassenhälfte wird auf die vier Geschäftsabteilungen aufgeteilt. Dadurch müssen drei bis vier Schüler die Arbeitsaufträge einer Abteilung bearbeiten. Die aktive Mitarbeit ist leichter zu kontrollieren und damit erheblich verbessert worden.

Lehrzielkontrolle

Die Schlüsselqualifikation, komplexe Funktionen und Prozessabläufe zu modellieren, visualisieren und präsentieren, wird verstärkt eingesetzt. Nach jedem Arbeitsablauf muss jede Abteilung ihre Präsentation elektronisch an den Lehrerrechner übertragen und über den dort angeschlossenen Datenprojektor projizieren und kommentieren. Hierdurch entsteht zusätzlich eine Lehrzielkontrolle zu Inhalt und Schlüsselqualifikation.

Zusammenfassung

Das Unterrichtsprojekt wird von dem unterrichtenden Lehrer insgesamt positiv beurteilt. Der Einsatz von Computer, Netzwerk und Lernsoftware ermöglicht eine Umsetzung der im Lehrplan geforderten Ganzheitlichkeit, Handlungsorientierung und Geschäftsprozessorientierung. Durch den Einsatz von neuen Medien können Schlüsselqualifikationen wie beispielsweise die selbstständige Informationsgewinnung praxisnah und handlungsorientiert vermittelt werden. Dabei kann wie in der Erhebung der Schülersicht festgestellt wurde, dass einige Schüler den Lernerfolg eines Unterrichts an dem vermittelten Fachwissen messen. Der Einsatz der neuen Medien führt neben den oben angeführten Vorteilen auch zu technischen und organisatorischen Problemen, die sich negativ auf die Motivation der Schüler (und auch der Lehrer) auswirken. Treten technische Probleme während des Unterrichts auf, so müssen diese von dem Lehrer behoben werden. Während dieser Zeit steht er dann den Schülern nicht für Fragen zur Verfügung. In dem Interview vom 29. Oktober 1998 werden Vorschläge für Veränderungen an dem Unterrichtsprojekt genannt.

Hiervon konnten im Schuljahr 1999/2000 umgesetzt werden:[364]

- In der Einführung in das Unterrichtsprojekt werden die Ziele des Unterrichts besonders verdeutlicht.
- Systematische Einführung der Software.
- Veränderung der Arbeitsaufträge.
- Aufteilung der Klassen in zwei Modellfirmen.
- Ausbau der Lernzielkontrollen.

Diese Folgerungen gehen auch auf erste Ergebnisse der teilnehmenden Beobachtung zurück. Sie wirken sich positiv auf die Akzeptanz des Unterrichtsprojektes bei den Schülern aus.

10.1.5 Zusammenfassung der Ergebnisse

Im Folgenden werden die Ergebnisse der vier Untersuchungsstränge der Teiluntersuchung A zusammengefasst. Schwerpunkt der Teiluntersuchung sind die Aussagen der Schüler zu dem Unterrichtsprojekt. Diese Aussagen werden durch die Ergebnisse der teilnehmenden Beobachtung, der durchgeführten Befragung über die Bearbeitung der Arbeitsaufträge und den Interviews mit dem unterrichtenden Lehrer ergänzt und erläutert.

Die Aussagen der 70 befragten Schüler zum selbstständigen Arbeiten, zu der Größe der Klasse und zu den gestellten Arbeitsaufträgen sind eindeutig. Das selbstständige Arbeiten wird von den Schülern in nahezu allen Fragestellungen angeführt und sehr begrüßt. Die Schüler begründen und verdeutlichen dies, dass sie den Lernweg und das Lerntempo selbst bestimmen können und dass sie in dem Unterricht das selbstständige Arbeiten erlernen. Die Klassengröße und die Arbeitsaufträge hingegen werden sehr häufig kritisiert. Dies ist in allen Fragen zur Schülersicht festzustellen. Die Anzahl der Schüler in den untersuchten Klassen beträgt zwischen 24 und 28, was bei den vier Abteilungen der Modellfirma eine Abteilungsgröße von mindestens sechs Schülern bedeutet. Die Arbeitsaufträge, so der am häufigsten von den Schülern genannte Kritikpunkt, seien zu komplex, teilweise ohne direkten Berufsbezug und die Aufgabenstellung zu wenig detailliert ausgeführt. Die Unterrichtsbeobachtungen bestätigen, dass einige Schüler die vorgegebenen Arbeitsaufträge nicht selbstständig lösen können. Bei mangelnder Motivation führt dies dazu, dass sie sich mit unterrichtsfremden Tätigkeiten beschäftigen. Ein Vergleich zwischen zwei Abteilungen verdeutlicht den Zusammenhang zwischen den gestellten Arbeitsaufträgen und der Motivation der Schüler: Die Bearbeitung der Arbeitsaufträge ist in der Abteilung ‚Service' gegenüber der Abteilung ‚Verwaltung' erheblich besser. Die Arbeitsaufträge der Abteilung ‚Service' sind so gegliedert, dass jeder Schüler selbstständig einen Teilauftrag ausführen kann. Außerdem sind sie für die Schüler der Abteilung ‚Service' verständlich, da ein Bezug zu den Inhalten ihrer beruflichen Ausbildung gegeben ist. In der Abteilung ‚Verwaltung' hingegen ist die Aufgabenstellung weiter von der beruflichen Praxis entfernt. Die Schüler haben Schwierigkeiten mit der Bearbeitung der Aufgabenstellung und wirken demotiviert. Hinzu kommt, dass die Schü-

[364] Vgl. hierzu Kapitel 11.1: Beurteilung der Ergebnisse der Teiluntersuchung A und Kapitel 12: Folgerungen aus den Erkenntnissen

ler der Abteilung ‚Verwaltung' auf die Arbeitsergebnisse der anderen Abteilungen angewiesen sind, da ihre Abteilung in der Modellfirma die Aufgabe hat, das Vorgehen der anderen Abteilungen zu koordinieren. Durch eine häufig mangelhafte Zusammenarbeit zwischen den Abteilungen entstehen so Phasen, in denen die Schüler nicht beschäftigt sind. Dies führt dazu, dass die Schüler unruhig sind, oder sich, wie oben bereits beschrieben, nicht an der Bearbeitung der Arbeitsaufträge beteiligen. Diese Unruhe in der Klasse wird in vielen Schüleraussagen angesprochen. Die Leerlaufzeiten treten auch durch technische Probleme mit der Hard- und Software, bzw. mit dem Netzwerk auf, die zumeist von dem unterrichtenden Lehrer während des Unterrichts behoben werden müssen. Mehr als drei Viertel der befragten Schüler bezeichnen die Probleme mit der eingesetzten Hardware als groß oder sehr groß. Diese Schwierigkeiten waren zu Beginn des Schuljahres besonders groß, treten jedoch nach wie vor auf, da einige Schüler versuchen, das Netzwerk zu sabotieren. Die Gründe für diese Probleme mit dem PC und dem Netzwerk liegen nach Aussage des unterrichtenden Lehrers vor allem an der Komplexität des Netzwerkes, aber auch an der nicht ausreichenden Fort- und Weiterbildung der Lehrkräfte.

Die weiteren Aspekte werden von den Schülern teilweise kontrovers diskutiert. Die Aufteilung der Klasse in die Gruppen (Abteilungen) einer Modellfirma wird generell begrüßt. Die negativen Aussagen beziehen sich auch hier hauptsächlich auf die Größe der Gruppen und auf die Arbeitsaufträge. Die Arbeitsaufträge müssen innerhalb der Gruppen so aufgeteilt werden, dass jeder Schüler selbstständig einen Teilauftrag ausführen kann. Dies gelingt den Gruppen nur zum Teil. Die Unterrichtsbeobachtungen und die Bearbeitung der Arbeitsaufträge zeigen, dass sich vereinzelt Schüler nicht an der Lösung der Aufgabenstellung beteiligen. Dies wird durch Aussagen der Schüler bestätigt. Bei der Frage nach der Gruppenarbeit deuten einige Antworten der Schüler auch darauf hin, dass in dem Unterricht zu wenige Lerninhalte vermittelt werden. Dies liege, so die Ansicht der Schüler, auch an einer mangelnden Teamfähigkeit einzelner Schüler, die sich bei den großen Gruppen besonders negativ auswirke.

In engem Zusammenhang mit dem selbstständigen Vorgehen sind auch Aussagen der Schüler zu sehen, die den im Vergleich mit einem herkömmlichen Unterricht geringeren ‚Druck' begrüßen. Wie oben beschrieben, lassen die durchgeführten Unterrichtsbeobachtungen und einige Äußerungen darauf schließen, dass die Schüler diese ‚Freiheiten' auch für unterrichtsfremde Aktivitäten nutzen. Diesen zumeist positiven Aussagen stehen bei der Frage nach dem selbstständigen Arbeiten auch Schüleräußerungen entgegen, die sich von dem Lehrer mehr fachliche Unterstützung, häufiger durchgeführte Leistungskontrollen und auch ein stärkeres Durchgreifen bei Disziplinproblemen wünschen. Auch in den anderen Fragen erwarten viele Schüler einen stärkeren Einfluss des Lehrers. In dem Interview stellt der unterrichtende Lehrer in diesem Zusammenhang fest, dass die Betreuung des Computernetzwerkes sehr viel Zeit in Anspruch nimmt, die dann für die Schüler nicht zur Verfügung stehe.

Im direkten Vergleich mit einem herkömmlichen Unterricht bezeichnen die Schüler den beschriebenen Unterricht als weniger motivierend. Bei der Frage nach dem selbstständigen Arbeiten werden jedoch viele Argumente angeführt, die besagen, dass sich die Möglichkeit, selbstgesteuert Lernweg und Lerntempo bestimmen zu können, positiv auf die Motivation auswirke.

Der Lernerfolg des beschriebenen Unterrichts wird von den Schülern in einigen Fragen negativ beurteilt. Dies wird vor allem im direkten Vergleich mit einem herkömmlichen Unterricht deutlich. Viele dieser negativen Äußerungen lassen sich auch hier auf die Arbeitsaufträge zurückführen. Die Teamarbeit und das selbstständige Arbeiten hingegen wirken sich positiv auf den Lernerfolg aus, so die Aussagen der Schüler. Aus den durchgeführten Beobachtungen und aus der Befragung des Lehrers lässt sich schließen, dass einige Schüler den Erfolg eines Unterrichts an dem vermittelten Faktenwissen messen. In dem Unterricht soll neben der Vermittlung von Fachwissen jedoch verstärkt Methodenkompetenz (z.B. selbstständige Informationsgewinnung) gefördert werden. Dieses Unterrichtsziel muss den Schülern stärker verdeutlicht werden, so die Aussage des unterrichtenden Lehrers.

Die Bearbeitung der Arbeitsaufträge in den vier Abteilungen erfolgt weitgehend mit den unterschiedlichen Werkzeugen des Programms „MultiSkop-Trainer" und Informationen aus dem Internet. Die eingesetzte Unterrichtssoftware wird von den Schülern eindeutig negativ bewertet. Sie bemängeln vor allem die Inhalte, die Bedienung und die Gliederung der Unterrichtssoftware. Die Inhalte seien zu knapp und veraltet. Die Bedienung und die Gliederung seien unverständlich und unübersichtlich. Positiv beurteilt wird das Programm von dem unterrichtenden Lehrer. Er weist in dem Interview darauf hin, dass mit der Unterrichtssoftware eine, bei der heterogenen Zusammensetzung der Klasse notwendige, innere Differenzierung möglich sei.

Wie zu Beginn dieses Abschnittes angeführt, beziehen sich die meisten negativen Äußerungen auf die Klassengröße und auf die Arbeitsaufträge. Diese Kritikpunkte werden von den Schülern bei allen Fragen genannt und sind für die im Vergleich mit einem ‚herkömmlichen' Unterricht teilweise ‚schlechtere' Beurteilung des Unterrichtsprojektes verantwortlich. Die Kennzeichen des Unterrichtsprojektes, wie beispielsweise die Aufteilung der Klasse in Gruppen entsprechend den Abteilungen einer Modellfirma, die Möglichkeit Lerntempo und Lernweg selbst bestimmen zu können und der Einsatz von miteinander vernetzten Personalcomputern wird in den meisten Schüleraussagen positiv beurteilt. Nach den ersten Auswertungen der Teiluntersuchung A wurden verschiedene Änderungen am Unterrichtsprojekt vorgenommen. So wurden die Arbeitsaufträge detaillierter formuliert. Die Klasse wurde in zwei Modellfirmen aufgeteilt, die in ‚Konkurrenz' zueinander stehen. Dadurch halbiert sich die Anzahl der Schüler in den einzelnen Abteilungen der Modellfirma. Die Unterrichtssoftware wurde zu Beginn des Schuljahres systematisch mit allen Möglichkeiten vorgestellt. Das eingesetzte Netzwerk wurde optimiert und läuft nach diesen Änderungen inzwischen stabil.

10.2 Analyse von individuellen Lernwegen

In diesem Kapitel werden die Ergebnisse der einzelnen Auswertungsschritte der Teiluntersuchung B dargestellt. Dies erfolgt entsprechend der unter 9.3 vorgegebenen Gliederung. Auf Grund der enormen Datenmenge und dem damit verbundenen Platzbedarf werden nicht alle Ergebnisse der einzelnen Auswertungsschritte dargestellt.[365] Eine vollständige Darstellung erfolgt exemplarisch für die Gruppe 4. Dabei handelt es sich um eine, im Vergleich mit allen anderen Gruppen, durchschnittliche Bearbeitung der Lernstrecke. Von dieser Gruppe wird das Ablaufprotokoll mit der Symboldarstellung, das Wortprotokoll, das schriftliche Protokoll, das Arbeitsheft und die Beschreibung des Lösungsvorgehens vorgestellt. Weiterhin werden von den Gruppen 11 und 14 die Ablaufprotokolle und die Symboldarstellung angeführt. Das Vorgehen der Gruppe 11 ist sehr oberflächlich und über weite Strecken wenig fachgerecht. Gruppe 14 hingegen geht sehr systematisch und fast fehlerfrei vor. Das Arbeitsheft dieser Gruppe dient als Musterlösung und wird im Anhang angeführt.[366] Im Kapitel 10.2.4 wird das Lösungsvorgehen der 14 Schülerpaare beschrieben. Diese Ergebnisse werden im Kapitel 10.2.5 über alle Gruppen hinweg betrachtet.

10.2.1 Ablaufprotokoll

Im Folgenden werden exemplarisch die vollständigen Ablaufprotokolle der Gruppe 4 und 11 dargestellt.[367] Bei der Gruppe 4 handelt es sich um eine durchschnittliche Bearbeitung. Die Bearbeitung der Gruppe 11 ist sehr oberflächlich und erfolgt wenig systematisch. Zusätzlich wird ein Ausschnitt aus dem Ablaufprotokoll der Gruppe 14 dargestellt. Diese Gruppe zeigt ein fachgerechtes Vorgehen bei der Erstellung der Kontrollschaltung. Für alle weiteren Protokolle sei auf die Arbeiten von Braun, Götz, Hänel, Schlemmer, Sievers[368] verwiesen.

---

[365] Vgl. Kapitel 9.3.7 und Abbildung 9-10: Ausgewählte Darstellung der Daten und Ergebnisse

[366] Arbeitshefte und Wortprotokoll im Anhang S. 299 f.

[367] Darstellung der ausgewerteten Daten vgl. Kapitel 9.3.7

[368] Braun 2000, Götz 1999, Hänel 2000, Schlemmer 2000, Sievers 2000

10.2.1.1 Ablaufprotokoll Gruppe 4

Abbildung 10-12 stellt das vollständige Ablaufprotokoll der Gruppe 4 dar. Beginn der Bearbeitung ist 7.50 Uhr – Ende 9.08 Uhr.

t	A	B	Medien	Tätigkeit, Kommunikation	Kommentar
	L	L	AA	Aufgabenstellung und Arbeitsaufträge lesen	Sehr ausführlich
	?U			Frage bzgl. der Verwendung des Arbeitsheftes	(ca. 3,5 Minuten)
				U: Hinweise zum Abspeichern	
4	M	T	AH	Abspeichern des Arbeitsheftes mit den Schülernamen	A schiebt B die Tastatur hin
	1. Grundlagen				
5	L	L	AA	Lesen der Grundlagen	
	2. Binäre Grundelemente				
	2.1 TTL-Logikfamilie				
6			AA	Lesen der Hinweise	
	V	M		*Lexikon brauchen wir*	
7	L	L	LX	Informationen über TTL-IC's und CMOS-IC's	Aufmerksam
			AH	Eintragen der richtigen Spannungswerte	
8	L	L	LX	Informationen über Logikfamilien	
9				Suchen von TTL 74832 über Suchfunktion	Umfangreiche Suche in den falschen Werkzeugen (insgesamt ca. 5 Minuten)
				Information über „Open Collector", „Tristate Logik"	
10				Erneutes Aufrufen von Informationen: „TTL-IC's"	
			BIB	Aufrufen	
				Aufrufen: Testaufgaben	
			LX	Aufrufen	
				Aufrufen Modul: Digitaltechnik	
				Programmabsturz MST	
11			MST	Laden des Programms	
			LX	Informationen über „CMOS-IC's"	
				Suchen über Suchfunktion „UND-Gatter"	
13		L	AA	Lesen der Hinweise	
		V		*Datenbuch ist es.*	
			DB	Aufrufen	
14				Informationen TTL 74832: über Suchfunktion	Jetzt zügige Bearbeitung
			AH	Ausfüllen der Tabelle	
	D	D		Besprechen der Eintragungen	
				Analoges Vorgehen bei TTL 7404	
	2.2 Arbeitstabelle				
16	L	L	AH	Informationen über Arbeitstabelle	
	2.3 Die UND-Verknüpfung				

17	L	L	AA, AH	Lesen des weiteren Vorgehens	2.3 UND
		V		*Das stand oben reingeschrieben, mit der UND-Verknüpfung*	
	M			Zurückscrollen und suchen nach der IC-Bezeichnung	
		T		Eintragen der Bezeichnung TTL 7408	
	?B			*Bauelementefunktion, was ist das denn?*	
		L	AA	B liest 1. Satz unter 2.3 vor	
18	M		LX	Aufrufen, Informationen UND-Funktion	
	L	L		Lesen der Bauelementefunktion	
			AH	Aufrufen	
		F		*Das können wir ja kopieren!*	Schwierigkeiten mit der Kopierfunktion des MST
			LX	Versuch den Text zu markieren	
20	M	?A	AH	Kopieren und Einfügen des Textes	
	L	L		Lesen bis Anschlussschema	
		?A		*Ist das das Bild?* (deutet auf Schaltzeichen)	
	F			*Nein, das haben wir schon.*	
			LX	Öffnen und gleich wieder schließen	
			DB	Informationen über TTL 7408	
		?U	DB	*Ich hätte gemeint, das wäre das Anschlussschema.* (B: deutet auf den Bildschirm)	
				U: Bestätigung	
			AH	Öffnen und sofort schließen	
			DB	Aufrufen	
21		F		*Das ist schon das richtige. Es ist zwar das falsche Bild, na ja.*	
			DB	Versuch das Anschlussschema zu kopieren	
		F		*Geht nicht. Machen wir's einfacher*	Wiederholte Schwierigkeiten beim Kopieren
				Start von Windows (Programme)	
			DB	Weiterer Versuch, das Anschlussschema zu kopieren	
			DB, AH	Anschlussschema kopieren und einfügen (über Kopierfunktion des MST)	
	L	L	AA	Weiterlesen	
22	L	L	DB	Informationen über Funktionstabelle UND	
	D	D		Funktionstabelle UND erstellen	
	2.4 Die ODER-Verknüpfung				
23			AH	Scrollen zum Anfang und suchen nach IC-Typ	
				Eintragen von TTL 74832	
			DB	Suchen TTL 74832 und lesen der Informationen	
	D	D	AH	Selbständiges Formulieren der Bauelementefunktion	
			DB, AH	Anschlussschema kopieren und einfügen	
			AH	Funktionstabelle erstellen	
			DB	Vergleich mit der Funktionstabelle	
	2.5 Die NICHT (NOT)-Verknüpfung				
24	L	L	AH	Weiterlesen bei 2.5 (NICHT)	
				Zurückscrollen und suchen nach IC-Typ	

		V		*Bleibt bloß einer übrig, 7404.*	
		T		Eintragen an entsprechender Stelle	
				Zurückscrollen und Vergleich mit 2.1	
		V	DB	*Bauelementefunktion, das schreiben wir, da sind wir schneller.*	Zusammenhang wird selbst formuliert
				Suche nach TTL 7404 und lesen der Informationen	
25		H		*Klick mal da hin!* (B zeigt auf Bildschirm)	
			AH	Aufrufen	
	D	D		Selbständiges Formulieren der Bauelementefunktion	
26			DB, AH	Anschlussschema kopieren und einfügen	
				Ausfüllen der Funktionstabelle	
	D	D	DB	Vergleich mit Tabelle im DB	
	2.6 Zeitablaufdiagramm für die UND, ODER, NICHT-Verknüpfung				
27		L	AA	Vorlesen des Arbeitsauftrags zum Zeitablaufdiagramm	
			DT	Öffnen der Datei FUNKTION.DIG	
28	D	D		Besprechen des weiteren Vorgehens	
	L	L	AA	Lesen der Arbeitsaufträge	
29			DT	Aufrufen der Hilfe-Funktion (Bedienung des LA)	
		?U		Frage nach Zusammenhang: Ablaufdiagramm – LA	Unsicherheit mit Ablaufdiagramm und Bedienung des LA
				U: Erläuterungen	
30				Simulieren der Eingangszustände	
				Umschalten auf „Single-Step-Modus“	
	D	D		Setzen der Messpunkte, Einstellungen am LA	
33	D	D		Simulieren aller Eingangszustände	
			AH	Kopieren und Einfügen des Zeitablaufdiagramms	Sehr ausführliche Beschriftung (ca. 5 Minuten)
	D	D		Beschriften des Zeitablaufdiagramms	
38	?U			*Hat das* [Arbeitsheft] *irgendeine Bedeutung für uns, oder schauen das nur sie an?*	
				U: erläutert die Bedeutung des Arbeitsheftes	
	2.7 Verhalten eines IC´s bei offenem Eingang				
41	L		AA	A liest Arbeitsauftrag vor	Schaltung wird jedoch nicht verwendet
		M	DT	Aufruf von FUNKTION.DIG	
42				Setzen eines ODER-Gatters	Ungeeignet, da bei einem Eingang auf H der Ausgang generell H ist
				Beschalten eines Eingangs mit Spannung	
				Verbinden des Ausgangs mit einer Kontrollleuchte	
	D	D		Simulation der Funktion	
43			AH	Aufrufen, Fragestellung nachlesen	
	H			*Ah ja, muss man nur hinschreiben*	
			DT	Aufrufen	
44			DT	Setzen eines ODER-Gatters	Wiederholung von oben
				Beschalten eines Eingangs mit Spannung	
				Verbinden des Ausgangs mit einer Kontrollleuchte	
				Simulation der Funktion	
45	H			*Lässt durch. Verhält sich wie High.*	Richtige These?

		V		*Versuche es mal mit einer NOT oder NOR.*	Vorgehen unklar bzw. erscheint nicht systematisch
				Kurzes Anklicken verschiedener Gatter	
				Löschen aller Eingaben	
	D	D		Diskussion über das weitere Vorgehen	
		V		*Versuchen wir es mit einem UND 2.*	
				Setzen eines ODER-Gatters	
	H			*Wir können es ja auch mal so versuchen.*	
				Simulation der ODER-Funktion	
		V		*Jetzt versuchen wir es mit einem UND 2 ohne Eingang.*	
46				Setzen eines UND-Gatters mit zwei offenen Eingängen	
	F			*Da tut sich aber nichts - da verhält er sich nicht wie H*	Verunsicherung von obiger These
	!U	!U		Hinweis auf kalte Lötstelle	
				Beseitigung der kalten Lötstelle	
				Simulation der Schaltung	Unklar, ob beide Schüler den Zusammenhang verstanden haben
	D	D		Bestätigung der These	
	T		AH	Trägt korrekte Lösung ein	
	3. Beispiel: Kontrollschaltung				
48	M	T			
	L	L	AA, AH	Überfliegen der Aufgabenstellung	
			DT	Aufrufen	
49		L	AA	Lesen des Arbeitsauftrages	A wirkt desinteressiert
				Verschieben der Fenster auf dem Bildschirm	
		?U		*Das heißt, die Kontrolllampe soll entweder aufleuchten wenn beide in Betrieb sind und auch aufleuchten wenn beide nicht in Betrieb sind?*	
50				U: stimmt zu	
		V		*Da brauchen wir ein UND und ein UND-NICHT*	
51	D	D		Diskussion über Realisierung	
	F			*Die Bauelemente brauchen wir jetzt erst mal*	
			DT	Bauelemente aufrufen und suchen der Logikfamilien	
52		?U		*Sollen wir die Teile verwenden?*	
	F			*Ja klar.*	
53		M		Setzen eines UND Gatters und eines NOT Gatters (1)	Schüler B übernimmt die Initiative
	D	D		Besprechen der Schaltung	
				Verbinden von UND, NOT, Kontrollleuchte (NOT Gatter wird überbrückt(!)) (2)	Durch Kurzschluss korrekte Teilschaltung (wird von den Schülern nicht erkannt)
				Simulieren der Schaltung (3)	
54	D	D		Diskussion über die Funktion	
				Löschen der Verbindung (Kurzschluss) (4)	Löschen des Kurzschlusses
	F			*Machen wir es ein bisschen umständlicher.*	Häufiges Zeigen auf den Bildschirm

55				Simulieren der Schaltung (5)	fehlerhafte Teilschaltung
	D	D		Erkennen, dass die Schaltung fehlerhaft ist	
			Papier	A: Schaltungsentwurf auf Papier	
	D	D		Besprechen der Schaltungsfunktion	
56		?U		*Wir haben aber nur die mit zwei Eingängen zur Verfügung?*	A skizziert und geht eher systematisch vor – B probiert aus
				U: stimmt zu	
	H			*Den Rest hast du ja schon richtig.*	
		M		Löschen von NOT und der Verbindungen (6)	
57				Setzen von 2 ODER Gattern (7)	
				Besprechen Funktion der ODER Verknüpfung	
				Verbinden eines ODER Gatters mit den Lüftern (8)	
				A: stellt fest, dass Schaltung fehlerhaft ist	
	F			B: ignoriert Hinweis und verbindet das ODER Gatter mit dem UND Gatter und der Kontrollleuchte (9)	
				Simulieren der Schaltung (10)	Fehlerhafte Schaltung
58	D	D		Durchsprechen der Schaltung	
			Papier	A: Skizzieren auf Papier	
	V			*Mach doch mal ein NOT hin.*	
				Löschen Verbindung (11)	
				Setzen eines NOT Gatters (12)	
				Verbinden mit ODER Ausgang und der Kontrollleuchte (13)	1. Teilfunktion richtig- wird aber von den Schülern nicht erkannt?
				Simulieren der Schaltung (14)	
59		V		*Jetzt probieren wir noch mal das Spielchen mit der Drahtbrücke.*	
		M		Überbrücken NOT Gatter (!) (15)	Kurzschluss (vgl. t=53)
	H			Hinweis auf Fehler durch Überbrücken	
				Löschen der Verbindung (16)	B geht auf Hinweis ein
60				Verbinden von UND Ausgang und Kontrollleuchte (17)	Fehler (Vorgehen erscheint immer unsystematischer)
				Simulieren der Schaltung (18)	
61				Löschen der Verbindung zwischen UND und der Leuchte (19)	
	D	D			
			Papier	Besprechen der Schaltung	Erneuter ‚Versuch' Schaltung zu skizzieren
				A: entwirft Schaltung auf Papier	
62	D	D		Diskussion über skizzierte Schaltung	Skizzierte Schaltung ist nicht mit simulierter identisch
		V		*Warte mal, ich hab eine Idee.*	
				Setzen eines zusätzlichen UND-Gatters (20)	
63				Verbinden UND mit den Lüftern und der Kontrollleuchte (21)	Schüler B scheint auszuprobieren

				Simulieren der Schaltung (22)	
	V			*Wir könnten das auch anders machen.*	Schüler B scheint überrascht von der korrekten Funktion
		F		*Geht doch!*	
	F			*Sehr gut*	
64				Ausführliches Simulieren aller Eingangszustände	
	F			*Auch wenn ich mich frage wieso er wenn beide Eingänge LOW sind, er die Ausgänge HIGH macht.*	Schüler erkennen nicht, dass die Pegel identisch sind.
	D	D		Besprechen der Funktion	
		?U		*Kann das sein, dass wenn der Anschluss nicht dran hängt, dass der dann HIGH wird.*	→ Schaltung scheint den Schülern nicht ganz klar zu sein
				U: erklärt den Zusammenhang am Bildschirm	
65			AH	Aufrufen und Einfügen der erstellten Schaltung	
				Ausfüllen der Arbeitstabelle	
66			DT, LA	Aufrufen	
	D	D		Diskussion über die Messpunkte, Setzen der Messpunkte	Messpunkte werden nicht effektiv angeordnet (Dauer ca. 2 Minuten)
68				Zuweisen der Eingänge am LA	
				Simulation der Schaltung, Erstellen des Zeitablaufdiagramms	
69			AH	Einfügen des Zeitablaufdiagramms	
70				Ausfüllen der Stückliste	
			DT	Aufrufen	
71	?U			*Sollen wir da die IC´s reinschreiben oder die Elemente?*	
				U: Hinweis auf die IC´s	A scheint nicht zu verstehen
		H		B erklärt A den Zusammenhang zwischen realen Bauelementen und den Gattern	
72		F		*Schreib hin!*	
				Ausfüllen der Stückliste	
73		H		Nochmaliges Erklären des Zusammenhangs durch B	A scheint zu verstehen
74		L	AH	Nachschlagen der genauen Daten der TTL Bauelemente	
		H		*Lesen Sie die Eingaben nochmals durch*	
				Toll	
				Überprüfen der Eingaben	Überprüfung erfolgt sehr gewissenhaft (ca. 4 Minuten)
78				Ende der Bearbeitung	

Abbildung 10-12: Vollständiges Ablaufprotokoll der Gruppe 4, Erläuterung der verwendeten Abkürzungen siehe Kapitel 9.3.1.

10.2.1.2 Ablaufprotokoll Gruppe 11

Das vollständige Ablaufprotokoll der Gruppe 11 zeigt Abbildung 10-13. Die Bearbeitung erfolgt zwischen 9.35 und 10.18 Uhr.

T	A	B	Medien	Tätigkeit, Kommunikation	Kommentar
0	L	L	AA	Aufgabenstellung und Arbeitsauftrag lesen	Schüler wollen sofort „loslegen"
	?U			Funktion von UND, NOR(!)-Verknüpfung	Vorwissen
				U: Hinweis auf DB	
1	D	D		Besprechen der Kontrollschaltung	
		V		*Das ist nicht so wild. Das ist eine UND-Schaltung*	
	?U			Frage nach dem Temperaturschalter	
				U: Hinweis auf die Aufgabenstellung	
2		M	BIB	Aufrufen	Arbeitsaufträge werden nicht gelesen; statt dessen wird sofort mit der Simulation begonnen
	H			*Das ist ein Schrottprogramm.*	
			DT	Aufrufen	
		V		*Jetzt brauchen wir eine UND-Schaltung.*	
				Setzen eines UND-Gatters	Bedienungs-schwierigkeiten
3				Suchen des Lüfters in der Bauteilebibliothek	
	V			*Wir müssen zuerst mal lesen, glaub ich.*	
4	L	L	AA	Arbeitsauftrag lesen	
	M		BIB	Aufrufen	
			DB	Aufrufen	
		T		Suchen TTL 7408 über Suchfunktion	
5	D	D		Informationen über TTL 7408 lesen und besprechen	
				Analoges Vorgehen bei TTL 74832, TTL 7404	
	1. Grundlagen				
6	L		AA	Oberflächliches Lesen der Arbeitsaufträge	
	?U			*Diese ganzen Fragen müssen wir praktisch im Word-Dokument bearbeiten?*	
				U: Hinweis auf das AH	
7			AH	Öffnen	
				Grundlagen werden nicht gelesen	Arbeitsauftrag wird ignoriert
	2. Binäre Grundelemente				
	2.1 TTL-Logikfamilie				
				Eintragen der Bauteilebezeichnungen, Anzahl der Gatter und Eingänge	
			DB	Vergleich der Eingaben mit Datenbuch	

8		V		*Zwei Eingänge* (Inverter TTL 7404)	Falsch, A glaubt B
				Eintragen von zwei Eingängen bei TTL 7404	
	L	L	AH	Spannungen bei TTL-IC's	
9	D	D	DB	Besprechen der Informationen aus Datenbuch	Falsches Werkzeug, da Angaben im DB nicht ausreichend
			AH	Eintragen der Betriebsspannung: (0 ... 5,5 V)	
10	H			Hinweis auf die Grundlagen im Arbeitsheft	A glaubt B: Grundlagen werden nicht beachtet
		H		*Das sind nur Arbeitsanweisungen*	
	2.2 Arbeitstabelle				
	L	L	AH	Besprechen der Informationen über Arbeitstabelle	
	2.3 Die UND-Verknüpfung				
11				Eintragen der Bezeichnung „TTL 7408"	
			DB	Klicken durch verschiedene Gatter	
				!U: Hinweis auf das Anschlussschema	
		?U		Mehrere Fragen über Verwendung des Schemas	
12		M	DB	Kopieren des Anschlussschemas eines NOR-Gatters	
			AH	Einfügen des Anschlussschemas aus DB	Fehler
	M			Bearbeitung der Arbeitstabelle	
		H		*Ja. Das können wir auch selber. Es handelt sich um eine ODER-Schaltung.*	Fehler
				Arbeitstabelle wird falsch ausgefüllt	
	2.4 Die ODER-Verknüpfung				
13				Eintragen der Bezeichnung TTL 7432	
	H			*Bauelementefunktion fehlt.*	
		L		‚Überfliegen' des Arbeitsheftes	
		H		Schüler bemerkt, dass die Bauelementefunktion auch bei der UND-Verknüpfung fehlt	
14	?U			Frage nach der Bauelementefunktion	
				U: erläutert Bauelementefunktion	Schüler hören nicht zu
			DB	Kopieren der Arbeitstabelle des ODER-Gatters	
		H		*Die haben wir doch schon.*	Fehler, B glaubt A
	H			*Nein, die untere noch nicht.*	
			AH	Einfügen der Arbeitstabelle eines ODER-Gatters bei der Bauelementefunktion einer UND-Verknüpfung	Fehler
15		H		Schüler B bemerkt die ‚Ungereimtheiten'	
	H			*Wurscht. Stellen ausfüllen, die leer sind.*	B akzeptiert
			DB	Kopieren der Arbeitstabelle des ODER-Gatters	Schüler kopieren identische Tabelle

16				Einfügen Arbeitstabelle bei der Bauelementefunktion	Fehler
		H		Schüler B ist sich unsicher	A geht nicht auf B ein
			DB	Kopieren des Anschlussschemas eines NOR-Gatters	
			AH	Einfügen des falschen Gatters	Fehler
		H		B vergleicht Arbeitstabelle der ODER-Verknüpfung mit der UND-Verknüpfung	
				Fehler wird bemerkt und ausgebessert	
	2.5 Die NICHT (NOT)-Verknüpfung				
17			DB	Suchen eines NICHT-Gatters	
				Kopieren des Anschlussschemas einer NOR-Verknüpfung	Fehler
			AH	Einfügen des Anschlussschemas bei der Bauelemente-funktion	Fehler
			DB	Kopieren der Arbeitstabelle einer NOR-Verknüpfung	Fehler
18			AH	Einfügen der Arbeitstabelle beim Anschlussschema	
		H		Schüler B bemerkt den Fehler	
		?A		*Anschlussschema ist doch genau das gleiche wie die Arbeitstabelle?*	
		?U		*Wo ist denn dort der Unterschied?*	
				U: erläutert den Unterschied	
	H			Schüler A wiederholt Erklärung falsch	Schüler scheinen ‚durcheinander'
				!U: erläutert nochmals den Unterschied	
19			AH	Löschen der Arbeitstabelle	
		M	DB	Kopieren des Anschlussschemas eines NOR-Gatters	Fehler
	M		AH	Einfügen des Anschlussschemas	
				Arbeitstabelle wird falsch ausgefüllt	Fehler
20		H		*Da müssen wir nochmals im Lexikon nachschauen.*	Beide Schüler scheinen unsicher
			BIB	Aufrufen	
			LX	Aufrufen	
21	L	L		Suchen und Lesen von Informationen über TTL-IC´s	
	H			*Das bringt nichts!*	
			BildLX	Aufrufen und blättern (ohne Bezug zum Inhalt)	
		H		*Es ist wurscht. Einer liegt an und dann funktioniert´s!*	
		?U		*Darf man fragen, was eine NICHT-Schaltung ist?*	
				U: Hinweis auf Lexikon und Suchbegriff „Inverter"	
22				Bedienungsschwierigkeiten	
				Absturz der Programms	Vermutlich durch Bedienungsfehler
				Programm wird neu gestartet	
23	L	L	LX	Informationen über NICHT-Verknüpfung	
	D	D		Besprechen der Funktion	
			AH	Verbessern der Arbeitstabelle	

	2.6 Zeitablaufdiagramm für die UND, ODER, NICHT-Verknüpfung				
		H		Schüler B weist auf den Arbeitsauftrag hin	
	H			*Das ist nur ein Überpunkt.*	Arbeitsauftrag wird nicht bearbeitet
	2.7 Verhalten eines IC's bei offenem Eingang				
24	L	L	AH	Lesen des vorgegebenen Satzes	
	H			*TTL-IC bei offenem Eingang ist High. Das weiß ich.*	Vorwissen
		?A		*Bist du dir sicher?*	Zustimmung von B (vermutlich) ohne Verständnis
		H		*Offen. Ja stimmt.*	
				Eintragen von „HIGH“	
	3. Beispiel: Kontrollschaltung				
25	M		AA	‚Überfliegen' der Aufgabenstellung	
		T	AH	Arbeitstabelle wird teilweise falsch ausgefüllt	
	D	D		Weiteres Vorgehen wird diskutiert	
26	?U	?U		Frage nach der Funktion der Kontrollschaltung	
				U: Erläutert die Aufgabenstellung	
		T		Verbessern der Arbeitstabelle	
				Stückliste wird teilweise ausgefüllt: „2 Lüfter“	Fehler
27		?A		*Was brauchen wir noch?*	
	H			*Die Schaltung!*	
		?U		Fragen über weiteres Vorgehen	
				U: gibt ausführliche Hinweise zur Aufgabenstellung, zum Simulationstrainer und zum Pfad der Datei „KONTROLL.DIG“	
28			DT	Laden der Datei „KONTROLL.DIG“	
	M			Verschieben der Fenster	
		?A		*Was machen wir jetzt?*	
		?A		*Machen wir eine kleine Skizze, oder sollen wir gleich rumtüfteln?*	
29		?U		*Müssen wir diese TTL-Bauelemente verwenden?*	
				U: Hinweis auf die vorgegebenen Bauteile	
		M		Setzen eines UND, ODER, NICHT-Elementes (1)	
				!U: Sie können natürlich auch mehr hernehmen.	
				Verschieben des NICHT-Elementes (2)	
			AH	Betrachten der Arbeitstabelle (Kap. 3)	
30			BIB	Aufrufen und umgehend verlassen	
			DT	Mehrmaliges Verschieben des ODER-Gatters (3)	
				Verbinden der Eingänge des ODER-Gatters (4)	Schwierigkeiten bei der Bedienung
		H		*Das haben wir echt gleich. Das dauert 15 Minuten, dann bin ich fertig.*	
	L		AA	Arbeitsauftrag lesen	

31	M			*A: Gib mal her. Lass mich auch mal!*	„Kampf" um die Maus
		M		*B: Ach gib mal her!*	
			DT	Verbinden ODER-Gatter mit der Leuchte (5)	
		H		Dann haben wir die erste Aufgabe bereits gelöst.	Falsch, da keine korrekte Teilfunktion
			AH	Vergleich mit der Arbeitstabelle	Fehler wird nicht bemerkt
		V		*Eine UND-Schaltung jetzt.*	
	H			*Wenn beide HIGH sind, dann muss die Lampe auch angehen.*	
32		M		Mehrmaliges Verschieben des UND-Gatters (6)	
				Anschließen des UND-Gatters (7)	
				Besprechen der Schaltungsfunktion	
		V		*Jetzt brauchen wir noch die dumme NICHT-Schaltung. Irgendwo muss die noch rein.*	
	D	D		Besprechen der Schaltungsfunktion (B erläutert mit Finger am Bildschirm)	B macht einige falsche Vorschläge, denen A zustimmt
33		?U		*Können sie uns ungefähr sagen, wie viele wir von den Dingern (Gattern) brauchen?*	
	V			*Versuch es mal mit dem Logikanalysator.*	B geht nicht auf Vorschlag ein
	M	H		*Das geht doch auch so.*	
34		V	AH, AA	Beschreiben der Funktion anhand der Arbeitstabelle	B geht nicht auf Vorschlag ein
	M		DT	Simulation der Schaltung (8)	
		M		Löschen Eingang des ODER-Gatters (9)	
				Simulieren der Schaltung (10)	
35		H		*Ja, das kann ja nicht sein!* (B scheint sehr überrascht)	Bezug zu 2.7
				Löschen des zweiten Eingangs des ODER-Gatters (11)	
		V		Schüler B stellt Bezug zu „offenem Eingang" her	
				Schüler B formuliert weitere Vorschläge	
36				Simulieren der UND-Schaltung (12)	Richtige Teillösung, aber kalte Lötstelle
37	D	D		Diskussion über weiteres Vorgehen	Schüler gehen nicht aufeinander ein
	V			*Genau andersherum. Hier bauen wir die NICHT rein.*	
				!U: Hinweis auf kalte Lötstelle bei UND-Gatter	
38				Beseitigen der kalten Lötstelle (13, 14)	
		?U		Fragen zur Schaltungsfunktion	
				U: erläutert Funktion der Kontrollschaltung	
		V		Schüler B formuliert richtige Lösung	Richtiger Vorschlag

39				Einfügen eines NICHT-Gatters (15) Anordnen und Verbinden der NICHT-Gatter (16, 17) Setzen eines UND-Gatters (18) Anordnen und Verbinden des UND-Gatters (19)	
40	V			Schüler A macht einen weiteren (falschen) Vorschlag für die Schaltung	Vorschlag wird von B ignoriert
				Simulieren der Schaltung (20)	Schaltung richtig aufgebaut, aber kalte Lötstelle
			AH	Einfügen der Schaltung	
	D	D		Kontrolle der Funktion über Arbeitstabelle	
41			DT	Simulation der Schaltung	
	D	D		Kalte Lötstelle wird entdeckt; jedoch nicht beseitigt	
42		H		*Ja, das war's doch.*	Weitere Teilaufgaben werden nicht bearbeitet
	?U			*Und wie lagen wir in der Zeit?*	
43				Ende der Bearbeitung	

Abbildung 10-13: Vollständiges Ablaufprotokoll der Gruppe 11, Erläuterung der verwendeten Abkürzungen siehe Kapitel 9.3.1.

10.2.1.3 Ausschnitt aus dem Ablaufprotokoll Gruppe 14

Das Ablaufprotokoll (Abbildung 10-14) stellt einen Ausschnitt aus der Bearbeitung der dritten Teilaufgabe[369] dar. Die Gruppe 14 erstellt in sechs Minuten eine korrekte Kontrollschaltung. Anschließend erstellen sie eine Alternativlösung, die ein Bauteil weniger benötigt (im folgenden Ablaufprotokoll nicht mehr dargestellt).[370]

---

[369] In den folgenden Ausführungen werden die einzelnen Teilaufgaben auch als Arbeitsauftrag bezeichnet (z.B. Teilaufgabe 3 der Lernstrecke (Kontrollschaltung) entspricht Arbeitsauftrag 3, oder kürzer Aufgabe 3). Der Begriff „Kapitel" wird ausschließlich für die einzelnen Abschnitte der vorliegenden Arbeit verwendet.

[370] Vollständiges Ablaufprotokoll der Gruppe 14 siehe Braun 2000, Hänel 2000 und Schlemmer 2000

t	A	B	Medien	Tätigkeit, Kommunikation	Kommentar
	3. Beispiel: Kontrollschaltung				
68	L	L	AA, AH	Aufgabenstellung lesen	
	D	D		Besprechen der Aufgabenstellung	
69	M	T		Ausfüllen der Arbeitstabelle	
		F		*Das hört sich nach einem XOR an.*	Wäre richtig, Bauelement jedoch nicht vorgegeben → Vorwissen
	D	D		Diskutieren des Schaltungsaufbaus	
70		V		B verbalisiert korrekten Schaltungsaufbau	A scheint nicht zu verstehen
	?B			Nachfrage von A	
			Papier	Skizzieren der Schaltung von Schüler B	
71		H		Erläutert Schüler A die Schaltung	
		F		*Das geht bestimmt noch einfacher*	
72	V			*Probieren wir`s erst mal aus*	
			DT	Laden der Datei KONTROLL.DIG	
				Einfügen von zwei UND, zwei NOT und einem ODER-Gatter (1)	
				Positionieren der Gatter (2)	
73		F		Verbinden der Gatter mit den Lüftern und der Kontrollleuchte (3)	Richtige Schaltung
				Ändern der Simulationsparameter	Wegen besserer Darstellung
			LA	Festlegen der Messpunkte	
			DT	Eintragen der Messpunkte in die Schaltung	
74				Starten der Simulation (4)	
				Bestätigen der richtigen Funktion	
		V		*Lass uns eine andere Möglichkeit probieren.*	Alternativlösung
				....	
				Erstellen der Alternativlösung	

Abbildung 10-14: Ausschnitt aus dem Ablaufprotokoll der Gruppe 14, Erläuterung der verwendeten Abkürzungen siehe Kapitel 9.3.1.

10.2.2 Symboldarstellung der Bearbeitung

Das Kapitel 10.2.2 gibt die Symboldarstellung der Gruppen 4, 11 und 14 für das Erstellen der Kontrollschaltung wieder. In Verbindung mit dem Ablaufprotokoll kann so das Lösungsvorgehen lückenlos nachvollzogen werden. Bei der Gruppe 4 handelt es sich um eine durchschnittliche Bearbeitung der Lernstrecke. Das Vorgehen der Gruppe 11 hingegen ist wenig systematisch. Diese Gruppe kommt vermutlich nur durch Ausprobieren und durch häufiges Nachfragen zu einer korrekten Lösung. Gruppe 14 bearbeitet die Aufgabenstellung sehr professionell und erstellt eine Alternativlösung, die ein Bauteil weniger benötigt. Dargestellt wird, wie in dem Ablaufprotokoll, die erste Lösung. Die in den Symboldarstellungen verwendeten Abkürzungen sind in Kapitel 9.3.2 erläutert.

10.2.2.1 Erstellen der Kontrollschaltung Gruppe 4

Im Folgenden wird das Erstellen der Kontrollschaltung der Gruppe 4 in Symboldarstellung wiedergegeben. Abbildung 10-15 zeigt den entsprechenden Schaltungsaufbau.

1. S: U1, N1	
2. V: U1z-N1x, U1z-KL (!), N1z-KL, L1-U1x; L2-U1y	Kurzschluss
3. Simulieren der (korrekten) Teilschaltung	
4. L: U1z-KL	Aufheben Kurzschluss
5. Simulieren der (fehlerhaften) Teilschaltung	
6. L: N1, U1z-N1x	
7. S: O1, O2	Warum zwei ODER-Gatter?
8. V: L1-O2x, L2-O2y	
9. V: U1z-O1x, O2z-O1y, O1z-KL	
10. Simulieren der (fehlerhaften) Schaltung	
11. L: O1z-KL	Versuch und Irrtum
12. S: N1	
13. V: O1z-N1x, N1z-KL	
14. Simulieren der (korrekten) Teilfunktion	
15. V: O1z-KL (!)	Kurzschluss
16. L: O1z-KL	Löschen der Verbindung
17. V: U1z-KL	
18. Simulieren der (fehlerhaften) Schaltung	
19. L: U1z-KL	
20. S: U2	
21. V: L1-U2x, L2-U2y, U2z-KL	
22. Simulieren der (korrekten) Schaltung	Zufall

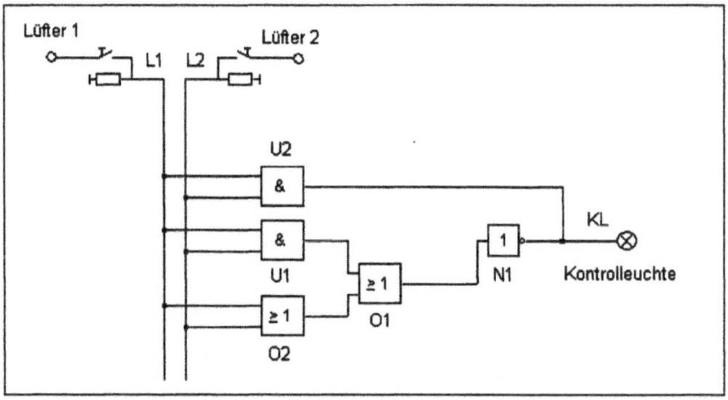

Abbildung 10-15: Kontrollschaltung der Gruppe 4; Erläuterung der verwendete Abkürzungen siehe Kapitel 9.3.2.

10.2.2.2 Erstellen der Kontrollschaltung Gruppe 11

Das Vorgehen der Gruppe 11 wird aus nachfolgender Symboldarstellung und aus Abbildung 10-16 erkennbar.

1. S: U1, O1, N1	
2. A: N1	
3. A: O1, A: O1, A: O1	Mehrmaliges Anordnen
4. V: L1-O1x, L2-O1y	
5. V: O1z-KL	Keine Teilfunktion
6. A: U1, A: U1, A: U1	Mehrmaliges Anordnen
7. V: L1-U1x, L2-U1y, U1z-KL	Korrekte Teilfunktion, ‚kalte Lötstelle'
8. Simulieren der (fehlerhaften) Schaltung	
9. L: L1-O1x	Erstellen eines offenen Eingangs
10. Simulieren der (fehlerhaften) Schaltung	
11. L: L2-O1y	
12. Simulieren der (fehlerhaften) Schaltung	
13. L: U1z-KL	Hinweis des Untersuchungsleiters
14. V: U1z-KL	Korrekte Teilfunktion
15. S: N2	
16. A: N1, N2	
17. V: L1-N1x, L2-N2x	
18. S: U2	
19. V: N1z-U2x, N2z-U2y, U2z-KL	Korrekte Schaltung (‚kalte Lötstelle')
20. Simulieren der Schaltung	

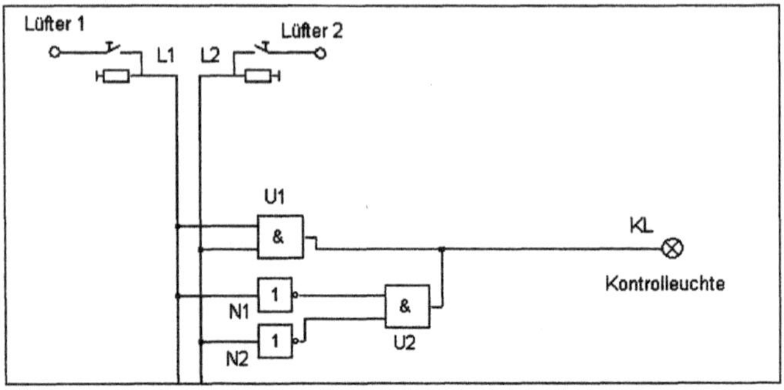

Abbildung 10-16: Kontrollschaltung der Gruppe 11; Erläuterung der verwendete Abkürzungen siehe Kapitel 9.3.2.

10.2.2.3 Erstellen der Kontrollschaltung Gruppe 14

Von den Schülern der Gruppe 14 werden zwei korrekte Lösungen erstellt. Im Folgenden wird die erste korrekte Lösung in Symboldarstellung angeführt. Abbildung 10-16 gibt den Schaltungsaufbau wieder.

1. S: U1, U2, N1, N2, O1
2. A: U1, U2, N1, N2, O1
3. V: L1-U1x, L2-U1y, L1-N1x, L2-N2x, U1z-O1x, N1z-U2-x, N2z-U2y, U2z-O1y, O1z-KL
4. Simulieren der korrekten Schaltung
5. ..... Erstellen der Alternativlösung

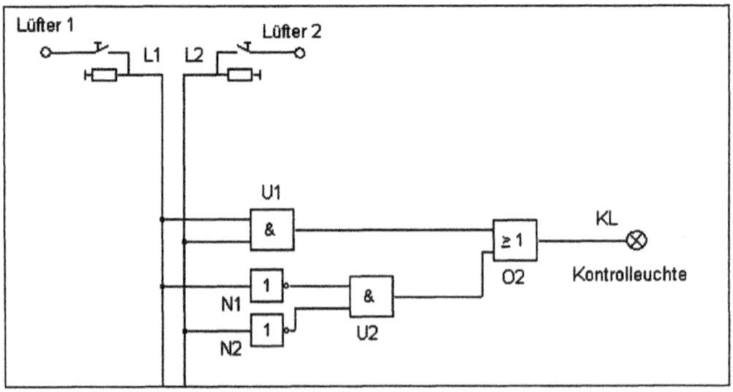

Abbildung 10-17: Kontrollschaltung (korrekte erste Lösung) der Gruppe 14; Erläuterung der verwendete Abkürzungen siehe Kapitel 9.3.2.

10.2.3 Wortprotokoll

Wie in Kapitel 9.3.7 begründet (siehe auch Abbildung 9-10) wird exemplarisch das Wortprotokoll der Gruppe 4 angeführt. Dieses findet sich im Anhang ab S. 299. Die Wortprotokolle aus der Befragung aller anderen Gruppen können den Arbeiten von Braun, Götz, Hänel, Schlemmer und Sievers[371] entnommen werden.

10.2.4 Lösungsvorgehen der einzelnen Gruppen

Im Folgenden wird das Vorgehen der einzelnen Schülergruppen beschrieben. Diese Beschreibung erfolgt vollständig für alle 14 Schülergruppen und gliedert sich entsprechend den in Kapitel 9.3.4 vorgestellten Erschließungsfragen.

10.2.4.1 Lösungsvorgehen Gruppe 1

Wie gehen die Schüler bei der Bearbeitung der Lernstrecke vor?

Grundlagen und binäre Grundelemente

Die Arbeitsaufträge und das Arbeitsheft werden von beiden Schülern gelesen. Nach ca. vier Minuten trägt Schüler A, der zumeist die Tastatur bedient, die Spannungswerte für TTL-Bauelemente in das Arbeitsheft ein. Diese werden aus dem Lexikon übernommen und von Schüler A zuerst auf Papier notiert, bevor sie in das Arbeitsheft übertragen werden. Dieses Vorgehen ist während der Lernstrecke einige Male zu beobachten. Im Anschluss daran suchen beide Schüler in den Werkzeugen der Unterrichtssoftware die Bezeichnungen für die binären Grundelemente. Da sie diese im Lexikon nicht finden, fragt A den Untersuchungsleiter, der den Hinweis auf das Datenbuch liefert. Kurze Zeit später wird der Untersuchungsleiter ein weiteres Mal befragt. Dabei geht es um die Bezeichnung „Anschlussschema", die den Schülern nicht klar ist. Dieses wird dann nach der entsprechenden Erklärung des Untersuchungsleiters und dem Hinweis auf die Kopiermöglichkeit in das Arbeitsheft übertragen. Die Bauelementefunktion der einzelnen Gatter wird nicht kopiert, sondern selbstständig formuliert. Nach insgesamt 24 Minuten ist die Beschreibung der einzelnen binären Verknüpfungen abgeschlossen. Diese verhältnismäßig lange Bearbeitungszeit ist vor allem darauf zurück zu führen, dass die beiden Schüler sehr viele Informationen in dem Lexikon aufrufen und durchlesen, die nur einen geringen Bezug zur Fragestellung haben. Dabei hat es zumeist nicht den Anschein, dass die Schüler bestimmte Informationen suchen. Vielmehr kommen sie durch die verlinkten Inhalte zu weiteren Themengebieten und entfernen sich so immer weiter von der Aufgabenstellung. So werden beispielsweise sieben Informationsseiten über Logikpegel und unterschiedliche Codes aufgerufen. Die Zeitablaufdiagramme der einzelnen Verknüpfungen werden zügig erstellt und anschließend in das Arbeitsheft übertragen.

---

[371] Braun 2000, Götz 1999, Hänel 2000, Schlemmer 2000, Sievers 2000

Verhalten eines TTL-IC's bei einem offenen Eingang

Das Verhalten eines TTL-IC's bei einem offenen Eingang wird in der vorbereiteten Schaltung an einem UND-Gatter simuliert und in einem Zeitablaufdiagramm dargestellt. Beide-Schüler betrachten das aufgenommene Zeitablaufdiagramm und Schüler A stellt die falsche These auf, dass ein offener Eingang von dem Gatter ignoriert wird. Diesen Zusammenhang versucht er Schüler B zu erläutern. Die Schüler vergleichen das erstellte Zeitablaufdiagramm mit den Eintragungen im Arbeitsheft und Schüler A will seine These ins Arbeitsheft übertragen. Schüler B hingegen schlägt vor, weitere Überlegungen anzustellen. Nach einer längeren Diskussion und einer weiteren Simulation aller Eingangszustände erkennt Schüler B den korrekten Zusammenhang und erläutert diesen seinem Partner. Schüler A schließt sich der Erklärung an.

Die Aufgabenstellung wird selbstständig in sieben Minuten gelöst. Beide Schüler tragen zur Lösung der Teilaufgabe[372] bei.

Beispiel: Kontrollschaltung

Zu Beginn werden die Aufgabenstellung und eine mögliche Umsetzung ausführlich besprochen. Dabei macht Schüler A einige Notizen auf dem Papier. Schüler B setzt anschließend ein UND-, ein NOT- und ein ODER-Gatter. Dabei kommt es zu Unklarheiten über den Zusammenhang der vorgegebenen Bauelemente und den Gattern des Schaltungstrainers. Schüler B befragt den Untersuchungsleiter, der dann den entsprechenden Hinweis gibt. Anschließend beginnt Schüler B mit dem Aufbau der Schaltung mit Hilfe des Schaltungstrainers. Sein Partner schlägt jedoch vor, die Schaltung zuerst auf Papier zu entwerfen. In enger Kooperation entwerfen die beiden Schülern eine vollständige, korrekte Schaltung auf Papier. Dabei besprechen sie alle Arbeitsschritte. Mehrere Male ziehen sie Informationen aus dem Datenbuch heran. Im Anschluss daran wird die von ihnen skizzierte Schaltung mit dem Schaltungstrainer aufgebaut. Die Anordnung der einzelnen Bauelemente erfolgt dabei sehr gewissenhaft. Die Simulation aller möglichen Eingangszustände bestätigt den korrekten Aufbau der Schaltung. Die Schaltung wird in das Arbeitsheft eingefügt und die Arbeitstabelle richtig ausgefüllt. Beim Erstellen des Zeitablaufdiagramms erkennen beide Schüler, dass nur drei Messpunkte gesetzt werden müssen. Die Stückliste wird ebenfalls korrekt beschrieben. Schüler B weist auf den Zusammenhang zwischen den realen Bauelementen und den Gattern der Simulation hin.

Abschließend kontrollieren die beiden Schüler das Arbeitsheft. Dabei werden die Bauteilefunktion und die Arbeitstabelle nochmals ausführlich diskutiert. Die fehlenden Bauteilebezeichnungen bei den binären Verknüpfungen (Teilaufgabe 2.3-2.5) werden nicht bemerkt.

Werden alle Teilaufgaben der Lernstrecke korrekt gelöst?

Die beiden Schüler bearbeiten alle Aufgabenbereiche und lösen diese richtig. Einzig die Bezeichnungen der Bauelemente werden bei den Aufgaben 2.3, 2.4 und 2.5 nicht eingetragen.

---

[372] Der Lernabschnitt wird im Folgenden auch als „Teilaufgabe" bezeichnet.

Werden die Lerninhalte von den Schülern verstanden?

Die Schüler geben in der Befragung an, dass ihnen einige Lerninhalte der Lernstrecke schon aus vorhergehenden Unterrichtseinheiten bekannt sind. Die Lernzielkontrollfragen zu den Grundlagen und den binären Grundelementen können von beiden Schülern fehlerlos beantwortet werden. Wie oben beschrieben, rufen die beiden Schüler viele Informationen auf, die nur einen geringen Bezug zur Fragestellung haben. Die Fragen, die im Anschluss an die Bearbeitung zu diesen Inhalten gestellt werden, können von Schüler A zum Teil beantwortet werden. Die Verwendung von CMOS-Bauelementen hingegen ist den Schülern nicht bekannt. Die Funktion der Kontrollschaltung wird von beiden Schülern voll erfasst. Auch den Zusammenhang zwischen den Gattern der Simulation und realen Bauelementen stellen die Schüler her.

Ist das Vorgehen der beiden Schüler bei der Teillernstrecke „Kontrollschaltung" systematisch?

In einem ersten Schritt überlegen sich die beiden Schüler, welche Bauteile zur Verfügung stehen, bzw. welche für die Schaltung benötigt werden. Mit Hilfe des Datenbuchs informieren sich die Schüler (nochmals) über die binären Grundelemente. Im Anschluss daran wird die Kontrollschaltung vollständig auf Papier skizziert. Dabei wird jeder Einzelschritt besprochen bzw. die Teilfunktionen diskutiert. Die korrekt skizzierte Schaltung wird in den Schaltungstrainer übernommen und zur Kontrolle mit allen Eingangszuständen simuliert. Bei der Anordnung der Messpunkte ergibt sich eine kurze Diskussion. Schüler B erläutert seinem Partner, dass nur drei Messpunkte gesetzt werden müssen, um das Zeitablaufdiagramm erstellen zu können. Das Vorgehen ist fachgerecht und zielgerichtet.

Welche Hilfen erhalten die Schüler von dem Untersuchungsleiter?

Der Untersuchungsleiter wird während der Lernstrecke insgesamt drei Mal befragt. Zwei Fragen finden während dem ersten Teil der Bearbeitung statt. Die erste Frage hängt mit der Bedienung des Programms zusammen. Dabei gibt der Untersuchungsleiter auch einen Hinweis auf die Kopierfunktion. Die zweite Frage betrifft das Anschlussschema. Die dritte findet in der Umsetzung der Kontrollschaltung statt und bezieht sich auf die vorgegebenen Bauelemente. Der Untersuchungsleiter greift nicht selbstständig in die Bearbeitung der Lernstrecke ein.

Wie ist die Zusammenarbeit der Schüler

Die Zusammenarbeit der beiden Schüler ist sehr gut. Das Vorgehen wird während der gesamten Lernstrecke immer abgesprochen. Sehr häufig ergänzen sich die Beiträge der beiden Schüler für die Lösung der Aufgabenstellung. In der Regel bedient Schüler A die Tastatur, Schüler B die Maus. Diese Aufteilung wird jedoch aufgelöst, wenn ein Schüler eine Idee hat und diese umsetzen möchte. Beim Erstellen der Kontrollschaltung ist Schüler B federführend. In der anschließenden Befragung äußern sich beide Schüler positiv über die Partnerarbeit. Schüler A weist darauf hin, dass die Kooperation in ihrem gemeinsamen Ausbildungsbetrieb ‚groß geschrieben' wird.

Wie ist die Motivation der beiden Schüler?

Die Motivation der beiden Schüler ist hoch. Dies zeigt sich unter anderem darin, dass alle Arbeitsaufträge ausführlich gelesen und bearbeitet werden. Die Eintragungen im Arbeitsheft werden einheitlich formatiert und übersichtlich gestaltet. Die Lerneinheit hat beiden Schülern Spaß gemacht. Schüler B führt dies auf die klar und deutlich formulierte Aufgabenstellung zurück.

Wie ist der Umgang mit der eingesetzten Unterrichtssoftware?

Der Umgang mit dem Programm "MultiSkop-Trainer" scheint den Schülern geläufig. Dies zeigt sich insbesondere an der guten Verwendung des Schaltungstrainers (z.B. Umschalten in den Single-Step-Modus). Das Auffinden von Informationen in den verschiedenen Werkzeugen der Unterrichtssoftware hingegen bereitet den Schülern teilweise Schwierigkeiten. Die Funktion der binären Grundelemente formulieren sie selbstständig. Schüler A begründet dies, dass es schneller als das Kopieren gehe und dass dadurch zugleich das Gelernte überprüft werde. Dabei orientieren sich die Schüler einzig an der Arbeitstabelle und nicht an der Beschreibung im Lexikon oder Datenbuch. Wie oben beschrieben, greift Schüler A einige Male zu Papier und Stift. So erstellt er die vollständige Kontrollschaltung zuerst auf Papier bevor sie mit dem Schaltungstrainer simuliert wird. Er sagt, dass dies schneller und unkomplizierter sei, als mit dem PC. Schüler B ergänzt, dass dies auch mit der Gewohnheit zusammenhänge.

Wie wird die eingesetzte Unterrichtssoftware von den Schülern bewertet?

Das Programm wird von den beiden Schülern unterschiedlich bewertet. Positiv sei der einfache Aufbau des „MultiSkop-Trainers". Dies ermögliche einen schnellen Einstieg in das Programm. Bemängelt wird das Werkzeug Schaltungstrainer. Schüler A nennt als Beispiel die Probleme beim Setzen der Messpunkte und mit ‚kalten Lötstellen'.[373]

10.2.4.2 Lösungsvorgehen Gruppe 2

Wie gehen die Schüler bei der Bearbeitung der Lernstrecke vor?

Grundlagen und binäre Grundelemente

Die Arbeitsaufträge werden zu Beginn der Bearbeitung auffallend lange gelesen. Trotzdem können die Schüler im zweiten Aufgabenbereich einige Teilaufgaben nicht bearbeiten und übertragen die falschen Inhalte von dem Lernprogramm in das Arbeitsheft. Dies kann auf Verständnisschwierigkeiten bei der Aufgabenstellung oder auf eine flüchtige Bearbeitung zurück zu führen sein. So werden beispielsweise die Betriebsspannungen für TTL-Bauelemente nicht eingetragen. Erst bei der Kontrolle des Arbeitsheftes fallen den beiden Schülern die fehlenden Eintragungen auf. Bei der Tabelle der TTL-Logikfamilie sind Eintragungen falsch (an Stelle eines ODER-Gatters wird die Beschreibung eines UND-Gatters eingefügt). Die Bauelementefunktion der UND- und ODER-Verknüpfung wird diskutiert

[373] Vgl. hierzu Beschreibung der Unterrichtssoftware in Kapitel 6.3.4: Nahezu alle Gruppen haben Schwierigkeiten bei den Verbindungen einzelner Bauelemente (‚kalte Lötstellen').

und anschließend selbst formuliert. Die Arbeitstabelle der UND-Verknüpfung wird zuerst falsch ausgefüllt. Durch den Vergleich mit dem Datenbuch erkennen die beiden Schüler diesen Fehler. Bei dem Anschlussschema der ODER-Verknüpfung bemerken die Schüler nicht, dass sie versehentlich ein falsches Bauelement kopiert haben. Obwohl die Schüler bei der NICHT-Verknüpfung analog zu den anderen Bauelementen vorgehen könnten, haben sie Schwierigkeiten, die Informationen für dieses Gatter zu finden. Mehr als vier Minuten verbringen sie mit der zumeist erfolglosen Suche in den falschen Werkzeugen des Programms. Die Schüler beschließen, die Bauelementefunktion zu kopieren und das Anschlussschema erst später einzufügen. Dabei haben die Schüler erneut Schwierigkeiten, die gesuchte Information zu finden. Das Zeitablaufdiagramm wird für alle drei Verknüpfungen gleichzeitig aufgezeichnet und anschließend in das Arbeitsheft übertragen.

Verhalten eines TTL-IC's bei einem offenen Eingang

Die Bearbeitung dieser Aufgabe dauert insgesamt neun Minuten. Zuerst scheinen die beiden Schüler Schwierigkeiten mit der Aufgabenstellung zu haben. Sie suchen im Lexikon nach den Regeln für TTL-IC's. Schüler B liest nochmals den Arbeitsauftrag und gibt den Hinweis auf die vorbereitete Datei. Diese wird jedoch nicht verwendet, sondern die Schüler erstellen eine eigene Schaltung mit einem UND-Gatter. Noch bevor die Schaltung simuliert wird, stellen die beiden Schüler unterschiedliche (falsche) Thesen auf. Das Ergebnis der durchgeführten Simulation wird von den beiden Schülern nicht korrekt interpretiert, obwohl sie richtige Beobachtungen anstellen und diese auch mit den Eintragungen im Arbeitsheft vergleichen. Schüler A vermutet, dass sich ein TTL-Bauelement mit offenem Eingang wie ein Inverter verhält. Schüler B glaubt, dass das Bauelement defekt ist. Nach sechs Minuten Bearbeitungszeit lehnt sich Schüler A zurück. Schüler B sucht weiter in dem Lexikon erfolglos nach Informationen und wendet sich anschließend erneut der Simulation zu. Plötzlich äußert er die richtige These („... wirkt ein offener Eingang, als ob HIGH angelegt ist"). Die Formulierung, die er in das Arbeitsheft überträgt („... als ob am <u>anderen</u> Eingang ein HIGH-Signal angelegt ist" – *Hervorhebung durch den Autor*) ist jedoch falsch.

Beispiel: Kontrollschaltung

Schüler B bittet nach dem Lesen der Aufgabenstellung um ein Konzeptpapier. Dieses wird jedoch im weiteren Verlauf nicht beschriftet. Erste Schwierigkeiten haben die beiden Schüler mit der Verwendung der vorgegebenen Bauelemente und der vorbereiteten Schaltung. In beiden Fällen befragen sie den Untersuchungsleiter. Durch die Erklärungen und das erneute Lesen des Arbeitsauftrages scheint die Aufgabenstellung nun klar. Die Schüler setzen ein UND- und ein ODER-Gatter. Sie diskutieren die Funktion der beiden Gatter und greifen dabei auf die Eintragungen im Arbeitsheft zurück. Schüler A äußert die richtige These für die erste Teilfunktion und gibt wichtige Hinweise für den weiteren Aufbau. Dabei scheint er jedoch nicht sicher und schlägt vor, die Überlegungen auszuprobieren. Zwei NOT-Gatter und ein weiteres UND-Gatter werden eingefügt. Die Funktion wird diskutiert und alle Bauelemente anschließend verbunden. Nach elf Minuten Bearbeitungszeit wird eine korrekte Schaltung erstellt, die jedoch eine kalte Lötstelle aufweist. Dieser Fehler wird von den beiden Schülern bei der Simulation jedoch nicht gefunden. Als sie nach drei Minuten erfolgloser Fehlersuche beginnen, die Schaltung zu verändern, weist der Untersuchungsleiter auf die kalte Lötstelle hin. Beim Ausfüllen der Arbeitstabelle treten Schwierigkeiten auf, die erst durch zwei weitere Simulationen behoben werden. Das Zeitablaufdiagramm wird wegen eines falsch gesetzten Messpunktes falsch aufgezeichnet, so dass der Ausgang permanent auf ‚LOW' liegt. Der Fehler wird von den Schülern nicht bemerkt. In die Stückliste fügen sie nicht die Bauelemente, sondern die einzelnen Gatter ein.

Beim Kontrollieren des Arbeitsheftes erkennen die Schüler, dass einige Eintragungen bei der zweiten Aufgabe fehlen und tragen diese nach.

Werden alle Teilaufgaben der Lernstrecke korrekt gelöst?

Von den beiden Schülern werden alle Aufgabenbereiche der Lernstrecke bearbeitet. Allerdings tragen sie folgende Fehler in das Arbeitsheft ein: Bei der Aufgabe 2.1 kopieren sie an Stelle der Beschreibung eines ODER-Gatters die Bauelementefunktion einer UND-Verknüpfung. Bei der Teilaufgabe 2.4 fügen sie statt einem ODER-Gatter das Anschlussschema einer NOR-Verknüpfung mit drei Eingängen ein. Das Verhalten eines TTL-IC's bei einem offenen Eingang wird von den Schülern nicht korrekt beschrieben. Das Zeitablaufdiagramm der erstellten Kontrollschaltung wird falsch aufgezeichnet. Die Stückliste wird mit Gattern ausgefüllt, d.h. ein Transfer zwischen realen Bauelementen und den Gattern der Simulation wird von den Schülern nicht hergestellt.[374]

Werden die Lerninhalte von den Schülern verstanden?

Die Lerninhalte sind nach Aussagen der beiden Schüler für sie weitgehend neu. Die Lernzielkontrollfragen über die verschiedenen Verknüpfungen können die beiden Schüler gut beantworten. Die Verwendung von Bauelementen in CMOS-Technik ist den Schülern nicht bekannt. Schüler B erläutert, dass er diese Informationen nicht durchgelesen habe, da sie keinen direkten Bezug zur Aufgabenstellung aufweisen. Ob die beiden Schüler das Verhalten eines TTL-Bauelementes bei offenem Eingang verstanden haben, geht weder aus der Formulierung im Arbeitsheft, noch aus den Lernzielkontrollfragen eindeutig hervor. Vermutlich ist jedoch die von Schüler B geäußerte richtige These durch Zufall entstanden, da sie nicht mit der Formulierung im Arbeitsheft übereinstimmt. Außerdem ist der Schüler in dem anschließenden Interview nicht in der Lage, das Ergebnis auf ein ODER-Gatter mit offenem Eingang zu transferieren. Schüler A hingegen wiederholt in dem Interview seine erste in der Bearbeitung geäußerte, falsche These. Auch bei der Kontrollschaltung ist davon auszugehen, dass die Schaltung von den beiden Schülern nicht vollständig erfasst wird. Darauf weisen die Kommunikation zwischen den Schülern und die Schwierigkeiten bei der Fehlersuche hin.

Ist das Vorgehen der beiden Schüler bei der Teillernstrecke „Kontrollschaltung" systematisch?

Die korrekte Simulationsschaltung wird in elf Minuten mit insgesamt acht Arbeitsschritten erstellt (ohne Korrektur der ‚kalten Lötstelle'). Die beiden Schüler überlegen und diskutieren die Funktion, bevor sie die einzelnen Bauelemente setzen und verbinden. Diesem systematischen Vorgehen steht die Unsicherheit der beiden Schüler entgegen. Immer wieder äußern sie Zweifel, ob ihr Vorgehen richtig sei. Dies bringt Schüler A mit folgendem Kommentar

[374] Vgl. Beschreibung der Aufgabenstellung in Kapitel 9.1.3: Die Schüler sollen den Transfer zwischen der Simulation mit den einzelnen Gattern und realen Bauelementen herstellen.

zum Ausdruck: „Ich bin mir nicht ganz sicher, was ich da mache“. Als der Untersuchungsleiter sie darauf hinweist, dass die Schaltung bis auf die ‚kalte Lötstelle’ richtig sei, scheinen sie überrascht. Auch die Probleme beim Ausfüllen der Wertetabelle, beim Aufzeichnen des Zeitablaufdiagramms und bei der Fehlersuche sind ein Hinweis, dass die Schaltung nicht vollständig verstanden wird.

Welche Hilfen erhalten die Schüler von dem Untersuchungsleiter?

Der Untersuchungsleiter wird von den beiden Schülern insgesamt zehn Mal befragt. Die Fragen beziehen sich zumeist auf die Bedienung der eingesetzten Unterrichtssoftware und auf die Aufgabenstellung, jedoch nicht auf inhaltliche Schwierigkeiten. Die Fragen können zumeist durch kurze Hinweise des Untersuchungsleiters beantwortet werden. Bei der Realisierung der Kontrollschaltung gibt der Untersuchungsleiter einen Hinweis auf eine ‚kalte Lötstelle’, der wahrscheinlich entscheidend für die Lösung der Aufgabe ist.

Wie ist die Zusammenarbeit der Schüler?

Die Zusammenarbeit der Schüler ist sehr gut. Das Vorgehen wird immer abgesprochen und häufig auch mit dem Finger am Bildschirm erläutert. Ist ein Schüler noch mit dem Lesen des Arbeitsauftrages beschäftigt, so wartet sein Partner, bevor er weiterarbeitet. Die Bedienung von Tastatur und Maus ist nicht festgelegt und wechselt zwischen den beiden Schülern. Kommt von einem Schüler ein Vorschlag, so führt er diesen in der Regel auch selbst aus. In dem anschließenden Interview äußern sich beide Schüler positiv über die Zusammenarbeit. Schüler B weist noch darauf hin, dass dadurch ein Austausch an Informationen möglich sei.

Die Schüler sind in dem gleichen Ausbildungsbetrieb beschäftigt.

Wie ist die Motivation der beiden Schüler?

Zu Beginn der Bearbeitung werden die Arbeitsaufträge sorgfältiger gelesen. Schüler A zeigt bei der Bearbeitung der Aufgabe 2.7 nach sieben Minuten nachlassendes Interesse und lehnt sich zurück. Bei dem nächsten Aufgabenbereich beteiligt er sich wieder an der gemeinsamen Bearbeitung. Auf die Frage im Interview, ob ihnen die Lerneinheit gefallen hat, antwortet Schüler B, dass er generell an der Thematik wenig Interesse habe. Beide Schüler bemerken, dass die Unterrichtseinheit im Vergleich zu einem Frontalunterricht eindeutig besser sei.

Wie ist der Umgang mit der eingesetzten Unterrichtssoftware?

Die verwendete Software wird von den beiden Schülern vielfältig eingesetzt. Treten bei einer Aufgabe Fragen auf, so versuchen sie diese zuerst mit Hilfe der Lexika zu beantworten. Die Informationen werden zumeist kopiert und in das Arbeitsheft eingefügt. Sowohl bei der Suche, als auch beim Kopieren treten vereinzelt Schwierigkeiten mit der Programmbedienung auf. Die Suchfunktion wird auch in dem anschließenden Interview von Schüler B kritisiert. Die Handhabung des Schaltungstrainers gelingt den beiden Schülern gut. So werden beispielsweise bei dem Logikanalysator verschiedene Parameter verändert.

Wie wird die eingesetzte Unterrichtssoftware von den Schülern bewertet?

Wie bereits oben angeführt, wird an dem eingesetzten Programm die Suchfunktion mit den getrennten Werkzeugen der Informationsgewinnung (Datenbuch, Lexikon, Bildlexikon) kritisiert. Schüler A weist zudem auf das Problem der ‚kalten Lötstelle' hin. Trotz dieser Kritik halten die beiden Schüler das Programm für geeignet. Die Informationen seien verständlich und zumeist ausreichend. Gut ist ihrer Meinung nach die Möglichkeit, Schaltungen zu simulieren.

10.2.4.3 Lösungsvorgehen Gruppe 3

Wie gehen die Schüler bei der Bearbeitung der Lernstrecke vor?

Grundlagen und binäre Grundelemente

Die beiden Schüler nehmen sich rund zehn Minuten Zeit, die Aufgabenstellung und das Arbeitsheft vollständig und aufmerksam zu lesen. Dabei findet keinerlei Kommunikation zwischen ihnen statt. Nach der gezielten Suche im Lexikon und im Datenbuch tragen sie die Betriebsspannung der TTL-Bauelemente ein und vervollständigen die Tabelle. Die Beschreibung der einzelnen binären Grundelemente dauert insgesamt 20 Minuten. Diese lange Bearbeitungszeit liegt vor allem an Bedienungsschwierigkeiten bei der UND-Funktion (insbesondere mit der Kopierfunktion) und an dem Begriff des Anschlussschemas, der den Schülern nicht bekannt ist. Erst durch Nachfragen beim Untersuchungsleiter können diese Schwierigkeiten überwunden werden. Die Eintragungen bei der ODER- und NICHT-Funktion klappen zügig. Dabei wird jedoch an Stelle der Bauelementefunktion die Anwendung beschrieben, bzw. aus dem Datenbuch eingefügt. Die entsprechenden Zeitablaufdiagramme werden systematisch aufgezeichnet. Auch hier nehmen sich die Schüler viel Zeit.

Verhalten eines TTL-IC's bei einem offenen Eingang

Das Lösen der Aufgabenstellung 2.7 bereitet den Schüler größere Schwierigkeiten. Obwohl sie die Aufgabenstellung sehr ausführlich lesen, scheinen sie diese nicht zu verstehen. Schüler A entfernt an der vorbereiteten Simulation einen Eingang des ODER-Gatters und simuliert die Schaltung. Das Ergebnis dieses richtigen Vorgehens wird jedoch von beiden Schülern nicht richtig interpretiert. Stattdessen zieht Schüler A den Untersuchungsleiter zu Hilfe. Dieser erläutert nochmals ausführlich die Aufgabenstellung und gibt den Hinweis, dass das bisherige Vorgehen richtig war. Die Simulation erfolgt nun bei einem UND-Gatter. Schüler B äußert eine erste These, auf die Schüler A nicht eingeht. Stattdessen befragt er nochmals den Untersuchungsleiter. Aus der Frage und aus der anschließenden Diskussion zwischen den Schülern wird deutlich, dass sie den Zusammenhang zwischen der Schaltung und dem Ergebnis der Simulation nicht erkennen. Schüler B schlägt folgende falsche Formulierung für das Arbeitsheft vor: „als wäre kein Kabel vorhanden". An dieser Stelle greift der Untersuchungsleiter ein und erläutert die richtige Funktion, die dann in das Arbeitsheft übernommen wird. Die korrekte Lösung der Teilaufgabe kommt somit nur durch Befragen und Eingreifen des Untersuchungsleiters zu Stande.

Beispiel: Kontrollschaltung

Bevor die Schüler die vorbereitete Datei zur Kontrollschaltung aufrufen, lesen sie die Aufgabenstellung aufmerksam durch. Nach dem Laden der Datei und der Suche in der Bauteilebibliothek beschreiben sie die Funktion richtig und erstellen eine korrekte Teilfunktion, indem sie ein UND-Gatter einfügen. Die Schüler glauben zuerst, dass sie bereits die Aufgabe gelöst haben und simulieren die Schaltung, bzw. setzten die Messpunkte für den Logikanalysator. Dabei tritt eine Fehlermeldung auf, die sofort von den Schülern behoben wird. Anschließend setzten sie ein NOT-Gatter, welches sie sofort wieder löschen. Schüler A befragt den Untersuchungsleiter, ob alle drei Bauelemente verwendet werden müssen. Dieser erläutert, dass alle drei Bauelemente zur Verfügung stehen und weist darauf hin, dass eine korrekte Teilfunktion bereits realisiert sei. Schüler B setzt daraufhin ein NOT- und ein ODER-Gatter, verbindet diese mit den Lüftern und der Lampe und gelangt so zu einer funktionierenden Schaltung. Die Ausgänge der Teilfunktionen werden zusammengeschaltet.[375] Trotz der funktionierenden Schaltung ist es wahrscheinlich, dass das Ergebnis durch Zufall entstanden ist. Diese Annahme wird durch die Kommunikation und durch das Erstellen des Ablaufdiagramms bestätigt. Die Schüler belassen die Messpunkte am UND-Gatter und zeichnen somit nur eine Teilfunktion auf. Die Arbeitstabelle und die Stückliste werden korrekt ausgefüllt. Für die Stückliste werden die Eintragungen im Arbeitsheft und das Datenbuch der Unterrichtssoftware herangezogen.

In den letzten drei Minuten lesen die beiden Schüler ihre Eintragungen im Arbeitsheft nochmals durch. Das falsche Zeitablaufdiagramm bei der Kontrollschaltung wird von den beiden Schülern nicht bemerkt.

Werden alle Teilaufgaben der Lernstrecke korrekt gelöst?

Die beiden Schüler bearbeiten alle Teilaufgaben und lösen diese weitgehend richtig. An Stelle der Beschreibung der Bauelementefunktion der ODER- und NICHT-Verknüpfung kopieren sie die Anwendung dieser Gatter aus dem Datenbuch. Nicht richtig ist das erstellte Ablaufdiagramm der Kontrollschaltung, da nur die Funktion eines UND-Gatters aufgezeichnet wird.

Werden die Lerninhalte von den Schülern verstanden?

In den Lernzielkontrollfragen des Interviews haben beide Schüler Schwierigkeiten, weitere Begriffe für die NICHT-Verknüpfung zu finden. Ebenso können sie die Frage über die Verwendung von CMOS-IC's nicht beantworten, obwohl sie dies im Arbeitsheft durchgelesen haben. Die Funktion der einzelnen Gatter wird von den Schülern richtig beschrieben, obwohl sie statt der Funktion die Anwendung der einzelnen binären Grundelemente kopiert haben. Alle anderen Lernzielkontrollfragen werden richtig beantwortet. Das Verhalten eines TTL-IC's bei einem offenen Eingang wird den beiden Schülern von dem Untersuchungsleiter erläutert. Die Funktion der Kontrollschaltung wird vermutlich nicht vollständig erfasst. In der

---

[375] Vgl. Kapitel 6.3.4: Das Programm „MultiSkop-Trainer" lässt es zu, dass beide Ausgänge direkt zusammengeführt werden können. Für einen korrekten Schaltungsaufbau müssten die Ausgänge der Teilfunktionen jedoch über ein ODER-Gatter zusammengeführt werden.

abschließenden Befragung äußern sich beide Schüler, dass sie bereits Vorkenntnisse über binäre Grundelemente haben.

Ist das Vorgehen der beiden Schüler bei der Teillernstrecke „Kontrollschaltung" systematisch?

Den beiden Schülern gelingt es, mit sechs Schritten eine funktionierende, wenn auch elektrisch ‚unsaubere' Schaltung zu erstellen. Werden die einzelnen Arbeitsschritte betrachtet, so fällt auf, dass nur ein Schritt (Setzen bzw. sofortiges Löschen eines NOT-Gatters) zu viel gemacht wurde. Dennoch kann nicht von einem systematischen Vorgehen gesprochen werden, da vermutlich die Lösung mit dem Hinweis des Untersuchungsleiters in engem Zusammenhang steht. So wurde von den Schülern die Antwort des Untersuchungsleiters auf die Verwendung der Bauelemente so interpretiert, dass jedes Bauelement nur einmal verwendet werden soll. Die korrekte Teilschaltung, auf welche die beiden Schüler vom Untersuchungsleiter hingewiesen werden, ergänzen sie mit einem ODER- und einem NICHT-Gatter und verbinden die Ausgänge der Gatter. Bei der Aufzeichnung des Zeitablaufdiagramms werden die Messpunkte ausschließlich an dem UND-Gatter gesetzt. Die Schüler müssten diesen Fehler anhand des aufgezeichneten Diagramms erkennen. Auch dies stellt einen Hinweis dar, dass die Schaltung nicht vollständig verstanden wird.

Welche Hilfen erhalten die Schüler von dem Untersuchungsleiter?

Insbesondere Schüler A wendet sich bei Unklarheiten sehr schnell und auch sehr häufig an den Untersuchungsleiter. Dieser wird in der gesamten Lernstrecke insgesamt sechs Mal befragt. Bis auf eine Verständnisfrage bei der Aufgabe 2.7 beziehen sich alle anderen Fragen auf die Aufgabenstellung. Bei dem Verhalten eines offenen Eingangs greift der Untersuchungsleiter ein, um einen fehlerhaften Eintrag in das Arbeitsheft zu vermeiden. Wie oben bereits beschrieben, ist zu vermuten, dass vor allem die Lösung der Teilaufgabe 2.7, aber auch teilweise die Realisierung der Kontrollschaltung auf die Erklärungen des Untersuchungsleiters zurückzuführen sind.

Wie ist die Zusammenarbeit der Schüler?

Die beiden Schüler sind in unterschiedlichen Ausbildungsbetrieben beschäftigt. In der untersuchten Lernstrecke ist Schüler A der weitaus aktivere. Dies zeigt sich vor allem an den Fragen, die er sehr häufig an den Untersuchungsleiter stellt und an der Bedienung von Tastatur und Maus. Bis auf die letzten drei Minuten der Bearbeitung hat er die alleinige ‚Vorherrschaft' über beide Eingabegeräte. Und dies, obwohl die Maus während der ganzen Bearbeitungszeit direkt vor Schüler B liegt und Schüler A sich somit teilweise über den Tisch beugen muss. Auch in dem anschließenden Interview geht er mehr und ausführlicher auf die Fragen des Untersuchungsleiters ein. Die Kommunikation zwischen den beiden Schülern nimmt im Laufe der Bearbeitung zu, ist jedoch generell außerordentlich gering und sehr leise. So wird beispielsweise während der ersten zehn Minuten (Lesen des Arbeitsauftrages und der Informationen im Arbeitsheft) nicht gesprochen. Schüler B macht insgesamt nur wenige Vorschläge. Ansonsten stimmt er dem Vorgehen seines Mitschülers zu, indem er nickt. Die Partnerarbeit wird von beiden begrüßt. Schüler A begründet dies, dass „man sich gegenseitig helfen" kann.

Wie ist die Motivation der beiden Schüler?

Auffallend ist das aufmerksame Lesen des Arbeitsauftrages und der Informationen im Arbeitsheft. Dies gilt für die gesamte Lernstrecke. Die Motivation, selbstständig die gestellten Arbeitsaufträge zu lösen, ist nicht allzu hoch. Schüler A wendet sich bei Unklarheiten sehr schnell an den Untersuchungsleiter. In dem Interview äußern sich beide Schüler positiv über die Lernstrecke. Beiden Schülern habe die Unterrichtseinheit gefallen und Schüler A begründet dies damit, dass im Vergleich mit einem Frontalunterricht ein selbstständiges Ausprobieren von Schaltungsvarianten möglich sei.

Wie ist der Umgang mit der eingesetzten Unterrichtssoftware?

Der Umgang mit dem Programm „MultiSkop-Trainer“ ist insgesamt gut. Die Schüler haben zu Beginn Schwierigkeiten mit den Kopierfunktionen. Trotzdem werden alle Informationen so weit als möglich kopiert und in das Arbeitsheft übertragen. Daraufhin befragt, äußert Schüler A, dass dies schneller gehe, als das selbstständige Formulieren. Der Umgang mit dem Schaltungstrainer scheint den Schülern geläufig, was sich vor allem bei der Verwendung des Logikanalysators zeigt. Auch die unterschiedlichen Informationsmöglichkeiten des Programms werden zielgerichtet genutzt.

Wie wird die eingesetzte Unterrichtssoftware von den Schülern bewertet?

Die Stärke des Programms, so die Aussagen von Schüler A, liege in der Bedienung und in den integrierten Informationen. Die Schwächen beim Erstellen von Verbindungen (z.B. ‚kalte Lötstellen’). Die Informationen des Programms werden von Schüler B als gut und von Schüler A verständlich bezeichnet.

10.2.4.4 Lösungsvorgehen der Gruppe 4[376]

Wie gehen die Schüler bei der Bearbeitung der Lernstrecke vor?

Grundlagen und binäre Grundelemente

Nach dem ausführlichen Lesen der Aufgabenstellung und der Arbeitsaufträge beginnen die beiden Schüler mit der Bearbeitung der Lerneinheit. Auf Vorschlag von Schüler A wird das Lexikon aufgerufen und die Spannungswerte für die TTL-Bauelemente in das Arbeitsheft eingetragen. Anschließend sucht die Gruppe ca. fünf Minuten in den falschen Werkzeugen Lexikon und Testaufgaben nach den digitalen Bauelementen. Schüler B liest daraufhin den Arbeitsauftrag und gibt den Hinweis auf das Datenbuch. Der Rest der Aufgabe 2.1 wird zügig bearbeitet. Bei den binären Verknüpfungen gehen die Schüler eng entlang den Arbeitsaufträgen und dem Arbeitsheft vor. Die Bauelementefunktion der UND-Verknüpfung wird auf Vorschlag von Schüler B kopiert. Dabei treten einige Schwierigkeiten auf: Diese liegen zum einen in der Anwendung der Kopierfunktion und zum anderen an der Bezeichnung „Anschlussschema“, die den Schülern nicht geläufig ist. Im Gegensatz zu dem UND-

[376] Von der Gruppe 4 werden exemplarisch alle Auswertungsschritte angeführt. Ablaufprotokoll siehe Kapitel 10.2.1.1, Symboldarstellung siehe Kapitel 10.2.2.1, Schriftliches Protokoll und Wortprotokoll siehe Anhang S. 296 f.

Gatter werden die folgenden Beschreibungen der Bauelementefunktion nicht aus dem Programm übernommen, sondern von den Schülern selbst formuliert. Das Zeitablaufdiagramm wird mit Hilfe des Untersuchungsleiters erstellt. Den Schülern scheint dabei das Aufzeichnen des Ablaufdiagramms mit dem Logikanalysators nicht klar. Abschließend wird das Diagramm sehr ausführlich beschriftet. Einige der gesetzten Messpunkte sind redundant.

Verhalten eines TTL-IC's bei einem offenen Eingang

Das Verhalten eines TTL-IC's bei einem offenen Eingang wird mit Hilfe einer selbst erstellten Schaltung simuliert. Von den Schülern wird zweimal ein ODER-Gatter an einem Eingang mit Spannung beschaltet. Dieses Vorgehen erscheint ungeeignet, da bei dieser Beschaltung der Ausgang generell einen HIGH-Zustand annimmt. Trotzdem äußert Schüler A nach vier Minuten die korrekte These. Schüler B schlägt vor, diese mit einem NOT- oder NOR-Gatter zu überprüfen. Anschließend werden verschiedene Gatter gesetzt. Die Schüler einigen sich auf ein UND-Gatter zum Überprüfen der These. Das Vorgehen der beiden Schüler ist unsystematisch. Außerdem geht Schüler B, der die Initiative am Rechner hat, in dieser Phase häufig nicht auf Einwände von Schüler A ein. Beim Aufbau ergibt sich eine ‚kalte Lötstelle' und die Schüler sind verunsichert bezüglich der oben getroffenen These. Der Untersuchungsleiter greift in die Diskussion ein und weist auf den Fehler hin. Schüler B trägt die korrekte Lösung nach acht Minuten in das Arbeitsheft ein.

Beispiel: Kontrollschaltung

Schüler B übernimmt bei der Realisierung der Kontrollschaltung die Bedienung der Maus und geht im Folgenden eher nach dem Prinzip von ‚Versuch und Irrtum' vor. Schüler A hingegen greift zu Papier und Stift und versucht die Aufgabenstellung systematisch zu lösen. Die Aufgabenstellung wird kurz überflogen. Schüler B stellt in diesem Abschnitt der Aufgabe fünf Fragen an den Untersuchungsleiter. Nach der korrekten Analyse der Schaltungsfunktion und der Zustimmung durch den Untersuchungsleiter, stellt Schüler B fest, dass für die Schaltung ein UND- und ein UND-NICHT-Gatter benötigt werden. Eingefügt werden jedoch ein UND- und ein NICHT-Gatter. Letzteres wird jedoch kurzgeschlossen. Anschließend erfolgt die Simulation der Schaltung. Die Schüler erkennen nicht, dass durch das kurzgeschlossene und somit ‚wirkungslose' NOT-Gatter der erste Teil der Schaltungsfunktion bereits gelöst ist und löschen alle Verbindungen. Während Schüler B erfolglos eine weitere Schaltungsvariante ausprobiert, greift Schüler A erneut zu Papier und Stift. Schüler B probiert eine weitere Schaltung aus und geht dabei auf einen richtigen Hinweis von Schüler A nicht ein. Nach zehn Minuten wird durch einen Vorschlag von Schüler A eine korrekte aber sehr umständliche Teilfunktion erstellt. Aus der Reaktion der Schüler wird jedoch nicht deutlich, ob sie die korrekte Teilfunktion erkennen. Schüler B überbrückt anschließend wieder ein Gatter. Nach dem Hinweis von Schüler A wird der Kurzschluss anschließend entfernt. Eine weitere Verbindung wird hergestellt, aber nach erfolgloser Simulation anschließend wieder entfernt. Schüler B setzt ein weiteres UND-Gatter und nach der insgesamt sechsten durchgeführten Simulation entsteht (plötzlich) eine korrekte, aber aufwändige Schaltung mit insgesamt fünf Gattern. Die Ausgänge der Teilfunktionen sind direkt miteinander verbunden. Schüler B scheint überrascht zu sein, dass die Schaltung funktioniert. Auch Schüler A ist die Funktion der erstellten Schaltung nicht klar, was aus der anschließenden Besprechung der Schaltungsfunktion deutlich wird. Die Schüler sind überrascht, dass bei geöffneten Schaltern der Ausgang des UND-Gatters auf HIGH liegt. Der Untersuchungsleiter wird befragt und erläutert, dass dies in den zusammen geschalteten Ausgängen begründet sei. Nach dem Einfügen der Schaltung in das Arbeitsheft und dem richtigen Ausfüllen der Arbeitstabelle wird von den Schülern das Zeitablaufdiagramm ermittelt. Die Anordnung der entsprechenden Messpunkte (zu viele) wird besprochen und das Zeitablaufdiagramm aufgezeichnet. Bei der Stückliste erklärt Schüler B zwei Mal seinem Partner den Zusammenhang zwischen den Gattern und realen Bauelementen. Nach insgesamt 30 Minuten ist dieser Arbeitspunkt abgeschlossen.

Die Überprüfung des Arbeitsheftes erfolgt sehr gewissenhaft (ca. vier Minuten).

Werden alle Teilaufgaben der Lernstrecke korrekt gelöst?

Alle Teilaufgaben werden bearbeitet und auch richtig gelöst. Die Arbeitsergebnisse werden vollständig in das Arbeitsheft übertragen.

Werden die Lerninhalte von den Schülern verstanden?

Der Vorschlag von Schüler B ein NOR-Gatter zu verwenden, weist auf Vorwissen hin, da dies nicht Inhalt der Lernstrecke ist. Im anschließenden Interview bestätigt Schüler B, dass in der besuchten Realschule diese Thematik behandelt wurde. Die Lernzielkontrollfragen zu den Grundlagen und den binären Verknüpfungen werden von beiden Schülern gut beantwortet. Die Verwendung von CMOS-Bauelementen wird von den Schülern nicht wiedergegeben, obwohl sie die entsprechenden Informationen in dem Arbeitsheft und in dem Lexikon aufgerufen haben. Obwohl es den Schülern gelingt, eine funktionierende Kontrollschaltung zu erstellen, kann nicht davon ausgegangen werden, dass diese von beiden tiefgehend verstanden wird. Dies geht auch aus der Kommunikation der beiden Schüler untereinander und mit dem Untersuchungsleiter hervor. Außerdem setzen sie für das Zeitablaufdiagramm ‚unnötig' viele (redundante) Messpunkte. Auch dies lässt auf einen fehlenden Überblick über die Schaltungsfunktion schließen. Der Zusammenhang zwischen den Gattern und realen Bauelementen wurde von Schüler B während der Bearbeitung hergestellt. Schüler A benötigte hierfür eine zweimalige, ausführliche Erklärung durch Schüler B.

Ist das Vorgehen der beiden Schüler bei der Teillernstrecke „Kontrollschaltung" systematisch?

Das Vorgehen der beiden Schüler bei der Erstellung der Kontrollschaltung erscheint über weite Strecken unsystematisch. Dies gilt insbesondere für Schüler B. Er geht sehr stark nach dem Prinzip von ‚Versuch und Irrtum' vor. So werden beispielsweise Verbindungen gesetzt und gleich wieder gelöscht (vgl. Arbeitschritte 15 und 16 bzw. 17 und 19). Sehr deutlich wird dies auch durch die zwei Kurzschlüsse. Obwohl sie in einem Fall zu einer korrekten Teillösung führen, weisen sie auf eine geringe Reflexion des Vorgehens hin. Insgesamt werden sechs Schaltungsvarianten simuliert. Schüler A hingegen versucht die Schaltung auf Papier zu skizzieren. Eine korrekte Schaltung wird auch von ihm nicht erstellt. Dennoch lassen seine Hinweise, die von Schüler B teilweise ignoriert werden, auf ein besseres Verständnis der Schaltungsfunktion schließen. Nach insgesamt 15 Minuten mit sechs Simulationen und 22 Einzelschritten steht eine richtige Schaltungsvariante. Diese ist mit fünf Gattern sehr aufwändig. Aus dem Verhalten der Schüler kann geschlossen werden, dass diese selbst von der richtigen Schaltungsfunktion überrascht sind. Das Aufnehmen des Zeitablaufprotokolls wird ebenfalls wenig systematisch durchgeführt. Da zu viele Messpunkte gesetzt werden, kann auch darauf geschlossen werden, dass die beiden Schüler die Schaltung nicht vollständig verstanden haben.

Welche Hilfen erhalten die Schüler von dem Untersuchungsleiter?

Der Untersuchungsleiter wird insgesamt neun Mal befragt. Dabei kommen sechs Rückfragen von Schüler B. Die meisten Fragen beziehen sich auf den Arbeitsauftrag, bzw. auf die Umsetzung der Kontrollschaltung. Eine Frage gilt der Bedienung des eingesetzten Programms. Der Untersuchungsleiter weist die Gruppe bei der Simulation des offenen Eingangs einmal auf eine kalte Lötstelle hin.

Wie ist die Zusammenarbeit der Schüler

Die beiden Schüler sind in dem gleichen Ausbildungsbetrieb beschäftigt. Die Zusammenarbeit ist insgesamt gut und über die gesamte Lerneinheit betrachtet weitgehend ausgeglichen. Zu Beginn der Lernstrecke bestimmt eher Schüler A das Vorgehen. Er bedient die Maus, Schüler B die Tastatur. Schüler B sagt in dem Interview aus, dass er zu Beginn der Bearbeitung die Aufgabenstellung nicht richtig verstanden habe. Bei dem Erstellen der Kontrollschaltung wechselt die Bedienung der Maus von Schüler A zu Schüler B. Dieser Wechsel ist kennzeichnend für das weitere Vorgehen. Schüler B will die Kontrollschaltung durch Ausprobieren erstellen und geht in dieser Phase nicht immer auf die Vorschläge seines Partners ein. Schüler A hingegen skizziert die Schaltung auf Papier und überlegt vor der Simulation die Schaltungsfunktion (vgl. oben). Von beiden Schülern wird die Partnerarbeit begrüßt, da sie abwechslungsreich sei und sich die Ideen ergänzen.

Wie ist die Motivation der beiden Schüler?

Von den beiden Schülern wird die gesamte Lernstrecke bearbeitet. In der anschließenden Befragung äußern sich beide Schüler positiv über der Lerneinheit. Dabei werden insbesondere die Möglichkeiten des Lexikons und des Schaltungstrainers begrüßt.

Wie ist der Umgang mit der eingesetzten Unterrichtssoftware?

Die beiden Schüler zeigen an verschiedenen Stellen der Bearbeitung Unsicherheit bei der Bedienung der eingesetzten Unterrichtssoftware: So werden die Informationen für den zweiten Aufgabenbereich in den falschen Werkzeugen des Programms gesucht. Wiederholt treten Schwierigkeiten mit der Kopierfunktion auf. Weiterhin sind Schwächen bei der Bedienung des Logikanalysators festzustellen. Die Bauelementefunktion des UND-Gatters wird von dem Lexikon in das Arbeitsheft kopiert. Bei dem ODER- und NICHT-Gatter hingegen wird die Funktion selbst formuliert. In dem anschließenden Fachgespräch äußert Schüler A, dass ihm die Beschreibung im Lexikon nicht gefalle und dass er die Zusammenhänge besser verstehe, wenn er diese selbst formuliert.

Schüler A versucht, die Kontrollschaltung zuerst auf Papier zu erstellen. Er begründet dies, dass das Skizzieren auf Papier schneller sei und er sich so seine Gedanken besser merken könne.

Wie wird die eingesetzte Unterrichtssoftware von den Schülern bewertet?

Trotz der Schwierigkeiten, welche die Schüler mit der Bedienung des Programms teilweise haben, wird von Schüler B die Übersichtlichkeit, die Suchfunktion und die Möglichkeit, Inhalte zu kopieren gelobt. Die Kopierfunktion sollte jedoch verbessert werden, so die Aussage von Schüler B. Kritisiert werden die in dem Programm verwendeten Abkürzungen und die Schwierigkeiten bei Verbindungen (‚kalte Lötstellen').

10.2.4.5 Lösungsvorgehen Gruppe 5

Wie gehen die Schüler bei der Bearbeitung der Lernstrecke vor?

Grundlagen und binäre Grundelemente

Zu Beginn werden der Arbeitsauftrag und die Grundlagen im Arbeitsheft gelesen. Für die Eingabe der Spannungswerte rufen die beiden Schüler das Lexikon auf. Die Informationen für die Tabelle der Aufgabe 2.1 werden ebenfalls im Lexikon gesucht, aber nicht gefunden. Schüler A liest nochmals den Arbeitsauftrag und gibt den Hinweis auf das Datenbuch. Bei der Beschreibung des TTL 7404 haben beide Schüler Schwierigkeiten, das Anschlussschema richtig zu interpretieren. In die Tabelle tragen sie bei dem INVERTER zwei Eingänge ein. Im Anschluss daran bearbeiten sie die einzelnen binären Verknüpfungen. Dabei begehen sie einige Flüchtigkeitsfehler, die zum Teil in der weiteren Bearbeitung der Lernstrecke bemerkt und ausgebessert werden. Die Bauelementefunktion der UND- und ODER-Verknüpfung wird aus dem Lexikon übernommen. Die NICHT-Verknüpfung wird später beschrieben. Das Anschlussschema des TTL 7408 wird insgesamt vier Minuten erfolglos in den Werkzeugen Lexikon, Modulbuch und mit der Hilfefunktion gesucht. Da den beiden Schülern der Begriff des Anschlussschemas unbekannt ist, erläutert der Untersuchungsleiter diesen. Bei der O-DER-Verknüpfung wird ein falsches Anschlussschema mit drei Eingängen kopiert. Beim Erstellen der Arbeitstabelle für die ODER-Verknüpfung ‚rutschen' die Schüler versehentlich zur Aufgabe 2.5 und füllen die Arbeitstabelle der NICHT-Verknüpfung (ein Eingang!) mit der Funktion der ODER-Verknüpfung aus. Da die beiden Schüler die Eingaben nicht kontrollieren, fällt ihnen an dieser Stelle der Bearbeitung außerdem nicht auf, dass die Aufgabe 2.4 bisher kaum bearbeitet wurde. Das Zeitablaufdiagramm der binären Verknüpfungen wird entsprechend der Aufgabenstellung mit der vorbereiteten Datei erstellt. Das Diagramm wird aufgezeichnet, aber nicht besprochen.

Die schnelle Bearbeitungszeit von 23 Minuten liegt vor allem daran, dass einige Eingaben fehlen und dass die beiden Schüler die Informationen aus der Unterrichtssoftware übernehmen, ohne sich damit auseinander zu setzen. Viele Eintragungen sind falsch und werden erst im weiteren Verlauf ausgebessert.

Verhalten eines TTL-IC's bei einem offenen Eingang

Obwohl Schüler A die vorgegebene Schaltung aufruft, erstellt er eine eigene Schaltung mit einem UND-Gatter. Schon nach zwei Minuten äußert er eine richtige These. Sein Partner schlägt vor, diese mit einer anderen Verknüpfung zu überprüfen. Das UND- wird durch ein ODER-Gatter ersetzt. Durch eine nicht korrekte Verbindung kommt es zu einer ‚kalten Lötstelle', die von den Schüler A erkannt und ausgebessert wird. Die Simulation bestätigt den bereits von Schüler A genannten Zusammenhang. Schüler B hat nach wie vor Schwierigkeiten, dieses Ergebnis zu akzeptieren. Die Schüler führen eine weitere Simulation durch und B nennt den falschen Lösungssatz: „Auch bei offenem Eingang fließt Strom". Schüler A hingegen schlägt die korrekte Formulierung vor: „als ob HIGH anliegen würde". Schüler B, der die Tastatur bedient, ergänzt den Satz im Arbeitsheft mit dem falschen Eintrag: „am Ausgang liegt immer Spannung an".

Beispiel: Kontrollschaltung

Nach dem Besprechen der Schaltungsfunktion wird auf Vorschlag von Schüler A ein UND-Gatter gesetzt und mit den Lüftern und der Kontrollleuchte verbunden. Die korrekte Simulation der Teilfunktion bestätigt die Überlegungen. Schüler A schlägt vor, ein weiteres UND- und ein NOT-Gatter am Eingang zu setzen. Dieser Vorschlag wird mit den Eintragungen im Arbeitsheft zu den binären Verknüpfungen überprüft. Dabei bemerken die Schüler, dass einige Aufgabenteile im zweiten Aufgabenbereich noch nicht bearbeitet sind und dass Eintragungen falsch zugeordnet wurden. Die Bearbeitung dieser Teilaufgaben im zweiten Teil dauert drei Minuten. Das falsche Anschlussschema der ODER-Verknüpfung wird nicht bemerkt. Anschließend wechselt Schüler A zurück zum Schaltungstrainer. Er setzt ein UND-Gatter und verbindet dieses am Ausgang mit einem NICHT-Gatter. Schüler B erkennt den Fehler und schlägt eine korrekte Schaltung vor. Die anschließende Simulation zeigt eine ‚kalte Lötstelle', die von den Schülern schnell behoben wird. Die funktionierende Schaltung wird in das Arbeitsheft übertragen und die Arbeitstabelle richtig ausgefüllt. Die beiden Teilfunktionen werden jedoch zusammengeschaltet. Beim Erstellen des Zeitablaufdiagramms ergeben sich Probleme mit dem Beschriften der Messpunkte im Logikanalysator. In die Stückliste werden die Bezeichnungen der realen Bauelemente eingetragen. Die Schüler erkennen jedoch nicht, dass in einem Bauelement mehrere Gatter vorhanden sind und tragen die Anzahl falsch ein.

Die noch nicht korrigierten Fehler im Arbeitsheft werden auch beim nochmaligen kurzen Durchlesen nicht bemerkt.

Werden alle Teilaufgaben der Lernstrecke korrekt gelöst?

Die beiden Schüler bearbeiten alle Teilaufgaben. Einige Eintragungen sind jedoch auch nach den durchgeführten Korrekturen nicht richtig: Bei der Beschreibung der einzelnen binären Grundelemente wird die Anzahl der Eingänge beim TTL 7404 falsch angegeben (zwei Eingänge bei einem INVERTER). Bei der Beschreibung der Bauelementefunktion der einzelnen Verknüpfungen werden Informationen kopiert, die keinen Zusammenhang zur Fragestellung haben. Außerdem fällt den Schülern nicht auf, dass die Überschrift zwei Mal eingetragen wurde. Das Anschlussschema der ODER-Verknüpfung wird falsch zugeordnet. Weiterhin wird bei der Aufgabe 2.7 (offener Eingang) der Satz im Arbeitsheft falsch ergänzt. Bei der Kontrollschaltung wird die Stückliste nicht richtig ausgefüllt.

Werden die Lerninhalte von den Schülern verstanden?

Die Lernzielkontrollfragen zu den Grundlagen der Digitaltechnik und zu den binären Verknüpfungen können von beiden Schülern fehlerfrei beantwortet werden. Bei der Frage nach dem Verhalten eines ODER-Gatters mit offenem Eingang nennt zwar Schüler B eine weitgehend richtige Lösung. Beim weiteren Nachfragen zeigt sich, dass er den Zusammenhang nicht verstanden hat. Schüler A hingegen kann das Verhalten eines TTL-IC'S bei einem offenen Eingang erklären. Auch aus dem Vorgehen lässt sich schließen, dass die Lösung dieser Aufgabe nur Schüler A versteht. Vermutlich ist dies auf sein Vorwissen zurück zu führen. Die Verwendung von Bauelementen in CMOS-Technik ist den Schülern nicht bekannt. Bei der Stückliste für die Kontrollschaltung wird der Zusammenhang zwischen den Gattern der Simulation und den realen Bauelementen nicht hergestellt.

Die Lerninhalte sind für die beiden Schüler nicht neu. Sie sind ihnen teilweise aus dem Unterrichtsfach Informatik der Realschule bekannt.

Ist das Vorgehen der beiden Schüler bei der Teillernstrecke „Kontrollschaltung" systematisch?

Das Vorgehen der beiden Schüler ist weitgehend systematisch. Die Aufgabenstellung wird aufmerksam gelesen und von beiden Schülern verstanden. Die Realisierung der ersten Teilfunktion wird von Schüler A verbalisiert und sogleich umgesetzt. Bei der zweiten Teilfunktion ordnet Schüler A ein Bauteil falsch an. Sein Partner weist auf den Fehler hin. Die korrekte Schaltung wird, mit Ausnahme der Beseitigung der ‚kalten Lötstelle' in acht Arbeitsschritten erstellt. Zwei Arbeitsschritte davon dienen der Simulation der Teilfunktion und der Gesamtschaltung. Bei beiden Simulationen treten ‚kalte Lötstellen' auf. Diese werden von den Schülern selbstständig lokalisiert und zügig behoben.

Welche Hilfen erhalten die Schüler von dem Untersuchungsleiter?

Ganz zu Beginn stellen die beiden Schüler zwei Fragen an den Untersuchungsleiter. Beide Fragen betreffen das Eintragen und Abspeichern des Arbeitsheftes. Bei der Aufgabe 2.3 (UND-Verknüpfung) erläutert der Untersuchungsleiter den Begriff und die Verwendung des Anschlussschemas, da beiden Schülern dieser Begriff unbekannt scheint. Am Ende der Bearbeitung wird der Untersuchungsleiter zur Stückliste befragt. Seinen Hinweis setzten die Schüler nicht um.

Wie ist die Zusammenarbeit der Schüler?

Die beiden Schüler sind die Partnerarbeit gewohnt, da sie auch in dem gemeinsamen Ausbildungsbetrieb zusammen arbeiten. Schüler A findet die Partnerarbeit gut, weil sie einfacher sei, und weil sich die Ideen ergänzen. Schüler B äußert sich in dem Interview ebenfalls positiv und bemerkt, dass die Zusammenarbeit mehr Spaß mache und die Bearbeitung schneller gehe.

Schüler A bedient generell die Maus, B die Tastatur. Das Vorgehen wird zumeist besprochen. Nicht klar ist das Verhalten von Schüler A bei der Bearbeitung der Aufgabe 2.7 (offener Eingang). Er akzeptiert die falsche Lösung, die von seinem Partner in das Arbeitsheft eingetragen wird, obwohl er den Zusammenhang sehr gut erfasst hat. Schon nach zwei Minuten nennt er die richtige These, die durch weitere zwei Simulationen bestätigt wird. Sein Partner scheint jedoch den Zusammenhang nicht zu verstehen und trägt seine eigene (falsche) Vermutung ein.

Wie ist die Motivation der beiden Schüler?

Die Schüler wollen, so scheint es, die Bearbeitung so schnell als möglich abschließen. Die Ergebnisse werden sehr häufig übernommen (z.B. Zeitablaufdiagramm), ohne dass sie besprochen werden. Dadurch entstehen viele Flüchtigkeitsfehler, die jedoch zum größten Teil während der Bearbeitung wieder ausgebessert werden. Das Arbeitsheft wird graphisch nicht bearbeitet bzw. verbessert. So werden beispielsweise bei den Graphiken überflüssige Markierungen nicht entfernt oder der Seitenumbruch nicht an die Tabellen angepasst. Auch dies ist ein Hinweis auf fehlende Motivation. In dem Interview gehen die beiden Schüler nur kurz auf die Beurteilung der Lerneinheit ein. Schüler B begrüßt die Möglichkeit, die Lerneinheit selbstständig bearbeiten zu können. Schüler A bemängelt die Unterrichtssoftware.

Wie ist der Umgang mit der eingesetzten Unterrichtssoftware?

Insgesamt werden unterschiedlichste Werkzeuge der Unterrichtssoftware eingesetzt. Dies erfolgt zum Teil jedoch nicht zielgerichtet, sondern diese werden auf der Suche nach passenden Informationen über die Inhaltsübersicht[377] aufgerufen. Die Beschreibungen der Bauelementefunktion werden kopiert und in das Arbeitsheft eingefügt. Dabei wird eine Überschrift doppelt eingefügt. Teilweise werden überflüssige Informationen übernommen. In dem Interview begründet Schüler A, dass das Kopieren bequemer sei, als die Zusammenhänge selbst zu formulieren. Die kopierten Informationen werden von den Schülern nur überflogen.

Bei der Bedienung des Schaltungstrainers treten einige Schwierigkeiten auf. Einige Male werden Verbindungen nicht korrekt ausgeführt. Das Beschriften der Messpunkte bereitet ebenfalls Probleme.

Wie wird die eingesetzte Unterrichtssoftware von den Schülern bewertet?

Das Programm „MultiSkop-Trainer" wird von den Schülern unterschiedlich beurteilt. Kritisiert wird die Bedienung des Programms. Beide Schüler weisen auf Schwierigkeiten bei der Informationssuche und beim Kopieren von Inhalten hin. Die Simulation hingegen und die Animation sind laut Aussage von Schüler A gut.

10.2.4.6 Lösungsvorgehen Gruppe 6

Wie gehen die Schüler bei der Bearbeitung der Lernstrecke vor?

Grundlagen und binäre Grundelemente

Schüler A liest zu Beginn das Arbeitsheft, Schüler B den Arbeitsauftrag. Nach ca. fünf Minuten werden die Informationen über TTL-IC's im Lexikon gefunden und die Spannungswerte ins Arbeitsheft eingetragen. Danach öffnen die beiden Schüler unterschiedlichste Seiten im Lexikon und überfliegen die Inhalte. Unter anderem auch über CMOS-Bauelemente. Da die beiden Schüler die in der Aufgabenstellung vorgegebenen Bauelemente im Lexikon nicht finden können, rufen sie das Datenbuch auf. Auch hier werden sehr viele Seiten durchgesehen, bis sie zufällig auf das TTL 74832 stoßen. Mit diesen Informationen füllen sie die

[377] Vgl. Kap. 6.3.4: Beschreibung der Software

Tabelle für das ODER-Gatter aus. Beim NICHT-Gatter werden zwei Eingänge angegeben. Nachdem die Hinweise über die Arbeitstabelle von beiden Schülern gelesen wurden, suchen sie zuerst im Datenbuch, dann im Lexikon nach der Beschreibung der binären Verknüpfungen. Die Bauelementefunktion wird nach einigen Schwierigkeiten mit der Kopierfunktion aus dem Lexikon übernommen. Dabei werden auch überflüssige Informationen kopiert. Der Begriff „Anschlussschema" scheint beiden Schülern nicht geläufig. Sie suchen diesen in den verschiedenen Werkzeugen der Unterrichtssoftware. Nach mehreren Minuten erfolgloser Suche weist sie der Untersuchungsleiter auf das Schema im Datenbuch hin. Da die beiden Schüler Schwierigkeiten beim Kopieren haben, befragen sie den Untersuchungsleiter. Für das Ausfüllen der Arbeitstabelle sehen die beiden Schüler zuerst im Datenbuch nach. Bei der Bearbeitung der Aufgabe 2.5 (NICHT-Verknüpfung) erkennen die beiden Schüler zuerst nicht, dass die Bezeichnungen NICHT, NOT und INVERTER für die gleiche Schaltkreisfamilie verwendet werden. Dies führt dazu, dass sie im Datenbuch auf verschiedenen Seiten nach den Begriffen suchen.

Große Schwierigkeiten haben die beiden Schüler mit dem Arbeitsauftrag 2.6. Die Bearbeitung dieser Aufgabenstellung dauert rund 17 Minuten, führt jedoch zu keinem korrekten Ergebnis. Die Schaltung FUNKTION.DIG wird mehrfach aufgerufen und verschiedene Eingangszustände simuliert. Die beiden Schüler können die Ergebnisse der Simulation nicht richtig interpretieren, bzw. ein Bezug zu den binären Verknüpfungen herstellen. Außerdem haben sie Schwierigkeiten mit der Bedienung des Logikanalysators. An Stelle des Zeitablaufdiagramms wird dann die Schaltung in das Arbeitsheft übernommen.

Verhalten eines TTL-IC's bei einem offenen Eingang

Die Bearbeitung der Aufgabe 2.7 dauert nur eine Minute. Der Arbeitsauftrag wird nicht gelesen. Beiden Schülern ist somit die Aufgabenstellung nicht klar. Sie interpretieren einen offenen Eingang bei einem Bauelement mit einem geöffneten Schalter. Die vorbereitete Schaltung wird mit zwei offenen Schaltern simuliert. In das Arbeitsheft wird eingetragen, dass der Ausgang LOW sei.

Beispiel: Kontrollschaltung

Gleich zu Beginn werden an den Untersuchungsleiter zwei Fragen zur Aufgabenstellung gestellt. Anschließend lädt Schüler A die Datei KONTROLL.DIG. Zusätzlich wird die Datei FUNKTION.DIG geöffnet, mit der die beiden Schüler zuerst versuchen, die Kontrollschaltung zu realisieren. Dabei werden immer wieder Bauelemente gesetzt, verschoben und verbunden. Neben den vorgegebenen Gattern verwenden sie auch Bauteile (z.B. ODER-Gatter mit vier Eingängen), die in der Aufgabenstellung nicht angegeben sind. Nahezu jede erstellte Schaltungsvariante wird anschließend simuliert. Das Ergebnis der Simulation wird häufig falsch interpretiert, so dass die Schüler auch nicht erkennen, dass sie eine korrekte Teilfunktion erstellt haben. Nach 27 Minuten Bearbeitungszeit wird, ohne dass die Schüler den Arbeitsauftrag erneut lesen, die Datei KONTROLL.DIG geöffnet. Nach einer kurzen Diskussion und der Erkenntnis, dass dies die richtige Schaltung sei, wird ein ODER-Gatter gesetzt. Das weitere Vorgehen unterscheidet sich nicht vom ersten Teil der Bearbeitung dieses Aufgabenbereichs. Weitere 20 Schaltungsvarianten werden simuliert, ohne dass es den beiden Schülern gelingt, eine korrekte Schaltung zu erstellen. Sehr häufig kommt es dabei auch zu Problemen mit der Bedienung des Programms und mit ‚kalten Lötstellen'. Nach 58 Minuten

Bearbeitungszeit greift der Untersuchungsleiter ein und erstellt zusammen mit den Schülern eine korrekte Schaltung. Diese wird in das Arbeitsheft übertragen. Die Arbeitstabelle wird von den beiden Schülern selbstständig und korrekt ausgefüllt.

Nach einer gesamten Arbeitszeit von 108 Minuten wird anschließend die Bearbeitung abgebrochen. Dies geschieht durch den Untersuchungsleiter im Einverständnis mit den beiden Schülern.

Werden alle Teilaufgaben der Lernstrecke korrekt gelöst?

Da die Bearbeitung nach insgesamt 108 Minuten abgebrochen wurde, werden das Zeitablaufdiagramm der Kontrollschaltung und die Stückliste nicht angefertigt. Außerdem wird das Arbeitsheft nicht korrigiert. Alle anderen Arbeitsaufträge werden von den beiden Schülern bearbeitet. Die Ergebnisse sind teilweise nicht korrekt. So wird die Anzahl der Eingänge bei dem Bauelemente TTL 7404 falsch eingetragen. Die Bezeichnung der Bauteile bei den Überschriften der einzelnen Verknüpfungen fehlt. Die Zeitablaufdiagramme der binären Verknüpfungen werden nicht erstellt. Das Verhalten eines TTL-IC´s bei offenem Eingang wird nicht korrekt beschrieben. Die Kontrollschaltung wird durch den Untersuchungsleiter erstellt.

Werden die Lerninhalte von den Schülern verstanden?

Schüler B bemerkt in dem Interview, dass die binären Grundelemente schon in der Realschule angeschnitten wurden. Für Schüler A sind die Lerninhalte hingegen neu. Die Lernzielkontrollfragen über die Funktion eines UND- und eines ODER-Gatters können von beiden Schülern nur mit der Unterstützung des Untersuchungsleiters beantwortet werden. Schüler A bemerkt hierzu, dass er die Informationen über die binären Verknüpfungen nur kopiert, aber nicht gelesen habe. Die Verwendung von Bauelementen in CMOS-Technik können die Schüler nicht beantworten. Schüler B erinnert sich jedoch, die Informationen gelesen zu haben. Bei den anderen Lerninhalten (Zeitablaufdiagramm, offener Eingang, Kontrollschaltung) kann auf Grund der Bearbeitung darauf geschlossen werden, dass die Zusammenhänge von den Schülern nicht verstanden werden. Bei der Aufgabe 2.7 (offener Eingang) liegt dies daran, dass die Aufgabenstellung falsch interpretiert wurde. Die Aufgabenstellung der Kontrollschaltung wurde hingegen weitgehend verstanden, was sich an der Kommunikation der Schüler und an der korrekt erstellten Arbeitstabelle zeigt. Die Umsetzung in eine funktionierende Schaltung gelingt den beiden Schülern nicht.

Ist das Vorgehen der beiden Schüler bei der Teillernstrecke „Kontrollschaltung“ systematisch?

Das Vorgehen der beiden Schüler basiert ausschließlich auf dem Prinzip von ‚Versuch und Irrtum'. Bis zum Eingreifen des Untersuchungsleiters nach 58 Minuten Bearbeitungszeit werden 110 Arbeitsschritte durchgeführt. Immer wieder werden Bauelemente gesetzt, gelöscht, verschoben, neu verbunden. 36 Mal werden Schaltungsvarianten simuliert. Einige Male erstellen die beiden Schüler eine korrekte Teilfunktion, erkennen diese jedoch nicht. Außerdem halten sie sich nicht an den Arbeitsauftrag. So wird zuerst an Stelle der Datei KONTROLL.DIG die vorbereitete Schaltung FUNKTION.DIG aufgerufen und verändert.

Welche Hilfen erhalten die Schüler von dem Untersuchungsleiter?

Der Untersuchungsleiter wird von den beiden Schülern insgesamt drei Mal befragt. Eine Frage betrifft die Kopierfunktion, die anderen beiden die Aufgabenstellung. Der Untersuchungsleiter greift zwei Mal in die Bearbeitung ein. Der erste Hinweis erfolgt bei dem Begriff des Anschlussschemas, den die beiden Schüler nicht kennen. Beim Erstellen der Kontrollschaltung bricht er nach 58 Minuten die Bearbeitung ab und erläutert eine mögliche Schaltung. Die beiden Schüler werden in dem Interview befragt, warum sie nicht den Untersuchungsleiter öfter hinzugezogen haben. Schüler A antwortet, dass es „blöd" gewesen wäre, dauernd nachzufragen. Außerdem sagen beide Schüler, dass es ihre Aufgabe sei, alleine mit der Aufgabenstellung klar zu kommen.

Wie ist die Zusammenarbeit der Schüler?

Die beiden Schüler sind in unterschiedlichen Ausbildungsbetrieben beschäftigt. Sie vermitteln jedoch den Eindruck, dass sie in der Schule häufig zusammen arbeiten. In der nachfolgenden Befragung begrüßen beide die Partnerarbeit. Sie argumentieren, dass man sich dadurch beraten und gegenseitig aushelfen kann. Schüler A bedient in den ersten beiden Aufgabenbereichen fast ausschließlich die Maus, B die Tastatur. Im dritten Teil der Arbeitsaufträge wechselt die Bedienung der Maus und damit das Erstellen der Simulationsschaltung ständig zwischen beiden Schülern hin und her. Insgesamt sind sich die Schüler in ihrem Vorgehen zumeist einig. Das Vorgehen wird zumeist abgesprochen.

Die Kommunikation, insbesondere von Schüler B wirkt teilweise gehemmt. Er spricht sehr leise und teilweise unsicher. Der Schüler begründet dies in dem Interview mit der Erhebungssituation.

Wie ist die Motivation der beiden Schüler?

Die Schüler gehen während der gesamten Bearbeitung sehr langsam vor. Sie wirken zumeist nur wenig motiviert. Beachtenswert ist jedoch die Bearbeitung des dritten Aufgabenbereichs. Während der einstündigen Bearbeitung dieses Teils der Arbeitsaufträge äußert Schüler B einige Unmutsäußerungen („ich habe keinen Bock mehr"). Dennoch versuchen beide Schüler, die Aufgabenstellung selbstständig zu lösen. In dem Interview sind sie erstaunt, als der Untersuchungsleiter ihnen mitteilt, dass sie eine Stunde lang versucht haben, eine Schaltung zu erstellen. Warum sie den Untersuchungsleiter nicht befragt haben, antworten sie in dem Interview, dass es ihre Aufgabe sei, mit der Aufgabenstellung klar zu kommen. In der Befragung äußern sie, dass ihnen die Unterrichtseinheit gefallen habe und begründet diese Aussage, dass man in Ruhe und ohne Druck arbeiten konnte. Schüler B ergänzt dies mit dem Hinweis, dass „man wusste was zu tun ist." Als der Untersuchungsleiter nach 108 Minuten die Bearbeitung abbricht, wirken die beiden Schüler erleichtert.

Wie ist der Umgang mit der eingesetzten Unterrichtssoftware?

Beide Schüler haben mit der Bedienung des Programms einige Schwierigkeiten. Laut Aussage von Schüler B hat er im bisherigen Unterricht drei Mal mit dem Programm „MultiSkop-Trainer" gearbeitet. Die Probleme sind hauptsächlich beim Schaltungstrainer und dem Logikanalysator zu beobachten. So treten bei der Simulation häufig Fehlermeldungen des Programms auf. Außerdem werden sehr viele Verbindungen nicht sachgemäß ausgeführt. Für die Informationsgewinnung werden unterschiedliche Werkzeuge eingesetzt. Dabei rufen die beiden Schüler viele Inhalte auf, die nur einen geringen Bezug zur Aufgabenstellung haben. Viele Informationen werden eher zufällig beim Durchsuchen der Werkzeuge gefunden. Die Bauelementefunktion wird kopiert, da dies nach Aussage von Schüler A bequemer sei. In dem Interview gibt Schüler A zu, dass er den Inhalt nicht gelesen habe.

Wie wird die eingesetzte Unterrichtssoftware von den Schülern bewertet?

Das Programm wird von den beiden Schülern unterschiedlich beurteilt. Schüler A äußert sich positiv über die Möglichkeit, Schaltungen zu simulieren. Schüler B schränkt diese Aussage ein und sagt, dass das Programm nur zum Basteln geeignet sei, weniger jedoch zum Lernen. Kritisiert wird von ihm außerdem die Schwierigkeit mit ‚kalten Lötstellen'.

10.2.4.7 Lösungsvorgehen Gruppe 7

Wie gehen die Schüler bei der Bearbeitung der Lernstrecke vor?

Grundlagen und binäre Grundelemente

Während Schüler B noch den Arbeitsauftrag liest, öffnet sein Partner verschiedene Werkzeuge (Bibliothek, Bildlexikon) der Unterrichtssoftware. Über die Inhaltsübersicht ‚gelangen' die beiden Schüler in den Schaltungstrainer. Da sie Schwierigkeiten mit der Bedienung des Schaltungstrainers haben, wird dieser wieder verlassen und das Lexikon aufgerufen. Hier werden Informationen über TTL- und CMOS-IC's betrachtet. Anschließend wird das Datenbuch geöffnet und nach längerer Suche in verschiedenen Bereichen werden die vorgegebenen Bauelemente gefunden. Im Arbeitsheft werden die Spannungswerte eingetragen und die Tabelle mit den binären Grundelementen ausgefüllt. Bei dem TTL 7404 schlägt Schüler A vor, zwei Eingänge einzutragen. Obwohl beide Schüler unsicher scheinen, gibt Schüler A diesen Wert ein. Die Bearbeitung der binären Verknüpfungen ist durch häufiges, teilweise zielloses Suchen in unterschiedlichen Werkzeugen der Unterrichtssoftware gekennzeichnet. Dabei wird auch der Schaltungstrainer geöffnet. Die Bauelementefunktionen der UND-, ODER- und NICHT-Verknüpfung werden kopiert, aber nicht gelesen. Dabei übernehmen die beiden Schüler auch überflüssige Informationen. Die einzelnen Arbeitstabellen werden korrekt ausgefüllt, ohne dass die beiden in den Werkzeugen nachsehen. Mit dem Begriff des Anschlussschemas haben die Schüler Schwierigkeiten. Erst nach langer Suche und Diskussion kommt von Schüler B der Hinweis, dass es sich bei der Darstellung im Datenbuch um das Anschlussschema handle. Das Anschlussschema des UND-Gatters wird kopiert. An Stelle des Schemas für das ODER-Gatter (TTL 74832) kopieren sie ein NOR-Gatter mit drei Eingängen. Bei der Beschreibung des NICHT-Gatters scheint den Schülern nicht klar zu sein, dass dieses auch als INVERTER oder NOT-Gatter bezeichnet wird, da sie diese Begriffe im Lexikon und Datenbuch suchen.

Für das Zeitablaufdiagramm werden in der vorbereiteten Schaltung FUNKTION.DIG zuerst bei der UND-Verknüpfung alle Eingangszustände simuliert. Das Ergebnis bzw. das Diagramm wird besprochen und in das Arbeitsheft übernommen. Schwierigkeiten haben die beiden Schüler mit der Anordnung der Messpunkte bei der ODER-Verknüpfung. Der Untersuchungsleiter gibt ihnen nach drei Minuten den Hinweis, dass sie zuerst die Simulation stoppen müssen, bevor das Gatter beschriftet werden kann. Die Zeitablaufdiagramme der ODER- und der NICHT-Verknüpfung werden nach diesem Hinweis einzeln aufgezeichnet und in das Arbeitsheft kopiert. Nach insgesamt 54 Minuten Bearbeitungszeit wenden sich die beiden Schüler der Teilaufgabe 2.7 zu.

Verhalten eines TTL-IC's bei einem offenen Eingang

Wie auch schon teilweise vorher zu beobachten, wird der Arbeitsauftrag nur oberflächlich gelesen. Die beiden Schüler versuchen in dem Lexikon und in anderen Werkzeugen den Begriff „offener Eingang" zu finden. Nach sechs Minuten ergebnisloser Suche schlägt Schüler A vor, zuerst die dritte Aufgabe zu bearbeiten.

Nach dem Bearbeiten des dritten Aufgabenteils setzen die beiden Schüler ihre Suche nach dem Begriff „offener Eingang" in den unterschiedlichen Werkzeugen der Unterrichtssoftware fort. Nach fünf Minuten ergebnisloser Suche lesen sie nochmals die Aufgabenstellung und fragen den Untersuchungsleiter, welches Bauteil sie nehmen sollen. Er erklärt ihnen, dass das Verhalten für alle Bauelemente der TTL-Reihe gelte und weist sie auf die Datei FUNKTION.DIG hin. Die Schüler simulieren das Verhalten zuerst bei einem UND-, später bei einem ODER- und einem NICHT-Gatter. Die einzelnen Ergebnisse werden jedoch nur zum Teil richtig interpretiert. Die Aussage von Schüler B, dass ein offener Eingang so wirke, als ob Strom fließe, wird in das Arbeitsheft übernommen.

Beispiel: Kontrollschaltung

Nach dem Lesen der Aufgabenstellung sucht Schüler A in der Bauteileauswahl des Schaltungstrainers nach einem Temperaturschalter. Schüler B übernimmt die Maus und ordnet den Schalter am Lüfter neu an. In den nächsten vier Minuten werden von Schüler A unterschiedlichste Bauteile gesetzt, die teilweise nicht in der Aufgabenstellung vorgegeben sind (z.B. EXOR), teilweise keinen Bezug zur Aufgabenstellung haben (Multiplexer). Der Untersuchungsleiter greift ein und weist das Schülerpaar darauf hin, dass sie nur die Kontrollschaltung erstellen sollen. Im weiteren Verlauf werden unterschiedlichste Schaltungsvarianten aufgebaut und simuliert. Das Vorgehen der beiden Schüler ist über weite Strecken unsystematisch und nicht nachvollziehbar. Einige Arbeitsschritte deuten auf ein geringes Verständnis der Schaltungsfunktion hin. So werden Bauelemente kurzgeschlossen und Fehler durch ‚kalte Lötstellen' oder korrekte Teilfunktionen werden nicht erkannt. Die Bedienung der Maus wechselt ständig zwischen den beiden Schülern. Nach 21 Minuten gelingt es den Schülern eine korrekte Schaltung zu simulieren. Diese wird in das Arbeitsheft übertragen. Im Anschluss füllen die Schüler die Arbeitstabelle korrekt aus. Beim Erstellen des Zeitablaufdiagramms treten zwei Fehler auf, die mit dem Anordnen der Messpunkte zusammen hängen. Diese Fehler werden von den beiden Schülern erkannt und beseitigt. Das Diagramm wird in das Arbeitsheft übertragen und die Stückliste ausgefüllt. In diese werden anstatt der realen Bauelemente die Gatter eingetragen.

Die Eintragungen im Arbeitsheft werden nicht durchgelesen.

Werden alle Teilaufgaben der Lernstrecke korrekt gelöst?

Die beiden Schüler bearbeiten alle Teilaufgaben der Lernstrecke. Folgende Fehler werden in das Arbeitsheft eingetragen: Die Anzahl der Eingänge bei einem Inverter wird mit zwei angegeben. Das Anschlussschema der ODER-Verknüpfung ist falsch. Bei den einzelnen Verknüpfungen werden die Bauelemente nicht eingetragen. Im letzten Lernabschnitt gelingt es den Schülern nicht, den Transfer zwischen realen Bauelementen und den Gattern der Simulation herzustellen.

Werden die Lerninhalte von den Schülern verstanden?

Die im Arbeitsheft falsch angegebene Anzahl der Eingänge eines NICHT-Gatters wird in der anschließenden Befragung korrekt genannt. Bei der Lernzielkontrollfrage zur ODER-Verknüpfung wirkt Schüler A unsicher. Die Anwendung von CMOS-Bauelementen kann von beiden Schülern, obwohl sie die Informationen im Lexikon nachgesehen haben, nicht beantwortet werden. Die Erläuterungen von Schüler A zu der Frage nach einem offenen Eingang bei einem ODER-Gatter lassen keinen eindeutigen Schluss zu, ob der Zusammenhang verstanden wird. Dies kann auch aus der Interpretation des Ergebnisses und dem Lösungssatz im Arbeitsheft nicht zweifelsfrei festgestellt werden. Ebenfalls schwierig ist, wie das Vorgehen der beiden Schüler bei der Kontrollschaltung beurteilt werden kann. Richtige Überlegungen wechseln sich mit Arbeitsschritten, die nicht nachvollziehbar sind und völlig planlos erscheinen. Auch die Probleme beim Anordnen der Messpunkte für das Zeitablaufdiagramm lassen darauf schließen, dass die Schaltung nicht vollständig verstanden wird.

In dem Interview sagen die beiden Schüler, dass für sie die Lerninhalte nicht neu waren. Schüler B ergänzt diese Aussage und erklärt, dass die Bauelemente bereits in der Realschule durchgenommen wurden.

Ist das Vorgehen der beiden Schüler bei der Teillernstrecke „Kontrollschaltung" systematisch?

Das Vorgehen der beiden Schüler entspricht weitgehend dem Prinzip von ‚Versuch und Irrtum'. Trotzdem gelingt es den beiden Schülern nach 20 Minuten eine funktionierende Schaltung aufzubauen. Dies wäre ihnen schneller gelungen, wenn das von ihnen verwendete EXOR-Gatter vorgegeben gewesen wäre. Die Verwendung dieses Bauelements lässt jedoch darauf schließen, dass die Schüler die Aufgabenstellung verstanden haben. Mit den vorgegebenen Bauelementen gelingt es den beiden jedoch hauptsächlich nur durch Ausprobieren, eine korrekte Schaltungsfunktion zu realisieren. Insgesamt werden 47 Arbeitsschritte mit neun Simulationen durchgeführt. Bei dem wenig zielgerichteten Vorgehen verwundert es, das ‚plötzlich' eine korrekte Schaltung simuliert wird.

Welche Hilfen erhalten die Schüler von dem Untersuchungsleiter?

Die beiden Schüler befragen den Untersuchungsleiter nur an einer Stelle der Bearbeitung. In dem Interview äußern sie auf die Frage, warum sie den Untersuchungsleiter nicht öfters befragt haben, dass sie die Aufgabenstellung selbst lösen wollten. Im Unterricht würden sie sich eher an die Mitschüler, als an den unterrichtenden Lehrer wenden, so die Aussage von Schüler A. Der Untersuchungsleiter gibt zwei Hinweise. Einer betrifft die Bedienung des Schaltungstrainers. Der andere erfolgt bei der Aufgabe 2.7 (offener Eingang) und weist die Schüler auf die Aufgabenstellung hin.

Wie ist die Zusammenarbeit der Schüler

Die Zusammenarbeit der beiden Schüler ist divergent. Das Vorgehen wird weitgehend abgesprochen und die Schüler scheinen sich bei den Eintragungen in das Arbeitsheft einig. Während der Bearbeitung kommt es jedoch häufig zu einem 'Kampf um die Maus'. Schüler A, der ausschließlich die Tastatur bedient, fordert, wenn er beispielsweise eine Schaltungsvariante austesten möchte, die Maus („Gib mal her!"). Dabei erscheint er sehr ungeduldig. In dem nachfolgenden Interview wird die Partnerarbeit von beiden Schülern begrüßt, aber nicht näher begründet.

Die beiden Schüler sind in dem gleichen Ausbildungsbetrieb beschäftigt.

Wie ist die Motivation der beiden Schüler?

Die Schüler wirken während der Bearbeitung teilweise unmotiviert. Dies wird auch bei der anschließenden Befragung deutlich. Die Schüleraussagen sind hier zumeist nur sehr knapp. Auf die direkte Frage, wie ihnen die Unterrichtseinheit gefallen habe, antwortet Schüler A, dass insbesondere die Möglichkeit des selbstständigen Arbeitens gut gewesen sei. Außerdem wollten sie die gestellten Aufgaben selbst lösen.

Am Ende der Bearbeitung werden die Eintragungen im Arbeitsheft nicht mehr kontrolliert. Dies könnte allerdings auch damit zusammen hängen, dass die Schüler den Arbeitsauftrag, die Eintragungen nochmals zu kontrollieren, nur oberflächlich gelesen haben. Dies trifft auch für die meisten der anderen Arbeitsaufträge zu.

Wie ist der Umgang mit der eingesetzten Unterrichtssoftware?

Beide Schüler haben einige Schwierigkeiten mit der Bedienung des Programms. Diese treten vor allem beim Schaltungstrainer und beim Logikanalysator auf. Durch das häufige Verschieben der Bauelemente werden Verbindungen nicht korrekt ausgeführt, was zu ‚kalten Lötstellen' führt. Das Anordnen der Messpunkte für den Logikanalysator dauert sehr lange. Bei der zweiten Aufgabe werden unterschiedliche Werkzeuge zur Informationsgewinnung eingesetzt. Die Suche in diesen Werkzeugen erfolgt zumeist wenig systematisch. Auffallend ist, dass die Schüler sehr schnell versuchen, die Funktion von binären Verknüpfungen mit dem Schaltungstrainer darzustellen. Die Bauelementefunktion wird aus dem Lexikon kopiert. Die Informationen werden dabei nicht gelesen, was dazu führt, dass überflüssige Inhalte übernommen werden. Schüler B sagt in dem Interview, dass das Kopieren bequemer sei, als Aussagen selbst zu formulieren.

Wie wird die eingesetzte Unterrichtssoftware von den Schülern bewertet?

Das Programm „MultiSkop-Trainer" wird von Schüler B positiv bewertet („passt schon"). Bei einer anderen Frage des Interviews begrüßt dieser Schüler die Möglichkeit, Schaltungen mit dem Lernprogramm simulieren zu können. Schüler A pflichtet diesen Aussagen bei. Negative Aspekte zum Programm werden in dem Interview nicht angeführt.

10.2.4.8 Lösungsvorgehen Gruppe 8

Wie gehen die Schüler bei der Bearbeitung der Lernstrecke vor?

Grundlagen und binäre Grundelemente

Der Arbeitsauftrag und das Arbeitsheft werden in den ersten sieben Minuten der Bearbeitung von beiden Schülern sehr aufmerksam gelesen. Anschließend tragen die beiden Schüler die Spannungswerte mit den Informationen aus dem Lexikon ein. Von Beginn an übernimmt Schüler A die Bedienung von Tastatur und Maus, die er für die gesamte Lernstrecke beibehält. Nach kurzer Suche öffnen die beiden Schüler das Datenbuch und füllen die Tabelle mit den vorgegebenen Bauelementen aus. Alle Bauelementefunktionen der binären Verknüpfungen formulieren die Schüler selbst. Bei der UND-Verknüpfung tragen sie diese Beschreibung versehentlich beim Anschlussschema ein. Diesen Fehler entdecken sie erst beim Bearbeiten der ODER-Verknüpfung. Da sich die Schüler jedoch unsicher sind, befragen sie den Untersuchungsleiter. Dieser erläutert das Anschlussschema und gibt einen Hinweis, wie dieses kopiert werden kann. Die einzelnen Arbeitstabellen werden selbstständig ausgefüllt und bei der ODER- und NICHT-Verknüpfung mit dem Datenbuch verglichen.

Beim Öffnen der Datei FUNKTION.DIG für das Erstellen der Zeitablaufdiagramme stürzt das Programm „MultiSkop-Trainer“ ab. Der PC muss neu gestartet werden. Daten bzw. Arbeitsergebnisse gehen dabei nicht verloren. Die Zeitablaufdiagramme werden einzeln aufgezeichnet und in das Arbeitsheft übertragen. Das Ergebnis der UND-Verknüpfung wird kurz besprochen.

Verhalten eines TTL-IC's bei einem offenen Eingang

Nach dem Lesen der Aufgabenstellung vergewissert sich Schüler B bei dem Untersuchungsleiter, ob er diese richtig verstanden habe. Im weiteren Verlauf übernimmt jedoch Schüler A die Initiative. Ohne Absprache mit seinem Partner stellt er in der vorbereiteten Datei bei einem ODER-Gatter einen offenen Eingang her. Das Verhalten wird simuliert und mit dem Logikanalysator aufgezeichnet. Aus dem Ergebnis der Simulation stellt er fest, dass das Bauelement in seiner eigentlichen Funktion nicht mehr tätig sei. Schüler B stimmt dieser falschen Lösung zu, die anschließend in das Arbeitsheft übertragen wird. Die Bearbeitung der Aufgabe 2.7 dauert insgesamt vier Minuten.

Beispiel: Kontrollschaltung

Die Aufgabenstellung wird von beiden Schülern gelesen und anschließend besprochen. Schüler A formuliert sehr schnell eine korrekte Teillösung. Er setzt zwei UND- und auf Vorschlag von Schüler B ein NOT-Gatter. Auf die Frage von Schüler B („Wieso zwei UND?“) geht Schüler A nicht näher ein („Wirst du dann schon sehen“). Die Bauelemente werden verbunden und die Funktion der Schaltung besprochen. Schüler A erkennt, dass die Schaltung nicht korrekt ist und schlägt eine richtige Korrektur vor. Beim Simulieren der Schaltung zeigt sich eine ‚kalte Lötstelle‘, die schnell lokalisiert und behoben wird. Nach acht Minuten

Bearbeitungszeit übertragen die Schüler eine korrekte Schaltung in das Arbeitsheft. Die Ausgänge der beiden Teilfunktionen werden allerdings zusammengeschaltet. Im Anschluss daran füllen die beiden Schüler die Arbeitstabelle aus und erstellen ein Zeitablaufdiagramm. Dabei werden die Messpunkte falsch gesetzt. Der Fehler wird korrigiert und das Diagramm aufgenommen und in das Arbeitsheft übertragen. In die Stückliste werden die realen Bauelemente eingetragen, die Anzahl allerdings falsch angegeben.

Die Eintragungen im Arbeitsheft werden abschließend kurz überflogen. Die Schüler nehmen keine Änderungen vor.

Werden alle Teilaufgaben der Lernstrecke korrekt gelöst?

Die Schüler bearbeiten alle Teilaufgaben der Lernstrecke. Die Lösung der Teilaufgabe 2.7 (Verhalten eines TTL-IC's bei einem offenen Eingang) ist nicht richtig. Weiterhin füllen die beiden Schüler die Stückliste für die Kontrollschaltung falsch aus. Sie tragen die richtigen Bauelemente ein, geben die Anzahl jedoch falsch an. Alle anderen Eintragungen im Arbeitsheft sind fehlerfrei.

Werden die Lerninhalte von den Schülern verstanden?

Schüler A sagt in dem Interview aus, dass die Thematik „binäre Grundelemente" bereits in der Realschule durchgenommen wurde. Für Schüler B hingegen waren die Lerninhalte neu. Wahrscheinlich ist dies eine Begründung für das Verhalten von Schüler A. Er ist aktiver und seine Vorschläge sind zielgerichteter. Es ist davon auszugehen, dass Schüler B nicht alle Lerninhalte der Lernstrecke verstanden hat. Dies ist auch durch das Vorgehen seines Partners begründet, der auf das fehlende Vorwissen zu wenig Rücksicht nimmt. Er dominiert während der gesamten Lernstrecke die Bearbeitung und bestimmt weitgehend das Vorgehen und die Geschwindigkeit. Dabei lässt er seinem Partner kaum die Chance, eigene Erfahrungen zu machen. Hinzu kommt, dass er die Zusammenhänge kaum erläutert, bzw. nur ungenügend auf die Fragen von Schüler B eingeht (vgl. Zusammenarbeit der Schüler). Bei der Lernzielkontrollfrage zur UND-Verknüpfung hat Schüler B Schwierigkeiten, die Funktion korrekt zu erläutern. Die Anwendung von Schaltkreisen in CMOS-Technik können beide Schüler nicht erläutern. Das Verhalten eines offenen Eingangs ist beiden Schülern nicht klar, was durch die anschließende Befragung nochmals deutlich wird. Der Transfer zwischen realen Bauelementen und den Gattern gelingt nicht, da die Schüler nicht erkennen, dass beispielsweise in einem TTL 7408 vier Gatter enthalten sind. Alle anderen Fragen werden korrekt beantwortet.

Ist das Vorgehen der beiden Schüler bei der Teillernstrecke „Kontrollschaltung" systematisch?

Das Vorgehen ist weitgehend systematisch, wird jedoch wie oben beschrieben weitgehend durch Schüler A bestimmt. Den Schülern gelingt es, in zehn Arbeitsschritten eine korrekte Schaltung aufzubauen. Dabei treten zwei Fehler auf. Der erste Fehler wird bei der Besprechung der Schaltungsfunktion erkannt. Der zweite ist eine ‚kalte Lötstelle', die bei der Simulation erkannt wird. Die fehlende Verbindung wird zügig behoben. Nach insgesamt acht Minuten simulieren die Schüler eine korrekte Schaltung.

Welche Hilfen erhalten die Schüler von dem Untersuchungsleiter?

Der Untersuchungsleiter wird insgesamt vier Mal befragt. Die ersten beiden Fragen treten auf, da den beiden Schülern die Begriffe Bauelementefunktion und Anschlussschema nicht geläufig sind. Die dritte Frage hängt mit dem Programmabsturz der eingesetzten Unterrichtssoftware zusammen. Die letzte Frage betrifft die Aufgabenstellung.

Wie ist die Zusammenarbeit der Schüler

Die Zusammenarbeit der beiden Schüler ist nicht gut. Wie oben bereits dargestellt, wird das Vorgehen eindeutig von Schüler A bestimmt. Dies zeigt sich auch daran, dass ausschließlich er Tastatur und Maus bedient. Die Kommunikation ist während der gesamten Bearbeitung verhältnismäßig gering, geht aber auch eher von Schüler A aus. Schüler B stimmt zumeist zu. Bei der Aufgabe 2.7 (offener Eingang) beispielsweise verändert Schüler A ohne Absprache mit seinem Partner die vorbereitete Schaltung und stellt auch eine These auf. Schüler B stimmt dieser zu, obwohl er die (falsche) Aussage von Schüler A sicherlich nicht verstanden hat. An anderer Stelle geht Schüler A nicht auf eine Frage seines Partners ein.

In dem nachfolgenden Interview wird die Zusammenarbeit thematisiert. Auf die Frage, was den beiden Schülern an der Unterrichtseinheit nicht gefallen habe, antwortet Schüler B, dass sein Partner immer schneller gewesen sei als er. Er begrüße generell die Partnerarbeit, so Schüler B, würde sich jedoch eine bessere Zusammenarbeit wünschen. Auch Schüler A sagt aus, dass er lieber zu zweit arbeite.

Die beiden Schüler sind in dem gleichen Ausbildungsbetrieb beschäftigt.

Wie ist die Motivation der beiden Schüler?

Alle Arbeitsaufträge werden bearbeitet. Die Arbeit hat beiden Schülern Spaß gemacht, so ihre Aussagen im Interview. Schüler B begründet dies mit der Möglichkeit, selbstständig arbeiten zu können. So kann der Lernende auch besser einen Lernfortschritt erkennen. Wie oben bereits angeführt, bemängelt Schüler B die Zusammenarbeit in der Unterrichtseinheit.

Wie ist der Umgang mit der eingesetzten Unterrichtssoftware?

Das Programm wird ausschließlich von Schüler A bedient. Für die Informationsgewinnung wird hauptsächlich das Datenbuch verwendet. Die anderen Werkzeuge werden nicht benötigt, so Schüler A, da er viele Lerninhalte bereits kenne. Der Schaltungstrainer wird sicher bedient. Auftretende Fehler (z.B. ‚kalte Lötstellen', falsche Anordnung der Messpunkte) werden selbstständig gefunden und korrigiert. Die Beschreibung der Bauelementefunktion der einzelnen Verknüpfungen wird von den Schülern selbst formuliert. Der Programmabsturz ist nicht auf einen Bedienungsfehler zurückzuführen.

Wie wird die eingesetzte Unterrichtssoftware von den Schülern bewertet?

Das Programm „MultiSkop-Trainer" wird von den beiden Schülern positiv beurteilt. Schüler A begrüßt insbesondere die Möglichkeit, Schaltungen selbst aufbauen und das Ergebnis anschließend simulieren zu können. Schüler B äußert sich positiv zu den verschiedenen Werkzeugen der Informationsgewinnung. Die Informationen im Programm bezeichnet Schüler B teilweise als zu knapp.

10.2.4.9 Lösungsvorgehen Gruppe 9

Wie gehen die Schüler bei der Bearbeitung der Lernstrecke vor?

Grundlagen und binäre Grundelemente
Schüler B markiert beim Durchlesen der Arbeitsaufträge die wichtigsten Arbeitsschritte auf dem Leittext. Als erster Eintrag werden die Spannungswerte für die TTL-Bauelemente aus dem Lexikon übernommen. Die Bezeichnungen für die Bauelemente sucht Schüler B ebenfalls in dem Lexikon. Schüler A liest den Arbeitsauftrag erneut und weist seinen Partner auf das Datenbuch hin. Bei der anschließenden Beschreibung der binären Grundelemente nutzen die Schüler die Möglichkeiten des Programms aus und greifen bei Unklarheiten auf andere Werkzeuge des Programms zurück. Zuerst tragen die Schüler jeweils die Bezeichnung für die Verknüpfung ein, lesen die Bauelementefunktion und füllen dann die Arbeitstabelle aus. Die Bauelementefunktion wird erst am Ende der Lernstrecke, beim Überprüfen des Arbeitsheftes, eingetragen. Eine Rückfrage gilt dem Anschlussschema, die von dem Untersuchungsleiter beantwortet wird. Das Anschlussschema und die Bauelementefunktion werden nach dem Hinweis kopiert. Die Zeitablaufdiagramme werden einzeln aufgezeichnet. Beim Setzen bzw. Löschen der Messpunkte haben die Schüler Schwierigkeiten mit der Bedienung des Schaltungstrainers.

Verhalten eines TTL-IC's bei einem offenen Eingang
Nach dem Lesen der Aufgabenstellung betrachten beide Schüler das Verhalten eines TTL-IC's bei einem offenen Eingang zuerst an einem UND-Gatter. Schüler B löscht eine Verbindung zum Eingang und simuliert das Verhalten. Schüler A formuliert eine falsche These, wonach das Bauelement bei einem offenen Eingang sinnlos sei. Schüler B bezweifelt seine Aussage und vergleicht das erstellte Zeitablaufdiagramm der Simulation mit den Eintragungen im Arbeitsheft. Nach einer kurzen Diskussion stellt er die Behauptung auf, dass sich das UND-Gatter mit offenem Eingang wie ein ODER-Gatter verhalte. Diese Beobachtung wäre bei dem UND-Gatter jedoch nur dann richtig, wenn der offene Eingang auf LOW liegen würde. Schüler A bleibt bei seiner zuerst getroffenen Aussage. Da sich keiner der beiden Schüler mit seiner Meinung durchsetzen kann, wird ein offener Eingang bei einem ODER-Gatter simuliert. Das Ergebnis dieser Simulation kann von den Schülern nicht interpretiert werden. Die bisherigen Thesen werden jedoch nicht revidiert, obwohl sie im Widerspruch zu dem Ergebnis der ODER-Simulation stehen. Beide Schüler vermuten einen Programmfehler und starten die Simulation erneut. Sie halten an ihren bisherigen, falschen Aussagen fest, bis es Schüler A gelingt, seinen Partner zu überzeugen. Er trägt im Arbeitsheft die falsche Formulierung ein, dass sich ein offener Eingang so auswirke, als sei das Bauelement nicht vorhanden. Da dieser Zusammenhang an einem NOT-Gatter nicht simuliert werden kann, formulieren sie weiterhin, dass das TTL 7404 eine Ausnahme darstelle. Die Bearbeitung dauert rund zehn Minuten.

Beispiel: Kontrollschaltung

Zu Beginn diskutieren beide Schüler über die Aufgabenstellung. Sie befragen den Untersuchungsleiter, ob sie die temperaturabhängigen Schalter auch realisieren sollen. Nachdem sie die Schaltungsfunktion in eigenen Worten zusammenfassen, bauen sie die erste Teilfunktion (UND-Verknüpfung) korrekt auf. Bei der Simulation, auf die Schüler A besteht, zeigt sich eine kalte Lötstelle. Diese wird lokalisiert und entfernt. Nach einer weiteren Absprache setzen die Schüler ein UND-Gatter und negieren dieses am Ausgang. Schüler A erkennt diesen Fehler ohne Simulation. Schüler B fügt ein weiteres NOT-Gatter ein und negiert beide Eingänge des UND-Gatters, was zu einer zweiten korrekten Teilfunktion führt. B macht den richtigen Vorschlag, beide Teilfunktionen über ein ODER-Gatter zu verbinden. Die Simulation bestätigt die korrekte Schaltung. Bei dem Erstellen des Zeitablaufdiagramms ergeben sich einige Probleme bei der Anordnung der Messpunkte. Die Arbeitstabelle und Stückliste wird korrekt ausgefüllt. Dabei wird der Zusammenhang zwischen den Gattern und den realen Bauelementen von den Schülern nach einer kurzen Diskussion erkannt. Nach 27 Minuten speichern sie die eingetragenen Ergebnisse ab.

Das Überprüfen des Arbeitsheftes dauert insgesamt fünf Minuten. Dabei erkennen die Schüler, dass sie die Bauelementefunktion noch nicht eingetragen haben. Diese wird aus dem Lexikon kopiert.

Werden alle Teilaufgaben der Lernstrecke korrekt gelöst?

Die beiden Schüler bearbeiten alle Teilaufgaben und lösen diese bis auf die Aufgabe 2.7 (Verhalten eines TTL-IC's bei offenem Eingang) korrekt.

Werden die Lerninhalte von den Schülern verstanden?

Beide Schüler stellen zu Beginn des Interviews klar, dass ihnen einige Lerninhalte bereits von dem Unterricht der Realschule bekannt seien. Die Lernzielkontrollfragen zu den binären Grundelementen können ohne Schwierigkeiten beantwortet werden. Die Frage, wofür Bauelemente in CMOS-Technik verwendet werden, kann von den Schülern nicht beantwortet werden, obwohl sie die Informationen im Lexikon aufgerufen haben. Der Zusammenhang zwischen der Simulation mit Gattern und realen Bauelementen wird von den Schülern hergestellt.

Wie oben beschrieben, konnte die Aufgabenstellung 2.7 von den Schülern nicht korrekt gelöst werden. Die einmal getroffene These wurde auch durch weitere Simulationen nicht falsifiziert, sondern verfestigt (Die Schüler interpretieren die Simulationsergebnisse so, dass diese zu der aufgestellten These passen). Die richtige Lösung dieser Teilaufgabe wird von dem Untersuchungsleiter im abschließenden Interview erläutert.

Ist das Vorgehen der beiden Schüler bei der Teillernstrecke „Kontrollschaltung" systematisch?

Das Vorgehen der beiden Schüler ist weitgehend systematisch. So wird zuerst die Funktion der Schaltung diskutiert und das Vorgehen besprochen. Die einzelnen Teilfunktionen werden erstellt und anschließend simuliert. Deshalb kann auch die ‚kalte Lötstelle' schnell gefunden werden. Das falsch gesetzte NOT-Gatter wird von Schüler A auch ohne Simulation erkannt.

Alle Eingangszustände werden vollständig simuliert. Die Schüler benötigen insgesamt 15 Schritte bis zur vollständigen Schaltung. Der Aufbau der Schaltung mit insgesamt fünf Gattern ist gut und übersichtlich.

Welche Hilfen erhalten die Schüler von dem Untersuchungsleiter?

Der Untersuchungsleiter wird von den beiden Schülern zwei Mal befragt. Eine Rückfrage betrifft das Anschlussschema, die zweite die Schaltungsfunktion. Auf die Frage im abschließenden Interview, warum sie den Untersuchungsleiter z.B. bei Bedienungsschwierigkeiten nicht öfter um Hilfe gebeten haben, meint Schüler A, dass er auch im Unterricht Probleme durch Ausprobieren selbst lösen möchte. Außerdem sei die Hilfe des Lehrers nur bei schwierigen Problemen nötig.

Wie ist die Zusammenarbeit der Schüler

Die Zusammenarbeit der beiden Schüler, die in dem gleichen Ausbildungsbetrieb beschäftigt sind, ist sehr gut. So wird während der gesamten Bearbeitung das Vorgehen abgesprochen und diskutiert. Immer sind beide Schüler an der gleichen Stelle der Bearbeitung, d.h. während beispielsweise ein Schüler die Maus betätigt, diktiert der andere die Eingaben oder erläutert das weitere Vorgehen. Dabei zeigt er häufig mit dem Finger am Bildschirm. Die Aufteilung von Tastatur und Maus ist ebenfalls kooperativ. Schüler A bedient zumeist die Tastatur, B die Maus. Diese Aufteilung ist jedoch nicht strikt vorgegeben: so ist öfter zu beobachten, dass ein Schüler beide Eingabegeräte verwendet.

Bei der Bearbeitung der Aufgabe 2.7 werden von den beiden Schülern unterschiedliche Thesen formuliert. Nachdem keiner von beiden den anderen überzeugen kann, wird eine erneute Schaltung aufgebaut und simuliert. Schüler B scheint dann von der richtigen These seines Partners überzeugt.

Auch in dem Interview weisen die Schüler auf die Vorteile der Partnerarbeit hin.

Wie ist die Motivation der beiden Schüler?

Die Schüler arbeiten alle Arbeitsaufträge vollständig durch. Die Arbeit anhand der Leittexte und die Aufgabenstellung haben beiden gefallen. Schüler A begründet dies mit der Möglichkeit, etwas selbst ausprobieren zu können und dass der Lernweg selbst bestimmt werden kann.

Wie ist der Umgang mit der eingesetzten Unterrichtssoftware?

Trotzdem die Schüler Kritik an der Bedienung des Programms üben, gelingt ihnen die Arbeit mit dem Programm gut. So werden unterschiedliche Werkzeuge zur Informationsgewinnung eingesetzt. Die Informationen werden gut durch die Suchfunktionen des Programms ermittelt. Auch die Bedienung des Schaltungstrainers mit dem Logikanalysator scheint den Schülern geläufig. Einzig das Setzen von Messpunkten bereitet ihnen Schwierigkeiten. Die Eintragungen in das Arbeitsheft werden so weit als möglich aus dem Programm „MultiSkop-Trainer“ kopiert.

Wie wird die eingesetzte Unterrichtssoftware von den Schülern bewertet?

Die Informationen und die Bedienung der eingesetzten Software werden von beiden Schülern kritisiert. Schüler B weist auf Programme hin, die bessere Informationen haben sollen. Die Bedienung ist nach Aussage von beiden Schülern nicht logisch. Außerdem weisen sie auf das Problem mit der ‚kalten Lötstelle' hin. Der Logikanalysator dagegen wird von Schüler A positiv beurteilt.

10.2.4.10 Lösungsvorgehen Gruppe 10

Wie gehen die Schüler bei der Bearbeitung der Lernstrecke vor?

Grundlagen und binäre Grundelemente

Nach dem Lesen der Arbeitsaufträge und der Grundlagen im Arbeitsheft trägt Schüler B bei der Aufgabe 2.1 die Betriebsspannung für TTL-Schaltkreise ein. Für die Beantwortung der maximalen Betriebspannung ruft er kurz das Bildlexikon und anschließend das Lexikon auf. Die Tabelle mit den binären Grundelementen wird zügig mit den Informationen aus dem Datenbuch ausgefüllt. Die Beschreibung der Arbeitstabelle (Aufgabe 2.2) wird nicht gelesen. Die Schüler wenden sich sofort der UND-Verknüpfung zu. An Stelle der Bauelementefunktion übernehmen sie die Beschreibung des binären Gatters TTL 7408 aus dem Datenbuch. Diese erläutert allerdings die Funktion einer UND-Verknüpfung nur ungenügend. Das Anschlussschema kopieren die beiden Schüler ebenfalls aus dem Datenbuch. Die Arbeitstabelle wird zuerst im Datenbuch betrachtet und dann im Arbeitsheft ausgefüllt. Auch bei der ODER- und der NICHT-Verknüpfung wird die Beschreibung der Gatter an Stelle der Bauelementefunktion eingetragen. Nach den weiteren Eingaben bei den binären Verknüpfungen weist Schüler A darauf hin, dass die Beschreibungen der Bauelementefunktion nicht passen. Die Schüler suchen daraufhin in dem Lexikon, Datenbuch und in dem Modulbuch nach den Beschreibungen. Dabei bedienen sie auch die Animation der ODER-Verknüpfung. Da sie die gewünschten Informationen nicht finden können, ändern sie die bereits eingefügten Texte ab. Dabei kommt es zu Diskussionen unter den Schülern über die richtige Formulierung. Schüler A neigt eher dazu, die Eingaben nochmals zu überarbeiten. B gibt sich mit den Eintragungen zufrieden und setzt sich durch. Die Zeitablaufdiagramme werden mit der vorbereiteten Schaltung aufgezeichnet. Die Diagramme werden aber nicht besprochen. Sie werden einzeln in das Arbeitsheft übertragen und beschriftet.

Verhalten eines TTL-IC's bei einem offenen Eingang

Dieses Aufgabenbereich wird in einer Minute bearbeitet. Nach dem Lesen der Fragestellung gibt Schüler B die richtige Antwort. Der Zusammenhang scheint auch seinem Partner bekannt, da er sofort zustimmt.

Beispiel: Kontrollschaltung

Nach dem Lesen der Aufgabenstellung formuliert Schüler B eine erste (falsche) Teillösung und setzt ein ODER-Gatter. Sein Partner weist ihn darauf hin, dass seine Überlegungen nicht stimmen. Gemeinsam besprechen sie eine korrekte Schaltung. Diese Überlegungen werden mit Hilfe des Schaltungstrainers mit zwei UND- und zwei NOT-Gattern umgesetzt.

Schüler B will die beiden Teilfunktionen zusammenführen. Auf Vorschlag von Schüler A wird ein ODER-Gatter eingefügt. Bis die korrekte Funktion durch eine Simulation bestätigt wird, müssen die beiden Schüler zwei fehlerhafte Verbindungen ausbessern. Schüler A entfernt anschließend, zur Verwunderung von Schüler B, aus der Schaltung ein UND- und ein NOT-Gatter und löscht die Verbindungslinien. Er setzt dafür ein ODER mit einem NOT-Gatter am Ausgang. Schüler B erkennt, dass mit dieser Schaltungsvariante ein Bauteil eingespart werden kann. Auch bei dieser Schaltung ergeben sich Schwierigkeiten mit dem Verbinden der Bauelemente, die von den Schülern selbstständig behoben werden. Die ebenfalls korrekte Schaltung wird simuliert. Anschließend wird das Zeitablaufdiagramm aufgezeichnet und zusammen mit der Schaltung in das Arbeitsheft übertragen. Beim Ausfüllen der Stückliste wird der Bezug zu den vorgegebenen Bauelementen hergestellt.

Abschließend werden die Eintragungen im Arbeitsheft nochmals kurz durchgesehen.

Werden alle Teilaufgaben der Lernstrecke korrekt gelöst?

Die beiden Schüler bearbeiten sämtliche Teilaufgaben der Lernstrecke und lösen diese korrekt. Die Beschreibungen der Bauelementefunktion bei den einzelnen binären Verknüpfungen sind nicht ganz eindeutig.

Werden die Lerninhalte von den Schülern verstanden?

Die Lernzielkontrollfragen über die Grundlagen und die binären Verknüpfungen werden weitgehend richtig, aber etwas umständlich beantwortet. Die Verwendung von Bauelementen in CMOS-Technik ist den Schülern nicht bekannt. Insgesamt scheint Schüler A die Aufgabenstellung bzw. die Lerninhalte schneller zu erfassen bzw. zu verstehen. Besonders deutlich wird dies in der dritten Aufgabe bei der Realisierung der Kontrollschaltung. Von ihm kommen zumeist die verlaufsentscheidenden richtigen Vorschläge. Zwei Mal weist er seinen Partner auf einen Fehler hin. Außerdem erstellt er eine Schaltungsvariante, die mit einem Bauteil weniger aufgebaut werden kann. Der Transfer zwischen realen Bauelementen und der Simulation wird von den beiden Schülern hergestellt.

Die schnelle Lösung der Aufgabe 2.7 zeigt, dass Schüler A das Verhalten eines TTL-IC's mit offenem Eingang bereits bekannt ist. In dem Interview bestätigen beiden Schüler, dass die Lerninhalte für sie nicht neu waren. Sie kennen diese vom Unterricht der Realschule und von der Ausbildung im Betrieb.

Ist das Vorgehen der beiden Schüler bei der Teillernstrecke „Kontrollschaltung" systematisch?

Das Vorgehen der beiden Schüler ist systematisch. Dies liegt insbesondere an den zielgerichteten Hinweisen von Schüler A. Nach sechs Minuten Bearbeitungszeit gelingt es, eine korrekte Schaltung zu simulieren. Davon werden zwei Minuten für die Fehlersuche von zwei ‚kalten Lötstellen' benötigt. Zusätzlich zu der bereits korrekten Schaltung wird in weiteren zwei Minuten von Schüler A eine Schaltungsvariante erstellt, die ein Bauteil weniger benötigt. Auch hier treten Schwierigkeiten bei der Verbindung der Bauelemente auf. Alle Fehler werden von den Schülern selbstständig und systematisch korrigiert. Auch der Anschluss des Logikanalysators mit nur drei Messpunkten weist auf ein gutes Schaltungsverständnis hin.

Welche Hilfen erhalten die Schüler von dem Untersuchungsleiter?

Der Untersuchungsleiter wird nicht befragt und gibt auch von sich aus keinen Hinweis.

Wie ist die Zusammenarbeit der Schüler?

Das Vorgehen wird zwischen den beiden Schülern immer besprochen. Gegenüber Schüler A neigt Schüler B einige Male zu einer eher oberflächlichen Bearbeitung (vgl. *Motivation der Schüler*). Schüler A bedient in der Regel die Tastatur, B die Maus. Zu Beginn der Lernstrecke wechselt die Bedienung der Tastatur einige Male zwischen den beiden Schülern hin und her. In der anschließenden Befragung äußert sich Schüler B positiver über die Partnerarbeit als Schüler A. Sie sei, wenn bestimmte Regeln beachtet werden, effektiver als die Einzelarbeit, so seine Begründung. Schüler A sagt, dass es ihm egal sei, ob er alleine oder im Team arbeite. Er sei die Partnerarbeit aber von dem gemeinsamen Ausbildungsbetrieb her gewöhnt.

Wie ist die Motivation der beiden Schüler?

Die Motivation ist insgesamt gut, scheint jedoch bei Schüler A höher zu sein. Dies wird an einigen Stellen der Bearbeitung deutlich: bei der Beschreibung der Bauelementefunktion gibt sich Schüler A erst nach längerer Diskussion mit dem veränderten Text zufrieden. Seiner Meinung nach sollten die Beschreibungen nochmals überarbeitet werden. Auch bei der Aufgabe 2.7 (offener Eingang) will Schüler A den Zusammenhang erklären. Schüler B entgegnet ihm: „Was willst du da erklären? Das ist halt so." Im dritten Aufgabenteil wird von Schüler A eine Schaltungsalternative entwickelt, die ein Bauteil weniger benötigt. Beide Schüler bemerken in dem Interview, dass für sie die Aufgabenstellung zu leicht gewesen sei. Schüler A hätte außerdem die Schaltung lieber praktisch aufgebaut.

Wie ist der Umgang mit der eingesetzten Unterrichtssoftware?

Von den beiden Schülern werden fast alle Werkzeuge des Programms verwendet. Dies erfolgt jedoch nicht immer zielgerichtet. Auf das Modulbuch mit der Animation der ODER-Verknüpfung ‚stoßen' die beiden Schüler auf der Suche nach der Bauelementefunktion. Die Bedienung der Werkzeuge ist insgesamt gut. Schwierigkeiten haben die beiden Schüler mit dem Verbinden der Bauelemente. Für die Darstellung der Bauelementefunktion der binären Verknüpfungen wird zuerst die Beschreibung der einzelnen Gatter aus dem Datenbuch kopiert. Da die Schüler die gewünschte Information in dem Programm nicht auffinden können, formulieren sie die Bauelementefunktion selbst.

Wie wird die eingesetzte Unterrichtssoftware von den Schülern bewertet?

Während der Bearbeitung äußern sich beide Schüler einige Male abfällig über das Programm. Diese Äußerungen fallen zumeist im Zusammenhang mit Bedienungsschwierigkeiten. Auch in dem Interview wird die Unterrichtssoftware kritisiert. Schüler A weist auf das Problem der ‚kalten Lötstelle' hin. Die von ihnen aufgerufene Animation ist seiner Meinung nach nur dann sinnvoll, wenn kein Vorwissen vorhanden ist. Schüler B kritisiert, dass das Programm nicht vollständig sei und teilweise Fehler beinhalte. Die Benuteroberfläche sollte zudem dem gewohnten Windows-Standard entsprechen, so die Meinung der Schüler. Die

Hilfe des Lehrers, so Schüler B, ist für einen Lernerfolg wichtiger, als die Hilfe eines Lernprogramms.

10.2.4.11 Lösungsvorgehen Gruppe 11

Wie gehen die Schüler bei der Bearbeitung der Lernstrecke vor?[378]

Grundlagen und binäre Grundelemente

Sofort nach dem oberflächlichen Lesen der Aufgabenstellung beginnen beide Schüler mit der Umsetzung der Kontrollschaltung. Schüler B stellt fest, dass die Aufgabe einfach sei und mit einer UND-Schaltung realisiert werden könne. Der Schaltungstrainer wird aufgerufen und ein UND-Gatter gesetzt. Dabei treten Schwierigkeiten mit der Bedienung des Programms und mit dem Verständnis der Aufgabenstellung auf. Schüler A schlägt vor, den Arbeitsauftrag zu lesen. Im Anschluss daran rufen die beiden Schüler die Informationen über die vorgegebenen Bauelemente im Datenbuch auf und überfliegen diese. Sie lesen erneut den Arbeitsauftrag und befragen zusätzlich den Untersuchungsleiter, wie sie vorgehen sollen. Dieser gibt den Hinweis auf das Arbeitsheft. Die Schüler beginnen mit dem Ausfüllen der Tabelle (Aufgabe 2.1). Die Spannungswerte für die TTL-Schaltkreise werden erst später eingetragen. Die Grundlagen der Digitaltechnik im Arbeitsheft werden an dieser Stelle nicht gelesen. Als wenig später Schüler A auf diese hinweist, stellt sein Partner fest, dass es sich hierbei um Arbeitsanweisungen handle. Schüler A glaubt ihm.

Die weitere Bearbeitung des zweiten Aufgabenbereichs (binäre Verknüpfungen) ist durch ein sehr oberflächliches und unsystematisches Vorgehen gekennzeichnet. Viele Informationen werden falsch eingefügt. So übertragen die Schüler beispielsweise generell an Stelle der Bauelementefunktion die Arbeitstabelle aus dem Datenbuch. Außerdem ordnen sie die kopierten Anschlussschemas falsch zu. Beim Kopieren der Informationen aus den Werkzeugen passiert es ihnen auch, dass identische Inhalte eingefügt werden, ohne dass sie dies bemerken. Im Verlauf der weiteren Bearbeitung werden von den Schülern einige Fehler entdeckt und teilweise auch korrigiert. Häufig jedoch akzeptieren sie diese ‚Ungereimtheiten' („Wurscht. Stellen ausfüllen, die leer sind.“). Die Zeitablaufdiagramme (Aufgabe 2.6) werden nicht aufgezeichnet, obwohl Schüler B auf das entsprechende Unterkapitel hinweist. Schüler A stellt hierzu fest, dass es sich hierbei nur um einen Überpunkt handle. Nach insgesamt 33 Minuten Bearbeitungszeit wenden sich die beiden Schüler der Aufgabe 2.7 zu.

Verhalten eines TTL-IC's bei einem offenen Eingang

Für die Bearbeitung dieser Aufgabe benötigen die Schüler weniger als eine Minute. Ohne den Arbeitsauftrag zu lesen, wird von Schüler B sofort die richtige Antwort gegeben und der Satz im Arbeitsheft mit „HIGH“ ergänzt. Schüler A stimmt zu, obwohl es den Anschein hat, dass für ihn der Zusammenhang neu und unklar ist. Eine Erklärung durch Schüler B findet nicht statt.

---

[378] Von der Gruppe 11 werden Ablaufprotokoll und Symboldarstellung in den Kapitel 10.2.1 und 10.2.2 angeführt.

Beispiel: Kontrollschaltung

Nach dem ‚Überfliegen' der Aufgabenstellung füllen die beiden Schüler die Arbeitstabelle aus. Dies gelingt ihnen nur durch die ausführlichen Erläuterungen des Untersuchungsleiters, der von Schüler A befragt wird. Auch die im weiteren Verlauf an den Untersuchungsleiter gestellten Fragen (z.B. Aufgabenstellung, Bedienung des Schaltungstrainers) zeigen, dass die beiden Schüler mit der selbstständigen Bearbeitung der Aufgabe einige Schwierigkeiten haben.

Nach dem Aufrufen des Schaltungstrainers und der Frage an den Untersuchungsleiter, ob die in der Datei vorgegebenen Bauelemente verwendet werden müssen, setzt Schüler B ein UND-, ein ODER- und ein NICHT-Gatter. Diese Gatter werden anschließend immer wieder neu angeordnet. Dabei haben die beiden Schüler Schwierigkeiten mit der Bedienung der eingesetzten Unterrichtssoftware (z.B. ‚kalte Lötstelle'). Der Aussage von Schüler B („Das haben wir echt gleich. Das dauert 15 Minuten, dann bin ich fertig") steht ein sehr unsystematisches Vorgehen entgegen. Die Bauelemente werden immer wieder neu gesetzt, angeordnet und verbunden. Durch eine kalte Lötstelle kommt es dabei auch zu einem offenen Eingang eines TTL-Gatters. Schüler B kann bei einer Simulation den Bezug zur Aufgabe 2.7 herstellen, verbessert jedoch die fehlende Verbindung erst nach dem Hinweis des Untersuchungsleiters. Die Ergebnisse der insgesamt vier durchgeführten Simulationen werden teilweise falsch interpretiert. Nach insgesamt 17 Minuten haben die Schüler eine weitgehend richtige Schaltung erstellt. Wegen einer ‚kalten Lötstelle' kann die korrekte Funktion der Schaltung jedoch nicht simuliert werden. Die Schüler erkennen die fehlende Verbindung in einer weiteren Simulation, beseitigen diese jedoch nicht. Das Zeitablaufdiagramm wird nicht aufgezeichnet. Bei der Stückliste werden nur zwei Lüfter eingetragen.

Das Arbeitsheft wird nicht kontrolliert.

Werden alle Teilaufgaben der Lernstrecke korrekt gelöst?

Die Arbeitsaufträge werden nur sehr oberflächlich gelesen. Deshalb werden auch einige Arbeitsaufträge nicht bzw. nur teilweise bearbeitet. Im ersten Teil der Lernstrecke werden die Grundlagen nicht gelesen und die Zeitablaufdiagramme nicht aufgezeichnet. Die anderen Aufgaben des zweiten Aufgabenbereichs werden bearbeitet, jedoch zumeist falsch gelöst. Das Verhalten eines TTL-IC's bei einem offenen Eingang ist Schüler B bereits bekannt. Die Arbeitstabelle der Kontrollschaltung füllen die Schüler richtig aus. Beim Aufbau der Schaltung fehlt die Verbindung der beiden Teilfunktionen über ein ODER-Gatter. Außerdem korrigieren sie eine fehlende Verbindung nicht, obwohl sie diese erkennen bzw. lokalisieren. Das Zeitablaufdiagramm wird wie bei den binären Gattern nicht aufgezeichnet. In die Stückliste werden nur zwei Lüfter eingetragen.

Werden die Lerninhalte von den Schülern verstanden?

Obwohl das Schülerpaar die Grundlagen der Digitaltechnik nicht gelesen und sehr viele Fehler in das Arbeitsheft übertragen hat, kann es die Lernzielkontrollfragen über die Grundlagen und die Funktion der digitalen Verknüpfungen weitgehend richtig beantworten. Voraussichtlich ist dies durch das Vorwissen der Schüler begründet. Auch andere Stellen der Bearbeitung weisen auf diesen Aspekt hin: schon zu Beginn der Bearbeitung schlägt Schüler B vor, eine UND-Verknüpfung zu verwenden. Das Verhalten eines TTL-Bauelementes bei einem offenen Eingang ist Schüler B ebenfalls bekannt. Die Schüler bestätigen dies auch in der anschließenden Befragung. Beim Aufbau der Kontrollschaltung kommt es durch eine ‚kalte Lötstelle' zu einem nicht beschalteten Eingang eines ODER-Gatters. Schüler B stellt nach kurzer Überraschung den Bezug zur Aufgabe 2.7 her. Ob die beiden Schüler den Zusammenhang zwischen realen Bauelementen und den logischen Gattern der Simulation herstellen können, kann nicht beantwortet werden, da die Stückliste nicht ausgefüllt wird. Insbesondere bei den Aufgaben 2.7 und 3 hat es den Anschein, dass Schüler B die Lerninhalte besser versteht.

Aus der Kommunikation der Schüler und aus den Fragen, die sie an den Untersuchungsleiter gestellt haben, kann geschlossen werden, dass nicht beide die Schaltung vollständig erfasst haben. Die korrekte Schaltung entstand teilweise durch Ausprobieren und mit Hilfe des Untersuchungsleiters. Die in das Arbeitsheft übertragene Schaltung weist eine kalte Lötstelle auf.

Ist das Vorgehen der beiden Schüler bei der Teillernstrecke „Kontrollschaltung" systematisch?

Das Vorgehen der beiden Schüler ist wenig systematisch und entspricht häufig dem Prinzip „Versuch und Irrtum". Die Überlegungen der beiden Schüler widersprechen sich und sind oft nicht nachvollziehbar. Mehrere Male werden in den insgesamt 21 Arbeitsschritten einzelne Gatter angeordnet bzw. verschoben. Vier Schaltungsvarianten werden simuliert und anschließend wieder verändert. Die Aussage von Schüler B in dem Interview macht dieses Vorgehen besonders deutlich: „Da spiele ich lieber am Objekt rum, als dass ich Seiten weise Zeug lese. Weil bei Computern, da kann mir jemand sagen was er will, durch Spielen bekommt man am meisten raus." Trotz dem unsystematischen Vorgehen gelingt es Schüler B (mit einigen Erläuterungen des Untersuchungsleiters) die Schaltungsfunktion richtig zu interpretieren und daraus eine weitgehend richtige Schaltung aufzubauen.

Welche Hilfen erhalten die Schüler von dem Untersuchungsleiter?

Schon bei kleineren Unsicherheiten wenden sich die beiden Schüler an den Untersuchungsleiter. Diese Fragen beziehen sich sehr häufig auf die Aufgabenstellung, die von den Schülern kaum gelesen wird. Trotzdem äußert sich Schüler B in dem Interview, dass er die Aufgabenstellung verstanden habe. Die Erläuterungen des Untersuchungsleiters sind teilweise sehr ausführlich, werden jedoch von den beiden Schülern nicht immer beachtet. Insgesamt wenden sich die beiden Schüler 13 Mal an ihn. Einmal gibt er einen Hinweis auf eine ‚kalte Lötstelle'. Das Vorgehen der beiden Schüler und die Rückfragen an den Untersuchungsleiter lassen darauf schließen, dass ohne diese Erklärungen das Erstellen der Kontrollschaltung nicht geklappt, bzw. wesentlich länger gedauert hätte.

Wie ist die Zusammenarbeit der Schüler?

Die beiden Schüler sind in dem gleichen Ausbildungsbetrieb beschäftigt. Die Partnerarbeit wird von beiden begrüßt. Schüler B begründet dies, dass sich in der Partnerarbeit die Ideen ergänzen.

Besonders auffallend ist, dass von beiden Schülern während der gesamten Bearbeitung häufig Zusammenhänge oder Thesen formuliert werden, die falsch sind oder keinen Bezug zur Lösung der Aufgabenstellung haben. Der andere Schüler widerspricht jedoch diesen Aussagen zumeist nicht, oder stellt diese in Frage. Er fragt auch nicht nach, sondern stimmt in der Regel zu. An einigen Stellen ist zu beobachten, dass die Schüler nicht aufeinander eingehen. So äußert Schüler A zwei Mal eine These über die Schaltungsfunktion, die von seinem Partner ignoriert wird.

Die Tastatur wird während der gesamten Bearbeitung ausschließlich durch Schüler B bedient. Die Maus wechselt zwischen beiden. Dabei kommt es vereinzelt zum ‚Kampf um die Maus'. Dies ist besonders bei dem Beispiel der Kontrollschaltung zu beobachten. Wenn ein Schüler eine Idee hat, dann möchte er diese auch selbst umsetzen.

Wie ist die Motivation der beiden Schüler?

Insgesamt wird die Lernstrecke sehr oberflächlich bearbeitet. So betrachten die beiden Schüler die Arbeitsaufträge kaum. Einige Arbeitsaufträge werden nicht bearbeitet. Die Kontrollschaltung übertragen sie in das Arbeitsheft, ohne dass sie eine fehlende Verbindung korrigieren. Wichtig scheint ihnen, dass sie möglichst schnell fertig werden. Schüler A fragt am Ende der Bearbeitung den Untersuchungsleiter: „Und, wie lagen wir in der Zeit?" In dem Interview äußern sich die Schüler positiv über die Unterrichtseinheit. Beide erwähnen, dass es Spaß mache „rumzuprobieren" und die Schaltung selbst zu erstellen. Schüler A bezeichnet die Aufgabenstellung praxisnah, Schüler B sagt aus, dass er was gelernt habe.

Wie ist der Umgang mit der eingesetzten Unterrichtssoftware?

Die vielen Fehler, die von den beiden Schülern in das Arbeitsheft übertragen werden, sind auf die flüchtige Bearbeitung zurückzuführen. Die Bedienung des Schaltungstrainers für das Erstellen der Schaltung ist befriedigend. Da die Zeitablaufdiagramme nicht aufgezeichnet wurden, kann keine Aussage über den Umgang mit dem Logikanalysator gemacht werden. Auf die Frage des Wissenschaftlers, warum die beiden Schüler das Zeitablaufdiagramm nicht erstellt, bzw. den Logikanalysator nicht verwenden haben, antworten diese, dass man das Messgerät bei dieser kleinen Schaltung nicht benötige. Die Informationen werden so weit als möglich kopiert und nicht selbst formuliert.

Wie wird die eingesetzte Unterrichtssoftware von den Schülern bewertet?

Die Bedienung und die Informationen des Programms im Datenbuch und Fachlexikon werden von den beiden Schülern positiv beurteilt. Einziger Kritikpunkt, der genannt wird, sind Verbindungen mit ‚kalten Lötstellen'.

Obwohl die Schüler den Logikanalysator nicht verwenden, wird er von ihnen bei den positiven Aspekten des Programms angeführt.

10.2.4.12 Lösungsvorgehen Gruppe 12

Wie gehen die Schüler bei der Bearbeitung der Lernstrecke vor?

Grundlagen und binäre Grundelemente

Nach dem Lesen der Arbeitsaufträge und der Grundlagen im Arbeitsheft wendet sich die Gruppe der Aufgabe 2.1 zu. Ohne Informationen der Unterrichtssoftware heranzuziehen, beginnt Schüler B die Einträge für das TTL 74832 und TTL 7404 vorzunehmen. Bei der Anzahl der Gatter des TTL 7404 scheint Schüler B unsicher. Sein Partner schlägt vor, die Information in dem Programm „MultiSkop-Trainer" zu suchen. Dabei werden die Werkzeuge Lexikon, Bildlexikon und die Hilfe-Funktion aufgerufen. Da sie dort die gewünschte Information nicht auffinden, liest Schüler A den Arbeitsauftrag und gibt den Hinweis auf das Datenbuch. Nach einer kurzen Diskussion wird die Tabelle vervollständigt und mit dem Datenbuch verglichen. Die Eintragungen für die drei binären Verknüpfungen nehmen die beiden Schüler zügig vor. Die Bauelementefunktion kopieren sie aus dem Lexikon, das Anschlussschema wird aus dem Datenbuch übernommen. Die Arbeitstabelle wird selbstständig ausgefüllt und nicht mit der Unterrichtssoftware verglichen. Für das Aufzeichnen des Zeitablaufdiagramms benötigen die beiden Schüler neun Minuten, da sie einige Schwierigkeiten mit dem Setzen der Messpunkte haben. Alle Eingangszustände werden simuliert und das Diagramm in das Arbeitsheft übertragen. Eine Beschriftung des Diagramms nehmen sie nicht vor.

Verhalten eines TTL-IC's bei einem offenen Eingang

Ohne den Arbeitsauftrag zu lesen versuchen die beiden Schüler erfolglos das Verhalten eines TTL-IC's in dem Lexikon zu finden. Plötzlich äußert Schüler B die richtige These, „Ein offener Eingang [...] wirkt wie ein H-Signal, glaube ich." Schüler A versucht hingegen, weiterhin die Lösung im Lexikon zu finden. Anschließend liest er den Arbeitsauftrag und öffnet die vorbereitete Datei. Ihm scheint die Bedeutung eines offenen Eingangs nicht klar, da er die Schaltung mit einem offenen Schalter simuliert. Schüler B, der die korrekte Lösung bereits genannt hat, übernimmt die Maus. Er löscht einen Eingang am UND-Gatter und simuliert das Verhalten. Seine zu Beginn geäußerte These sieht er bestätigt und trägt die richtige Antwort in das Arbeitsheft ein. Sein Partner äußert nach wie vor Zweifel, auf die jedoch Schüler B nicht eingeht. Nach insgesamt drei Minuten ist die Bearbeitung der Aufgabe abgeschlossen.

Beispiel: Kontrollschaltung

Nach dem Lesen der Aufgabenstellung formuliert Schüler A die richtige Teillösung. Gemeinsam wird anschließend die Arbeitstabelle ausgefüllt. In einem ersten Schritt werden ein UND-, ein ODER- und ein NOT-Gatter gesetzt. Nach einer kurzen Diskussion, bei der Schüler A die Aufgabenstellung falsch interpretiert, lässt Schüler B ihn gewähren. Das UND- und ODER-Gatter wird mit den Lüftern und der Kontrollleuchte verbunden. Schüler A schlägt vor, das NOT-Gatter einzufügen. Rund eine Minute überlegen beide Schüler, wo das NOT-Gatter eingefügt werden soll. Dieses wird jedoch nicht eingebaut. Stattdessen wird das UND- und ODER-Gatter mit den Lüftern und der Kontrollleichte verbunden. Diese fehlerhaft aufgebaute Schaltung wird daraufhin zum ersten Mal simuliert. Nach einer weiteren Diskussion schlägt Schüler B vor, den Ausgang des ODER-Gatters zu invertieren, was zu einer korrekten Schaltungsfunktion führt. Allerdings werden die Ausgänge der beiden Teilfunktionen zusammen geschaltet. Die Schaltung wird simuliert und das Zeitablaufdiagramm erstellt. Dabei werden unnötig viele Messpunkte angeordnet. Die Stückliste füllen die Schüler mit den einzelnen Gattern aus.

Alle Eintragungen im Arbeitsheft werden nochmals durchgelesen und teilweise nochmals durchgesprochen. Die Überschrift gestalten die Schüler aufwändig mit „WordArt".

Werden alle Teilaufgaben der Lernstrecke korrekt gelöst?

Die Schüler bearbeiten alle Aufgaben der Lerneinheit und füllen das Arbeitsheft bis auf die Stückliste der Kontrollschaltung richtig aus. Bei der Beschreibung der Bauelementefunktion der einzelnen binären Verknüpfungen übernehmen sie zu viele Informationen aus der Unterrichtssoftware.

Werden die Lerninhalte von den Schülern verstanden?

Beide Schüler bestätigen in dem abschließenden Interview, dass für sie die Thematik nicht neu war. Schüler B hat bereits ein Ausbildungsjahr in einem anderen Ausbildungsberuf der Elektrotechnik hinter sich. Dieses Vorwissen von Schüler B wird an einigen Stellen der Bearbeitung deutlich: so beschreibt er die Grundelemente der TTL-Schaltkreisfamilie ohne das Datenbuch hinzuzuziehen. Außerdem ist ihm das Verhalten eines TTL-IC's bei offenem Eingang bekannt. Für Schüler A hingegen ist dieser Zusammenhang neu. Da er jedoch von seinem Partner keine ausreichende Erklärung erhält, erfasst er wahrscheinlich weder die Problemstellung noch die Lösung vollständig. Trotzdem stimmt er der Lösung zu, was sich auch in dem anschließenden Interview zeigt. Auf die Frage des Untersuchungsleiters, ob ihm der Zusammenhang klar sei, oder ob er dem Lösungsvorschlag seines Partners zustimme, antwortet er, dass Schüler B mehr Erfahrung habe. Die Lernzielkontrollfragen zu den Grundlagen der Digitaltechnik und zu den einzelnen Verknüpfungen werden gut beantwortet. Die Verwendung von CMOS-Bauelementen ist den Schülern nicht bekannt. Schüler B fragt nach, was CMOS-Technik sei.

Auch bei der Kontrollschaltung scheint Schüler B die Lerninhalte besser zu verstehen. Schüler A macht in diesem Abschnitt einige Vorschläge, die falsch sind. Schüler B hält sich mehr zurück. Seine Erläuterungen zeugen jedoch von einem besseren Verständnis der Schaltung.

Ist das Vorgehen der beiden Schüler bei der Teillernstrecke „Kontrollschaltung" systematisch?

Die korrekte Schaltung wird in insgesamt 13 Arbeitsschritten erstellt. Dabei werden zwei Simulationen durchgeführt. Die Schüler sind in ihren Überlegungen und in ihrem Vorgehen häufig unsicher und teilweise auch planlos. Dies zeigt sich an der Kommunikation und in dem häufigen Verschieben der Bauelemente. So werden in fünf der 13 Arbeitsschritte die Gatter neu angeordnet. Von beiden Schülern werden richtige Überlegungen angestellt, aber nicht immer in der Schaltung umgesetzt. Die verlaufsentscheidenden Hinweise kommen mehrheitlich von Schüler B. Die Bedienung des Schaltungstrainers erfolgt in diesem Aufgabenbereich hauptsächlich durch Schüler A.

Das Vorgehen der beiden Schüler ist schwer einschätzbar. Auf der einen Seite sind einige Überlegungen sehr zielgerichtet. Auf der anderen Seite scheint das Vorgehen unsicher.

Welche Hilfen erhalten die Schüler von dem Untersuchungsleiter?

Die beiden Schüler arbeiten sehr selbstständig. Der Untersuchungsleiter wird nur ein Mal befragt. Diese Frage bezieht sich auf die Aufgabenstellung. Der Untersuchungsleiter gibt keine weiteren Hinweise.

Wie ist die Zusammenarbeit der Schüler?

Die Zusammenarbeit der beiden Schüler ist insgesamt gut. Zumeist ist es so, dass Schüler A den Arbeitsauftrag liest und seinem Partner Hinweise für die Bedienung gibt. Schüler B bedient generell die Tastatur. Die Bedienung der Maus wechselt zwischen den beiden Schülern mehrmals. Den größeren Anteil hat jedoch Schüler B. Das Vorgehen wird zumeist abgesprochen.

Bei der Aufgabe 2.7 (offener Eingang) geht Schüler B nicht auf Schüler A ein, der wahrscheinlich die Lösung nicht verstanden hat.

In dem abschließenden Interview bestätigen beide Schüler, dass sie auch in dem gemeinsamen Ausbildungsbetrieb häufig zusammen arbeiten. Beide Schüler begrüßen die Zusammenarbeit. Schüler A begründet seine Aussage, da Partnerarbeit nicht so langweilig sei und man sich gut ergänze.

Wie ist die Motivation der beiden Schüler?

Die Motivation erscheint insgesamt gut. Die beiden Schüler bearbeiten alle Arbeitsaufträge. Im Anschluss an die Bearbeitung gestalten sie das Arbeitsheft. In dem abschließenden Interview bemerkt Schüler B, dass die Bearbeitung der Unterrichtseinheit für ihn ein wenig langweilig war, da er schon fast alle Lerninhalte gekannt habe. Schüler A äußert sich positiv über die Lernstrecke. Sie gefalle ihm gut und sei seiner Meinung nach interessant.

Wie ist der Umgang mit der eingesetzten Unterrichtssoftware?

In dem ersten Teil der Bearbeitung greifen die Schüler auf unterschiedlichste Werkzeuge der Software zu. So suchen sie Informationen in dem Lexikon, Datenbuch, Bildlexikon und in der Hilfe-Funktion. Dabei wird die Suchfunktion gut verwendet. Die Informationen werden so weit als möglich kopiert. Bei der Beschreibung der Bauelementefunktion übernehmen die Schüler mehr Informationen als nötig. Schüler A bemerkt hierzu seinem Partner: „Du kannst alles kopieren. Wir müssen es ja nicht abschreiben." Der Schaltungstrainer wird gut bedient. Beim Setzen der Messpunke ergeben sich kleinere Schwierigkeiten.

Wie wird die eingesetzte Unterrichtssoftware von den Schülern bewertet?

Schüler A bezeichnet das Programm als informativ und gibt als Beispiel das Fachlexikon an. Schüler B stimmt ihm zu, bemängelt aber die Bedienung des Logikanalysators mit den Problemen bei Verbindungen und die für ihn unverständlichen Abkürzungen in der Bibliothek.

10.2.4.13 Lösungsvorgehen Gruppe 13

Wie gehen die Schüler bei der Bearbeitung der Lernstrecke vor?

Grundlagen und binäre Grundelemente

Nach dem Lesen des Arbeitsauftrages und der Grundlagen im Arbeitsheft suchen die beiden Schüler nach Informationen über Spannungswerte und über die vorgegebenen binären Grundelemente. Die Spannungswerte werden schnell im Lexikon gefunden, die Informationen über die binären Grundelemente suchen sie insgesamt fünf Minuten vergeblich in den unterschiedlichsten Seiten des Lexikons. Bei dieser Suche rufen die Schüler auch Informationen über Bauteile in CMOS-Technik auf und besprechen diese. Der Hinweis von Schüler A führt dann auf die Informationen im Datenbuch. Bei der gefundenen Beschreibung des TTL 7404 wird die Anzahl der Eingänge falsch eingetragen. Die einzelnen Verknüpfungen werden relativ zügig beschrieben. Das Vorgehen entspricht dem Arbeitsauftrag und wird analog bei der UND-, ODER- und die NICHT-Verknüpfung durchgeführt. Die Beschreibungen der Bauelementefunktionen werden aus dem Lexikon kopiert. Dabei übernehmen die Schüler mehr Informationen als nötig. Im Anschluss erstellen sie die Zeitablaufdiagramme. Auch hier geht das Schülerpaar sehr eng entlang den Arbeitsaufträgen vor. Die Ergebnisse der Simulation werden ausführlich diskutiert und mit den bisherigen Eintragungen im Arbeitsheft verglichen. Dabei kann mehrmals ein „Aha-Effekt" bei beiden Schülern beobachtet werden, wenn die Simulation ihre Überlegungen bestätigt.

Verhalten eines TTL-IC's bei einem offenen Eingang

Der Arbeitsauftag wird von Schüler A laut vorgelesen. Sein Partner öffnet die vorgegebene Schaltung und stellt einen offenen Eingang bei einem UND- und bei einem ODER-Gatter her. Das Verhalten dieser beiden Verknüpfungen simulieren sie mit allen Eingangszuständen und stellen es mit dem Logikanalysator dar. Die Ergebnisse werden mit den Zeitablaufdiagrammen im Arbeitsheft verglichen. Schüler A äußert nach insgesamt drei Minuten der Bearbeitung eine richtige Antwort. Sein Partner jedoch stimmt dieser Aussage nur für die UND-Verknüpfung zu und simuliert das Verhalten bei einem ODER-Gatter erneut. Das Ergebnis wird diskutiert und Schüler A vermutet einen Programmfehler. Der Untersuchungsleiter wird befragt und liefert den Hinweis, dass sie bereits sehr nahe an der Lösung waren. Im weiteren Verlauf gibt Schüler A seine bereits richtige These auf und weitere Simulationen werden durchgeführt. Dabei wird das Vorgehen der beiden Schüler immer planloser. Sie scheinen sehr verunsichert. Mehrmals versuchen sie erfolglos in den verschiedenen Werkzeugen der Unterrichtssoftware Informationen über das Verhalten eines TTL-IC's bei offenem Eingang zu erhalten. Simulationsversuche werden durchgeführt und falsch interpretiert. Auch das Lesen des Arbeitsauftrages führt zu keinem strukturierten Vorgehen mehr. Die Schüler tragen verschiedene Antworten in das Arbeitsheft ein und löschen diese wieder. Nach 29 Minuten fragt Schüler A den Untersuchungsleiter, ob das Ergebnis jetzt stimme. Dieser verneint und erläutert den Zusammenhang ausführlich anhand der Simulation. Schüler A löscht die Antwort im Arbeitsheft und ergänzt den Satz mit der richtigen Lösung.

Beispiel: Kontrollschaltung

Die Aufgabenstellung wird mehrmals gelesen und die Schaltungsfunktion bzw. das weitere Vorgehen ausführlich besprochen. Schüler A schlägt vor, ein UND-Gatter zu setzten um die erste Teilfunktion zu realisieren. Dieses Gatter wird mit den Lüftern und der Kontrollleuchte verbunden. Die Aufgabenstellung wird nochmals gelesen und diskutiert. Dabei erkennen die Schüler, dass noch eine weitere Verknüpfung nötig ist. Sie setzen ein ODER- und ein NICHT-Gatter und verbinden diese nach einer weiteren Diskussion ebenfalls mit den Lüftern und der Leuchte. Die Ausgänge werden allerdings zusammengeschaltet. Sie simulieren die Schaltung, erkennen jedoch nicht die korrekte Funktion. Daraufhin entfernen sie die Eingänge des ODER-Gatters und fügen sie nach einer erneuten Simulation wieder ein. Nach insgesamt sieben Minuten Bearbeitungszeit erkennen die beiden Schüler die richtige Funktion und übertragen die Schaltung in das Arbeitsheft. Im Anschluss daran füllen sie die Arbeitstabelle und die Stückliste aus und erstellen das Zeitablaufdiagramm. Dabei setzen sie unnötig viele Messpunkte.

Abschließend lesen und besprechen die beiden Schüler alle Eintragungen im Arbeitsheft. Änderungen nehmen sie nicht vor.

Werden alle Teilaufgaben der Lernstrecke korrekt gelöst?

Alle Teilaufgaben werden bearbeitet und fast vollständig richtig gelöst. Die Anzahl der Eingänge bei einem TTL 7404 geben die Schüler falsch an. Die Lösung der Teilaufgabe 2.7 (offener Eingang) wird von dem Untersuchungsleiter erläutert.

Werden die Lerninhalte von den Schülern verstanden?

Die Lernzielkontrollfragen zu den einzelnen Verknüpfungen werden von beiden Schülern richtig beantwortet. Trotzdem die Informationen über CMOS-Bauelemente im Lexikon und im Arbeitsheft von Schüler A laut vorgelesen wurden, können die beiden Schüler die Verwendung dieser Bauteile nicht erklären. Bei der Bearbeitung der binären Verknüpfungen kann mehrmals ein „Aha-Effekt“ beobachtet werden. Insbesondere durch das Interpretieren der einzelnen Zeitablaufdiagramme wird den Schülern die Funktion der einzelnen Gatter klar.

Besondere Schwierigkeiten haben die beiden Schüler mit dem Verhalten eines TTL-IC's bei einem offenen Eingang. Schüler A äußert bereits nach drei Minuten die richtige Lösung. Er ist jedoch unsicher und kann seinen Partner nicht überzeugen. Nach 29 Minuten wird der Untersuchungsleiter befragt, der dann den Zusammenhang erklärt.

Der Transfer zwischen realen Bauelementen und der Simulation wird hergestellt.

Ist das Vorgehen der beiden Schüler bei der Teillernstrecke „Kontrollschaltung“ systematisch?

Bevor die beiden Schüler mit dem Schaltungsaufbau beginnen, wird der Arbeitsauftrag aufmerksam gelesen und die Funktion, bzw. das Vorgehen diskutiert. Während der gesamten Bearbeitung gehen die Schüler eng entlang dem Arbeitsauftrag vor. So wird die Aufgabenstellung bzw. der Arbeitsauftrag bei dieser Teillernstrecke insgesamt sieben Mal gelesen. Schon nach fünf Minuten, bzw. mit sechs Arbeitsschritten wird eine korrekte Kontrollschaltung erstellt. Die Schüler erkennen jedoch bei der Simulation zunächst die richtige Schaltungsfunktion nicht und verändern die korrekt aufgebaute Schaltung. Diese Unsicherheit, die sich auch an der Kommunikation der Schüler deutlich zeigt, steht im Widerspruch zu dem sehr zügigen und zielgerichteten Schaltungsaufbau. Erst durch weitere Simulationen, vor allem jedoch durch sehr ausführliche Diskussionen erkennen die Schüler den richtigen Aufbau.

Welche Hilfen erhalten die Schüler von dem Untersuchungsleiter?

Die Schüler befragen den Untersuchungsleiter insgesamt vier Mal. Im ersten Teil der Bearbeitung gilt eine Frage dem Arbeitsheft, die andere dem Arbeitsauftrag. Die weiteren Fragen werden bei der Bearbeitung der Aufgabe 2.7 gestellt. Schüler A vermutet einen Programmfehler. Nach 29 Minuten Bearbeitungszeit fragt Schüler A den Untersuchungsleiter, ob das Ergebnis nun stimme. Dieser erläutert ausführlich das Verhalten eines TTL-Bauelementes bei einem offenen Eingang.

Wie ist die Zusammenarbeit der Schüler?

Während der gesamten Bearbeitung bedient Schüler B die Maus, Schüler A die Tastatur. Das Vorgehen bzw. die Eintragungen werden sehr ausführlich am Bildschirm diskutiert. Die Arbeitsaufträge bzw. Hinweise in dem Arbeitsheft liest Schüler A zumeist laut vor. Bei dem Verhalten eines TTL-IC's äußert Schüler A die richtige These, kann jedoch seinen Partner nicht überzeugen.

Die Partnerarbeit wird von beiden Schülern, die in dem gleichen Betrieb ausgebildet werden, eindeutig begrüßt. Sie argumentieren, dass man sich gegenseitig austauschen bzw. helfen könne.

Wie ist die Motivation der beiden Schüler?

Die Motivation der beiden Schüler ist sehr gut. Trotzdem alle anderen Schüler der Klasse wegen einer Stundenverschiebung bereits die Schule verlassen haben, arbeiten die beiden alle Arbeitsaufträge vollständig durch. Dabei ist keine Eile zu erkennen. So benötigen sie für die Bearbeitung der Aufgabe 2.7 (offener Eingang) insgesamt 31 Minuten. Auf die Frage des Untersuchungsleiters, warum sie ihn bei den Schwierigkeiten in diesem Aufgabenbereich nicht befragt haben, antwortet Schüler A, dass er die Aufgabe selbst bearbeiten wollte. Das selbstständige Arbeiten sei auch effektiver, da er sich so die Lerninhalte besser merken könne. Die Aufgabenstellung wird von beiden Schülern positiv beurteilt. Sie sei gut gestellt und klar. Im Vergleich mit einem Frontalunterricht, so Schüler A, mache die Arbeit am Rechner mehr Spaß. Das Lerntempo kann so individuell gewählt werden und Zusammenhänge können ausgetestet werden. Schüler B ergänzt diese Aussage mit dem Hinweis, dass der Schüler in diesem Unterricht aktiver sei.

Wie ist der Umgang mit der eingesetzten Unterrichtssoftware?

Unterschiedliche Werkzeuge der Unterrichtssoftware werden benutzt und gut bedient. Weder bei der Kopierfunktion, noch bei der Bedienung des Schaltungstrainers treten Probleme auf. Bei der zweiten Aufgabe kopieren die Schüler die einzelnen Bauelementefunktionen. Dabei übernehmen sie mehr Informationen als nötig. Schüler A nennt als Grund für das Kopieren der Inhalte, dass dies bequemer sei, als diese selbst zu formulieren.

Wie wird die eingesetzte Unterrichtssoftware von den Schülern bewertet?

Die Schüler nennen sowohl positive wie auch negative Argumente. Gelobt werden die allgemeine Bedienung des Programms und die Möglichkeit, Informationen in unterschiedlichen Werkzeugen abzurufen. Kritisiert hingegen wird das Fehlen einer „Rückgängig-Funktion“ und Schwierigkeiten im Werkzeug „Schaltungstrainer“ beim Löschen von Verbindungen bzw. Bauelementen.

10.2.4.14 Lösungsvorgehen Gruppe 14

Wie gehen die Schüler bei der Bearbeitung der Lernstrecke vor?

Grundlagen und binäre Grundelemente

Der Arbeitsauftrag und die Eintragungen im Arbeitsheft werden aufmerksam gelesen. Über die Inhaltsübersicht des Programms „MultiSkop-Trainer“ gelangen die beiden Schüler zu den vorbereiteten Schaltungen mit binären Verknüpfungen. Diese Simulationen werden durchgeführt und die Ergebnisse interpretiert. Weitere Schaltungen, die keinen Bezug zur Lerneinheit haben (z.B. analog/digital-Wandler) werden ebenfalls simuliert. Im Anschluss an diese Simulationen rufen die beiden Schüler das Lexikon auf. Auch hier betrachten sie viele Inhalte, die über die Fragestellung hinausgehen (z.B. EXOR, BCD-Decoder). Nach dem erneuten Lesen des Arbeitsauftrages gibt Schüler B den Hinweis auf das Datenbuch. Die Schüler finden die vorgegebenen Bauelemente und füllen die Tabelle im Arbeitsheft korrekt aus. Nach insgesamt 22 Minuten wenden sie sich der Aufgabe 2.3 (UND-Verknüpfung) zu. Zuerst füllen sie die Arbeitstabelle aus. Anschließend kopieren sie das Anschlussschema und fügen dieses ein. Die Bauelementefunktion übernehmen sie aus dem Lexikon. Bei der O-DER-Verknüpfung gehen sie in umgekehrter Reihenfolge vor. Abschließend wird die NICHT-Verknüpfung bearbeitet. Die Zeitablaufdiagramme werden einzeln mit der vorgegebenen Datei erstellt. Dafür benötigen die beiden Schüler insgesamt 22 Minuten. Neben den korrekt aufgezeichneten Diagrammen werden auch die jeweiligen Simulationsschaltungen mit abgebildet. Ein zusätzlicher Text und die Beschriftung des Diagramms tragen zusätzlich zur anschaulichen Darstellung bei.

Insgesamt benötigen die beiden Schüler für den ersten Teil 56 Minuten. Diese lange Bearbeitungszeit hängt mit der aufwändigen Darstellung der Zeitablaufdiagramme und mit den vielen Informationen zusammen, welche die beiden Schüler aufgerufen haben, die jedoch nicht oder kaum im Zusammenhang mit der Aufgabenstellung stehen.

Verhalten eines TTL-IC's bei einem offenen Eingang

Schüler B äußert nach dem Lesen des vorgegebenen Satzes im Arbeitsheft die These, dass sich ein TTL-Bauelement bei offenem Eingang wie ein LOW-Zustand verhält. Da er sich jedoch nicht sicher ist, schlägt sein Partner vor, die vorbereitete Schaltung zu simulieren.

Bevor die Simulation an einem ODER- und einem UND-Gatter durchgeführt wird, wiederholt Schüler B seine Aussage: „So viel ich weiß, werden die auf Masse gezogen". Diese Aussage ist falsch, weist jedoch darauf hin, dass er die Problemstellung bereits kennt. Das Ergebnis der Simulation führt zuerst zu Verunsicherung bei Schüler B. Er erkennt den Zusammenhang und revidiert seine These. Bei einem NICHT-Gatter versuchen die beiden Schüler die These zu bestätigen. Aufgrund eines Programmfehlers gelingt ihnen das allerdings nicht. Der Untersuchungsleiter greift ein und weist die Schüler auf diesen Fehler der Unterrichtssoftware hin.

Beispiel: Kontrollschaltung[379]

Beim Lesen der Aufgabenstellung bemerkt Schüler B, dass er das Problem mathematisch lösen würde, wenn er nicht an der Berufsschule wäre. Schüler A schlägt vor ein EXOR-Gatter zu verwenden und dieses zu negieren. Schüler B verbalisiert dann einen möglichen Schaltungsaufbau mit den vorgegebenen Bauelementen. Da sein Partner seinen Ausführungen nicht folgen kann, skizziert er die Schaltung auf Papier. Schüler A vollzieht die richtige Schaltung nach. Schüler B stellt fest, dass sich der Aufbau noch vereinfachen ließe. Auf Drängen von Schüler A wird jedoch zuerst die skizzierte Schaltung aufgebaut. Zwei UND-, zwei NOT- und ein ODER-Gatter werden gesetzt und mit den Lüftern bzw. der Kontrollleuchte verbunden. Die Messpunkte werden effektiv gesetzt und die Simulation gestartet. Dabei kommt es zu einem Fehler bei den Einstellungen des Logikanalysators, der von den Schülern selbst behoben wird. Jetzt schlägt Schüler A vor, eine weitere Möglichkeit zu probieren. Die Schaltung wird in zwei Minuten mit einem UND, zwei ODER und einem NICHT-Gatter neu aufgebaut und simuliert. Die Schaltung ist korrekt. Bei dem Versuch, die Verbindungen aus optischen Gründen neu anzuordnen, treten zwei Fehler auf. Die Schüler beschließen die Schaltung nochmals vollständig neu aufzubauen. Wegen einer kalten Lötstelle muss eine Verbindung neu gezeichnet werden. Der Fehler wird von den beiden Schülern sehr schnell lokalisiert und ausgebessert. Anschließend übernehmen sie die Schaltung und das Zeitablaufdiagramm in das Arbeitsheft. In die Stückliste werden die Gatter und nicht die realen Bauelemente eingetragen. Nach insgesamt 23 Minuten ist dieser Teil der Bearbeitung abgeschlossen.

In den letzten sechs Minuten der Bearbeitung gehen die beiden Schüler das Arbeitsheft nochmals durch und formatieren einige Eingaben neu.

Werden alle Teilaufgaben der Lernstrecke korrekt gelöst?

Alle Teilaufgaben werden äußerst gewissenhaft und korrekt bearbeitet. Einzig die Stückliste der Kontrollschaltung wird falsch ausgefüllt.

Werden die Lerninhalte von den Schülern verstanden?

Über die gesamte Lernstrecke betrachtet, scheint Schüler B die Aufgabenstellung bzw. die Inhalte der Lernstrecke schneller zu erfassen. Bei der Realisierung der Kontrollschaltung

---

[379] Vgl. Kapitel 10.2.1 und 10.2.2: Ausschnitt aus dem Ablaufprotokoll und Symboldarstellung der Kontrollschaltung der Gruppe 14

sind seine Vorschläge zum weiteren Vorgehen zielgerichteter, als die seines Partners. Bei der Aufgabe 2.7 (offener Eingang) ist dies eindeutig auf sein Vorwissen zurückzuführen. Dies bedeutet jedoch nicht, dass Schüler B die Lerninhalte nicht verstanden hat. Das Vorgehen und die Kommunikation zeigen eindeutig, dass die Lerninhalte von beiden Schülern verstanden werden. Die Lernzielkontrollfragen werden von beiden mit Ausnahme der Verwendung von CMOS-Bauelementen ausführlich und korrekt beantwortet. Die Stückliste wird nicht mit realen Bauelementen, sondern mit den Gattern ausgefüllt. Für beide Schüler sind die Lerninhalte nicht neu. Schüler A hat sich im Informatikunterricht der Realschule mit digitalen Bauelementen befasst. Schüler B hat zwei Semester Informatik an der Fachhochschule studiert.

Ist das Vorgehen der beiden Schüler bei der Teillernstrecke „Kontrollschaltung" systematisch?

Das Vorgehen der beiden Schüler ist sehr systematisch. Bereits nach dem Durchlesen der Aufgabenstellung beschreibt Schüler B einen korrekten Schaltungsaufbau. Diesen skizziert er anschließend auf Papier, um seinem Partner seine Überlegungen näher zu erläutern. Die Schaltung wird mit Hilfe der Unterrichtssoftware aufgebaut und die Simulation bestätigt die richtigen Überlegungen. Schüler B schlägt vor, eine weitere Möglichkeit auszuprobieren. Diese Variante ‚spart' im Vergleich mit der ersten Lösung ein Bauelement ein. In zwei Minuten wird die korrekte Schaltung aufgebaut und simuliert. Beide Schaltungsvarianten werden effektiv und fehlerfrei aufgebaut. Die zweite Schaltung wird nochmals gezeichnet, da die Verbindungen den beiden Schülern für das Arbeitsheft zu unsauber sind. Dabei tritt eine ‚kalte Lötstelle' auf, die von den Schülers sehr schnell beseitigt wird. Auch das effektive Anordnen der Messpunkte weist auf ein gutes Schaltungsverständnis hin.

Welche Hilfen erhalten die Schüler von dem Untersuchungsleiter?

Der Untersuchungsleiter greift bei der Aufgabe 2.7 (offener Eingang) ein, da durch einen Programmfehler bei einem NICHT-Gatter der Zusammenhang nicht dargestellt werden kann.[380] Die Schülers stellen während der gesamten Bearbeitung keine Frage an den Untersuchungsleiter.

Wie ist die Zusammenarbeit der Schüler

Die Zusammenarbeit der beiden Schüler erscheint sehr gut. Sie sind in dem gleichen Ausbildungsbetrieb beschäftigt und die Zusammenarbeit gewohnt. Das Vorgehen wird immer besprochen, die Eingaben kommentiert. Schüler B, der in der Lerneinheit stärker das Vorgehen bestimmt, fragt beispielsweise seinen Partner, ob er zu schnell vorgehe, oder ob er den Text schon durchgelesen habe. In dem Interview äußern sich die beiden Schüler unterschiedlich über die Partnerarbeit. Sie wird von beiden begrüßt, da sich die Ideen ergänzen und die Arbeit aufgeteilt werden könne. Schüler B stellt jedoch auch fest, dass er alleine effektiver arbeiten kann. Er begründet dies, dass er nicht auf seinen Partner warten muss. Außerdem bemerkt er, dass er sich bemühen muss, ihn nicht zu bevormunden. Dieses Verhalten wird in der Lerneinheit an verschiedenen Stellen deutlich, bei denen sich Schüler B bewusst zurückhält (z.B. bei der Alternativlösung der Kontrollschaltung).

---

[380] Vgl. Kapitel 6.3.4: Beschreibung der Unterrichtssoftware

Die Tastatur wird ausschließlich von Schüler B, die Maus fast immer von Schüler A bedient.

Wie ist die Motivation der beiden Schüler?

Die Schüler nehmen sich für die Bearbeitung der Lerneinheit sehr viel Zeit. Sie legen großen Wert auf die graphische Gestaltung des Arbeitsheftes. Sie begründen dies damit, dass sie die Unterlagen später nochmals hernehmen möchten. Die meisten Eintragungen werden einheitlich formatiert. Das Zeitablaufdiagramm wird sehr ausführlich beschriftet. Neben dem Diagramm wird auch die jeweilige Simulationsschaltung abgebildet. Besonders auffallend ist, dass die funktionierende Kontrollschaltung nochmals komplett neu aufgebaut wird, da den Schülern die Verbindungen und die Anordnung der Bauelemente nicht gefallen haben.

In dem abschließenden Interview bemerken beide Schüler, dass ihnen insgesamt die Arbeit Spaß gemacht hat. Schüler B ergänzt, dass für ihn die Aufgabenstellung zu leicht und die Arbeitsaufträge zu ‚kleinschrittig' strukturiert waren. Auf die Frage, wie ihnen die Unterrichtseinheit im Vergleich zu einem Frontalunterricht gefallen habe, antwortet Schüler B, dass er einen Frontalunterricht bevorzuge. Dieser ist seiner Aussage nach effektiver, da die Arbeit am Rechner zum Spielen bzw. zum Anklicken von Informationen führt, die keinen Bezug zur Fragestellung haben. Schüler A hingegen bevorzugt die Arbeit am Rechner, da Lerninhalte wiederholt werden können. Die Simulation habe den Vorteil, so Schüler A, dass man nicht so viel denken, sondern auch ausprobieren kann.

Wie ist der Umgang mit der eingesetzten Unterrichtssoftware?

Die Bedienung der Unterrichtssoftware und allgemein der Umgang mit dem Rechner ist sehr sicher. Verschiedenste Werkzeuge des Programms „MultiSkop-Trainer" werden aufgerufen. Der Umgang mit dem Schaltungstrainer ist sehr gut. Unterschiedliche Parameter werden eingestellt, Fehler schnell lokalisiert. Die Bauelementefunktion übernehmen die Schüler aus dem Lexikon. Schüler B argumentiert, dass das Kopieren schneller gehe, als Aussagen selbst zu formulieren. Die Kontrollschaltung wird zuerst auf Papier skizziert. Schüler A bemerkt hierzu, dass dies schneller sei und die Schaltungsfunktion dabei gut durchgedacht werden könne.

Wie wird die eingesetzte Unterrichtssoftware von den Schülern bewertet?

Kritisiert werden von beiden Schülern vor allem die Bedienung und der Aufbau des Programms. Die Bedienung sei unklar und nicht intuitiv. Der Aufbau schlecht gegliedert und unübersichtlich. Die verwendeten Abkürzungen seien verwirrend. Positiv äußert sich Schüler A über die Informationen, die in unterschiedlichen Werkzeugen integriert sind.

10.2.5 Gruppenübergreifende Beurteilung

Dieses Kapitel fasst das Lösungsvorgehen der 14 Schülergruppen aus dem letzten Kapitel zusammen. Der Bezug zu den einzelnen Schülerteams wird, sofern dies nicht aus den einzelnen Tabellen ersichtlich wird, durch die Gruppennummern hergestellt. Diese werden in Klammern angeführt. Das Kapitel wird wie die Beschreibung des Lösungsvorgehens der einzelnen Gruppen entsprechend den Erschließungsfragen gegliedert: Kapitel 10.2.5.1 liefert einen ersten Überblick über die Bearbeitung der Lernstrecke durch die Schüler. Neben einer gruppenübergreifenden Beschreibung werden einzelne Lösungsschritte in Tabellen dargestellt. Das Kapitel 10.2.5.2 fasst die korrekte Lösung der einzelnen Teilbereiche nochmals zusammen. Grundlage hierfür sind die Eintragungen im Arbeitsheft. Da aus einem korrekten Eintrag im Arbeitsheft nicht automatisch auf ein tiefgehendes Verständnis der Zusammenhänge geschlossen werden kann, geht das Kapitel 10.2.5.3 der Frage nach dem Verständnis der Lerninhalte nach. Das nächste Kapitel analysiert nochmals das Erstellen der Kontrollschaltung. Hierbei soll das Augenmerk darauf gerichtet sein, ob die Schüler diesen Lernabschnitt systematisch bearbeiten. Kapitel 10.2.5.5 und 10.2.5.6 befassen sich mit der Unterstützung durch den Untersuchungsleiter und mit der Zusammenarbeit der beiden Schüler. Die Motivation der Schüler wird in Kapitel 10.2.5.7 näher betrachtet. Die beiden letzten Kapitel beziehen sich auf die Unterrichtssoftware. Zum einen wird der Umgang mit dem Programm „MultiSkop-Trainer" untersucht, zum anderen die Bewertung dieses Programms durch die Schüler.

10.2.5.1 Wie gehen die Schüler bei der Bearbeitung der Lernstrecke vor?

Wie in Kapitel 10.2.4 erfolgt auch hier die Beurteilung des Lösungsvorgehens in den drei Lernabschnitten „Grundlagen und binäre Grundelemente", „Verhalten eines TTL-IC's bei einem offenen Eingang" und „Realisierung der Kontrollschaltung".

Grundlagen und binäre Grundelemente

Abbildung 10-18 stellt die Bearbeitung des ersten Lernabschnittes durch die 14 Schülergruppen im Überblick dar. Der Lernabschnitt „Grundlagen und binäre Grundelemente" wird von fast allen Schülergruppen vollständig bearbeitet. Einzig die Gruppe 11[381] erstellt das Zeitablaufdiagramm nicht. Sechs Gruppen lösen alle Arbeitsaufträge dieses Lernabschnittes richtig. Zwei Gruppen (12,14) gehen dabei völlig selbstständig vor.

Die Aufgabe 2.1 (TTL-Logikfamilie) wird von acht Gruppen korrekt bearbeitet. Bei den anderen Gruppen wird vor allem die Anzahl der Eingänge bei einem Inverter (zwei statt einem) falsch angegeben. Dieser Fehler wird von diesen Gruppen auch bei der anschließenden Kontrolle des Arbeitsheftes nicht bemerkt. In dem abschließenden Interview können jedoch alle Schülerteams die Anzahl der Eingänge richtig benennen, was auf eine flüchtige Bearbeitung hinweist.

[381] Die Nummern der Gruppen werden im Folgenden numerisch dargestellt. Dies erleichtert die Zuordnung von Text und Tabelle.

	1	**2**	**3**	**4**	**5**	**6**	**7**	**8**	**9**	**10**	**11**	**12**	**13**	**14**
TTL-Logikfamilie (Aufgabe 2.1)	✓	o	✓	✓	o	o	o	✓	✓	✓	o	✓	o	✓
Bauelementefunktion[382] (Aufgabe 2.3, 2.4, 2.5)	✓	✓	o	✓	✓	✓	✓	✓	✓	o	o	✓	✓	✓
Anschlussschema (Aufgabe 2.3, 2.4, 2.5)	$\checkmark^{U}$	o	$\checkmark^{U}$	$\checkmark^{U}$	o	$\checkmark^{U}$	o	$\checkmark^{U}$	$\checkmark^{U}$	✓	o	✓	✓	✓
Arbeitstabelle (Aufgabe 2.3, 2.4, 2.5)	✓	✓	✓	✓	✓	✓	✓	✓	✓	✓	✓	✓	✓	✓
Zeitablaufdiagramm (Aufgabe 2.6)	✓	✓	✓	$\checkmark^{U}$	✓	o	$\checkmark^{U}$	✓	✓	✓	-	✓	✓	✓
Bearbeitungszeit	46	35	40	38	23	43	54	44	24	33	24	29	36	56

✓ Aufgabe vollständig und richtig gelöst

$\checkmark^{U}$ Aufgabe mit Unterstützung des Untersuchungsleiters gelöst[383]

o Aufgabe nicht vollständig richtig gelöst

- Aufgabe nicht bearbeitet

Abbildung 10-18: Lernabschnitt 1 mit den Aufgaben 2.1 bis 2.6: Grundlagen und binäre Grundelemente

Die Funktion der UND-, ODER- und NICHT-Gatter wird von elf Schülerpaaren korrekt beschrieben. Drei Gruppen (3,10,11) lösen die Aufgabenstellung nicht. Zehn der 14 Gruppen kopieren die Informationen aus den Werkzeugen Lexikon oder Datenbuch der Unterrichtssoftware. Die Gruppen 1,2,4,8 formulieren die Beschreibung selbst. Diese Schüler sagen aus, dass sie sich die Inhalte so besser merken können. Die Gruppen, welche die Beschreibungen aus dem Programm übernehmen, argumentieren, dass das Kopieren bequemer und schneller sei, als die Zusammenhänge selbst zu formulieren. Sechs Gruppen (5,6,7,9,12,13) übernehmen aus der Software mehr Informationen als nötig, bzw. in der Aufgabenstellung gefordert. Zumeist sind diese Hinweise aus dem Werkzeug Lexikon, die bei der Beschreibung der Bauelementefunktion mit angeführt werden (z.B. binäre Grundelemente mit mehreren Eingängen oder zusätzlich mit einem invertierten Ausgang). Die Gruppen (3,10,11), welche die Aufgabenstellung nicht korrekt lösen, kopieren Inhalte aus der Software, welche die Funktion der einzelnen Gatter nicht ausreichend beschreiben. Alle Gruppen gehen bei diesem Unterkapitel selbstständig vor.

Acht Schülergruppen (1,3,4,5,6,7,8,9) haben Schwierigkeiten mit dem Begriff des Anschlussschemas. Sie suchen diesen Begriff erfolglos in den unterschiedlichsten Werkzeugen der Unterrichtssoftware oder befragen den Untersuchungsleiter. Vier Gruppen gelingt es nicht, die Aufgabenstellung vollständig und richtig zu lösen. Zumeist ist dies auf eine flüchtige, unkonzentrierte Bearbeitung zurückzuführen. So werden Bauteile verwechselt, oder die

382 Jeweils für die UND-, ODER-, NICHT-Verknüpfung gültig

383 Vgl. hierzu Kapitel 9.3.5: Erläuterungen zur Unterstützung

Schüler ‚rutschen' während der Bearbeitung auf eine andere Stelle des Arbeitsheftes und tragen dort das Anschlussschema ein.

Die Arbeitstabellen der einzelnen Verknüpfungen werden von allen Gruppen korrekt ausgefüllt. Die Schüler greifen dabei nur selten auf die Arbeitstabellen im Datenbuch oder die Informationen im Lexikon zurück. Dies weist darauf hin, dass die Funktion der einzelnen Verknüpfungen von den Schülern verstanden wird.

Ein korrektes Zeitablaufdiagramm für die einzelnen binären Verknüpfungen wird von zwölf Schülerpaaren aufgezeichnet. Dabei benötigen die Gruppen 4 und 7 die Hilfe des Untersuchungsleiters. Zwei Gruppen (6,11) lösen die Aufgabe 2.6 nicht. Gruppe 6 hat Schwierigkeiten mit der Aufgabenstellung und mit der Bedienung des Schaltungstrainers. Gruppe 11 übergeht den Arbeitsauftrag.

Die Bearbeitungsdauer für diesen ersten Lernabschnitt schwankt zwischen 23 und 56 Minuten. Die durchschnittliche Bearbeitungszeit beträgt 37,5 Minuten.

Verhalten eines TTL-IC's bei einem offenen Eingang

Abbildung 10-19 stellt Arbeitsschritte und Ergebnisse der Bearbeitung der Aufgabe 2.7 dar. Die Analyse, wie die Schüler diesen Lernabschnitt bearbeiten, liefert auch wichtige Hinweise auf die Zusammenarbeit der Schüler. Darauf geht das Kapitel 10.2.5.6 näher ein.

Die Aufgabe 2.7 wird von allen Schülergruppen bearbeitet, aber nur von sieben Teams korrekt gelöst. Vier der sieben Gruppen (10,11,12,14) können die Aufgabe auf Grund ihres Vorwissens lösen. Zwei dieser Gruppen (10,11) verzichten auf eine Simulation und tragen die korrekte Lösung sofort ein. Die Gruppen 12 und 14 hingegen überprüfen ihr Vorwissen mit einer Simulation. Gruppe 14 versucht das Verhalten auch an einem NICHT-Gatter zu überprüfen. Da das Ergebnis bedingt durch einen Programmfehlers der eingesetzten Software[384] nicht korrekt ist, weist der Untersuchungsleiter die Gruppe auf diesen Zusammenhang hin. Außer den Gruppen mit Vorwissen gelangen nur drei Schülerpaare (1,4,7) zu einem korrekten Eintrag in das Arbeitsheft. Gruppe 1 gelingt dies völlig selbstständig, den Gruppen 4 und 7 mit Hilfe des Untersuchungsleiters. Bei der Gruppe 4 weist der Untersuchungsleiter auf eine fehlende Verbindung hin. Gruppe 7 hat zuerst Schwierigkeiten mit dem Verständnis der Aufgabenstellung. Nach den Erläuterungen des Untersuchungsleiters löst sie die Aufgabe dann aber selbstständig. In der Gruppe 5 äußert ein Schüler den korrekten Zusammenhang. Es gelingt ihm jedoch nicht, seinen Partner von der richtigen Lösung zu überzeugen.[385]

---

[384] Vgl. Kapitel 6.2.3: Beschreibung der Unterrichtssoftware

[385] Vgl. hierzu auch Kapitel 10.2.5.6: Zusammenarbeit der Schüler

	1	2	3	4	5	6	7	8	9	10	11	12	13	14
Arbeitsauftrag gelesen[386]	✓	✓	✓	✓	✓	-	✓	✓	✓	✓	-	✓	✓	✓
Aufgabenstellung verstanden[387]	✓	✓^{U}	✓^{U}	✓^{U}	✓	o	✓^{U}	✓^{U}	✓	✓	✓	✓	✓^{U}	✓
Schaltung mit offenem Eingang simuliert	✓	✓^{S}	✓	✓^{S}	✓^{S}	-	✓	✓	✓	-	-	✓	✓	✓
Aufgabe gelöst[388]	✓	o	o	✓^{U}	o	o	✓^{U}	o	o	✓^{V}	✓^{V}	✓^{V}	o	✓^{V}
Bearbeitungszeit	7	9	10	6	5	1	14	4	10	1	1	3	31	4

✓ ja

✓^{U} ja, mit Unterstützung des Untersuchungsleiters

✓^{S} Schaltung mit eigener Schaltung simuliert

✓^{V} ja, Aufgabenstellung auf Grund von Vorwissen gelöst

o nein, Aufgabe nicht gelöst

\- nicht durchgeführt

Abbildung 10-19: Lernabschnitt 2: Verhalten eines TTL-IC's bei einem offenen Eingang (Aufgabe 2.7)

Wird das Lösungsvorgehen der Gruppen näher betrachtet, so kann folgendes festgestellt werden: Die Aufgabenstellung wird von zwölf Schülergruppen gelesen. Die anderen zwei Gruppen (6,11) lesen nur den im Arbeitsheft vorgegebenen Satz. In einigen Fällen wird die Aufgabenstellung jedoch sehr oberflächlich gelesen. Beispielsweise versuchen drei Gruppen (2,7,13) entgegen dem Arbeitsauftrag das Verhalten eines TTL-IC's bei einem offenen Eingang in den Werkzeugen der Unterrichtssoftware (zumeist im Lexikon) zu finden. Aus dem Vorgehen der Schüler kann geschlossen werden, dass alle Schülerpaare mit Ausnahme der Gruppe 6 den Arbeitsauftrag, bzw. die Problemstellung verstanden haben. Sechs Gruppen (2,3,4,7,8,13) befragen hierzu den Untersuchungsleiter. Die Gruppe 6 interpretiert einen offenen Eingang mit einem geöffneten Schalter. Bei der Simulation des Zusammenhangs greifen die meisten Gruppen auf die ihnen vorgegebene Datei FUNKTION.DIG zurück. Drei Schülerpaare (2,4,5) erstellen eine eigene Simulationsschaltung. Obwohl sechs Gruppen

---

[386] Die Schüler sollen den vorgegebenen Satz im Arbeitsheft vervollständigen. Gruppe 11 ‚erkennt' die Aufgabenstellung an dem Satz – dies ist der Grund, weshalb die Gruppe die Aufgabenstellung verstanden hat, obwohl sie den Arbeitsauftrag nicht gelesen haben.

[387] Verständnis der Aufgabenstellung geht aus den Äußerungen der Schüler und aus der Beobachtung des Lösungsvorgehens hervor.

[388] Die Grundlage stellt der Eintrag in dem Arbeitsheft dar. Aus einem richtigen Eintrag kann jedoch nicht automatisch geschlossen werden, dass die Lösung von der Schülergruppe verstanden wurde. Dieser Aspekt wird in dem Kapitel 10.2.5.3 (Verständnis der Lerninhalte) näher betrachtet. Wird die Aufgabe ausschließlich durch die Erläuterungen des Untersuchungsleiters gelöst, so gilt diese Aufgabe als nicht gelöst. Dies betrifft die Gruppen 3 und 13. Vgl. hierzu auch Kapitel 9.3.4: Erläuterung der Erschließungsfragen

(2,3,5,8,9,13) in der vorgegebenen oder selbst erstellten Schaltung einen offenen Eingang ‚herstellen' und simulieren, gelingt es ihnen nicht, das Ergebnis der Simulation richtig zu interpretieren. Ein Grund hierfür ist die Darstellung im Schaltungstrainer. Da die Betriebsspannungen der Gatter nicht eingezeichnet werden und die Schüler dieses nicht erkennen, haben sie Schwierigkeiten mit dem Ergebnis, wenn beispielsweise bei einem ODER-Gatter ohne beschaltete Eingänge der Ausgang einen HIGH-Pegel annimmt. Einige Schüler vermuten hierbei einen Programmfehler. Die Beobachtungen zeigen, dass einige Schüler an ihren Thesen festhalten und Ergebnisse aus der Simulation ignorieren, die diese Mutmaßung widerlegen würden. Die Ergebnisse werden von diesen Schülern so interpretiert, dass sie der bereits erstellten These nicht widersprechen.

Die Bearbeitungszeiten liegen für diese Teillernstrecke zwischen einer Minute und 31 Minuten. Die sehr kurzen Bearbeitungszeiten sind zumeist durch das Vorwissen begründet. Die durchschnittliche Bearbeitungszeit bei den Gruppen ohne Vorwissen beträgt knapp zehn Minuten.

Beispiel: Kontrollschaltung

In der Tabelle 10-20 wird die Bearbeitungszeit für das Erstellen der Kontrollschaltung getrennt aufgeführt, da dieser Teil der Lernstrecke den größten Anteil im dritten Aufgabenbereich einnimmt. Das Lösungsvorgehen der Schüler beim Erstellen der Kontrollschaltung wird nochmals in Kapitel 10.2.5.4 betrachtet. Der Schwerpunkt liegt dort auf der Frage, in wie weit die Bearbeitung systematisch erfolgt.

	1	**2**	**3**	**4**	**5**	**6**	**7**	**8**	**9**	**10**	**11**	**12**	**13**	**14**
funktionierende Schaltung	✓^{U}	✓^{U}	✓^{U}	✓^{U}	✓	o	✓^{U}	✓	✓^{U}	✓✓	✓^{U}	✓	✓	✓✓
Bearbeitungszeit Kontrollschaltung	15	14	8	16	5	62	21	6	13	8	12	11	7	10
korrekte Arbeitstabelle	✓	✓	✓	✓	✓	✓	✓	✓	✓	✓	✓^{U}	✓	✓	✓
korrektes Zeitablaufdiagramm	✓	o	o	✓	✓	-	✓	✓	✓	✓	-	✓	✓	✓
korrekte Stückliste	✓	o	✓	✓	o	-	o	o	✓	✓	-	o	✓	o
Bearbeitungszeit gesamt	24	20	11	25	15	64	28	14	27	16	17	18	14	23

✓ ja
✓^{U} ja, mit Unterstützung des Untersuchungsleiters
✓✓ zusätzlich zweite Lösung erstellt
o nein
\- Teilaufgabe nicht bearbeitet

Abbildung 10-20: Bearbeitung der Aufgabe 3 der Aufgabenstellung: Kontrollschaltung

Mit Ausnahme der Gruppe 6 gelingt es allen Schülerpaaren, eine funktionierende Schaltung zu erstellen. In sieben Schaltungen (Gruppen 3,4,5,8,11,12,13) werden jedoch die Ausgänge der Teilfunktionen zusammen geschaltet, ohne sie über ein weiteres Gatter zu verbinden. Dieser Schaltungsaufbau entspricht nicht einem Vorgehen in der Praxis – wird jedoch von der eingesetzten Unterrichtssoftware akzeptiert.[389] Aus diesem Grund wird die Qualität dieser Lösung nicht abgewertet. Die Schaltungen werden minimal mit drei und maximal mit fünf (bzw. sechs[390]) Gattern realisiert. Sechs Schülergruppen (5,8,10,12,13,14) erstellen die Schaltung völlig ohne die Hilfe des Untersuchungsleiters. Die Fragen der anderen Gruppen beziehen sich zumeist auf die Aufgabenstellung. So ist einigen Schülern beispielsweise nicht klar, dass sie nur die Kontrollschaltung aufbauen sollen und nicht eine Schaltung mit Lüftern, etc. Inhaltliche Fragen, z.B. über die Lerninhalte aus den anderen Aufgabenbereichen werden nicht gestellt. Zwei Schülergruppen (10,14) erstellen zusätzlich eine zweite funktionierende Schaltung, mit der mindestens ein Gatter eingespart werden kann.[391] Drei Schülergruppen (1,4,14) skizzieren die Schaltung zuerst auf Papier, bevor sie mit Hilfe des Schaltungstrainers aufgebaut und simuliert wird.[392] Die durchschnittliche Bearbeitungszeit für das Erstellen der Schaltung beträgt 14,8 Minuten. Die schnellste Gruppe benötigt für eine korrekte Schaltung fünf Minuten. Gruppe 6 gelingt es hingegen nicht, in 62 Minuten eine korrekte Schaltung zu erstellen.

Die Bearbeitungszeit für die gesamte dritte Aufgabe liegt zwischen zehn und 64 Minuten. Mit Ausnahmen der Gruppen 6 und 11, die kein Zeitablaufdiagramm und keine Stückliste erstellen, werden alle Teilaufgaben bearbeitet. Allen Gruppen gelingt es, die Aufgabenstellung in eine korrekte Arbeitstabelle umzusetzen. Dies zeigt, dass die Aufgabenstellung von allen Schülerteams verstanden wird. Das Zeitablaufdiagramm wird von zwölf Gruppen aufgezeichnet. Davon sind zehn Diagramme korrekt. Bei den Gruppen 2 und 3 sind die Messpunkte falsch gesetzt. Deshalb wird nur ein Teil der Schaltungsfunktion aufgenommen. Die Stückliste wird von sechs Gruppen (1,3,4,9,10,13) korrekt ausgefüllt. Wie oben beschrieben, sollen in diese Tabelle die realen Bauelemente eingetragen werden. Die Schüler sollen erkennen, dass beispielsweise in einem TTL 7408 vier UND-Gatter enthalten sind und somit einen Transfer zwischen der Simulation und realen Bauelementen herstellen. Dieser Transfer gelingt sechs Gruppen nicht.

Insgesamt wird die dritte Aufgabe von fünf Gruppen (1,4,9,10,13) vollständig richtig bearbeitet. Weitere fünf Gruppen (5,7,8,12,14) bearbeiten mit Ausnahme der Stückliste alle anderen Aufgaben ebenfalls korrekt.

---

389 Vgl. Kapitel 6.3.4: Beschreibung der Unterrichtssoftware

390 Für eine ‚elektrisch saubere' Schaltung müsste bei der Schaltung mit fünf Gattern noch ein ODER-Gatter hinzugefügt werden. Vgl. Kapitel 6.3.4: Beschreibung der Unterrichtssoftware

391 Vgl. 10.2.5.7: Motivation der Schüler

392 Vgl. 10.2.5.8: Umgang mit der Software

10.2.5.2 Werden alle Teilaufgaben der Lernstrecke korrekt gelöst?

Eine vollständig richtige Bearbeitung der Lernstrecke gelingt den Gruppen 1,4, und 10. Bei diesen Gruppen sind alle Eintragungen im Arbeitsheft korrekt. Die Gruppen 12 und 14 erzielen ebenfalls ein sehr gutes Ergebnis. Mit Ausnahme der Stückliste im dritten Aufgabenbereich werden von diesen Schülerteams alle Teilaufgaben vollständig und richtig bearbeitet. Auch die Eintragungen der Gruppe 7 im Arbeitsheft sind weitgehend richtig. Wird jedoch in dieser Gruppe das Lösungsvorgehen in die Betrachtung mit einbezogen, so fällt die Beurteilung schlechter aus, da beispielsweise die korrekte Lösung der Teilaufgabe 2.7 nur zufällig entstand. Die Gruppen 2,3,9,13 weisen im Vergleich zu den anderen Gruppen eine unterdurchschnittliche[393] Leistung auf. Neben kleineren Fehlern im ersten Lernabschnitt bereitet diesen Gruppen insbesondere die Aufgabe 2.7 Schwierigkeiten. Sie wird von keiner dieser Gruppe gelöst. Bei den Gruppen 6 und 11 kann nicht von einem ausreichenden Lernerfolg gesprochen werden. Bei Gruppe 11 ist dies auf eine erhebliche Überschätzung der eigenen Möglichkeiten zurück zu führen und auf das Bestreben, die Bearbeitung möglichst schnell ‚hinter sich zu bringen'. Beides zusammen führt zu sehr vielen Flüchtigkeitsfehlern. Den beiden Schülern von Gruppe 6 fehlen wichtige Grundlagen sowohl in der Bedienung des Programms, als auch im systematischen Vorgehen.

Die durchschnittliche Bearbeitungszeit für die gesamte Lernstrecke beträgt rund 70 Minuten. Am längsten benötigt Gruppe 6, obwohl von ihnen einige Abschnitte nicht bearbeitet werden (108 Minuten).[394] Die schnellste Gruppe ist Gruppe 11 (42 Minuten). Allerdings werden auch von dieser Gruppe einige Arbeitsaufträge nicht ausgeführt. Die Zeiten von den Gruppen, die alle Arbeitsaufträge durchführen, variieren zwischen 44 Minuten (Gruppe 4) und 96 Minuten (Gruppe 7).

10.2.5.3 Werden die Lerninhalte von den Schülern verstanden?

Wie im Kapitel 9.3.4 beschrieben, kann aus korrekten Eintragungen im Arbeitsheft nicht generell darauf geschlossen werden, dass diese Lerninhalte von der Gruppe bzw. von beiden Schülern verstanden werden. Deshalb werden im anschließenden Interview beide Schüler abwechselnd über die Lerninhalte befragt. Auch aus der Beobachtung des Lösungsvorgehens mit der Kommunikation zwischen den Schülern und den Fragen an den Untersuchungsleiter können Hinweise auf das Verständnis der Lerninhalte gezogen werden.

Die Lernzielkontrollfragen zeigen, dass die Grundlagen der Digitaltechnik und die Beschreibung der einzelnen binären Verknüpfungen von fast allen Gruppen verstanden werden. Nur die beiden Schüler der Gruppe 6 und jeweils ein Schüler der Gruppen 3 und 8 haben Schwierigkeiten mit der Beantwortung dieser Fragen. Wie in Kapitel 10.2.5.1 beschrieben, tragen sechs Gruppen die Anzahl der Eingänge bei einem INVERTER falsch ein. Dennoch können alle Schülerpaare diese Lernzielkontrollfrage korrekt beantworten. Die Frage nach der Verwendung von Bauelementen in CMOS-Technik bereitet allen Gruppen Schwierigkeiten.

---

393 Die Beurteilung erfolgt in Bezug auf die anderen Gruppen

394 Die gesamte Bearbeitungszeit setzt sich zusammen aus der Bearbeitung der einzelnen Teilaufgaben (Vgl. hierzu Abbildung 10-16 bis 10-18) und dem anschließenden Überprüfen des Arbeitsheftes.

Obwohl fast alle Schüler den Text im Arbeitsheft gelesen haben, können sie diese nicht beantworten. Dies gilt auch für die vier Schülerpaare (4,7,9,13), die zusätzlich die Informationen über CMOS-Schaltkreise im Lexikon der Unterrichtssoftware aufgerufen haben. Ähnlich verhält es sich mit weiteren Informationen, die von Schülern in den unterschiedlichen Werkzeugen der Unterrichtssoftware aufgerufen werden, die aber nicht im Zusammenhang mit der Fragestellung stehen. Bei den Lernzielkontrollfragen können diese Schüler die Inhalte nur selten wiedergeben.

Auch bei der Kontrollschaltung wird die Funktion der Schaltung nicht immer vollständig erfasst, obwohl von dreizehn Schülergruppen eine korrekte Schaltung aufgebaut und simuliert wird. Wie in Kapitel 10.2.5.4 beschrieben, kommen vier Schülergruppen nur durch Ausprobieren zu einer korrekten Lösung. Das Vorgehen bei diesen Gruppen ist nicht zielgerichtet. Auch bei der Fehlersuche (z.B. bei ‚kalten Lötstellen') oder beim Anordnen der Messpunkte zeigt sich, ob die Schüler die Schaltung voll erfasst haben.

Mehr als die Hälfte der befragten Schüler gibt an, dass für sie einige Inhalte der Lernstrecke aus dem Informatikunterricht der Realschule, aus Schulungen in den Ausbildungsbetrieben oder anderen Schulen bekannt waren.[395] Dies sind insbesondere die Grundlagen der Digitaltechnik mit den binären Verknüpfungen. Eindeutige Hinweise auf das Vorwissen der Schüler liefert die Teilaufgabe 2.7. Vier (10,11,12,14) der sieben Gruppen, welche die Teilaufgabe korrekt lösen, gelingt dies auf Grund ihres Vorwissens. Dabei zeigt sich bei den Gruppen 11 und 12 deutlich, dass der Zusammenhang nur von einem Schüler der Gruppe verstanden wird. Der andere Schüler schließt sich der Aussage an, obwohl er den Zusammenhang mit großer Wahrscheinlichkeit nicht verstanden hat. Gegensätzlich verhält es sich bei der Gruppe 5. Trotz einem falschen Lösungssatz im Arbeitsheft hat Schüler A durch die Simulation die Lösung verstanden. Es gelingt ihm jedoch nicht, seinen Partner von der richtigen Lösung zu überzeugen. Auch an anderen Stellen der Lernstrecke kann beobachtet werden, dass sich Schüler sowohl bei richtigen als auch bei falschen Lösungen den Äußerungen ihrer Partner anschließen.[396]

10.2.5.4 Ist das Vorgehen der beiden Schüler bei der Teillernstrecke „Kontrollschaltung" systematisch?

Sechs Arbeitsgruppen (1,5,8,9,10,14) gehen bei dem Erstellen der Kontrollschaltung eindeutig systematisch bzw. fachgerecht vor. Die Schüler lesen den Arbeitsauftrag und besprechen die Schaltungsfunktion bzw. das weitere Vorgehen. Die Anzahl der Arbeitsschritte ist bei diesen Gruppen gering und beträgt maximal zehn.[397] Die Simulation der aufgebauten Schaltung erfolgt zumeist als Kontrolle der Funktion, d.h. die Schaltung wird erst dann simuliert, wenn beide Schüler davon ausgehen, eine korrekte Schaltung aufgebaut zu haben. Drei dieser Gruppen (1,4,14) skizzieren die Schaltung zuerst auf Papier, bevor sie mit Hilfe des Schaltungstrainers aufgebaut wird. Die Zeit für das Erstellen der Schaltung liegt bei diesen

---

[395] Ein Vortest wurde nicht durchgeführt. Vgl. hierzu Kapitel 9.4: Reflexion der Aufgabenstellung und der eingesetzten Methoden

[396] Vgl. Kapitel 10.2.5.5 Zusammenarbeit der Schüler

[397] Vgl. Kapitel 10.2.2.3: Symboldarstellung der Gruppe 14

Gruppen zwischen fünf und 15 Minuten. Die Gruppen 10 und 14 erstellen eine zweite Lösung, mit der Bauteile eingespart werden können.

Das Vorgehen der Gruppen 4,6,7,11 hingegen kann ausschließlich dem Prinzip von „Versuch und Irrtum“ zugeteilt werden. Die Bearbeitung der Teillernstrecke ist bei diesen Schülern dadurch gekennzeichnet, dass sie sehr viele Schaltungsvarianten aufbauen und simulieren. Die Simulation dient im Vergleich zu obigen Gruppen nicht der Kontrolle der durchgeführten Überlegungen, sondern um eine Schaltungsvariante auszutesten. Dies erfolgt zumeist bereits nach kleinen Modifikationen am Aufbau der Schaltung. Die Ergebnisse der Simulation werden von den Schülern dieser Gruppen häufig falsch interpretiert. So werden korrekte Teilfunktionen nicht erkannt, oder identische Schaltungen aufgebaut, ohne dass dies von den Lernenden bemerkt wird. Die Bearbeitungszeit für das Erstellen der Kontrollschaltung liegt bei diesen Gruppen zwischen zwölf und 62 Minuten. Die Anzahl der Arbeitschritte liegt zwischen 20 und 110, der Durchschnitt bei 50. Von diesen Gruppen werden zwischen fünf und 36 Simulationen durchgeführt. Trotz diesem unsystematischen Vorgehen gelingt es den Gruppen 4,7,11 eine korrekte Schaltung zu erstellen.

Das Lösungsvorgehen der restlichen vier Gruppen (2,3,12,13) kann weder systematisch bezeichnet werden, noch eindeutig dem Prinzip von „Versuch und Irrtum“ zugeteilt werden. Auch die Anzahl der Arbeitsschritte, bzw. der durchgeführten Simulationen liegt zwischen diesen beiden Polen. Das Lösungsvorgehen dieser Gruppen erfolgt weitgehend fachsystematisch. Die Überlegungen, welche die Schüler äußern sind zumeist richtig. Manche Arbeitsschritte hingegen sind nicht nachvollziehbar. So werden beispielsweise Bauelemente überbrückt oder korrekte Schaltungsfunktionen nicht erkannt. Die Funktion der erstellten Schaltung wird von diesen Schülergruppen nicht tiefgehend verstanden, was sich beispielsweise bei der Fehlersuche oder dem Aufzeichnen des Zeitablaufdiagramms zeigt.

10.2.5.5 Welche Hilfen erhalten die Schüler von dem Untersuchungsleiter?

Das Angebot des Untersuchungsleiters, für Fragen zur Verfügung zu stehen, wird von den Schülern völlig unterschiedlich in Anspruch genommen. Zwei Schülerpaare (10,14) stellen keine Frage, sieben Gruppen (1,5,6,7,8,9,12) zwischen einer und drei Fragen und fünf Gruppen (2,3,4,11,13) mehr als drei Fragen an ihn. Am häufigsten fragt Gruppe 11 nach (13 Fragen). Die Erläuterungen des Untersuchungsleiters werden von dieser Gruppe jedoch kaum umgesetzt.

Die meisten Fragen werden in dem ersten Aufgabenbereich der Lernstrecke (bis einschließlich Aufgabe 2.6) gestellt. Sie beziehen sich hauptsächlich auf den Begriff „Anschlussschema“ und auf das Zeitablaufdiagramm. Vielen Schülern scheint die Bezeichnung „Anschlussschema“ nicht bekannt zu sein. Außerdem haben die Schüler häufig Schwierigkeiten, mit dem Kopieren von Graphiken (z.B. Einfügen eines Anschlussschemas über „Bitmap kopieren“). Die Rückfragen beim Zeitablaufdiagramm beziehen sich ebenfalls zumeist auf die Bedienung des Programms „MultiSkop-Trainer“.

Im zweiten Lernabschnitt (Aufgabe 2.7) werden von sechs Gruppen (2,3,4,7,8,13) Fragen an den Untersuchungsleiter gestellt. Diese beziehen sich auf die Aufgabenstellung und auf das Ergebnis der Simulation. Die Fragen zur Simulation hängen damit zusammen, dass die

Schüler einen HIGH-Pegel am Ausgang eines Gatters nicht erklären können, wenn dieses Bauelement nicht beschaltet ist. Sie erkennen nicht, dass in dem Schaltungstrainer die Betriebsspannungen nicht eingezeichnet sind.[398] Einige Schüler vermuten hierbei einen Fehler in dem Lernprogramm. Die Hinweise, die Gruppe 4 von dem Untersuchungsleiter bekommt, sind für die weitere Bearbeitung verlaufsentscheidend. Das heißt, dass das korrekte Ergebnis der Teilaufgabe auf die Unterstützung durch den Untersuchungsleiters zurück zu führen ist.

Bei der Realisierung der Kontrollschaltung (Aufgabe 3) gelten die meisten Fragen der Aufgabenstellung. Einige Gruppen suchen in der Bauteilebibliothek der Unterrichtssoftware nach einem Lüfter und Temperaturschalter. Der Untersuchungsleiter gibt diesen Gruppen den Hinweis, dass nur die Kontrollschaltung realisiert werden soll. Die Umsetzung der Aufgabenstellung in eine elektronische Schaltung wird von den Schülern selbstständig durchgeführt.[399] Der Untersuchungsleiter wird in diesem Teil der Bearbeitung nur von einer Gruppe (11) befragt. Besonders deutlich wird die sehr selbstständige Bearbeitung bei dem Lösungsvorgehen der Gruppe 6. Obwohl es ihnen in einer Stunde nicht gelingt, eine korrekte Schaltung aufzubauen, stellen die beiden Schüler keine Frage an den Untersuchungsleiter. Daraufhin befragt, antwortet Schüler A, dass er die Aufgabenstellung selbst lösen wollte. Auch die Gruppen 7 und 9 bestätigen in dem Interview, dass sie die Aufgabe ohne die Hilfe des Untersuchungsleiters lösen wollten. Ein weiterer Schüler, der keine Frage an den Untersuchungsleiter stellt, sagt aus, dass er bei Schwierigkeiten eher seine Mitschüler, als den Lehrer befragen würde. Der Untersuchungsleiter gibt in diesem Lernabschnitt von sich aus vier Gruppen Hinweise zur Bearbeitung. Zumeist beziehen sich diese Hinweise auf ‚kalte Lötstellen', die von den Schülern nicht erkannt werden. Bei den Gruppen 2,3 und 11 sind die Hinweise des Untersuchungsleiters für die weitere Bearbeitung verlaufsentscheidend.

10.2.5.6 Wie ist die Zusammenarbeit der Schüler?

Wie im Kapitel 9.2.3 beschrieben, konnten die Schüler ihre Partner für die Bearbeitung der Lernstrecke selbst auswählen. Ein Kriterium stellt wohl der Ausbildungsbetrieb dar. So sind in zwölf der 14 Arbeitsgruppen die Schüler in dem gleichen Ausbildungsbetrieb beschäftigt. Ein weiteres Auswahlkriterium scheint das Leistungsniveau zu sein. In den meisten Gruppen ist das Leistungsniveau der beiden Schüler homogen.

Die Zusammenarbeit der Schüler in den 14 Arbeitsgruppen ist überwiegend gut. Bei neun Gruppen (1,2,4,6,9,10,12,13,14) kann von einer guten oder sehr guten Zusammenarbeit gesprochen werden. Diese gute Zusammenarbeit zeigt sich beispielsweise darin, dass das Vorgehen und die Arbeitsergebnisse besprochen werden. Dies gilt insbesondere dann, wenn die Inhalte nur von einem Schüler der Gruppe verstanden werden. Weiterhin passen die beiden Schüler ihr Arbeitstempo an, d.h. beide befinden sich zumeist an der gleichen Stelle der Bearbeitung. Der schnellere wartet gegebenenfalls auf seinen Partner. Teilweise findet bei diesen Gruppen eine Aufgabenteilung statt. Ein Schüler liest den Arbeitsauftag, sein Partner setzt diesen sogleich um. Bei vier Schülerpaaren (3,5,7,11) kann von einer durchschnittlichen Zusammenarbeit gesprochen werden. Bei diesen Gruppen ist es häufig so, dass ein

[398] Vgl. Kapitel 6.3.4: Beschreibung der Unterrichtssoftware

[399] Vgl. Kapitel 10.2.5.7: Motivation der Schüler

Schüler das Vorgehen dominiert und zu wenig auf seinen Partner eingeht. Diese Dominanz zeigt sich oft auch an der Bedienung von Tastatur und Maus. Insbesondere im dritten Teil, wenn ein Schüler eine Idee für die Realisierung der Schaltung hat und diese sofort ausprobieren möchte, fordert er auch gegen den Widerstand seines Partners die Maus. In der Gruppe 3 und 8 werden beide Eingabegeräte ausschließlich durch einen Schüler bedient. Gruppe 8 weist von allen Gruppen die schlechteste Zusammenarbeit auf. Lernweg und Lerntempo werden während der gesamten Lernstrecke sehr stark von Schüler A bestimmt. Dabei geht er mehrmals nicht auf Rückfragen seines Partners ein. In dem Interview weist Schüler B auf die Schwierigkeiten bei der Zusammenarbeit hin. Dennoch wird von ihm, wie von fast allen anderen, die Partnerarbeit begrüßt. Die Schüler argumentieren, dass sich in der Partnerarbeit die Ideen ergänzen und die Bearbeitung abwechslungsreicher sei und auch mehr Spaß mache. Zwei Schüler aus unterschiedlichen Gruppen (9,14) nennen neben den Vorteilen auch Nachteile der Partnerarbeit. Sie sei, insbesondere bei einer heterogenen Zusammensetzung der Gruppe, weniger effektiv als die Einzelarbeit.

Wie schon im Kapitel 10.2.5.3 beschrieben, kann sich in den Gruppen 5 und 13 bei der Bearbeitung des offenen Eingangs der Schüler mit der richtigen These nicht gegenüber seinem Partner durchsetzen.

10.2.5.7 Wie ist die Motivation der Schüler?

Die Motivation ist bei der Mehrzahl der Gruppen hoch. Dies geht aus dem Ablaufprotokoll und aus der anschließenden Befragung deutlich hervor. Die Aussagen der Schüler über die Lernstrecke sind zum größten Teil positiv. Sie begrüßen insbesondere die Möglichkeit, Lernweg und Lerntempo selbst bestimmen und Schaltungen aufbauen und simulieren zu können. Einige Schüler weisen außerdem auf die Gestaltung der Arbeitsaufträge hin. Sie seien klar und eindeutig formuliert. Von einigen Schülern wird die Unterrichtseinheit mit einem Frontalunterricht verglichen und im Vergleich mit diesem in allen Aussagen bevorzugt. Die Frage, ob sie in der Unterrichtseinheit etwas gelernt haben, beantworten alle Schüler positiv. Drei Gruppen (10,12,14) bemängeln, dass ihnen die Aufgabenstellung zu leicht gewesen sei. Ein Schüler gibt an, dass ihn die Thematik „Digitaltechnik" nicht interessiere.

Neben der Befragung gibt das Lösungsvorgehen mit der dabei stattfindenden Kommunikation Hinweise auf die Motivation der Schüler. Auf eine hohe Motivation kann beispielsweise geschlossen werden, wenn die Arbeitsaufträge vollständig gelesen, alle Arbeitsaufträge weitgehend selbstständig bearbeitet oder die Eintragungen im Arbeitsheft nochmals kontrolliert und formatiert werden. Dies trifft eindeutig auf acht Arbeitsgruppen (1,4,8,9,10,12,13,14) zu. Von den Gruppen 10 und 12 wird zusätzlich eine Schaltungsvariante erstellt, die ein Bauteil weniger benötigt. Gruppe 13 führt alle Arbeitsaufträge gewissenhaft aus, obwohl an diesem Nachmittag die anderen Schüler der Klasse die Schule bereits verlassen haben. Bei den Gruppen 2,3 und 7 ist die Motivation durchschnittlich. So werden beispielsweise einige Teilaufgaben nur flüchtig bearbeitet. Bemerkenswert ist die Bearbeitung der Gruppe 6. Obwohl die beiden Schüler bei den ersten beiden Lernabschnitten nicht motiviert wirken und dies auch durch einige Unmutsäußerungen kundtun, versuchen sie über eine Stunde eine korrekte Kontrollschaltung zu erstellen. Dabei stellen sie keine Fragen an den Untersuchungsleiter, da sie die gestellte Aufgabe selbst lösen wollen. Das gleiche Argument wird auch von Gruppe 13 angeführt. Die beiden Schüler versuchen rund eine halbe

Stunde die Teilaufgabe 2.7 selbstständig zu lösen. Die Gruppen 5 und 11 weisen im Vergleich zu allen anderen Gruppen die geringste Motivation auf. Beide Gruppen wollen mit der Bearbeitung der Unterrichtseinheit möglichst schnell fertig werden. Die Arbeitsaufträge werden zum Teil nicht oder nur oberflächlich bearbeitet. Einige Eintragungen im Arbeitsheft sind falsch und werden nicht formatiert. Bei Unklarheiten ziehen die Schüler dieser Gruppen keine weiteren Informationen heran. Dennoch wird in dem Interview die Lerneinheit von beiden Gruppen positiv bewertet.

10.2.5.8 Wie ist der Umgang mit der eingesetzten Unterrichtssoftware?

Der Umgang mit dem Programm „MultiSkop-Trainer“ ist insgesamt gut und zielgerichtet. Die Schwierigkeiten, die bei der Bedienung des Programms beobachtet werden können, treten hauptsächlich bei der Suche nach geeigneten Informationen, dem Kopieren dieser Inhalte und der Bedienung des Schaltungstrainers auf. Schüler die mit dem Programm vertraut sind, verwenden für die Suche nach Informationen beispielsweise die „Suche-Funktion“. Andere hingegen ‚blättern' in den Werkzeugen, bis sie auf passende Informationen stoßen. Weiterhin suchen einige Gruppen in den falschen Werkzeugen der Unterrichtssoftware. Mehrere Gruppen haben Probleme, Graphiken von der Software in das Arbeitsheft zu übertragen. Die häufigsten Probleme treten bei der Bedienung des Schaltungstrainers auf. Von fast allen Gruppen werden Verbindungen zwischen den Bauelementen nicht korrekt ausgeführt. Sehr unterschiedlich ist dabei jedoch die Fehlersuche. So gelingt es einigen Gruppen mühelos, die ‚kalten Lötstellen' in der Simulation zu lokalisieren. Andere benötigen die Hilfe des Untersuchungsleiters.

Die meisten Gruppen gehen entlang der Arbeitsaufträge vor und verwenden die Werkzeuge, wie in dem Arbeitsauftrag vorgeschlagen. Andere Schüler hingegen rufen als erstes das Lexikon auf. So versuchen beispielweise drei Gruppen das Verhalten eines TTL-IC's bei offenem Eingang über das Lexikon zu klären. Beim ersten Abschnitt der Lernstrecke (Grundlagen und binäre Grundelemente) rufen einige Schülergruppen Informationen auf, die keinen oder nur einen geringen Bezug zur Aufgabenstellung haben. Die Schüler ‚blättern' beispielweise im Lexikon auf die nächsten Seiten. Der Bezug dieser Informationen mit der Aufgabenstellung nimmt mit zunehmender Suchdauer meistens ab. Dabei werden die Inhalte zumeist nur überflogen und können in der anschließenden Befragung nicht wiedergegeben werden.

Die Beschreibung der Bauelementefunktion bei dem Aufgabenbereich 2 wird von vier Gruppen (1,2,4,8) in eigenen Worten formuliert. Zehn Gruppen übernehmen diese Beschreibung aus den Werkzeugen der Unterrichtssoftware. Dabei werden von sechs Gruppen (5,6,7,9,12,13) mehr Informationen kopiert, als in der Aufgabenstellung gefordert. So wird in der Regel der vollständige Text aus dem Lexikon übernommen, der beispielweise bei der UND-Verknüpfung noch auf die NAND-Verknüpfung und auf die Gatter mit drei oder mehreren Eingängen eingeht. Zwei Gruppen (10,11) kopieren für diese Teilaufgabe Inhalte, die keinen Bezug zur Fragestellung aufweisen. Zumeist geben die Schüler an, dass das Kopieren bequemer und schneller sei, als die Zusammenhänge selbst zu formulieren. Die Gruppen, welche den Zusammenhang selbst formulieren, begründen dies, dass sie sich die Inhalte so besser merken können und den Zusammenhang so besser verstehen.

Bei der Realisierung der Kontrollschaltung (Aufgabe 3) skizzieren drei Schülergruppen (1,4,14) die Schaltung zuerst auf Papier, bevor sie diese mit dem Werkzeug „Schaltungstrainer“ aufbauen und überprüfen. Dies sei, so die Aussage der Schüler schneller, unkomplizierter und für sie gewohnter.

10.2.5.9 Wie wird die eingesetzte Unterrichtssoftware von den Schülern bewertet?

Das Programm „MultiSkop-Trainer“ wird von den Schülern unterschiedliche bewertet. Insgesamt werden in dem Interview 22 positive und 22 negative Argumente angeführt. Eindeutig positiv wird die Möglichkeit gesehen, Schaltungen aufbauen und simulieren zu können. Acht Aussagen weisen dabei auf die Probleme beim Verbinden von Bauelementen hin. Die Inhalte der Unterrichtssoftware werden von sieben Schülern positiv, von drei Schülern negativ beurteilt. Diese drei Schüler begründen dies, dass die Inhalte zu knapp seien. Die Bedienung und der Aufbau des Programms werden ebenfalls kontrovers beurteilt. Drei Aussagen sprechen von einer einfachen und logischen Bedienung, sieben Aussagen besagen das Gegenteil. Dies liege auch an den verwendeten Abkürzungen (drei Aussagen). Sie seien missverständlich und erschweren so die Bedienung des Programms. Die Suchfunktion wird von einem Schüler positiv, von zwei hingegen negativ beurteilt. Den Aufbau und die Gliederung bezeichnen zwei Schüler gut und verständlich, ein Schüler äußert das Gegenteil.

11 Beurteilung der Ergebnisse

Dieses Kapitel greift die Ergebnisse der beiden Teiluntersuchungen aus dem 10. Kapitel nochmals auf und führt sie zusammen. Eine Beurteilung dieser Ergebnisse erfolgt anhand der explorativ festgestellten Phänomene. Der Bezug der Untersuchungsergebnisse zu Ergebnissen inhaltsähnlicher Untersuchungen[400] wird an entsprechender Stelle über Fußnoten hergestellt. Im nachfolgenden 12. Kapitel werden aus diesen Ergebnissen Folgerungen für einen computerunterstützten Unterricht abgeleitet.

11.1 Beurteilung der Ergebnisse der Teiluntersuchung A

Teiluntersuchung A evaluiert ein komplexes Unterrichtsvorhaben aus dem Lerngebiet „Informationsverarbeitung und Geschäftsprozesse".[401] Dieser Unterricht orientiert sich an realen Geschäftsprozessen. Die Klasse ist als Modellfirma organisiert und in vier verschiedene Abteilungen aufgeteilt. Alle Abteilungen sind mit mehreren Computern ausgestattet, die über ein Netzwerk miteinander verbunden sind. Neben der Vermittlung von Fachwissen ist ein wichtiges Ziel des Unterrichts die Förderung von Sozial- und Methodenkompetenz. So sollen die Schüler im Team zusammenarbeiten und die für die Bearbeitung der Arbeitsaufträge benötigten Informationen selbstständig erarbeiten. Für diese Informationsgewinnung stehen ihnen eine Lernsoftware, das Internet sowie Fachbücher, Firmenunterlagen, etc. zur Verfügung.

Um möglichst vielfältige Aspekte zu erhalten, erfolgt die Evaluation dieses Unterrichtsprojektes durch unterschiedlichste methodische Zugänge.[402] Im Mittelpunkt der Teiluntersuchung A steht die Erhebung der Schülersicht.[403] Diese wird ergänzt durch eine weitere Befragung der Schüler über die Bearbeitung der Arbeitsaufträge,[404] durch eine teilnehmende Beobachtung[405] und durch ein Interview mit dem unterrichtenden Lehrer.[406] Aus den dabei gewonnen Ergebnissen werden Stärken und Schwächen des Unterrichtsprojektes deutlich.

Die in der Erhebung der Schülersicht angeführten negativen Aussagen beziehen sich vor allem auf die Arbeitsaufträge, die Klassengröße und die Unruhe in der Klasse. Zwischen diesen genannten Aspekten besteht ein enger Zusammenhang: so kann die von den Schülern kritisierte Unruhe in den Klassen vor allem auf die Aufgabenstellung mit den Arbeitsaufträgen und auf die Anzahl der Schüler in den Klassen zurückgeführt werden. Die Aufgabenstellung ist so umfangreich, dass sich die Bearbeitung über mehrere Wochen hinzieht. Eine Folge davon ist, dass die Schüler häufig in der nächsten Woche, oder in dem nächsten Unterrichtsblock, in dem sie an der Schule sind, nicht mehr wissen, wie sie bisher vorgegangen

---

[400] Vgl. Kapitel 4: Empirische Untersuchungen zu computerunterstütztem Lernen und Kapitel 5.4: Ergebnisse des Modellversuchs „Multimedia und Telekommunikation für berufliche Schulen"

[401] Vgl. Kapitel 6.3: Ausführliche Beschreibung des Unterrichtskonzeptes

[402] Vgl. Kapitel 8: Erhebung und Auswertung der Daten

[403] Vgl. Kapitel 10.1.2: Schülersicht des Unterrichts

[404] Vgl. Kapitel 10.1.3: Bearbeitung der Arbeitsaufträge

[405] Vgl. Kapitel 10.1.1: Ergebnisse der teilnehmenden Beobachtung

[406] Vgl. Kapitel 10.1.4: Interview mit dem unterrichtenden Lehrer

sind, welche Entscheidungen getroffen wurden, oder in welche Abteilung sie wechseln sollen. Außerdem bereitet es den Schülern Schwierigkeiten, die Arbeitsaufträge unter den Mitgliedern der Gruppe so zu verteilen, dass jeder Schüler einen Teilauftrag bearbeiten kann. Auch dies kann auf die zu wenig detaillierten Arbeitsaufträge und auf die Klassen- bzw. Gruppengrößen zurückgeführt werden. In zwei der untersuchten Klassen beträgt die Anzahl der Schüler 28. Bei einer Aufteilung der Schüler in die vier Abteilungen bedeutet dies eine Gruppengröße von sieben Schülern. Diese Gruppengröße ist bei den gestellten Arbeitsaufträgen für eine effektive Bearbeitung zu hoch.[407] Hinzu kommt, dass die integrierten Fachunterrichtsräume an der Städtischen Berufsschule für Kommunikationselektronik nur für 24 Schüler ausgelegt sind, was bei den Klassen mit 28 Schülern dazu führt, dass nicht für jeden Schüler ein eigener Arbeitsplatz zur Verfügung steht.

Ein weiterer Grund für die von Schüler geäußerte Kritik hängt mit dem Bezug zwischen den gestellten Arbeitsaufträgen und den Inhalten ihrer beruflichen Ausbildung zusammen. Dieser Berufsbezug ist nicht bei allen Schülern gegeben, da sich die Tätigkeiten, bzw. Lerninhalte in den Ausbildungsbetrieben massiv unterscheiden. Dies erschwert diesen Schülern das Verständnis der Arbeitsaufträge und wirkt sich negativ auf die Motivation aus. Diese zu wenig detailliert formulierten Arbeitsaufträge führen in Verbindung mit einem heterogenen Leistungsniveau in der Klasse und dem fehlenden Berufsbezug dazu, dass einige Schüler die Aufgabenstellung nicht verstehen, bzw. nicht wissen, wie sie vorgehen sollen. Da jedoch die Schüler für die Bearbeitung der Arbeitsaufträge häufig auf die Arbeitsergebnisse der anderen Teams angewiesen sind, entstehen so Wartezeiten bei der Bearbeitung. Die Analyse der Bearbeitung zeigt zudem, dass die Kommunikation über das Netzwerk teilweise defizitär ist. So werden beispielsweise Anfragen anderer Abteilungen ignoriert oder erst sehr spät beantwortet. Auch dies führt zu Wartezeiten für die Schülerteams, die auf die Informationen angewiesen sind und wirkt sich negativ auf die Motivation der Schüler aus.

Als Folge dieser angeführten Zusammenhänge kann beobachtet werden, dass sich einige Schüler nach einer gewissen Zeit nicht mit der Bearbeitung der Aufgabenstellung beschäftigen, sondern sich mit Tätigkeiten befassen, die keinen Bezug zu den gestellten Arbeitsaufträgen aufweisen. Zumeist ‚surfen' diese Schüler im Internet. Vereinzelt kommt es auch vor, dass Schüler Störungen am eingesetzten Netzwerk mutwillig herbeiführen. Neben den bereits angeführten Gründen kann dies auch darauf zurückgeführt werden, dass es Schüler in den Ausbildungsberufe im Informations- und Telekommunikationsbereich gibt, die es als eine Art Herausforderung betrachten, ein bestehendes Computernetzwerk auf die ‚Stabilität' zu testen und zu manipulieren.

[407] Vgl. Heimerer, Schelten, Schiessl 1996, S. 194. Empfehlungen aus dem Modellversuch „FügrU" zur Größe von Arbeitsgruppen; siehe auch Kapitel 12.1: Technische und organisatorische Folgerungen

Sehr eindeutig sind die Aussagen der Schüler zum selbstgesteuerten Lernen. Dieses wird von nahezu allen Schülern begrüßt. Die Möglichkeit, Lerntempo und Lernweg selbst bestimmen zu können, wirke sich auch positiv auf den Lernerfolg aus, so die Meinung der Schüler.[408] Diesen positiven Äußerungen zum selbstgesteuerten Lernen steht die von den Schülern geäußerte Kritik an den Arbeitsaufträgen gegenüber. Die Schüler begrüßen es auf der einen Seite, den Lernweg selbst bestimmen zu können, kritisieren jedoch die Arbeitsaufträge mit dem Argument, dass sie zu wenig detailliert ausgeführt seien.

Die Teamarbeit an sich wird von den Schülern ebenfalls grundsätzlich positiv beurteilt. Auch sie habe einen positiven Einfluss auf den Lernerfolg, so die Aussagen von vielen Schülern. Die Zusammenarbeit innerhalb der Arbeitsgruppen und der Modellfirma in dem untersuchten Unterricht wird jedoch von einigen Schülern kritisiert. Schüler, die diese Kritikpunkte anführen, scheinen motiviert, fühlen sich jedoch von dem Verhalten einiger Mitschüler gestört oder gebremst. Sie wünschen sich, dass in dem Unterricht mehr Inhalte vermittelt werden. Von dem Lehrer erwarten sie, dass er bei Unterrichtsstörungen, verursacht von den weniger motivierten Schülern, stärker durchgreifen soll.

Beim Vergleich mit einem ‚herkömmlichen Unterricht' schätzen die Schüler den Lernerfolg des untersuchten Unterrichts mehrheitlich negativ ein.[409] Auch hier können viele negative Aussagen auf die Aufgabenstellung und die Arbeitsaufträge zurückgeführt werden, die nicht von allen Schülern verstanden werden. Weiterhin scheint es, dass einige Schüler einen Lernerfolg mit dem erworbenen Fachwissen gleichsetzen. Wichtige Ziele des Unterrichtsprojektes sind jedoch auch die Förderung von Methoden- und Sozialkompetenz. So legt der Unterricht unter anderem großen Wert auf das selbstständige Vorgehen bei der Informationsgewinnung, bei der Auswahl und Dokumentation der Daten, auf die Präsentation der Ergebnisse und auf die Zusammenarbeit der Schüler in den Teams. Diese Unterrichtsziele werden nicht von allen Schülern erkannt oder akzeptiert. Dies kann auch damit zusammenhängen, dass der untersuchte Unterricht für die meisten Schüler neu ist. Er steht in vielen Punkten im Gegensatz zu einem instruktionsorientierten, lehrerzentrierten und für sie gewohnten Unterricht. Ein weiterer Grund liegt vermutlich auch darin, dass sich die Abschlussprüfungen in den IT-Berufen (bisher) zu wenig auf die oben angeführten Kompetenzen beziehen und fast ausschließlich Fachwissen abprüfen.[410]

---

[408] Auch in dem Modellversuch „Einsatz computerunterstützter Lernprogramme (CBT) in beruflichen Schulen" (siehe Kapitel 4.2) und in der Gesamtevaluation des Modellversuchs „Multimedia und Telekommunikation an beruflichen Schulen" (Kapitel 5.4) wird von den befragten Schülern begrüßt, dass sie Lernweg und Lerntempo selbst bestimmen können.

[409] Aus den Äußerungen der Schüler kann nicht eindeutig geschlossen werden, ob sie einen Zusammenhang zwischen dem Lernerfolg und dem Einsatz eines Personalcomputers im Unterricht sehen. Vgl. hierzu Untersuchungen zur Lernwirksamkeit im Kapitel 4.1

[410] Nach erheblicher Kritik von Seiten der Schüler, der Lehrer und der Industrie hat sich die Struktur der beruflichen Abschlussprüfungen verändert. In der neueren Form der von den Kammern durchgeführten Prüfung müssen nun ganzheitliche Aufgaben oder eine betriebliche Projektarbeit durchgeführt werden. Zur Konzeption der Abschlussprüfungen vgl. BIBB: Infos zur Abschlußprüfung in den IT-Berufen. Siehe http://www.bibb.de/forum/itberufe/pruefung.htm (02.09.02).

Für die Schüler ungewohnt ist auch die beratende Rolle des Lehrers. Er steht zwar für Fragen der Schüler zur Verfügung, greift aber ansonsten kaum in den Ablauf des Unterrichts ein und hält sich weitgehend zurück. Nur zu Beginn einer Unterrichtseinheit werden von ihm organisatorische Details besprochen (z.B. Rotation der einzelnen Geschäftsabteilungen). Aus einigen Äußerungen der Schüler wird deutlich, dass sie sich von ihm mehr Instruktionen, häufigere Leistungskontrollen und ein, wie oben bereits genannt, stärkeres Durchgreifen bei Disziplinproblemen wünschen.

Die Lerninhalte der Aufgabenstellung können in den beobachteten Unterrichtseinheiten zum größten Teil mit Hilfe der Unterrichtssoftware „MultiSkop-Trainer" erarbeitet werden. Laut Aussage des unterrichtenden Lehrers ermöglicht die Software eine innere Differenzierung, die bei den heterogenen Klassen sehr wichtig ist. Leistungsstarke Schüler können in dem Programm Inhalte aufrufen, die über die Aufgabenstellung hinausgehen, leistungsschwächere profitieren von den unterschiedlichen Darstellungen der Software.[411] Von den befragten Schülern hingegen wird das Programm stark kritisiert. Die vielen negativen Äußerungen, welche sich auf die Bedienung und Gliederung des Programms beziehen, sind in hohem Maße auf die fehlende systematische Einführung der Software im Unterricht zurück zu führen. Die Schüler, so ein Ziel des Unterrichts, sollen sich im Sinne eines lernenden Unternehmens, den Aufbau und die Inhalte des Programms selbstständig erschließen. Die Beobachtungen und die Befragungen zeigen, dass bei dieser selbstständigen Einarbeitung viele Möglichkeiten und Inhalte der Unterrichtssoftware von den Schülern nicht ‚entdeckt' werden. Wie die weiteren Unterrichtsbeobachtungen zeigen, steigt nach einer gründlichen Hinführung der Schüler in den Aufbau und die Möglichkeiten der Software die Akzeptanz erheblich an.[412]

Zusammenfassend kann festgestellt werden, dass trotz der angeführten Kritikpunkte das Unterrichtsprojekt grundsätzlich geeignet ist, die angestrebten Unterrichtsziele zu vermitteln. Die Schüler planen, installieren und dokumentieren ein einfaches IT-System. Sie durchlaufen dabei die einzelnen Abteilungen einer Modellfirma und lernen so einen vollständigen Geschäftsprozess kennen. Die Bearbeitung der Arbeitsaufträge erfolgt weitgehend selbstständig. Die Lerninhalte werden vor allem mit Hilfe einer Unterrichtssoftware und mit Informationen aus dem Internet erschlossen. Neben dem Fachwissen werden in dem Unterricht auch Methoden- und Sozialkompetenzen gefördert. Die von den Schülern angesprochenen Kritikpunkte und die Ergebnisse aus den weiteren Erhebungen zeigen Verbesserungsmöglichkeiten auf, die zu einer höheren Akzeptanz des Unterrichts bei den Schülern führen, bzw. führen könnten.

Nach einer ersten Auswertungen der erhobenen Daten wurden verschiedene Änderungen am Unterrichtsprojekt vorgenommen:[413] Die Arbeitsaufträge wurden verändert und detaillierter formuliert. Durch eine Aufteilung der Klasse in zwei Modellfirmen halbiert sich die Anzahl der Schüler in den einzelnen Abteilungen. Das Programm „MultiSkop-Trainer" wurde zu Beginn des Schuljahres systematisch mit allen Möglichkeiten vorgestellt und die Bedienung

---

[411] Siehe auch Kapitel 11.2: Beurteilung der Schülervorgehens in der Teiluntersuchung B

[412] Vgl. auch Umgang mit bzw. Beurteilung der Unterrichtssoftware in der Teiluntersuchung B (Kapitel 10.2.5.8 und 10.2.5.9).

[413] Vgl. hierzu Kapitel 12: Folgerungen aus den gewonnenen Erkenntnissen

eingeübt. Das eingesetzte Netzwerk läuft nach verschiedenen Modifikationen inzwischen weitgehend stabil. Wie die nachfolgend durchgeführten teilnehmenden Beobachtungen zeigen, wirken sich diese Änderungen positiv auf den Ablauf der Unterrichtseinheit und erheblich auf die Akzeptanz des Unterrichts bei den Schülern aus.

11.2 Beurteilung der Ergebnisse der Teiluntersuchung B

Im Gegensatz zur Teiluntersuchung A, die ein komplexes Unterrichtsprojekt betrachtet und dabei möglichst vielfältige Aspekte dieses Unterrichts untersucht, evaluiert Teiluntersuchung B die individuellen Lernwege der Schüler beim Bearbeiten einer zweistündigen Lerneinheit.[414] Detailliert und tiefgehend wird untersucht, wie die Schüler beim Bearbeiten einer Lerneinheit mit Hilfe eines Computers und einer Lernsoftware vorgehen.[415] Lerninhalt der Teiluntersuchung B sind Grundlagen der Digitaltechnik. Diese sollen von den Schülern selbstständig erarbeitet und in eine Schaltung umgesetzt werden. Für die Informationsgewinnung und den virtuellen Aufbau der Schaltung steht den Schülern wie in der Teiluntersuchung A die Unterrichtssoftware „MultiSkop-Trainer“ zur Verfügung. Die Bearbeitung der Lernstrecke erfolgt in Partnerarbeit.[416]

Wie die Ergebnisse aus Kapitel 10.2 zeigen, ist die für die Teiluntersuchung B erstellte Lernstrecke geeignet, die angestrebten Lernziele zu vermitteln. Die Untersuchung zeigt, wie die Schüler beim Bearbeiten einer Lerneinheit mit Hilfe einer Unterrichtssoftware vorgehen und welche Phänomene dabei auftreten. Aus den Ergebnissen lassen sich Folgerungen für die erstellte Lernstrecke aber auch allgemein für einen computerunterstützten Unterricht ableiten.[417]

In einem ersten Arbeitsauftrag sollen die Schüler mit Hilfe der Unterrichtssoftware die Funktionen der logischen Grundverknüpfungen (UND, ODER, NICHT) erarbeiten. Dabei greifen sie auf unterschiedliche Werkzeuge des Programms zu und lösen die Aufgabenstellung zumeist gut. Mit Ausnahme von einer Gruppe gelingt es allen Schülerpaaren, diese erarbeiteten Lerninhalte in eine funktionierende elektronische Schaltung umzusetzen.[418] In der nach der Bearbeitung durchgeführten Befragung können nahezu alle Schüler die Fragen zu den Grundlagen der Digitaltechnik und zu den binären Verknüpfungen richtig beantworten. Diese erfolgreiche Bearbeitung der ersten Teilaufgabe (Aufgabe 1 bis 2.6)[419] mit der guten Umsetzung der erarbeiteten Grundlagen in eine simulierte Schaltung und den weitgehend korrekt beantworteten Kontrollfragen ist auch auf die unterschiedliche Darstellung der Lerninhalte in den Werkzeugen der Unterrichtssoftware zurück zu führen. Hier kommt eine Stärke

---

[414] Die Lernstrecke wurde für eine maximale Bearbeitungszeit von drei Schulstunden konzipiert (vgl. Kapitel 9.1.1). Die tatsächlichen Bearbeitungszeiten für die Lernstrecke variierten zwischen 42 und 108 Minuten. Die durchschnittliche Bearbeitungszeit betrug 70 Minuten.

[415] Vgl. Kapitel 2: Fragestellung und Aufbau der Arbeit und Kapitel 9.1: Untersuchungsstrecke der Teiluntersuchung B

[416] Vgl. Kapitel 9.1: Ausführliche Beschreibung der Untersuchungsstrecke mit den Lernzielen

[417] Vgl. Kapitel 12: Folgerungen aus den gewonnenen Erkenntnissen

[418] Beschreibung der Aufgabenstellung siehe Kapitel 9.1.3 und Anhang S. 293 f.

[419] Ebd.

einer multimedialen Darstellung zum Tragen, welche die Schüler für die Bearbeitung nutzen.[420] Sind die aufgerufen Informationen für die Schüler unverständlich oder nicht ausreichend, ziehen sie weitere Informationen aus der Unterrichtsoftware heran, oder rufen andere Darstellungen auf (z.B. verbale Beschreibung der Bauelementefunktion, Animation der Bauelementefunktion, Arbeitstabelle oder Zeitablaufdiagramm).

Schwierigkeiten hingegen bereitet den Schülern die Teilaufgabe 2.7 der Lernstrecke. Hier sollen die Schüler das Verhalten eines binären Gatters aus der TTL-Baureihe bei einem offenen Eingang korrekt erläutern.[421] Dies gelingt nur sieben der 14 Schülerpaare. Drei der sieben erfolgreichen Teams kommen durch eine korrekte Interpretation der durchgeführten Simulationen auf das richtige Ergebnis. Die anderen vier Gruppen lösen die Aufgabenstellung, weil sie diesen Zusammenhang bereits kennen. Die Simulation der Funktion dient diesen Gruppen nur zur Bestätigung ihres Vorwissens. Die anderen sieben Gruppen kommen, obwohl sie die Aufgabenstellung verstanden haben, zu keiner richtigen Lösung. Die Analyse des Lösungsvorgehens zeigt, dass die Schüler häufig an ihren einmal aufgestellten Thesen festhalten und diese auch durch abweichende Ergebnisse der Simulation nicht revidieren. Statt dessen werden divergente Ergebnisse aus den durchgeführten Simulationen so interpretiert, dass sie der einmal aufgestellten These nicht widersprechen.[422] Ein Grund für die Schwierigkeiten der Schüler, das Verhalten eines TTL-IC´s bei offenem Eingang korrekt zu beschreiben, liegt vermutlich in der reduzierten Darstellung der Bauelemente im Werkzeug „Schaltungstrainer“. Um die Schaltung übersichtlicher zu halten, werden die Betriebsspannungen bei den einzelnen Gattern nicht eingezeichnet.[423] Für die Schüler, welche diese reduzierte Darstellung nicht erkennen, scheint das Ergebnis der Simulation nicht nachvollziehbar.

Fehler, die von den Schülern ansonsten in das Arbeitsheft eingetragen werden, lassen sich zumeist auf eine flüchtige, oberflächliche Bearbeitung der Aufgabenstellung zurückführen.[424] So übernehmen einige Gruppen falsche Inhalte aus den Werkzeugen der Unterrichtssoftware oder fügen Inhalte an falschen Stellen im Arbeitsheft ein. Außerdem werden einige Tabellen nicht korrekt ausgefüllt. Sehr oft wird die Anzahl der Eingänge bei einer NICHT-Verknüpfung falsch eingetragen. Häufig hängt diese oberflächliche Bearbeitung auch mit den Kopiermöglichkeiten der Software zusammen. So können Inhalte aus der Software einfach per ‚Mausklick’ übernommen werden. Trotz diesen Fehlern im Arbeitsheft können die meisten Schüler in dem nach der Bearbeitung stattfindenden Interview die Fragen zu diesen

---

[420] Vgl. Kapitel 3.3.4: Anschaulichkeit eines computerunterstützten Lernens

[421] Beschreibung der Aufgabenstellung siehe Kapitel 9.1.3 und Anhang S. 293 f.

[422] Vgl. Kapitel 4.2: Auch in der Studie „Patterns of understanding with open-ended learning environments: A qualitative Study“ von Hannafin zeigt sich, dass Lernende nur schwerlich von einer von ihnen einmal aufgestellten Theorie abweichen. Dies trifft auch dann zu, wenn die Ergebnisse widersprüchlich sind.

[423] Vgl. Kapitel 6.3.4: Beschreibung der Unterrichtssoftware „MultiSkop-Trainer“ und Kapitel 3.3.3: Grundformen von Lernprogrammen: Bei der Beschreibung von Simulationen wird die didaktische Reduktion als Vorteil einer Simulation gegenüber einem Realexperiment gesehen. Dies steht im Widerspruch zu obiger Aussage. Entscheidend ist der Reduktionsgrad.

[424] Auch Hofmann stellte fest, dass Schüler bei einem rechnerbasierten Lernsystem die Lerninhalte häufig sehr oberflächlich bearbeiten. Vgl. Kapitel 5.4: Ergebnisse des Modellversuchs „Multimedia und Telekommunikation an beruflichen Schulen“.

Lerninhalten korrekt beantworten. Dies bedeutet, dass diese Schüler die Lerninhalte verstehen, das Arbeitsheft hingegen nur sehr flüchtig und teilweise unvollständig bearbeiten.

Umgekehrt kann aus einem korrekten Eintrag im Arbeitsheft jedoch nicht automatisch darauf geschlossen werden, dass dieser Lerninhalt von den Schülern auch verstanden wird. Dies zeigt sich insbesondere bei dem Erstellen der Kontrollschaltung. Die Analyse des Lösungsvorgehens zeigt, dass vier Schülerteams ausschließlich durch Ausprobieren zu einer korrekten Lösung gelangen. Dabei wird von ihnen eine Schaltung so lange variiert, bis die Simulation eine funktionierende Schaltungsfunktion bestätigt. Auch die anschließenden Lernzielkontrollfragen zeigen, dass diese Gruppen die Schaltungsfunktion nicht vollständig verstehen. Diese ‚Vorliebe' für ein Vorgehen durch Ausprobieren wird durch die Aussage eines Schülers besonders deutlich: „... weil bei Computern, da kann mir jemand sagen was er will, durch Spielen bekommt man am meisten raus."[425] Weiterhin geht aus einem korrekten Löungseintrag im Arbeitsheft nicht hervor, ob beide Schüler einer Gruppe die Lerninhalte verstanden haben. So kann bei mehreren Gruppen beobachtet werden, dass sich Schüler in der Phase der Erarbeitung oder in dem Interview den Äußerungen ihrer Partner anschließen, ohne dass sie den Zusammenhang verstanden haben.

Die Zeiten für die Bearbeitung der Arbeitsaufträge variieren innerhalb der Gruppen erheblich. So benötigen die ‚langsamen' Gruppen gegenüber den ‚schnellsten' Gruppen mehr als doppelt so lange. Diese großen zeitlichen Unterschiede sind bei allen Lernabschnitten feststellbar und lassen sich hauptsächlich auf folgende Gründe zurückführen: Insbesondere im ersten Lernabschnitt werden von einigen Gruppen neben den gesuchten Informationen auch weitere aufgerufen, die keinen oder nur einen geringen Zusammenhang mit der Aufgabenstellung aufweisen. Ein weiterer Grund für die stark differierenden Zeiten für die Bearbeitung liegt in dem Vorwissen der Schüler. Dieses ist sehr unterschiedlich, was sich vor allem bei der Bearbeitung der Teilaufgabe 2.7 zeigt. Vier Gruppen lösen die Teilaufgabe sehr schnell, da ihnen der Zusammenhang bereits bekannt ist. Das Arbeitsheft wird von den einzelnen Gruppen sehr unterschiedlich gestaltet. Auch dies ist, neben der Bedienung der Unterrichtssoftware ein Grund für die unterschiedlichen Bearbeitungszeiten. Beim Umgang mit dem eingesetzten Programm unterscheiden sich die Gruppen erheblich. Eine effiziente Bedienung zeigt sich beispielsweise bei dem Umgang mit den Such- und Kopierfunktionen der Unterrichtssoftware.

Die Motivation der meisten Schüler während der gesamten Lerneinheit ist hoch. Dies zeigt sich auch daran, dass fast alle Gruppen die Arbeitsaufträge vollständig bearbeiten. Zwei Gruppen erstellen neben einer ersten noch eine zweite korrekte Lösung für die Kontrollschaltung. In dem nach der Bearbeitung stattfindenden Interview sind die Äußerungen der Schüler zur erstellten Lernstrecke größtenteils positiv. Besonders häufig führen sie an, dass sie es begrüßen, Lernweg und Lerntempo selbst bestimmt zu können und dass mit der Software Schaltungen virtuell erstellt und simuliert werden können. Auch die Arbeitsaufträge werden von den Schülern insgesamt gut beurteilt. Sie seien klar und eindeutig. Drei Schülergruppen bezeichnen die Aufgabenstellung als zu leicht. Die hohe Motivation wird insbesondere beim Erstellen und Simulieren der Kontrollschaltung mit dem Schaltungstrainer deut-

[425] Aussage von Schüler A der Gruppe 11 im Interview

lich. Die Schüler versuchen zumeist ohne die Hilfe des Untersuchungsleiters eine Kontrollschaltung aufzubauen. Dabei auftretende Schwierigkeiten versuchen sie mit sehr viel Geduld selbstständig zu lösen. Auf die Frage, warum sie den Untersuchungsleiter bei Problemen nicht öfter hinzugezogen haben, antworten diese Schüler, dass sie die Schaltung selbst erstellen wollten.[426]

Die Fragen, die an den Untersuchungsleiter gestellt werden, beziehen sich zumeist auf die Aufgabenstellung mit den vorgegebenen Bauelementen und auf die Bedienung der Unterrichtssoftware. So scheint vielen Schülern der Begriff des Anschlussschemas nicht geläufig zu sein. Bei der Bedienung des Programms haben einige Schüler Schwierigkeiten mit der Kopierfunktion und mit dem Verbinden von Bauelementen im Schaltungstrainer.[427] Verständnisfragen zu den Lerninhalten hingegen stellen die Schülern kaum. Dies zeigt, dass die Software die Zusammenhänge für die Schüler verständlich darstellt, bzw. bestätigt, dass die Schüler versuchen, inhaltliche Fragen und Zusammenhänge selbstständig zu lösen.[428] Über die gesamte Lernstrecke betrachtet zeigt sich, dass die Unterstützung des Untersuchungsleiters von den Gruppen sehr unterschiedlich in Anspruch genommen wird. Einige Schüler wenden sich schnell an ihn, andere hingegen versuchen alles selbstständig zu lösen. Der Untersuchungsleiter gibt drei Gruppen Hinweise, die für die weitere Bearbeitung der Lernstrecke verlaufsentscheidend sind. Die Hinweise erfolgen dann, wenn für ihn erkennbar ist, dass die Schüler nach wiederholten erfolglosen Versuchen nicht in einem vertretbaren zeitlichen Rahmen zu einer korrekten Lösung gelangen.

Alle Schüler begrüßen die Arbeit im Team. In der Partnerarbeit ergänzen sich die Ideen und die Bearbeitung mache so mehr Spaß, so die generellen Aussagen der Befragten. Dies wird auch durch die Beobachtungen bestätigt. Insgesamt ist die Zusammenarbeit der Schüler gut. Vermutlich ist dies auch darauf zurückzuführen, dass sich die Gruppen durchwegs mit Schülern aus dem gleichen Ausbildungsbetrieb und mit einem ähnlichen Leistungsniveau gebildet haben.[429] Bei einigen Gruppen jedoch, wird trotz der positiven Aussagen der Schüler zur Teamarbeit, das Vorgehen stark von einem Schüler dominiert. Dies zeigt sich beispielsweise

---

[426] Vgl. Kapitel 4.2: Auch Müller (1997, S. 249 f.) stellt in der Untersuchung über den Einsatz von Simulationen im Unterricht fest, dass sich dieser positiv auf die Motivation der Schüler auswirkt. Die unterrichtenden Lehrer konnten zudem eine Steigerung der Schüleraktivitäten und der Schülerselbsttätigkeit beobachteten. Die positive Auswirkung auf die Motivation der Schüler durch den Neuigkeitseffekt der eingesetzten Medien treten bei den Berufen im IT-Bereich vermutlich weniger auf, da für Auszubildende dieser Berufsgruppe die Computerarbeit selbstverständlich und nicht ‚neu' ist.

[427] Vgl. Kapitel 6.3.4: Beschreibung der Unterrichtssoftware

[428] Auch in der Untersuchung von Adler findet eine Kommunikation mit dem Kursleiter vor allem bei organisatorischen Fragen statt. Inhaltliche Fragen versuchen die Schüler selbst zu lösen. Vgl. Kapitel 5.4: Ergebnisse des Modellversuchs

[429] Vgl. hierzu 9.2.2, 9.2.3 und 9.4.1: Vorbesprechung und Durchführung der Datenerhebung. Dies kann auch durch die Ergebnisse des Modellversuchs „Einführung der Fachrichtung Informations- und Kommunikationstechnologie am beruflichen Gymnasium" bestätigt werden. Die Wahl der Gruppenmitglieder machen die Schüler von freundschaftlichen Bindungen und von einem ähnlichen Leistungsniveau abhängig. Vgl. Kapitel 4.3: Laufende inhaltsähnliche Untersuchungen

daran, dass die Bedienung von Tastatur und Maus, oder der Lernweg bzw. das Lerntempo von einem Schüler dominiert wird.[430]

Das Programm „MultiSkop-Trainer" wird von den meisten Schülergruppen zielgerichtet verwendet. Die Schüler scheinen mit den Möglichkeiten des Programms weitgehend vertraut. Die Schwierigkeiten, die bei der Anwendung des Programms auftreten, liegen vor allem in der Bedienung des Schaltungstrainers[431] und bei der Suche nach geeigneten Informationen in dem Programm, bzw. wie diese in das Arbeitsheft übernommen werden können (Kopiermöglichkeiten). Die Werkzeuge zur Informationsgewinnung werden zumeist so eingesetzt, wie in der Aufgabenstellung vorgeschlagen. Bei Unklarheiten ziehen einige Schüler zuerst das Werkzeug „Lexikon" heran. Teilweise rufen die Schüler neben den gesuchten Informationen noch weitere Seiten mit ähnlichen Inhalten auf. Diese Inhalte werden aber größtenteils nur überflogen. Dies gilt auch für die im Arbeitsheft. Auch diese Inhalte[432] werden häufig nur flüchtig gelesen. In der anschließenden Befragung kann beispielsweise kein Schüler die Verwendung von Bauelementen in CMOS-Technik wiedergeben, obwohl dies im Arbeitsheft beschrieben ist und von einigen Schülern zusätzliche Informationen zu diesem Thema in der Software aufgerufen wurden.

Die Möglichkeit, Informationen zu kopieren, setzen die Schüler sehr häufig ein. Finden die Schüler geeignete Inhalte in den Werkzeugen der Unterrichtssoftware, dann werden diese zumeist kopiert und anschließend in das Arbeitsheft übertragen. Dies sei bequemer, so die Aussagen der Schüler, als Zusammenhänge selbst zu formulieren. Vier Gruppen hingegen formulieren Passagen selbst. Sie begründen dieses Vorgehen, dass sie sich die Inhalte so besser merken können. Durch die Kopiermöglichkeiten der Software übernehmen einige Gruppen mehr Informationen, als in der Aufgabenstellung gefordert. Da sie auch diese Inhalte teilweise nur flüchtig lesen, führt dies dazu, dass die Schüler überflüssige oder falsche Angaben kopieren oder identische Inhalte doppelt einfügen.

In den Fragen zur Unterrichtssoftware äußern sich die Schüler kontrovers, aber insgesamt positiver über das eingesetzte Programm als in der Teiluntersuchung A. Eindeutig positiv sehen die Befragten die Möglichkeit, Schaltungen aufbauen und die Funktion simulieren zu können. Drei Gruppen skizzieren jedoch die Schaltung zuerst auf Papier, da dies nach ihren Aussagen schneller, unkomplizierter und für sie gewohnter sei. Die negativen Äußerungen, welche die Schüler im Zusammenhang mit der Bedienung des Programms äußern, hängen vor allem mit den Schwierigkeiten beim Verbinden von Bauelementen und mit den in der Software verwendeten Abkürzungen zusammen. Umfang und Qualität der in der Software bereitgestellten Informationen werden von den Schülern mehrheitlich positiv beurteilt.

[430] Vgl. Kapitel 4.2: Untersuchungen über soziale Auswirkungen eines CUL: Bei einer gemeinsamen Bearbeitung von Lerninhalten mit einem Computer nimmt häufig ein Schüler eine dominate Rolle ein. Dies kann auch zu einem aggressiven Verhalten führen.

[431] Z.B. bei dem Problem einer ‚kalten Lötstelle'. Vgl. Kapitel 6.3.4: Beschreibung der eingesetzten Lernsoftware

[432] Neben der Aufgabenstellung mit den Arbeitsaufträgen sind dies auch fachliche Informationen. Arbeitsheft siehe Anhang S. 304 f.

11.3 Zusammenfassende Beurteilung

Beiden untersuchten Unterrichtsvorhaben (Teiluntersuchung A und B) ist gemeinsam, dass sich die Schüler Lerninhalte mit Hilfe eines Personalcomputers und einer Lernsoftware erarbeiten. Beide Lernstrecken orientieren sich an einer konstruktivistischen Auffassung von Lehren und Lernen. Die Prozessmerkmale für eine moderate Form eines konstruktivistischen Unterrichts werden weitgehend eingelöst:[433] So ist die Rolle der Lernenden in beiden untersuchten Unterrichtseinheiten aktiv. Die Schüler können weitgehend selbstständig Lernweg und Lerntempo bestimmen. Der Lehrer in der Teiluntersuchung A und der der Untersuchungsleiter in der Teiluntersuchung B nehmen eine unterstützende Rolle ein. Sie sind nicht Wissensvermittler wie in einem instruktionsorientierten Unterricht („Frontalunterricht"), sondern stehen den Schülern beratend zur Seite. Die Motivation der Lernenden ist vor allem bei der Bearbeitung der Lernstrecke der Teiluntersuchung B sehr hoch. In beiden Unterrichtsvorhaben sind unterschiedliche Lösungen und Lösungswege möglich. Die Aufgabenstellungen beziehen sich auf die berufliche Tätigkeit der Lernenden.[434] Sie werden mit Leittexten und Arbeitsblättern vorgegeben. Die Bearbeitung findet in Partner- oder Gruppenarbeit statt. In der Untersuchung A erfolgt die Bearbeitung in Gruppen, die entsprechend den einzelnen Abteilungen einer Modellfirma gebildet werden. In der Teiluntersuchung B wird die Lernstrecke in Partnerarbeit bearbeitet.

Neben diesen Gemeinsamkeiten unterscheiden sich die Unterrichtsvorhaben der beiden Teiluntersuchungen A und B vor allem in folgenden Punkten: Untersuchung A betrachtet ein sehr komplexes Unterrichtsprojekt, das sich auf mehrere Wochen erstreckt. Die Lerninhalte beziehen sich stark auf die Geschäftsprozesse einer (Modell)Firma. Teiluntersuchung B hingegen ist auf eine Bearbeitung der Aufgabenstellung von maximal drei Schulstunden ausgelegt. Lerninhalt der für die Teiluntersuchung B erstellten Lernstrecke sind Grundlagen der Digitaltechnik. Im Vergleich zu den Arbeitsaufträgen der Teiluntersuchung A sind die Arbeitsaufträge der Untersuchung B so gestaltet, dass die Schüler stärker geführt werden. Die Gruppengröße beträgt bei Teiluntersuchung A sechs oder sieben Schüler. Die Bearbeitung der Lernstrecke der Teiluntersuchung B erfolgt in Partnerarbeit.

Im Folgenden werden einige Ergebnisse der beiden Teiluntersuchungen A und B zusammen geführt.

---

[433] Vgl. Kapitel 3.1.3: Beschreibung von Merkmalen einer konstruktivistischen Auffassung von Lernen und Lehren

[434] Vgl. Kapitel 10.1.2.4 und 11.1: In der Teiluntersuchung A wird der Berufsbezug von einigen Schülern kritisiert

Eine sehr hohe Übereinstimmung besteht in den Schüleraussagen aus den beiden Teiluntersuchungen zum selbstgesteuerten Lernen und zur Zusammenarbeit im Team.[435] Sowohl bei der Untersuchung des Unterrichtsprojektes als auch bei der Analyse der individuellen Lernwege begrüßen es die Schüler eindeutig, Lernweg und Lerntempo selbst bestimmen zu können. Die Bedeutung eines selbstständigen Arbeitens und der Partner- oder Gruppenarbeit scheint allen Schüler auch aus der betrieblichen Ausbildung klar zu sein. In der Teiluntersuchung A ist die Frage nach der Gruppenarbeit weiter gefasst und bezieht auch die Aufteilung der Klasse in die Abteilungen einer Modellfirma mit ein. Die Schüler sehen einen positiven Einfluss der Gruppenarbeit auf den Lernerfolg und weisen auf die Bedeutung der Gruppenarbeit für die berufliche Praxis hin. Auch in der Teiluntersuchung B sagen die Schüler aus, dass sich die Partnerarbeit positiv auf die Motivation und auf den Lernerfolg auswirke. Die beobachtete Zusammenarbeit der Schüler ist in der Teiluntersuchung B besser als in der Teiluntersuchung A. Dies liegt vor allem an den Arbeitsaufträgen und an der Größe der Gruppen. Die Arbeitsaufträge sind in der Teiluntersuchung B detaillierter gestellt und die Schüler bearbeiten die Lernstrecke in Partnerarbeit. In beiden Unterrichtsprojekten konnten sich die Schüler ihre/ihren Partner selbst auswählen. Sie machten diese Wahl vor allem von dem gemeinsamen Ausbildungsbetrieb und einem ähnlichen Leistungsniveau abhängig. Einige Aussagen der Schüler in der Untersuchung A weisen neben den überwiegend positiven Argumenten zur Partner- bzw. Gruppenarbeit auch darauf hin, dass einigen Mitschülern die Fähigkeit zur Teamarbeit fehle.

Abgesehen von dieser guten Beurteilung des selbstgesteuerten Lernens und der Teamarbeit in beiden Teiluntersuchungen, sind die Aussagen der Schüler in den beiden Teiluntersuchungen sehr unterschiedlich. Dies wird insbesondere bei der Frage nach der Motivation und der Beurteilung der eingesetzten Unterrichtssoftware deutlich. Insgesamt sehen die Schüler die Unterrichtseinheit der Teiluntersuchung A kritischer, als die für die Untersuchung B erstellte Lernstrecke. Die häufigsten Kritikpunkte, die von den Schülern in der Teiluntersuchung A genannt werden, beziehen sich auf die Arbeitsaufträge und auf die Gruppengröße, bzw. sind auf diese beiden Aspekte zurück zu führen. Die Arbeitsaufträge seien zu komplex und die Aufgabenstellung sei nicht detailliert genug formuliert. Diese Kritik wird durch die teilnehmenden Beobachtungen bestätigt. Einige Schüler scheinen nicht zu wissen, welchen Arbeitsauftrag sie bearbeiten sollen und wie sie dabei vorgehen sollen. Eine Folge davon ist, dass sich diese Schüler häufig nicht an einer gemeinsamen Lösung beteiligen und sich mit unterrichtsfremden Inhalten beschäftigen, die keinen Bezug zu der Aufgabenstellung aufwei-

---

[435] Vgl. Kapitel 4.2: Ergebnisse aus den Modellversuchen „Einsatz computerunterstützter Lernprogramme (CBT) in beruflichen Schulen" und „Multimedia-Schule - Öffnung des Unterrichts für selbstorganisiertes Lernen mit Medien, Informations- und Kommunikationstechnologien" bestätigen, dass der Einsatz eines Computers im Unterricht für die meisten Schüler motivierend wirkt. Bei den Vorteilen eines computerunterstützen Unterrichts wurden von den Schülern besonders häufig die Möglichkeit des selbstgesteuerten Lernens und die Darstellungsmöglichkeiten der Programme genannt. Die Mehrheit, der in dem Modellversuch „Multimedia-Schule - Öffnung des Unterrichts für selbstorganisiertes Lernen mit Medien, Informations- und Kommunikationstechnologien" befragten Lehrer nennt die Fähigkeit zur Zusammenarbeit und Teamarbeit die wichtigste soziale Kompetenz für Schüler im Umgang mit den neuen Medien. Auch Tenberg (ebenfalls Kapitel 4) stellt fest, dass der Einsatz eines Computers im Unterricht zumeist für die Schüler motivierend wirkt und dass sie diesem positiv gegenüber stehen. Vgl. auch: Kapitel 3.3.4: Möglichkeiten und Grenzen eines computerunterstützten Lernens

sen. Dieses Verhalten wird durch die Größe der Arbeitsteams in der Teiluntersuchung A (mindestens sechs Schüler) ‚begünstigt', da in größeren Gruppen eine soziale Kontrolle innerhalb der Gruppenmitglieder schwieriger ist. Hinzu kommt, dass nicht bei allen Schülern ein Bezug zwischen den Inhalten ihrer beruflichen Ausbildung und den Arbeitsaufträgen gegeben ist.

Die Lernstrecke der Teiluntersuchung B wird insgesamt sehr gut beurteilt. Dies zeigt sich vor allem an den positiven Äußerungen der Schüler zu den Arbeitsaufträgen, aber auch an der hohen Motivation, mit der sie diese bearbeiten. Das Lösungsvorgehen und die Befragung zeigen, dass die Arbeitsaufträge von den Schülern verstanden werden. Auch die Aussagen der Schüler zum Lernerfolg sind in der Teiluntersuchung B besser, als in der Teiluntersuchung A. Diese positive Einschätzung kann auf das Verständnis und den Umfang der Arbeitsaufträge bzw. die Bearbeitungsdauer,[436] oder auf die Zusammenarbeit der Schüler zurückgeführt werden. Aus den Ergebnissen der Teiluntersuchung A wird auch deutlich, dass einige Schüler einen Lernerfolg mit dem vermittelten Faktenwissen gleichsetzen. Dies ist jedoch nur ein Aspekt im beschriebenen Unterrichtsprojekt an der Städtischen Berufsschule für Informationstechnik. Die weiteren Ziele des Unterrichts, wie die Förderung von Methoden- und Sozialkompetenzen scheinen diesen Schülern nicht klar zu sein.

Beide Teiluntersuchungen untersuchen den Umgang der Schüler mit der eingesetzten Unterrichtssoftware und die Akzeptanz dieses Programms. Die Ergebnisse zeigen, dass die gestellten Arbeitsaufträge beider Unterrichtsvorhaben weitgehend mit Hilfe der Software „MultiSkop-Trainer" bearbeitet werden können. Die Beurteilung dieser Unterrichtssoftware fällt jedoch in den beiden Teiluntersuchungen sehr unterschiedlich aus. In der Teiluntersuchung A äußern sich die befragten Schüler sehr negativ über die Software. Sie kritisieren vor allem die Bedienung, den Aufbau und die Inhalte des Programms. Die später durchgeführten Beobachtungen der Teiluntersuchung A zeigen, dass die Akzeptanz der Software viel größer ist, wenn diese ausführlich in ihrem Aufbau und ihren Möglichkeiten erläutert wird. Dies wird durch die Ergebnisse der Teiluntersuchung B bestätigt. Die Beurteilung des Programms fällt hier im Vergleich zur Erhebung der Schülersicht in der Untersuchung A erheblich besser aus. Vermutlich kann diese bessere Bewertung neben den detaillierten Arbeitsaufträgen auf die systematische Einführung zurückgeführt werden. Da die Arbeitsaufträge auch Hinweise für die Verwendung der Software enthalten, können die Schüler das Programm weitgehend zielgerichtet einsetzen. Eindeutig positiv wird in der Teiluntersuchung B der Schaltungstrainer mit der Möglichkeit, Schaltungen selbst aufbauen und simulieren zu können, beurteilt. Laut Aussage des unterrichtenden Lehrers ist mit der Software eine innere Differenzierung möglich. Leistungsstarke Schüler können weitergehende Informationen aufrufen, leistungsschwächere profitieren durch die unterschiedlichen Darstellungen. Auch dies kann durch die Ergebnisse der Teiluntersuchung B bestätigt werden.

Vor allem die Ergebnisse der Teiluntersuchung A zeigen, dass der Einsatz eines Computers im Unterricht zu technisch bedingten Störungen führen kann. Im untersuchten Unterrichtsprojekt treten diese Störungen vor allem im Zusammenhang mit dem Computernetzwerk auf.

---

[436] Die Schüler erhalten bei der Lernstrecke der Teiluntersuchung B durch die Simulation der Schaltung sehr schnell eine Bestätigung, ob ihr Vorgehen korrekt ist.

Dies liegt nach Aussage des unterrichtenden Lehrers an dem komplexen Aufbau, aber auch an einer nicht ausreichenden Qualifikation der Lehrkräfte. Teilweise werden jedoch auch Störungen von den Schülern ‚mutwillig' herbeigeführt. Werden diese Fehler von dem Lehrer während des Unterrichts behoben, sofern dies möglich ist, steht er während dieser Zeit natürlich nicht für eine Betreuung der Schüler zur Verfügung.

Wie einige Aussagen der Schüler in der Teiluntersuchung A zeigen, haben diese Schüler Schwierigkeiten mit der veränderten Rolle des Lehrers. Sie äußern den Wunsch, der Lehrer möge bei Disziplinproblemen stärker durchgreifen, häufiger Leistungskontrollen durchführen und die Schüler fachlich mehr unterstützen. Auch in der Teiluntersuchung B hält sich der Untersuchungsleiter weitgehend zurück. Da die Bearbeitung der Lernstrecke immer nur von zwei Schülern vorgenommen wird, steht er diesen beiden immer für Fragen zur Verfügung. Dies wird von den Schülern der einzelnen Gruppen völlig unterschiedlich in Anspruch genommen. Manche Schülerpaare wenden sich sehr häufig an ihn, andere Gruppen hingegen gar nicht. Die häufigsten Fragen, die an ihn gestellt werden, gelten der Aufgabenstellung und der Bedienung der Software. Auffallend selten wird der Untersuchungsleiter während des Aufbaus der Schaltung befragt, was auf eine hohe intrinsische Motivation schließen lässt. Die Schüler argumentieren in dem Interview, dass sie die Kontrollschaltung selbstständig lösen wollten

.

12 Folgerungen aus den gewonnenen Erkenntnissen

Zwei Teiluntersuchungen evaluieren einen computerunterstützten Unterricht aus dem Berufsfeld der Informations- und Telekommunikationstechnik. Teiluntersuchung A betrachtet ein komplexes Unterrichtsprojekt, das sich über mehrere Unterrichtseinheiten erstreckt.[437] Teiluntersuchung B analysiert die individuellen Lernwege der Schüler beim Bearbeiten einer zweistündigen Unterrichtseinheit. Aus den Ergebnissen beider Teiluntersuchungen können Folgerungen und Konsequenzen für die Gestaltung eines computerunterstützten Unterrichts abgeleitet werden. Diese sind gegliedert in Empfehlungen, welche die technische Ausstattung und die allgemeine Organisation des Unterrichts betreffen (Kapitel 12.1), Folgerungen für die didaktische Gestaltung eines computerunterstützten Lehr-Lern-Arrangements (Kapitel 12.2) und Konsequenzen für die veränderte Rolle, bzw. die Aufgaben des Lehrers (Kapitel 12.3).[438] Abbildung 12-1 stellt diese Einteilung mit der Untergliederung graphisch dar. Viele der angeführten Folgerungen lassen sich über einen computerunterstützten Unterricht in den Berufen der Informations- und Telekommunikationstechnik hinaus auch auf weitere computerunterstützte Lehr-Lern-Arrangements übertragen.[439]

Folgerungen aus den gewonnenen Erkenntnissen		
12.1 Technisch organisatorische Folgerungen	**12.2 Didaktische Folgerungen**	**12.3 Folgerungen für die Rolle des Lehrers**
- Technische Ausstattung - Sozialform - Gruppenbildung - Klassengröße - Einführung der Software - Erläuterung der Unterrichtziele	- Selbstgesteuertes Lernen ermöglichen - Formulieren der Arbeitaufträge - Zeitpuffer vorsehen - Dokumentation der Lernarbeit	- Fachliche Expertise des Lehrers - Eingreifen des Lehrers in die Bearbeitung - Kontrolle und Sicherung des Lernfortschritts

Abbildung 12-1: Übersicht über die in diesem Kapitel angeführten Folgerungen aus den Ergebnissen der beiden Teiluntersuchungen.

---

[437] Erste Ergebnisse aus der Schülerbefragung und aus der teilnehmenden Beobachtung zeichneten sich bereits während der Laufzeit der Untersuchung ab. Sie führten zu Modifikationen an dem untersuchten Unterricht. Wie die Erhebungen zeigen, die nach diesen Veränderungen durchgeführt wurden, wirken sich diese Maßnahmen positiv auf die Akzeptanz des Unterrichtskonzeptes durch die Schüler aus. Vgl. hierzu Kapitel 11.1: Beurteilung der Ergebnisse der Teiluntersuchung A und Vögele 1999, S. 133 f.: Erste Ergebnisse und S. 135 f.: Interview mit Herrn StD Roos vom 29.09.1998

[438] Bei der Einteilung der Folgerungen in die drei angegebenen Kategorien treten auch Überschneidungen auf.

[439] Dies sind vorrangig (computerunterstützte) Unterrichtsvorhaben, die sich an einer konstruktivistischen Auffassung von Lernen und Lehren orientieren. Einige Äußerungen, z.B. zur Sozialform sind auch auf einen Unterricht übertragbar, in dem kein Computer eingesetzt wird.

In den meisten Lerngebieten der Ausbildungsberufe im IT-Bereich sind Computer, Betriebsystem, Software und Netzwerk sowohl Lerninhalt als auch Medien zur Unterstützung des Lehr-Lern-Arrangements. Bei diesen mediennahen Lerninhalten stellt sich deshalb die grundsätzliche Frage nicht, ob in einem Unterricht ein Computer mit Software eingesetzt werden soll.[440] Auch weitere grundsätzliche Überlegungen zum Einsatz eines Rechners im Unterricht wie Verfügbarkeit und Zugänglichkeit von Computern und Computerräumen, Voraussetzungen der Schüler für einen computerunterstützten Unterricht, Qualifizierung und Weiterbildung der Lehrkräfte etc. müssen in einem Unterricht in den Berufen der Informations- und Telekommunikationstechnik aus einem anderen Blickwinkel betrachtet werden.

Generell gilt, dass eine Entscheidung, ob und wie ein Computer (oder andere Medien) in einem Unterricht eingesetzt werden sollen, von dem gesamten Lehr-Lern-Arrangement abhängig ist. Neben der technischen Ausstattung müssen Ziele und Inhalte des Unterrichts, dafür geeignete Lernprogramme, die individuellen Voraussetzungen der Schüler und Lehrer mit dem Vorwissen oder den Einstellungen zu einem computerunterstützten Unterricht und weitere Faktoren wie Klassen- und Raumgröße, Stundenplangestaltung etc. berücksichtigt werden.

12.1 Technische und organisatorische Folgerungen

Unter diesem Begriff sollen Folgerungen angeführt werden, die sich auf die technische Ausstattung und auf grundsätzliche Fragen der Unterrichtsorganisation wie Klassengröße, Anzahl von Personalcomputern etc. beziehen. Dabei wird auch deutlich, wie sich die Anforderungen an Hard- und Software (aber auch an Lehrer und Schüler) in einem Unterricht in den Berufen der Informations- und Telekommunikationstechnik von anderen Ausbildungsberufen unterscheiden können.[441]

Technische Ausstattung

Eine wichtige Voraussetzung für die Akzeptanz eines computerunterstützten Unterrichts bei den Schülern (selbstverständlich auch bei den Lehrern) ist ein **störungsfreier und sicherer Betrieb der eingesetzten Hard- und Software**. Ein sicherer und störungsfreier Betrieb wird eher durch eine Computerarchitektur erreicht, die Schülern (und Lehrern) wenige Eingriffsmöglichkeiten in die Computerhard- oder Systemsoftware gewährt. Sollte es zu folgenschweren Programm- oder Rechnerabstürzen kommen, dann wird eine Neuinstallation durch eine Rückspiegelung der Rechnersysteme von einem zentralen Sicherungsrechner erleichtert. Eine weitere Möglichkeit stellen so genannte Airbag-Systeme dar. Beim Einsatz eines solchen Systems wird der Computer bei jedem Neustart auf die von dem Lehrer vorgegebene Installation zurückgesetzt. Die von den Schülern an dem Betriebssystem oder einer Software vorgenommen Änderungen können so jederzeit rückgängig gemacht werden. Datenverluste

---

[440] Gründe für den Einsatz der ‚neuen' Medien für die Vermittlung medienferner Lerninhalte (Lerninhalte, die keinen direkten Bezug zu den neuen Medien aufweisen) nennt beispielsweise Tenberg. Tenberg 2001, S. 304 f. Siehe hierzu auch Kapitel 5.4: Empfehlungen und Konsequenzen aus dem Modellversuch „Multimedia und Telekommunikation an beruflichen Schulen"

[441] Weitere allgemeine Folgerungen für die schulischen Rahmenbedingungen siehe Adler 2001, S. 301 f.

können ebenfalls durch eine Abspeicherung auf einem zentralen Sicherungsrechner verhindert werden. Die Computerausstattung der Schule sollte zudem weitgehend einheitlich sein, da dies Aufbau und Wartung von Computer, Software und Netzwerk erleichtert. Ob diese Tätigkeiten eine externe oder schulinterne Systembetreuung übernimmt, muss im Einzelfall abgewogen werden.[442]

Die in der Teiluntersuchung A aufgetretenen Störungen sind vor allem auf den komplexen Aufbau des Netzwerks, aber auch auf ‚mutwillige', destruktive Manipulationen einiger Schüler an den Rechnern oder am Netzwerk zurückzuführen. Diese Störungen führten in einigen Unterrichtseinheiten zu einer massiven Beeinträchtigung des Unterrichtsablaufs. Die im Schuljahr 1998/99 vorgenommenen Verbesserungen an dem Netzwerk führten zu einem weitgehend störungsfreien Betrieb der Computerausstattung.

Mit einem schulinternen Intranet[443] oder durch entsprechende Filterprogramme lässt sich der **Zugriff auf Informationen steuern.** So kann verhindert oder erschwert werden, dass die Schüler Informationen aufrufen, die in keinem direkten Zusammenhang mit den Lerninhalten der Unterrichtseinheit stehen. Dies betrifft vor allem das ‚Surfen' im Internet.

In der Teiluntersuchung A konnte beobachtet werden, dass einige Schüler im Internet Inhalte aufriefen, die keinen Bezug zum Unterricht hatten.[444] Dieses Verhalten führte ebenfalls zu Störungen im Unterrichtsablauf, da andere Gruppen auf Arbeitsergebnisse dieser Schüler angewiesen waren, oder von der Bearbeitung der Aufgabenstellung abgelenkt wurden.

Diese allgemeinen Forderungen zur technischen Ausstattung stehen jedoch teilweise im Widerspruch zu den Lerninhalten der Ausbildungsberufe im Informations- und Telekommunikationsbereich. Für die Vermittlung einiger Lerninhalte (z.B. Installation von Programmen oder Betriebssystemen, Aufbau eines Computernetzwerks) ist eine Computerarchitektur nötig, die flexibel eingesetzt und modifiziert werden kann. Um diese Lerninhalte am Rechner vermitteln zu können, müssen Lehrer und Schüler zumindest in einem begrenzten Rahmen Veränderungen an Hard- und Software vornehmen können. Auch Forderungen nach leistungsfähigen Rechnern, die in genügender Anzahl den Schülern zur Verfügung stehen, nach flexibel nutzbaren Klassenräumen oder die Qualifizierung der Lehrkräfte durch Aus- und Weiterbildung können bei den Berufen im Informations- und Telekommunikationsbereich kaum mit anderen Ausbildungsberufen verglichen werden, da Computer, Software, Betriebssysteme und Netzwerke in den IT-Berufen immer auch Lerninhalt sind.

In einem computerunterstützten Unterricht in den Ausbildungsberufen der Informations- und Telekommunikationstechnik **sollten die Schüler Mitverantwortung für einen störungsfreien Betrieb der Rechnersysteme übernehmen.** Die Schüler könnten im Rahmen des Lehrplans in die Installation der Rechner, in den Aufbau des Netzwerkes aber auch in Fehlersuche bei auftretenden Störungen mit der eingesetzten Hard- und Software eingebunden

[442] Vgl. Bayerisches Staatsministerium für Unterricht und Kultus 2000: KMBek „Systembetreuung an den Schulen"

[443] In einem Intranet stellt der Lehrer den Schülern nur die Informationen zur Verfügung, die für die Bearbeitung eines Arbeitsauftrages nötig sind.

[444] Vgl. Kapitel 10.1.1: Ergebnisse der teilnehmenden Beobachtung

werden. „Hacker-Manipulationen" an der Computerausstattung[445] könnten in dem Unterricht thematisiert werden und zu weiteren Arbeitsaufträgen führen. Sie sollten Anreiz für Verbesserungen der Rechnerarchitektur sein.

Sozialform, Gruppenbildung, Klassengröße

Die Bearbeitung von Lerninhalten mit einem Personalcomputer sollte in den **Sozialformen Partner- und Einzelarbeit** erfolgen. Vorteil der Partnerarbeit gegenüber einer Einzelarbeit ist, neben einem halbierten Rechnerbedarf, eine mögliche Förderung von Sozialkompetenzen. Auch die Motivation ist bei einem gemeinsamen Vorgehen zumeist höher. Um jedoch auch Schüler zu fördern, die bei der Bearbeitung der Lernstrecke in einem Team eine passive Rolle einnehmen, sollten sich in einem computerunterstützten Unterricht **Phasen der Partnerarbeit mit Phasen der Einzelarbeit abwechseln**. In der Einzelarbeit können (und müssen) alle Schüler Lernweg und Lerntempo selbst bestimmen. Zudem wird in der Einzelarbeit der Umgang mit dem Rechner, dem Betriebsystem oder der Lernsoftware eingeübt. Somit werden auch die Schüler gefördert, die freiwillig eine eher passive Rolle einnehmen.

Wichtiges Argument für eine Teamarbeit ist, so die durch Beobachtung belegten Aussagen der Schüler, dass sich die Ideen der Gruppenmitglieder ergänzen. Die Analyse der individuellen Lernwege bestätigte die überwiegend gute Zusammenarbeit in den Zweierteams. Bei einigen Schülerpaaren verlief die Aufgabenverteilung zwischen den Schülern jedoch sehr unterschiedlich. In diesen Gruppen nahm ein Schüler eine aktivere, teilweise sogar dominante Rolle ein, der andere verhielt sich eher passiv. So wurde in diesen Gruppen die Bedienung der Eingabegeräte oder das Vorgehen nur von einem Schüler bestimmt. Es kann davon ausgegangen werden, dass der Unterrichtserfolg bei diesen Gruppen sehr unterschiedlich ist. In dem anschließenden Interview wurde diese unterschiedliche Aufgabenverteilung von den Befragten hingegen nicht angeführt, was darauf schließen lässt, dass sich auch die in der Bearbeitung eher zurückhaltenden Schüler in ihrer Rolle wohl gefühlt haben.

Bei einer gemeinsamen Bearbeitung von Lerninhalten mit einem Computer sollte die **Gruppenbildung den Schülern übertragen** werden. In einem harmonierenden Team verringert sich die Gefahr, dass das Vorgehen nur von einem Schüler der Gruppe bzw. des Teams bestimmt wird.

Die insgesamt gute Zusammenarbeit der Schülerpaare in der Teiluntersuchung B kann auch auf die freiwillige Gruppenbildung zurückgeführt werden.[446] Kriterium für die Auswahl des Partners war für die Schüler zumeist der gleiche Ausbildungsbetrieb und ein ähnliches Leistungsniveau. Auch in den Ausbildungsbetrieben arbeiten die Schüler häufig im Team zusammen und kennen somit Stärken und Schwächen des anderen.

---

[445] Vgl. Kapitel 10.1: Ergebnisse der Teiluntersuchung A. Das eingesetzte Netzwerk wurde von einigen Schülern sabotiert.

[446] Vgl. Kapitel 9.2: Durchführung der Datenerhebung

Bei einer arbeitsteiligen Bearbeitung von Lerninhalten innerhalb eines Teams **sollten die Größe der einzelnen Arbeitsgruppen und der Klasse insgesamt nicht zu hoch** sein. Wie andere Untersuchungen bestätigen,[447] ist eine Gruppengröße von sechs oder mehr Schülern für eine effektive Bearbeitung meist zu hoch. Die Empfehlungen der Gruppengröße sind in starkem Maße von den gestellten Arbeitsaufträgen abhängig. Diese müssen so gestaltet sein, dass jeder Schüler oder jedes Schülerpaar einen Teilauftrag bearbeiten kann.

In den untersuchten Klassen der Teiluntersuchung A betrug die Anzahl der Schüler in einer Klasse 24 in zwei Klassen 28 Schüler. Bei der Aufteilung der Klasse in die vier Abteilungen einer Modellfirma führte dies zu Gruppengrößen von sechs bzw. sieben Schülern je Arbeitsgruppe. Die Untersuchungsergebnisse zeigen, dass die Verteilung der Arbeitsaufträge und die Zusammenarbeit der Schüler in den Gruppen teilweise defizitär waren. Hinzu kommt, dass die integrierten Fachunterrichtsräume an der Städtischen Berufsschule für Kommunikationselektronik nur für 24 Schüler ausgelegt sind. Bei 24 Schülern steht jedem Schülerpaar ein Computerarbeitsplatz zur Verfügung. Bei den beiden untersuchten Klassen mit jeweils 28 Schülern mussten sich jedoch auch drei Schüler einen Rechnerarbeitsplatz teilen, was eine Bearbeitung von Inhalten am Computer massiv erschwerte. Um die Organisation der Klasse als lernendes Unternehmen mit den vier Abteilungen beibehalten zu können, wurde im Schuljahr 1998/1999 eine Aufteilung in zwei Modellfirmen vorgenommen. Die Anzahl der Schüler pro Abteilung halbierte sich so auf drei, bei den Klassen mit 28 Schülern auf vier. Diese Modellfirmen stehen zudem in ‚Konkurrenz' zueinander, d.h. die beiden Modellfirmen der Klasse müssen mit dem besseren Service, dem besseren Angebot, etc. überzeugen. Die Konkurrenzsituation erhöhte zudem die Authentizität der Lehr-Lernumgebung und die Motivation der Schüler.

Einführung der Software

Das in einem computerunterstützten Unterricht verwendete **Programm muss systematisch eingeführt und der Umgang mit dem Programm intensiv eingeübt** werden. Nur so lässt sich eine zeitintensive Exploration des Programms durch die Lernenden vermeiden. Diese müssen mit der Gliederung und dem Aufbau des Programms und mit den Möglichkeiten die das Programm bietet, vertraut sein. Die Einführung in die Software erfolgt in der Regel durch den unterrichtenden Lehrer. Sie ist abhängig von der Komplexität der Lernsoftware, den Hilfe-Funktionen die das Programm bietet und den Voraussetzungen der Lernenden.

Viele der in der Teiluntersuchung A von den befragten Schülern angeführten Kritikpunkte an dem Programm sind auf die fehlende systematische Einführung der Lernsoftware zurückzuführen. Die Schüler sollten sich die Software mit der Gliederung, den Inhalten und der Bedienung selbstständig erschließen. Obwohl das eingesetzte Programm auch über eine Hilfe-Funktion, eine integrierte Anleitung und über eine Inhaltsübersicht der einzelnen Module verfügt,[448] blieben wegen der fehlenden personalen Anleitung viele Möglichkeiten der Unterrichtssoftware unentdeckt. Im Schuljahr 1998/1999 wurde die Software systematisch eingeführt und die Bedienung intensiv eingeübt. Nach dieser systematischen Einführung äußer-

[447] Z.B. Empfehlungen aus dem Modellversuch „Fächerübergreifender Unterricht". Vgl. Heimerer, Schelten, Schiessl 1996, S. 194

[448] Vgl. Kapitel 6.3.4: Beschreibung der Unterrichtssoftware

ten sich die Schüler wesentlich positiver über das eingesetzte Programm. Die Analyse der individuellen Lernwege bestätigt einen selbstständigen und weitgehend zielgerichteten Umgang mit der Software.

Erläuterung der Unterrichtsziele

Bei einem, wie in der Teiluntersuchung A untersuchten, komplexen Unterricht ist es notwendig, die Schüler an den Unterricht heranzuführen und ihnen **die Ziele und den groben Ablauf des Unterrichts zu verdeutlichen**. Bei einem selbstgesteuerten Bearbeiten müssen die Schüler erkennen, dass sie weitgehend eigenverantwortlich für ihr Vorgehen und ihre Arbeitsergebnisse sind. Dies schließt auch die zur Verfügung stehende Arbeitszeit mit ein. Auch die Bedeutung von Methoden– und Sozialkompetenzen muss den Schüler klar sein. Diese Unterrichtsziele müssen von dem Lehrer im vorab erläutert und in Bezug zu den beruflichen Anforderungen gebracht werden. Der grobe Ablauf eines komplexen Unterrichtsvorhabens muss den Schülern im vorab erläutert werden. Dabei sollen die Schüler auch erfahren, welche Teillernziele zu welchem Zeitpunkt erreicht werden sollten.

Bei der Befragung der Schüler in der Teiluntersuchung A wurde deutlich, dass einige Schüler das Unterrichtskonzept ablehnen, weil ihnen die Ziele des Unterrichts nicht klar oder einsichtig waren. Der Unterricht war für die meisten Schüler ‚neu' und ungewohnt. Dies betrifft vor allem die beratende Rolle des Lehrers, das selbstständige Arbeiten und die angestrebten Lernziele. So sollen in dem Unterricht neben der Vermittlung von Fachwissen auch Methoden- und Sozialkompetenzen[449] gefördert werden. Diese Lernziele wurden jedoch nicht von allen Schülern akzeptiert. So setzten einige der Befragten den Erfolg eines Unterrichts vor allem mit dem vermittelten Fachwissen gleich. Schwierigkeiten hatten die Schüler auch mit der Komplexität des Unterrichtsprojektes.[450]

12.2 Didaktische Folgerungen

Dieses Kapitel zeigt Folgerungen für die didaktische Gestaltung eines computerunterstützten Lehr-Lern-Arrangements auf. Die Frage, die hinter den angeführten Folgerungen steht lautet: Wie können die neuen Medien gewinnbringend in einem Unterricht eingesetzt werden? Der Schwerpunkt der angeführten didaktischen Folgerungen liegt auf den Hinweisen für die Gestaltung der Arbeitsaufträge. Der Einsatz einer Software im Unterricht wird, wie bereits an anderen Stellen dargestellt, von vielen Faktoren bestimmt, die sich zudem gegenseitig beeinflussen. So ist dieser beispielsweise abhängig von den Inhalten und Zielen des Unterrichts, den individuellen Voraussetzungen bei Lehrern und Schülern oder von den Eigenschaften des Programms selbst.

[449] Z.B. selbstständiges Bearbeiten der Arbeitsaufträge, Umgang mit den Informationen des Internets, Kommunikation über das eingesetzte Netzwerk, Zusammenarbeit mit anderen Schülern und anderen Teams

[450] Z.B. Rotation der einzelnen Abteilungen innerhalb der Modellfirma, Zusammenhang der Teilaufgaben. Zum Verständnis der Arbeitsaufträge siehe Kapitel 12.2

Selbstgesteuertes Lernen ermöglichen

Der Einsatz eines Computers im Unterricht ermöglicht Lehr-Lern-Arrangements, in denen die Schüler in hohem Maße **selbstgesteuert Lernweg und Lerntempo bestimmen**. Die ‚Freiheitsgrade' bei der Auswahl der Lernwege ergeben sich in einem computerunterstützten Unterricht vor allem aus dem Zusammenspiel der eingesetzten Software mit der Aufgabenstellung, den Arbeitsaufträgen und den Hinweisen für die Bearbeitung. Für ein weitgehend selbstgesteuertes Lernen eigenen sich insbesondere die Programmarten Simulation und Hypermedia. Diese Programmarten besitzen im Vergleich mit anderen Lehr- und Lernprogrammen die größten Interaktionsfreiheiten.[451] Neben den Möglichkeiten, die das Programm bietet, wird der Einsatz von bzw. der Umgang mit der Software vor allem durch die Aufgabenstellung mit den Arbeitsaufträgen und den Hinweisen zur Bearbeitung bestimmt. Um ein selbstgesteuertes Lernen zu erlauben, müssen diese so gestaltet sein, dass die Schüler unterschiedliche Lösungswege beschreiten können und/oder alternative Lösungen möglich sind.[452] Damit die Schüler diese Möglichkeiten nutzen können, müssen sie genügend Zeit für die Bearbeitung haben.[453] Die Grenze dieser Forderung liegt in der Effektivität der Bearbeitung. So ist abzuwägen zwischen dem zeitlichen Aufwand und dem Ergebnis der Bearbeitung. Berücksichtigt werden sollte auch, ob die Bearbeitung der Lernstrecke neben den fachlichen Inhalten weitere Kompetenzen (z.B. Methodenkompetenz) fördert.

In beiden untersuchten Lernstrecken konnten die Schüler Lernweg und Lerntempo weitgehend frei bestimmen. Diese Möglichkeiten wurden von den Schülern genutzt und in den durchgeführten Befragungen hervorgehoben und eindeutig begrüßt. Ein selbstgesteuertes Lernen wirke sich auch positiv auf die Motivation und auf den Lernerfolg aus, so die Aussagen der Schüler. Die Analyse des individuellen Vorgehens zeigt, dass insbesondere beim Erstellen und Simulieren der Kontrollschaltung die Motivation der Schüler hoch ist. Für die Informationsgewinnung griffen die Schüler auf unterschiedlichste Werkzeuge und Informationen der Lernsoftware zurück. Dabei riefen sie auch Inhalte auf, die über die Aufgabenstellung hinausgehen.

Formulieren der Arbeitsaufträge

Die Arbeitsaufträge bzw. die Hinweise zur Bearbeitung müssen so gestaltet sein, dass die Schüler weitgehend frei Lernweg und Lerntempo bestimmen können. Dabei muss jedoch die **Balance zwischen einer sehr offenen Formulierung und notwendigen Hilfestellungen** für die Bearbeitung gefunden werden. Der Grad der Lenkung ist abhängig von den Unterrichtszielen, den Lernvoraussetzungen der Schüler, aber auch von dem eingesetzten Programm. Sind die Hinweise für die Bearbeitung zu wenig detailliert, so führt dies dazu, dass

---

[451] Vgl. Kapitel 3.3: Computer im Unterricht und Einteilung von Lernprogrammen. Die Akzeptanz eines Lernprogramms bei den Lernenden hängt stark von den Interaktionsmöglichkeiten ab. In den beiden Teiluntersuchungen wird insbesondere das Werkzeug „Schaltungstrainer" von den Schülern positiv beurteilt. Mit dem Schaltungstrainer können Schaltungen virtuell aufgebaut und simuliert werden. Vgl. Kapitel 6.3.4: Beschreibung der eingesetzten Lernsoftware

[452] Siehe unten: Formulierung der Arbeitsaufträge

[453] Siehe unten: Zeitpuffer einrichten und Folgerungen für die Rolle des Lehrers

die Schüler nicht wissen, wie sie vorgehen sollen. Werden den Schülern jedoch zu viele Vorgaben gemacht, so wird ein selbstgesteuertes Vorgehen behindert. Die Arbeitsaufträge bzw. die Hinweise zur Bearbeitung könnten zu Beginn der Lernstrecke mehr Hinweise für die Bearbeitung enthalten. Im Laufe der Bearbeitung könnten diese dann abnehmen, so dass die Schüler verstärkt den Lernweg selbst bestimmen müssen.[454] Bei einer leistungsheterogenen Zusammensetzung der Klasse kommt hinzu, dass Aufgabenstellung und Arbeitsaufträge so gestaltet sein müssen, dass sie von den leistungsstärkeren Schülern ohne Unterforderung, von den leistungsschwächeren ohne Überforderung bearbeitet werden können. Eine innere Differenzierung kann neben den Arbeitsaufträgen auch die eingesetzte Software ermöglichen. So können Schüler bei vielen Lernprogrammen zwischen unterschiedlichen Informationen und Darstellungsarten wählen. Diese unterschiedlichen Präsentationsmöglichkeiten der Lernsoftware kommen den unterschiedlichen Präferenzen der Schüler entgegen. So lassen sich Lerninhalte alternativ durch Texte, Graphiken oder Animationen darstellen. Die Verknüpfung der Lerninhalte innerhalb des Programms (Hypertext-Struktur) ermöglicht es den Lernenden zudem, weitere Informationen über einen Sachverhalt aufzurufen.

Die im Vergleich mit der Teiluntersuchung A sehr gute Beurteilung der Lernstrecke der Teiluntersuchung B kann auch auf die eindeutig formulierte Aufgabenstellung und die Hinweise für die Bearbeitung zurückgeführt werden. Der Arbeitsauftrag der Teiluntersuchung B ist sehr detailliert und für die Schüler verständlich. Die Hinweise für die Bearbeitung sind zu Beginn der Lernstrecke sehr ausführlich und nehmen dann im Laufe der Bearbeitung ab.

Die Aufgabenstellung sollte einen **engen Bezug zu der beruflichen Tätigkeit aufweisen und einer in sich stimmigen Handlungssystematik folgen**. Die Aufgabenstellung muss zudem für die Schüler klar verständlich und im Umfang nicht zu ausführlich sein. Bei der Formulierung der Aufgabenstellung sollte zudem beachtet werden, dass Lerninhalte, die keinen direkten Bezug zu der Lösung der Aufgabenstellung haben, von den Schülern häufig ignoriert werden. Dieses final-orientierte Vorgehen kann grundsätzlich bei konstruktivistischen Lehr-Lernumgebungen beobachtet werden.[455] Sollen diese Lerninhalte vermittelt werden, so könnte dies durch den Lehrer in einer instruktionsorientierten Unterrichtsphase erfolgen.

Die Bedeutung des Berufsbezugs zeigt sich auch an der unterschiedlichen Bearbeitung in den beiden Abteilungen der Modellfirma.[456] So ist die Bearbeitung in den Abteilungen, die für die Schüler einen deutlicheren Berufsbezug aufweisen, besser als in den anderen. Die in der Teiluntersuchung A angeführte Kritik der Schüler an dem Unterricht und die beobachteten Schwierigkeiten bei der Bearbeitung hängen neben dem Verständnis der Aufgabenstellung und den Hinweisen zur Bearbeitung auch mit dem Umfang der Aufgabenstellung

[454] In der Lernstrecke der Teiluntersuchung B nehmen die Hinweise zur Bearbeitung im Laufe der Aufgabenstellung ab. D.h. die Schüler werden zu Beginn stärker gelenkt. Vgl. Kapitel 9.1: Beschreibung der Untersuchungsstrecke

[455] Vgl. Riedl 1998, S. 240 oder Tenberg 1997, S. 199 f.

[456] Vgl. hierzu Kapitel 10.1.3: Die unterschiedliche Bearbeitung der Arbeitsaufträge in den Abteilungen ‚Service' und ‚Verwaltung' hängt auch mit dem Bezug der Aufgabenstellung und der beruflichen Tätigkeit zusammen.

zusammen. Die Aufgabenstellung der Teiluntersuchung A ist auf mehrere Wochen ausgelegt (die der Teiluntersuchung B auf zwei Unterrichtsstunden). Die Beobachtungen zeigen, dass die Schüler nach einem Blockwechsel häufig nicht mehr wissen, welche Teilaufgabe sie bereits bearbeitet haben, bzw. in welche Abteilung sie wechseln sollen.[457] Eine arbeitsteilige Bearbeitung eines Arbeitsauftrages ist bei der gegebenen Gruppengröße für die Schüler zudem schwierig, da zu wenige Teilaufträge formuliert sind. Das final-orientierte Vorgehen wird bei der Teiluntersuchung B deutlich. Die Schüler sollten einen Lerninhalt erarbeiten, der jedoch keine Voraussetzung für das Erstellen der Kontrollschaltung darstellt. In der anschließenden Befragung konnten die Schüler die Fragen zu diesen Lerninhalten zumeist nicht beantworten, obwohl alle Schüler diese Informationen in dem Arbeitsheft gelesen und teilweise zusätzlich in der Lernsoftware aufgerufen haben.

Zeitpuffer vorsehen

Bei einem selbstgesteuerten Vorgehen muss mit großen Zeitunterschieden bei der Bearbeitung gerechnet werden. ‚Schnelleren' Schülern oder Schülergruppen könnten **zusätzliche, fakultative Aufgaben** angeboten werden. Sind die Schüler für eine weitere Bearbeitung auf die Arbeitsergebnisse anderer Schüler oder Schülergruppen angewiesen, sollten ‚Fixpunkte' vereinbart werden, an denen die Schüler Arbeitsergebnisse bereitstellten bzw. Rückmeldungen über den Stand der Bearbeitung geben müssen. Grundsätzlich sind die Zeitunterschiede in hohem Maße von den gestellten Arbeitsaufträgen und den Hinweisen für die Bearbeitung abhängig. Je offener diese formuliert sind, desto größer sind die zu erwartenden zeitlichen Differenzen.

In der Teiluntersuchung B sind die zeitlichen Unterschiede vor allem auf das Vorwissen der Schüler und auf die Bedienung der eingesetzten Unterrichtssoftware durch die Schüler zurück zu führen. Beispielsweise riefen die Schüler häufig Informationen auf, die nicht oder nur gering mit der Aufgabenstellung in Zusammenhang stehen. Andere Schülergruppen die ebenfalls länger benötigten, entwickelten eine zusätzliche, optimierte Lösung. Bei einem Unterricht im Klassenverband führen diese unterschiedlichen Bearbeitungszeiten zu Unterrichtsphasen, in denen einzelne Schüler oder Arbeitsteams nicht beschäftigt sind.[458]

Dokumentation der Lernarbeit

Die Schüler müssen dazu aufgefordert werden, ihre **Arbeitsergebnisse in schriftlicher Form zu dokumentieren.** Diese Dokumentation kann selbstverständlich mit Hilfe des Rechners und eines Texteditors bzw. einer Textverarbeitung erstellt werden. Für die Gestaltung dieser Dokumentation sind die Schüler selbst verantwortlich. Im Anschluss einer Lerneinheit sollen die Schüler diese Unterlage ausdrucken. Nur so kann gewährleistet werden, dass die Schüler die Lerninhalte nach Abschluss einer Lerneinheit bzw. nach dem Abschalten des Personalcomputers nochmals nachsehen oder wiederholen können. Die Eintragungen

[457] Siehe unten: Dokumentation der Lernarbeit

[458] Vgl. Ergebnisse der Teiluntersuchung A in Kapitel 10.1.3.3: Kommunikation zwischen den einzelnen Abteilungen. Die einzelnen Teams der Modellfirma müssen auf die Arbeitsergebnisse anderer Gruppen warten.

der Schüler muss der unterrichtende Lehrer kontrollieren.[459] Dies kann beispielsweise auch durch das Präsentieren einer Musterlösung im Klassenverbund erfolgen.

Die Arbeitsaufträge bzw. die Hinweise zur Bearbeitung sollten die Schüler zum **eigenständigen Formulieren von Zusammenhängen** anleiten. Dies würde sich auch positiv auf die Memorierfähigkeit auswirken. Das Kopieren von Inhalten aus dem Lernprogramm bzw. aus dem Internet und das Einfügen in das Arbeitsheft sollten nur dann möglich sein, wenn diese Informationen sehr umfangreich oder (graphisch) sehr aufwändig sind.

Die Untersuchung des individuellen Vorgehens in der Teiluntersuchung B zeigt, dass nur wenige Schüler die Zusammenhänge in eigenen Worten formulierten. Die meisten Schüler kopierten die Inhalte aus den Werkzeugen der Software und fügten diese in das vorstrukturierte Arbeitsheft ein.[460] Die Schüler begründen dieses Vorgehen, dass das Kopieren der Inhalte schneller und bequemer sei, als Zusammenhänge selbst zu formulieren. Bei diesem Vorgehen lies sich jedoch häufig beobachten, dass die Schülern die Inhalte nicht, oder nur sehr oberflächlich lesen. Teilweise wurden sogar wiederholt identische Informationen in das Arbeitsheft eingefügt, ohne dass die Schüler dies bemerkten. Viele der Fehler im Arbeitsheft sind auf dieses flüchtige Vorgehen zurück zu führen.

12.3 Folgerungen für den Lehrer

Beide Teiluntersuchungen zeigen, dass sich in einem computerunterstützten Unterricht gegenüber einem instruktionsorientierten, traditionellen Unterricht die Anforderungen an den unterrichtenden Lehrer und seinen Aufgabenbereich verändern. Während der Durchführung einer computerunterstützten Lerneinheit entlastet ihn ein selbstständiges Vorgehen der Schüler von der Informationsvermittlung. Die Aufgaben der Lehrkraft während des Unterrichts liegen vor allem in der Beratung und Bestätigung der Schüler. Er wechselt somit von einer aktiven Rolle, die er in einem instruktionsorientierten Unterricht einnimmt, in eine ‚passive', beratende Rolle. Er kann somit im Gegensatz zu einem instruktionsorientierten Unterricht besser auf die Bedürfnisse und auf das individuelle Vorgehen der Schüler eingehen. Der Aufwand für die Vorbereitung eines computerunterstützten Lehr-Lern-Arrangements ist in der Regel wesentlich höher als in einem ‚herkömmlichen' Unterricht.

Fachliche Expertise des Lehrers

Sowohl für die Vorbereitung als auch für die Durchführung eines durch einen Computer und Lernsoftware unterstützten Unterrichts benötigt der Lehrer eine **hohe fachliche Expertise**. Diese betrifft grundsätzlich die Computerausstattung mit den eingesetzten Lernprogrammen und die Lerninhalte. Für die Vorbereitung eines computerunterstützten Lehr-Lern-Arrangements braucht er einen guten Überblick über das Angebot an entsprechenden Lernprogrammen, um eine geeignete Software für die zu vermittelnden Lerninhalte auswählen zu

---

[459] Siehe unten: Folgerungen für den Lehrer

[460] Mit Ausnahme der Aufgabe 2.7 (Verhalten eines TTL-IC's bei offenem Eingang) stand es den Schülern frei, die Informationen über die Kopierfunktionen der Software zu übertragen, oder Zusammenhänge in eigenen Worten zu formulieren. Aufgabenstellung siehe Anhang S. 293 f.

können. Zum Erstellen von schriftlichen Unterlagen mit entsprechenden Hinweisen für die Bearbeitung ist es notwendig, dass der Lehrer sowohl mit den Inhalten als auch mit dem Aufbau und der Bedienung des eingesetzten Programms vertraut ist. Nur so lassen sich Probleme antizipieren, die während der Bearbeitung auftreten können. Der Lehrer kann mit entsprechenden Arbeitsaufträgen und Bearbeitungshinweisen diesen möglichen Schwierigkeiten begegnen.

Auch für die Durchführung eines computerunterstützten Unterrichts muss der Lehrer sowohl mit den Lerninhalten, als auch mit der Bedienung des Programms vertraut sein, um auf individuelle, häufig auch unerwartete Fragen der Schüler eingehen zu können. Treten während der Lernstrecke technische Probleme mit der eingesetzten Hard- und Software sowie mit dem Netzwerk auf, so sollte der Lehrer in der Lage sein, diese während des Unterrichts zu beheben, da ansonsten der Unterrichtsablauf massiv beeinträchtigt sein kann.

Eingreifen des Lehrers in die Bearbeitung

Trotz der Prämisse eines selbstgesteuerten Vorgehens der Schüler können mehrere **Gründe für ein Eingreifen des Lehrers** in die Bearbeitung der Lernstrecke angeführt werden:[461] Eine Intervention des Lehrers kann erforderlich sein, wenn er erkennt, dass die Schüler ohne sein Eingreifen nicht oder nicht in einem vertretbaren zeitlichen Rahmen zu einem fachlich korrekten Ergebnis gelangen.[462] Ein weiterer Grund für ein Einreifen der Lehrkraft kann vorliegen, wenn die Fehler der Schüler nicht lernförderlich sind[463] und die Schüler sehr unsystematisch vorgehen und versuchen, die Aufgabenstellung vor allem durch Ausprobieren zu lösen.[464] Das Eingreifen des Lehrers bei diesen vorrangig fachlichen Schwierigkeiten sollte durch Hilfestellungen erfolgen. Die Schüler sollen von dem Lehrer keine fertigen Lösungen, sondern ergänzende Hinweise für die Bearbeitung erhalten.

Aus der Bearbeitung der Teilaufgabe 2.7[465] in der Teiluntersuchung B wurde deutlich, dass die Lernenden nur schwer von einmal aufgestellten Thesen abweichen. Abweichende Ergebnisse der Simulation wurden von einigen Schülern so interpretiert, dass sie der aufgestellten These nicht widersprechen. Aus der Befragung wurde deutlich, dass der korrekte Zusammenhang von diesen Schülergruppen nicht erkannt wurde. Bei der Erstellung der Kontrollschaltung gelangten vier Schülerteams ausschließlich durch Ausprobieren zu einer korrekten Schaltung. Diese Schüler variierten den Schaltungsaufbau so lange, bis die Simulation eine korrekte Schaltung bestätigte. Auch hier bestätigte das Fachgespräch, dass diese Schüler die Schaltungsfunktion nicht vollständig verstanden haben.

---

461 Vgl. hierzu Dubs 1999, S. 163 f.

462 In der Teiluntersuchung B greift der Untersuchungsleiter bei mehreren Gruppen ein, wenn es für ihn eindeutig ist, dass die Bearbeitung nicht in dem vorgegebenen zeitlichen Rahmen durchgeführt werden kann.

463 Vgl. Kapitel 3.1.3: Konstruktivismus und Reinmann-Rothmeier; Mandl 1997, S. 37 f.: Prozessmerkmale einer moderaten Form des Konstruktivismus.

464 Vgl. Kapitel 10.2.4 und 10.2.5: Lösungsvorgehen der Schüler bei der Teiluntersuchung B

465 Vgl. Kapitel 10.2: Ergebnisse der Teiluntersuchung B

Ein weiterer Grund für ein Eingreifen des Lehrers liegt vor, wenn die Arbeitshaltung der Schüler undiszipliniert ist und keine konzentrierte Lernatmosphäre vorherrscht. Dabei kann es auch nötig sein, den Schülern die Ziele des Unterrichts nochmals zu verdeutlichen. Die Schüler sollen verstehen, dass sie für den Ablauf und die Unterrichtsergebnisse mitverantwortlich sind.

Die sehr zurückhaltende Rolle des Lehrers wurde von den Schülern in der Befragung der Teiluntersuchung A kritisiert. Die Schüler wünschten sich insgesamt mehr Beratung und ein stärkeres Eingreifen des Lehrers. Dies gilt insbesondere bei auftretenden Disziplinproblemen in der Klasse, die zu Beeinträchtigungen des Unterrichtsablaufs führten.

Für ein Eingreifen in die Bearbeitung muss der unterrichtende Lehrer das Lösungsvorgehen der einzelnen Schüler bzw. Schülergruppen richtig einzuschätzen können. Eine Intervention des Lehrers kann auch den Schülern das Gefühl vermitteln, dass er es ihnen nicht zutraut, dass sie selbstständig zu einer korrekten Lösung gelangen. Für den Lehrer bedeutet dies, dass er neben einer hohen fachlichen Kompetenz auch ein hohes Maß an sozialer Kompetenz und kommunikativer Fähigkeiten besitzen sollte. Die Entscheidung, ob der Lehrer in das Vorgehen der Schüler eingreifen soll, ist auch von den angestrebten Lernzielen einer Unterrichtseinheit abhängig. Soll mit der Lernstrecke vor allem die Problemlösekompetenz entwickelt bzw. gefördert werden, so wird der Lehrer später eingreifen, als bei meinem Unterricht, in dem die Vermittlung von Fachwissen zentrales Unterrichtsziel ist.

Kontrolle und Sicherung des Lernfortschritts

Eine besonders wichtige Aufgabe des Lehrers in einem computerunterstützten Unterricht ist die **Kontrolle und Sicherung des Lernfortschritts**. Die Kontrollen sollten im Anschluss an die Bearbeitung von Teilaufgaben durch fest installierte Fachgespräche erfolgen. Der zeitliche Abstand dieser Rückmeldungen sollte zudem nicht zu groß sein. Diese ‚externe' Kontrolle des Lernprozesses ist auch beim Einsatz eines Computers mit einem Lernprogramm nötig. Bei einem Lernprogramm erfolgt die Rückmeldung, ob eine Frage korrekt beantwortet bzw. eine Aufgabe korrekt gelöst wurde, in der Regel durch das Programm selbst. So analysiert beispielsweise ein Übungsprogramm die Antworten des Lernenden und gibt eine Rückmeldung über die Erfolgsquote. Eine Simulation zeigt die Auswirkungen einer Entscheidung des Lernenden auf.[466] Bei diesen Bestätigungen eines Lernprogramms kann ein Lernender zumeist nicht erkennen, ob sein Vorgehen zielgerichtet war, oder ob noch alternative Lösungsmöglichkeiten möglich gewesen wären. Der Lernende erhält somit keine Rückmeldung, die es ihm ermöglicht, sein Vorgehen bzw. den Lernerfolg exakt einzuschätzen.

[466] Vgl. Kapitel 3.3.3: Grundformen von Lernprogrammen

In der Teiluntersuchung B wurde beispielsweise ein korrekter Schaltungsaufbau durch die Simulation bestätigt. Die Lernenden erhielten jedoch von der Software keinerlei Rückmeldung, ob ihr Vorgehen fachgerecht war, oder ob es alternative Realisierungen gegeben hätte.[467]

Bei der Überprüfung eines Lernfortschritts kann der Lehrer nicht (automatisch) davon ausgehen, dass die Schüler beispielweise bei einem korrekten Ergebnis, bzw. bei einem korrekten Eintrag in ein Arbeitsheft dieses Ergebnis auch verstanden haben.[468] Durch gezielte Fragen muss der Lehrer weiterhin sicherstellen, ob bei einer Bearbeitung der Aufgabenstellung in einer Gruppe oder in Partnerarbeit alle Beteiligten den Zusammenhang verstanden haben. Dies gilt insbesondere dann, wenn die Zusammenarbeit von einem Schüler dominiert wird.

In der Teiluntersuchung B gelangten einige Schülergruppen ausschließlich durch Ausprobieren zu einem korrekten Ergebnis. In dem nach der Bearbeitung stattfindenden Interview konnten diese Schüler die Zusammenhänge nicht zweifelsfrei erläutern. Bei einigen der befragten Gruppen konnte nur ein Schüler die Fragen zu den Lerninhalten korrekt beantworten.

---

[467] Vgl. Kapitel 10.2.5.4: Systematisches Vorgehen: Vier Gruppen benötigen für das Erstellen einer korrekten Schaltung weniger als zehn Arbeitsschritte, andere bis zu 110 Arbeitsschritte.

[468] Siehe 10.2.5.3: Verständnis der Lerninhalte: Einige Gruppen gelangten nur durch Ausprobieren zu einem korrekten Ergebnis.

13 Zusammenfassung

Seit Mitte der 80er Jahre findet eine enorme Aufrüstung von Schulen mit Computern, Lernprogrammen und Zugängen zum Internet statt. Vom Einsatz der neuen Medien im Unterricht erwarten sich Verantwortliche in Politik und Bildung eine Verbesserung der Unterrichtsqualität. Wie Ergebnisse aus bisherigen empirischen Untersuchungen belegen, ist jedoch eine Computerunterstützung hierfür kein Garant. Der Einsatz eines Computers in einem Lehr-Lern-Arrangements eröffnet viele Möglichkeiten, hat jedoch auch seine Grenzen.

Der Frage, wie die neuen Medien gewinnbringend in einem Unterricht an beruflichen Schulen eingesetzt werden können, gehen mehrere Modellversuche in unterschiedlichen Bundesländern nach. In Bayern fand in den Jahren 1997 bis 2000 der Modellversuch „Multimedia und Telekommunikation an beruflichen Schulen“ statt. Die Evaluation der Unterrichtsvorhaben aus dem gewerblich-technischen Bereich wurde vom Lehrstuhl für Pädagogik der Technischen Universität München in einer Gesamtstudie und zwei Detailuntersuchungen vorgenommen. Eine davon wurde an der Städtischen Berufsschule für Kommunikationselektronik in München durchgeführt. Der dabei untersuchte Unterricht ist Gegenstand der vorliegenden Arbeit.

Dieser Unterricht findet in den Ausbildungsberufen der Informations- und Telekommunikationstechnik statt. Die Lehrpläne in diesen Ausbildungsberufen fordern eine integrative Vermittlung von Lerninhalten aus den Bereichen Technik, Betriebswirtschaft und Informatik. Die Aufgabenstellungen sollen zudem exemplarisch und berufsorientiert sein, die Vermittlung der Lerninhalte handlungs- und projektorientiert. Um diese Forderungen umzusetzen, ist die Klasse als Modellfirma organisiert und in vier Geschäftsabteilungen aufgeteilt. Alle Abteilungen verfügen über mehrere Computer. Diese sind über ein Netzwerk miteinander verbunden, so dass ein Datentransfer zwischen den Teams möglich ist. Die für die Bearbeitung der Arbeitsaufträge benötigten Informationen sollen von den Schülern selbstständig erarbeitet werden. Hierfür steht ihnen eine Unterrichtssoftware zur Verfügung, mit der sie neben der Informationsgewinnung auch komplexe Zusammenhänge (z.B. elektronische Schaltungen) virtuell erstellen und simulieren können. Somit ist der Computer in dem untersuchten Unterricht Medium zur Unterstützung des Unterrichts und Lerninhalt zugleich. Der Lehrer hält sich im Gegensatz zu einem instruktionsorientierten Unterricht weitgehend zurück. Er steht zwar für Fragen der Schüler zur Verfügung, greift aber ansonsten kaum in den Ablauf des Unterrichts ein. Neben der Vermittlung von Fachwissen sollen in dem Unterricht Methoden- und Sozialkompetenzen gefördert werden.

Ziel der vorliegenden Untersuchung ist es, dieses Unterrichtsprojekt zu untersuchen und Phänomene aufzuzeigen, die bei der Bearbeitung einer computerunterstützten Lernstrecke auftreten können. Die Untersuchungsergebnisse sollen Ansätze für eine Optimierung des untersuchten Unterrichts liefern. Sie sollen aber auch in Folgerungen münden, die auf weitere computerunterstützte Lehr-Lern-Arrangements übertragbar sind. Der komplexe Untersuchungsgegenstand und das Ziel der Untersuchung erfordern ein methodisch offenes, exploratives Vorgehen. Zum Einsatz kommen Methoden der qualitativen Sozialforschung, die miteinander kombiniert werden. Für eine detaillierte Analyse des individuellen Vorgehens der Schüler war es nötig, eine Aufteilung in zwei Teiluntersuchungen vorzunehmen.

Teiluntersuchung A betrachtet das oben beschriebene Unterrichtsvorhaben und will unter anderem klären, ob und wie mit dem Einsatz der neuen Medien die angestrebten Unterrichtsziele vermittelt werden können. Im Mittelpunkt der Untersuchung steht die Beurteilung dieses Unterrichts durch die betroffenen Schüler und durch den unterrichtenden Lehrer. Die Erhebung der Schülersicht in den drei untersuchten Klassen erfolgt schriftlich mit einem Fragebogen. Der Lehrer wird ebenfalls schriftlich befragt. Die Aussagen der Schüler werden in Netzen graphisch veranschaulicht und ergänzend beschrieben. Ein weiterer Fragebogen und eine teilnehmende Beobachtung erheben die Bearbeitung der Arbeitsaufträge mit den dabei eingesetzten Medien und die Kommunikation zwischen den einzelnen Schülerteams der Modellfirma. Auch die Ergebnisse dieser Erhebungsschritte werden graphisch und verbal dargestellt.

Teiluntersuchung B analysiert das individuelle Vorgehen der Schüler, wie sie eine Lernstrecke mit Hilfe eines Computers und einer entsprechenden Lernsoftware bearbeiten. Da eine solche, detaillierte Untersuchung des Vorgehens im Rahmen des komplexen Unterrichtsprojektes nicht oder nur bedingt möglich gewesen wäre, erfolgt dies in einer eigens für die Teiluntersuchung B konzipierten Lernstrecke. Diese vermittelt die Grundlagen der Digitaltechnik und ist auf eine Bearbeitungszeit von maximal drei Schulstunden angelegt. Die Lernstrecke durchlaufen insgesamt 14 Schülerpaare. Das individuelle Vorgehen der Schüler wird audiovisuell aufgezeichnet und in unterschiedlichen Protokollen aufbereitet und ausgewertet. Zusätzlich findet im Anschluss an die Bearbeitung ein problemzentriertes Interview statt, in dem die Schüler neben Fragen zu den Lerninhalten ihr Vorgehen erläutern sollen. Diese Datenstränge der insgesamt 14 Fallstudien werden zusammengeführt und durch Erschließungsfragen einer Beurteilung des Lösungsvorgehens der einzelnen Gruppen und einer gruppenübergreifenden Betrachtung unterzogen. Einige Ergebnisse können auch mit Ergebnissen der Teiluntersuchung A zusammengeführt werden.

Die Ergebnisse der Teiluntersuchung A zeigen, dass das beschriebene Unterrichtsprojekt geeignet ist, die angestrebten Unterrichtsziele zu vermitteln. Die Schüler lernen einen vollständigen Geschäftsprozess kennen. Neben der Vermittlung von Fachwissen werden auch Methoden- und Sozialkompetenzen gefördert. Nicht alle Schüler akzeptieren jedoch diese Unterrichtsziele, da sie einen Unterrichtserfolg an dem vermittelten Fachwissen messen. In der Befragung beurteilen die Schüler auch die anderen Kennzeichen des Unterrichts sehr divergent. Eindeutig positiv sehen sie die Möglichkeit im Team zusammen zu arbeiten und Lernweg und Lerntempo selbst bestimmen zu können. Beide Aspekte wirken sich auch positiv auf die Motivation und auf den Lernerfolg aus. Dennoch wird der Lernerfolg insgesamt von den befragten Schülern kritisch eingeschätzt. Sehr häufig bemängeln die Schüler die Form der Arbeitsaufträge, die zurückhaltende Rolle des Lehrers, die eingesetzte Unterrichtssoftware und die Stabilität der Rechnerausstattung. Die Arbeitsaufträge seien zu wenig detailliert, insgesamt zu umfangreich und teilweise mit zu geringem Bezug zu den Inhalten der beruflichen Ausbildung. Vom Lehrer erwarten die Schüler insgesamt mehr Unterstützung und ein stärkeres Durchgreifen bei Disziplinproblemen. Die Kritik der Schüler an der Software bezieht sich vor allem auf den Aufbau, die Gliederung und die Bedienung des Programms. Die Schüler sollten sich selbstständig mit dem Programm auseinander setzen. Dabei bleiben jedoch Aufbau und Gliederung teilweise unklar und Möglichkeiten, welche die Software bietet, unentdeckt.

Als Folgen dieser angeführten Kritikpunkte lässt sich beobachten, dass einige Schüler sich nicht an der Bearbeitung der Arbeitsaufträge beteiligen. Auch die Kommunikation über das eingesetzte Netzwerk ist teilweise defizitär.

Auch in der Teiluntersuchung B begrüßen die Schüler die Teamarbeit und die Möglichkeit, Lernweg und Lerntempo selbst bestimmen zu können. Diese Aussagen bestätigen die Ergebnisse der teilnehmenden Beobachtung. Die gute Zusammenarbeit der Schülerpaare kann auch auf die freiwillige Gruppenbildung zurückgeführt werden. Die Arbeitsaufträge erlauben in Verbindung mit den Möglichkeiten der Lernsoftware ein individuelles Vorgehen der Schüler. Insbesonders aus dem virtuellen Erstellen und Simulieren der Schaltung wird deutlich, welche Schülerteams systematisch vorgehen und welche ausschließlich durch Ausprobieren zu einer korrekten Lösung gelangen. Im zweiten Fall wird eine Schaltung so lange variiert, bis die Simulation eine funktionierende Schaltungsfunktion bestätigt. Anschließende Lernzielkontrollfragen zeigen, dass diese Gruppen die Schaltungsfunktion nicht vollständig verstanden haben. Bei diesem Lernabschnitt wird auch die hohe Motivation der Schüler besonders deutlich. Die Schüler versuchen die Aufgabenstellung mit sehr viel Geduld selbstständig zu lösen. Eine anwesende Lehrkraft wird nur sehr selten befragt. Die Offenheit der gestellten Arbeitsaufträge führt häufig zu einer langwierigen Suche in der Software nach den entsprechenden Inhalten. Die Inhalte des Lernprogramms werden zumeist in das Arbeitsheft übertragen, da dies nach Aussage der Schüler schneller und einfacher sei, als Zusammenhänge selbst zu formulieren. Die Auswertung der Arbeitsergebnisse und die Lernzielkontrollfragen zeigen jedoch, dass die kopierten Inhalte häufig nicht gelesen und falsch eingefügt werden. Auch die anderen Fehler, welche die Schüler in das Arbeitsheft einfügen, sind oft auf eine oberflächliche und flüchtige Bearbeitung zurück zu führen.

Erste Ergebnisse der Teiluntersuchung A führten noch während der Laufzeit des Modellversuchs zu positiven Veränderungen an dem Unterricht. Aus den Ergebnissen beider Teiluntersuchungen können auch Folgerungen und Konsequenzen für die Gestaltung weiterer computerunterstützter Lehr-Lern-Arrangements abgeleitet werden. Diese sind technische und organisatorische Empfehlungen, didaktische Folgerungen oder Folgerungen für die Rolle des Lehrers. Unter den technischen und organisatorischen Folgerungen finden sich Aussagen zur technischen Ausstattung, zur Sozialform des Unterrichts oder zur Einführung der Unterrichtssoftware und der Erläuterung der Unterrichtsziele. Die didaktischen Folgerungen haben ihren Schwerpunkt in der Formulierung der Arbeitsaufträge. Diese sollten so gestaltet sein, dass in hohem Maße ein selbstgesteuertes Lernen möglich ist. Aus den Folgerungen für die Rolle des Lehrers wird deutlich, dass in einem computerunterstützten Unterricht sich das Aufgabengebiet der Lehrkraft erweitert und sich die an ihn gestellten Anforderungen verändern.

14 Literaturverzeichnis

ADLER, M. (1999): Detailuntersuchung 2: Städtische Technikerschule München - Telekommunikatives Lernen. In: EULER, D.; SCHELTEN, A. (Hrsg.): Zwischenbericht der wissenschaftlichen Begleitung des Modellversuchs: Multimedia und Telekommunikation für berufliche Schulen (MUT) in Bayern. München: Hintermaier, S. 138-156

ADLER, M. (2001a): Folgerungen und Konsequenzen: Für die schulischen Rahmenbedingungen. In: EULER, D.; SCHELTEN, A.; ZÖLLER; A. (Hrsg.): Abschlussbericht zum Modellversuch „Multimedia und Telekommunikation an beruflichen Schulen" (MUT). Arbeitsbericht Nr. 316. München: Hintermaier, S. 301-303

ADLER, M. (2001b): Forschungsergebnisse der Detailstudie 2. In: EULER, D.; SCHELTEN, A.; ZÖLLER; A. (Hrsg.): Abschlussbericht zum Modellversuch „Multimedia und Telekommunikation an beruflichen Schulen" (MUT). Arbeitsbericht Nr. 316. München: Hintermaier, S. 56-77

ADLER, M.; SCHELTEN, A. (2001): Telekommunikatives Lernen - Realisierung und Perspektive. In: Zeitschrift für Berufs- und Wirtschaftspädagogik 97/1, S. 44 – 55

ARBEITSGRUPPE MULTIMEDIA AN DER ZENTRALSTELLE FÜR COMPUTER UND UNTERRICHT (1994): Multimedia in der Schule. Augsburg: Eigenverlag der Zentralstelle für Computer und Unterricht

ATTESLANDER, P. (1995): Methoden der empirischen Sozialforschung. Berlin: Gruyter

BÄHNER, C. (1999): Computeranimiertes Lernen in der Informationsgesellschaft. Diplomarbeit für Diplomstudiengang Erziehungswissenschaft (Betreuer: Fiederle, X; Kösel, E.). Pädagogischen Hochschule Freiburg

BALLIN, D. (1996): Handlungsorientiert lernen mit Multimedia: Lernarrangements planen, entwickeln und einsetzen. Nürnberg: BW, Bildung und Wissen

BAYERISCHES STAATSMINISTERIUM FÜR UNTERRICHT UND KULTUS (2000): Systembetreuung an Schulen. In: Amtsblatt der Bayerischen Staatsministerien für Unterricht und Kultus und Wissenschaft, Forschung und Kunst 6/2000, Nr. III/4 - II/2-O1350-1/13 456, vom 17. März 2000

BAYERISCHES STAATSMINISTERIUM FÜR UNTERRICHT, KULTUS, WISSENSCHAFT UND KUNST (1997): Vorläufige Lehrplanrichtlinien für die Berufsschule, Fachklasse Informations- und Telekommunikationssystemelektroniker, Jahrgangsstufe 10. München

BERTELSMANN FOUNDATION (ed.) (1998): The Potential of Media Across the Curriculum. Gütersloh

BERTELSMANN SIFTUNG (Hrsg.) (1998): Computer, Internet, Multimedia – Potentiale für Schule und Unterricht. Bertelsmann. Gütersloh

BIERMANN, H. (1994): Lehren und Lernen mit Computern. Kriterien zur Bewertung von Unterrichtssoftware. In: PETERSEN, J., REIDERT G.: Lehren und Lernen im Umfeld neuer Technologien: Reflexionen vor Ort. Frankfurt am Main u.a.: Lang, S. 142-171

BLUMSTENGEL, A. (1998): Entwicklung hypermedialer Lernsysteme. Berlin: Wissenschaftlicher Verlag Berlin

BONZ, B. (1999): Methoden der Berufsbildung. Stuttgart: Hirzel

BORTZ, J.; DÖRING, N. (1995): Forschungsmethoden und Evaluation. Berlin: Springer

BRAUN, C. (2000): Analyse von Lernwegen beim Einsatz einer Unterrichtssoftware in den Berufen der Informations- und Telekommunikationstechnik. Schriftliche Hausarbeit zur ersten Staatsprüfung für das Lehramt an beruflichen Schulen (Betreuer: Vögele, M.). Lehrstuhl für Pädagogik der Technischen Universität München

BREUER, J. (2000): Telelernen – ein Systematisierungsansatz. In: ESSER, F.; TWARDY, M.; WILBERS, K. (Hrsg.): e-learning in der Berufsbildung. Markt Schwaben: Eusl-Verlagsgesellschaft, S. 60-83

BRÖNNER, A. (2001): Exploration kritischer Erfolgsfaktoren. In: EULER, D.; SCHELTEN, A.; ZÖLLER; A. (Hrsg.): Multimedia und Telekommunikation an beruflichen Schulen. Abschlussbericht zum Modellversuch „Multimedia und Telekommunikation an beruflichen Schulen“ (MUT). Arbeitsbericht Nr. 316. München: Hintermaier, S. 91-120

BUNDESGESETZBLATT (1997): Verordnung über die Berufsausbildung im Bereich der Informations- und Telekommunikationstechnik. Bonn 15.07.97, Seite 1741-1760

BUNDESINSTITUT FÜR BERUFSBILDUNG (Hrsg.) (1998): Erläuterungen und Praxishilfen zur Verordnung über die Berufsausbildung zum IT-System-Elektroniker/zur IT-System-Elektronikerin. Nürnberg: Bildung und Wissen Verlag

BUNDESINSTITUT FÜR BERUFSBILDUNG (2000): Berufe und Qualifikationen in IT-Bereich. Berufsbildung in Wissenschaft und Praxis. Sonderdruck. 29/6: Bertelsmann Verlag

BURGERT, M. (2000): Untersuchungen zu multimedialem Lernen in den USA – Analyse verschiedener Arbeiten von Prof. J. Hanafin. Schriftliche Hausarbeit zur ersten Staatsprüfung für das Lehramt an beruflichen Schulen (Betreuer: Vögele, M.). Lehrstuhl für Pädagogik der Technischen Universität München

CLARK, R. (1994): Media will never influence learning. In: Education technology research and development 42/2, S. 21-29

CLEMENT, U.; MARTENS, B. (2000): Effizient Lernen durch Multimedia? Probleme der empirischen Feststellung von Ursachen des Lernerfolgs. In: Zeitschrift für Pädagogik 46/1, S. 97-112

DIETRICH, R. (1994): Simulation als Lernmethode. In: PETERSEN, J., REIDERT, G.: Lehren und Lernen im Umfeld neuer Technologien: Reflexionen vor Ort. Frankfurt am Main u.a.: Lang, S. 207-244

DUBS, R. (1999): Scaffolding – mehr als ein neues Schlagwort. In: Zeitschrift für Berufs- und Wirtschaftspädagogik 95/2. Wiesbaden: Franz Steiner Verlag, S. 163- 167

EDELMANN, W. (1996): Lernpsychologie. 5. Auflage. Weinheim: Psychologie-Verlags-Union

ELLGRING, H. (1995) Audiovisuell unterstützte Beobachtung. In: FLICK, U.; u. a.: Handbuch qualitative Sozialforschung. Grundlagen, Konzepte, Methoden und Anwendungen. Weinheim: Psychologie-Verlags-Union, S. 203-208

ESSER, F.; TWARDY, M.; WILBERS, K. (Hrsg.) (2000): e-learning in der Berufsbildung. Markt Schwaben: Eusl-Verlagsgesellschaft

EULER, D. (1992): Didaktik des computerunterstützten Lernens: praktische Gestaltung und theoretische Grundlagen, 1. Aufl., Nürnberg: 1992

EULER, D. (1994): (Multi)mediales Lernen – Theoretische Fundierungen und Forschungsstand. In: Unterrichtswissenschaft 22/4, S. 291-311

EULER, D. (1997): Pädagogische Konzepte des multimedialen Lernens. In: Wirtschaft und Erziehung 1, S. 3-10

EULER, D. (1998a): Multimediale und telekommunikative Lernumgebungen zwischen Potentialität und Aktualität: Eine Analyse aus wirtschaftspädagogischer Sicht. In: Pädagogische Rundschau 52/6, S. 741-757; oder in GOGOLIN, I.; LENZEN, D. (Hrsg.) (1999): Medien-Generation. Beiträge zum 16. Kongreß der Deutschen Gesellschaft für Erziehungswissenschaft. Opladen: Leske + Budrich, S. 77-97

EULER, D. (1998b): Zweifelhafte Antworten auf verzweifelte Fragen? – Möglichkeiten und Grenzen der Evaluation multimedialer und telekommunikativer Lehr-Lernarrangements. In: SCHULZ, M.; STANGE, B. u.a. (Hrsg.): Wege zur Ganzheit. Profilbildung einer Pädagogik für das 21. Jahrhundert. Weinheim, S. 244 - 258

EULER, D., TWARDY, M. (1995): Multimediales Lernen, in: ARNOLD, R. (Hrsg.), Handbuch der Berufsbildung. Obladen: Leske + Budrich, S. 356-365.

EULER, D.; SCHELTEN, A. (Hrsg.) (1999): Multimedia und Telekommunikation an beruflichen Schulen. Zwischenbericht über die wissenschaftliche Begleitung des Modellversuchs "Multimedia und Telekommunikation für berufliche Schulen (MUT)" in Bayern. München: Hintermaier

EULER, D.; SCHELTEN, A.; ZÖLLER, A. (Hrsg.) (2001): Multimedia und Telekommunikation an beruflichen Schulen. Abschlussbericht zum Modellversuch „Multimedia und Telekommunikation an beruflichen Schulen“ (MUT). Arbeitsbericht Nr. 316. München: Hintermaier

FLICK, U.; u. a. (1995): Handbuch qualitative Sozialforschung. Grundlagen, Konzepte, Methoden und Anwendungen. Weinheim: Psychologie-Verlags-Union

FREY, K. (1989): Effekte der Computerbenutzung im Bildungswesen. Ein Resümee des heutigen empirischen Wissensstandes. Zeitschrift für Pädagogik, 35/5, S. 637-656

GOGOLIN, I.; LENZEN, D. (Hrsg.) (1999): Medien-Generation. Beiträge zum 16. Kongreß der Deutschen Gesellschaft für Erziehungswissenschaft. Opladen: Leske + Budrich,

GÖTZ, C. (1999): Multimediales Lernen in den Berufen der Informations- und Telekommunikationstechnik. Lernwege beim Einsatz einer Unterrichts- und Simulationssoftware. Schriftliche Hausarbeit zur ersten Staatsprüfung für das Lehramt an beruflichen Schulen (Betreuer: Vögele, M.). Lehrstuhl für Pädagogik der Technischen Universität München

HAACK, J. (1997): Interaktivität als Kennzeichen von Multimedia und Hypermedia. In: ISSING, L.; KLIMSA, P.: Information und Lernen mit Multimedia. 2., überarbeitete Auflage. Weinheim: Psychologie-Verlags-Union, S. 151-164

HÄNEL, M. (2000): Multimediales Lernen in den Berufen der Informations- und Telekommunikationstechnik. Die Benutzung verschiedener Informationsquellen einer Unterrichts- und Simulationssoftware. Schriftliche Hausarbeit zur ersten Staatsprüfung für das Lehramt an beruflichen Schulen (Betreuer: Vögele, M.). Lehrstuhl für Pädagogik der Technischen Universität München

HANNAFIN, J.; LAND, S. (1997): Patterns of understanding with open-ended learning environments: A qualitative Study. In: Educational Technology Research and Development 45/2, S. 47-73

HARTH, T. (1997): Lerneffektivität von Multimedialem Lernen. In: Die berufsbildende Schule 49/10, S. 283-287

HASEBROOK, J. (1995a): Lernen mit Multimedia. In: Zeitschrift für Pädagogische Psychologie 6/9, S. 95-103

HASEBROOK, J. (1995b): Multimedia-Psychologie: eine neue Perspektive menschlicher Kommunikation. Heidelberg u.a.: Spektrum, Akad. Verlag

HEIMERER, L.; SCHELTEN, A.; SCHIESSL, O. (1996): Abschlußbericht zum Modellversuch „Fächerübergreifender Unterricht in der Berufsschule“ (FügrU). Arbeitsbericht Nr. 274. München: Alfred Hintermaier Verlag

HOFMANN, R. (1999): Möglichkeiten und Ziele des Einsatzes von Multimedia und Telekommunikation im Unterricht des BGK Elektrotechnik aufgezeigt an ausgewählten Beispielen. Schriftliche Hausarbeit zur Zweiten Staatsprüfung für ein Lehramt an beruflichen Schulen (Betreuer Göbl, R.). Staatliches Studienseminar Ostbayern

HOLL, B; SEELING, W. (2002): Lernen in verteilten Rollen, in verteilten Gruppen und in verteilten Systemen. In: Die berufsbildende Schule. 54/10, S. 305-313

HOLM; K. (1975): Die Befragung 1. München: Franke Verlag GmbH

HUSCHKE-RHEIN, R. (1993): Systemisch-ökologische Pädagogik. Band 2: Qualitative Forschungsmethoden – Hermeneutik - Handlungsforschung. Köln: Rhein-Verlag

INSTITUT DER DEUTSCHEN WIRTSCHAFT (2001): Informationsdienst. Jobs mit Bit und Bytes. Heft 43. Köln

ISSING, J.; KLIMSA, P. (1997): Information und Lernen mit Multimedia. Weinheim: Psychologie-Verlags-Union

KERRES, M. (1998): Multimediale und telemediale Lernumgebungen: Konzeption und Entwicklung. München: Oldenbourg

KOMPALKA, M. (1999): Beschreibung eines Unterrichtskonzeptes in den Berufen der Informations- und Telekommunikationstechnik: Umsetzung des Ausbildungsberufes IT-Systemelektroniker/in an einer Berufsschule. Schriftliche Hausarbeit zur ersten Staatsprüfung für das Lehramt an beruflichen Schulen (Betreuer: Vögele, M.). Lehrstuhl für Pädagogik der Technischen Universität München

KONFERENZ DER KULTUSMINISTER UND –SENATOREN DER LÄNDER (1997): Rahmenlehrplan für den Ausbildungsberuf Fachinformatiker/Fachinformatikerin (Entwurf). Bundesgesetzblatt, Teil I Seite 1742

KROMREY, H. (1995): Empirische Sozialforschung. Opladen: Leske und Budrich

LAMNEK, S. (1995a): Qualitative Sozialforschung. Band 1: Methodologie. Weinheim: Beltz

LAMNEK, S. (1995b): Qualitative Sozialforschung. Band 2: Methoden und Techniken. Weinheim: Beltz

LEUTNER, D. (1989): Angeleitetes Lernen mit Planspielen: Lernerfolg in Abhängigkeit von Persönlichkeitseigenschaften sowie Ausmaß und Zeitpunkt der Anleitung. In: Unterrichtswissenschaft 17/4, S. 342-358

LORENZ, S. (1999): Multimediales Lernen in den Berufen der Informations- und Telekommunikationstechnik. Beurteilung eines Unterrichtskonzeptes durch die Schüler. Schriftliche Hausarbeit zur ersten Staatsprüfung für das Lehramt an beruflichen Schulen (Betreuer: Vögele, M.). Lehrstuhl für Pädagogik der Technischen Universität München

MANDL, H.; GRUBER, H.; RENKL, A. (1997): Situiertes Lernen in multimedialen Lernumgebungen. In: ISSING, L.; KLIMSA, P.: Information und Lernen mit Multimedia, S. 167-178

MAYRING, P. (1993): Qualitative Inhaltsanalyse. Grundlagen und Techniken. 4. erweiterte Auflage. Weinheim: Deutscher Studienverlag

MAYRING, P. (1996): Einführung in die qualitative Sozialforschung. Weinheim: Psychologie-Verlags-Union

MOLL, T. (1987): Über Methoden zur Analyse und Evaluation interaktiver Computersysteme. In: FÄHNRICH, K.-P. (Hrsg.): Software-Ergonomie. München, Wien: Oldenbourg

MÖLLER, R. (1999): Lernumgebungen und selbstgesteuertes Lernen. In: MEISTER, D.; SANDER, U. (Hrsg.): Multimedia. Chancen für die Schule. Neuwied, Berlin: Luchterhand, S. 140-154

MOSER, H. (1995): Einführung in die Medienpädagogik. Aufwachsen im Medienzeitalter. Opladen: Leske + Budrich

MÜLLER, D. (1997): Abschlußbericht zum Modellversuch „Hypermediagestützte Simulationssysteme für berufliche Schulen (HYSIM). Bremen

MÜLLER, K.; HÄUSSLER, J.; SONNEK, W. (1997): Die neuen Ausbildungsberufe der Informations- und Telekommunikationstechnik (IT-Berufe). Köln: Deutscher Instituts Verlag

PÄTZOLD, G. (1995): Ansprüche an die pädagogische Begleitforschung im Rahmen von Modellversuchen. In: BENTELER, P.; u. a.: Modellversuchsforschung als Berufsbildungsforschung. Köln: Boetermann und Botermann

PETERS, K.-H. (2000): Der Stellenwert von multimedialem und telekommunikativem Lernen in der Aus- und Weiterbildung für die Wirtschaft. In: STAATSINSTITUT FÜR SCHULPÄDAGOGIK UND BILDUNGSFORSCHUNG (Hrsg.): Dokumentation einer Fachtagung zum Modellversuch „Multimedia und Telekommunikation für berufliche Schulen". München: Hintermaier. S. 29-35

PETERSEN, J., REIDERT G. (1994): Lehren und Lernen im Umfeld neuer Technologien: Reflexionen vor Ort. Frankfurt am Main u.a.: Lang Verlag

PETERSEN, A. W.; WEHMEYER, C. (2000): Die neuen IT-Berufe auf dem Prüfstand. In: BUNDESINSTITUT FÜR BERUFSBILDUNG: Berufe und Qualifikationen in IT-Bereich. Berufsbildung in Wissenschaft und Praxis. Sonderdruck. 29/6: Bertelsmann Verlag

PFYFFER, A. (2000): Evaluation Lernsoftware im Unterricht. Zürich: Verlag Pestalozzianum

REINMANN-ROTHMEIER, G.; MANDL, H. (1996): Lernumgebungen mit neuen Medien gestalten. In: BESTE, D. (Hrsg.): Bildung im Netz: auf dem Weg zu einem virtuellen Lernen. Düsseldorf: VDI, S. 65-74

REINMANN-ROTHMEIER, G.; MANDL, H. (1997): Lernen mit Multimedia (Forschungsbericht Nr. 77). München: Ludwig-Maximilians-Universität, Institut für Pädagogische Psychologie und Empirische Pädagogik, Lehrstuhl für Empirische Pädagogik und Pädagogische Psychologie

REINMANN-ROTHMEIER, G.; MANDL, H. (1999): Unterrichten und Lernumgebungen gestalten. (Forschungsbericht Nr. 60). Überarbeitete Fassung. München: Ludwig-Maximilians-Universität, Institut für Pädagogische Psychologie und Empirische Pädagogik, Lehrstuhl für Empirische Pädagogik und Pädagogische Psychologie

RIEDL, A. (1998): Verlaufsuntersuchung eines handlungsorientierten Elektropneumatikunterrichts und Analyse einer Handlungsaufgabe. Frankfurt am Main: Peter Lang

SCHELTEN, A. (1994): Einführung in die Berufspädagogik. 2. duchges. und erw. Aufl. Stuttgart: Steiner

SCHELTEN, A. (2000): Begriffe und Konzepte der berufspädagogischen Fachsprache - Eine Auswahl. Stuttgart: Steiner

SCHENKEL, P., HOLZ, H.(Hrsg.) (1995): Evaluation multimedialer Lernprogramme und Lernkonzepte: Berichte aus der Berufsbildungspraxis. Nürnberg: BW, Bildung und Wiss., Verl. und Software

SCHLEMMER, T. (2000): Multimediales Lernen in den Berufen der Informations- und Telekommunikationstechnik. Qualitative Betrachtung individueller Lernwege beim Einsatz einer Unterrichts- und Simulationssoftware. Schriftliche Hausarbeit zur ersten Staatsprüfung für das Lehramt an beruflichen Schulen (Betreuer: Vögele, M.). Lehrstuhl für Pädagogik der Technischen Universität München

SCHNOTZ, W. (2001): Wissenserwerb mit Multimedia. In: Unterrichtswissenschaft 29/4, S. 292-318

SCHULMEISTER, R. (1996): Grundlagen hypermedialer Lernsysteme. Theorie – Didaktik – Design. Bonn, Paris u.a.: Addison-Wesley

SCHUNCK, A. (1993): Subjektive Theorien von Berufsfachschülern zu einem planspielgestützten Betriebswirtschaftslehre-Unterricht. Berichte: Band 19. Georg-August-Universität Göttingen

SIVERS, J.-P. VON (2000): Analyse von individuellen Lernwegen beim Einsatz einer Simulationssoftware in den Berufen der Informations- und Telekommunikationstechnik. Schriftliche Hausarbeit zur ersten Staatsprüfung für das Lehramt an beruflichen Schulen (Betreuer: Vögele, M.). Lehrstuhl für Pädagogik der Technischen Universität München:

SLOANE, P. (1992): Modellversuchsforschung: Überlegungen zu einem wirtschaftspädagogischen Forschungsansatz. Köln: Müller Botermann Verlag

SLOANE, P.(1995): Das Potential von Modellversuchsfeldern für die wissenschaftliche Erkenntnisgewinnung. In: BENTELER, P. u.a.: Modellversuchsforschung als Berufsbildungsforschung. Köln: Botermann und Botermann

STAATSINSTITUT FÜR SCHULPÄDAGOGIK UND BILDUNGSFORSCHUNG (Hrsg.) (2000): Dokumentation einer Fachtagung zum Modellversuch „Multimedia und Telekommunikation für berufliche Schulen“. Arbeitsbericht Nr. 311. München: Hintermaier

STRITTMATTER, B. (1997): Einführung das Thema: Multimedia: Mehr Vielfalt, mehr lernen? In: Unterrichtswissenschaft 25/3, S. 195 f.

STRITTMATTER, P.; NIEGEMANN, H. (2000): Lehrern und Lernen mit Medien. Darmstadt: Wissenschaftliche Buchgesellschaft

TENBERG, R. (1997): Schüleraussagen und Verlaufsuntersuchung über einen handlungsorientierten Metalltechnikunterricht. Frankfurt am Main: Peter Lang

TENBERG, R. (1999): Gesamtevaluation. In: EULER, D.; SCHELTEN, A.: Zwischenbericht über die wissenschaftliche Begleitung des Modellversuchs: Multimedia und Telekommunikation für berufliche Schulen (MUT) in Bayern. München: Hintermaier, S.104-114

TENBERG, R. (2001a): Folgerungen und Konsequenzen: Für die Unterrichtskonzeption. In: EULER, D.; SCHELTEN, A.; ZÖLLER; A. (Hrsg.): Abschlussbericht zum Modellversuch „Multimedia und Telekommunikation an beruflichen Schulen“ (MUT). Arbeitsbericht Nr. 316. München: Hintermaier, S. 304-313

TENBERG, R. (2001b): Gesamtevaluation. In: EULER, D.; SCHELTEN, A., ZÖLLER; A. (Hrsg.): Abschlussbericht zum Modellversuch „Multimedia und Telekommunikation an beruflichen Schulen“ (MUT). Arbeitsbericht Nr. 316. München: Hintermaier, S. 13-33

TENBERG, R. (2001c): Multimedia und Telekommunikation im beruflichen Unterricht. Theoretische Analyse und empirische Untersuchungen im gewerblich-technischen Berufsfeld. Frankfurt am Main: Peter Lang

TERGAN, S. O. (1997): Hypertext und Hypermedia: Konzeption, Lernmöglichkeiten, Lernprobleme. In: ISSING, L. J.; KLIMSA, P.: Information und Lernen mit Multimedia. 2., überarbeitete Auflage. Weinheim: Psychologie-Verlags-Union, S. 123-136

TERGAN, S. O. (2001): Qualitätsbeurteilung von Bildungssoftware mittels Kriterienkatalogen. Problemaufriss und Perspektiven. In: Unterrichtswissenschaft 29/4, S. 319-341

TERHART, E. (1986): Der Stand der Lehr-Lern-Forschung. In: HALLER, H.,D.; MAYER, H. (Hrsg.): Enzyklopädie Erziehungswissenschaft: Handbuch und Lexikon der Erziehung. Bd. 3. Ziele und Inhalte der Erziehung und des Unterrichts. Stuttgart: Klett-Cotta

TERHART, E. (2000): Lehr-Lern-Methoden. Eine Einführung in Probleme der methodischen Organisation von Lehren und Lernen. 2., überarbeitete Auflage. Weinheim und München: Juventa

TOPSCH, W. (2002): Neue Medien im Unterricht. In: KIPER, H.; MEYER, H.; TOPSCH, W.: Einführung in die Schulpädagogik. Berlin: Cornelsen Scriptor, S. 122-133

TWARDY, M.; WILBERS, K. (1996): Computerunterstützter Unterricht in der Berufsbildung. In: BONZ, B. (Hrsg.): Didaktik der Berufsbildung. Stutttgart: Holland + Josenhans, S. 144-161

VESTER, F. (2001): Denken, Lernen, Vergessen. Deutscher Taschenbuch Verlag

VÖGELE, M. (1999): Forschungsergebnisse der Detailstudie 1: Multimediales Lernen. in: EULER, D.; SCHELTEN, A.: Zwischenbericht zum Modellversuch „Multimedia und Telekommunikation für berufliche Schulen" (MUT). Arbeitsbericht Nr. 306. München: Hintermaier, S. 115-137

VÖGELE, M. (2000): Städtische Berufsschule für Kommunikationselektronik München. In: STAATSINSTITUT FÜR SCHULPÄDAGOGIK UND BILDUNGSFORSCHUNG (Hrsg.): Dokumentation einer Fachtagung zum Modellversuch „Multimedia und Telekommunikation für berufliche Schulen". Arbeitsbericht Nr. 311. München: Hintermaier

VÖGELE, M. (2001): Forschungsergebnisse der Detailstudie 1: Multimediales Lernen. in: EULER, D.; SCHELTEN, A.; ZÖLLER, A.: Abschlussbericht zum Modellversuch „Multimedia und Telekommunikation für berufliche Schulen" (MUT). Arbeitsbericht Nr. 316. München: Hintermaier. S. 34-55

WEIDENMANN, B. (1997a): „Multimedia": Mehrere Medien, mehrere Codes, mehrere Sinneskanäle? In: Unterrichtswissenschaft 25/3, S. 197 - 206

WEIDENMANN, B. (1997b): Multicodierung und Multimodalität im Lernprozeß. In: ISSING, J., KLIMSA, P.: Information und Lernen mit Multimedia. Weinheim: Psychologie-Verlags-Union

Angeführte und eingesetzte Lernsoftware:

MULTISKOP-TRAINER, Version 4.1. Vertrieb über: M. Carl - Ingenieurbüro für elektrotechnische Systeme, Bertold-Brecht-Str. 60, 90471 Nürnberg (Teiluntersuchung A und B)

COM3LAB. Vertrieb über LEYBOLD DIDACTIC GmbH, 50354 Hürth (Untersuchung von Hofmann, R., vgl. Kapitel 5.4)

15 Abbildungsverzeichnis

16 Inhaltsverzeichnis - Anhang

16.1 Untersuchung des Unterrichtsprojektes (Teiluntersuchung A)

16.1.1 Arbeitsauftrag der Abteilung ‚Service' (Ausschnitt)

Workgroup Service, Aufgaben
Aufgabengebiet:
- Aus dem Leistungsverzeichnis die Stückliste für die innerbetriebliche Planung erstellen,
- den Übersichtsplan der logischen Struktur des TK-Anlagennetzes zeichnen und in einer Präsentation mit dem Kunden absprechen,
- TK-Anlagennetz aufbauen, programmieren, übergeben und warten.

Teamarbeit organisieren
Sie sollen den Arbeitsumfang erfassen und seine Bearbeitung innerhalb der Workgroup arbeitsteilig organisieren und durchführen. Alle hierzu erforderlichen Kenntnisse und Fertigkeiten müssen von allen Workgroupmitgliedern gelernt werden. Alle wesentlichen Teile sind von jedem einzelnen Workgroupmitglied auszuführen. Die Information der übrigen Teile können arbeitsteilig von Einzelnen ausführlich gelernt werden um danach den wesentlichen Informationsgehalt, z.B. in Form von Präsentationen und Exzerpten, den übrigen Teammitgliedern rationell beizubringen.
Je rationeller dabei gearbeitet wird, umso mehr Zeit steht für praktisches Experimentieren mit neuartigen Informations- und Kommunikationsdiensten zur Verfügung!

Arbeitsauftrag
Der Kundenauftrag: Planung, Installation und Fernwartung einer ISDN-TK-Anlage, soll als geplanter Geschäftsprozeß arbeitsteilig von vier Workgroups im Computernetzwerk abgewickelt werden. Bearbeiten Sie hierzu mit der Multimedia Wissensdatenbank (Windows / MultiSkop-Trainer / Bibliothek / Navigator) folgende Teilaufträge:
(Zu jedem Teilauftrag ist jeweils ein anderes verantwortliches Gruppenmitglied zu notieren!)

Sachbearbeiter:

1 TK-Netze
1.1 Studieren Sie die Grundlagen der TK-Anlagennetze (Arbeitsblatt DE 1.1, DE 1.3.1, DE 1.5.1, DE 2.1.3, DE 2.1.6 und Computeranimation im Modul Datenendgeräte, Abs.1).
1.2 Erstellen Sie hierzu im Arbeitsheftedltor eine Liste aller neuartigen Fachbegriffe mit stichwortartiger bzw. grafischer Bedeutungserklärung. Organisieren Sie dies arbeitsteilig als Workgrouparbeit im Computernetzwerk.
1.3 Führen Sie im Computernetzwerk die einzelnen Teile der Fachwortliste zu einem Gesamtdokument zusammen.

2 Rufnummernplan
2.1 Laden Sie das Formblatt „Rufnummernplan" oder besorgen Sie eine Kopie(ST 6.1.5).
2.2 Studieren Sie die Kundenwünsche im Leistungsverzeichnis des Kundenauftrags (Computernetzwerk oder Papierkopie). Erstellen Sie daraus den Rufnummernplan.

3 Übersichtsplan der logischen Struktur
3.1 Studieren Sie das Beispiel auf den Arbeitsblättern DE 2.1.6.1-3.
3.2 Erstellen Sie im Arbeitsheftedltor den Übersichtsplan der logischen Struktur des KD-Auftrags.
3.3 Zeichnen Sie neben jedes Endgerät (TE) eine Tabelle mit Angabe der Schnittstelle (a/b bzw. So), der Engeräteart, der NSt-Rufnummer, der MSN, der Leistungsmerkmale und des Benutzers.
(CarbonCopy CC-Datei per Mail an die Geschäftsleitung).

4 Stückliste
4.1 Laden Sie das Formblatt „Stückliste" oder besorgen Sie eine Kopie
4.2 Studieren Sie die Kundenwünsche im Leistungsverzeichnis des Kundenauftrags (Computernetzwerk oder Papierkopie). Erstellen Sie daraus die Stückliste über alle Komponenten. Senden Sie die Stückliste zur Überprüfung an die Abt. Projektierung, CarbonCopy CC-Datei per Mail an die Geschäftsleitung.

5 TK-Anlagenprogrammierung
5.1 Bauen Sie die Anlage auf.
5.2 Schließen Sie einen PC an die TK-Anlage an und programmieren Sie eine Rufnummer und ein Leistungsmerkmal anhand des Übersichtsplans der logischen Struktur. (Jedes Gruppenmitglied muß mindestens eine Programmierung durchführen.)

6 Rechnerkopplung: Bauen Sie eine Rechnerkopplung auf und programmieren Sie eine Rufnummernänderung über Fernwartung durch Remote Access. (Arbeitsblatt PN 6.6.4 und ST 1.3.1)

7 Präsentation
7.1 Erstellen Sie im Arbeitsheftedltor die Grafik und in Powerpoint die komplette Präsentatio zu Leistungsmerkmalen von Endgeräten. She. Lexikon Kommunikationstechnik.
7.2 Übertragen Sie Ihre Präsentationsdatei über workgroupcomputing an die Geschäftsleitung und führen Sie die Präsentation über Datenprojektor vor.

8. Arbeits- und Lernplan: Ergänzen Sie Ihren persönlichen Arbeits- und Lernplan.

Blatt	**Arbeitsauftrag**	
PN Serv	**Workgroup Service**	

16.1.2 Schülersicht des Unterrichts (vgl. Kapitel 8.1.2.2, 8.2.1 und 8.3.2)

16.1.2.1 Fragebogen zur Erhebung der Schülersicht

Wissenschaftliche Begleitung des Modellversuchs

Multimedia und Telekommunikation
für berufliche Schulen

im gewerblich-technischen Bereich
durch den Lehrstuhl für Pädagogik
der Technischen Universität München

MUT

Sehr geehrte Damen und Herren,

wir freuen und bedanken uns, daß Sie bereit sind, uns Ihre Meinung zum Berufsschulunterricht in den IT-Berufen mitzuteilen. Mit diesem Fragebogen wollen wir Erkenntnisse über eine „neue" Form des Unterrichts gewinnen. Ihre Aussagen sind für uns deshalb von großer Wichtigkeit.

Wir bitten Sie, diesen Fragebogen gewissenhaft auszufüllen.
Beachten Sie bitte dabei:

- führen Sie die angefangenen Sätze fort. Nur so kann der Fragebogen ausgewertet werden.
- die Reihenfolge Ihrer Antworten ist beliebig, d. h. die Antworten zu den einzelnen Fragen müssen nicht der Wichtigkeit entsprechend gegeben werden.
- schreiben Sie, falls der Platz für die Beantwortung einer Frage nicht ausreicht, auf der Rückseite weiter.

Selbstverständlich wird Ihre Anonymität gewahrt.

Allgemeine Fragen:

Welchen Schulabschluß haben Sie?

☐ Hauptschule
☐ Mittlere Reife
☐ Abitur

Wie sehen Sie die „hardware-bedingten" Probleme des Unterrichts?

☐ gering
☐ groß
☐ sehr groß

Multimedia und Telekommunikation für berufliche Schulen **MUT**

1) Das Besondere an diesem Unterricht ist:

____

____

______________________________ .....

2a) Mir gefällt dieser Unterricht im Vergleich zum herkömmlichen Unterricht besser, weil ....

2b) Mir gefällt dieser Unterricht im Vergleich zum herkömmlichen Unterricht weniger gut, weil ...

Die Klasse ist in diesem Unterricht in Arbeitsgruppen, entsprechend den Geschäftsabteilungen einer Übungsfirma aufgeteilt.

3a) Ich finde diese Aufteilung gut, weil ...

3b) Ich finde diese Aufteilung weniger gut, weil ...

4a) Ich finde, daß die Inhalte dieses Unterrichts für meinen Beruf wichtig sind, weil ...

4b) Ich finde, daß die Inhalte dieses Unterrichts für meinen Beruf weniger wichtig sind, weil ....

5a) Das Arbeiten mit der Lernsoftware „Multiskop" spricht mich an, weil ...

5b) Das Arbeiten mit der Lernsoftware „Multiskop" spricht mich weniger an, weil ...

6a) Ich empfinde es als angenehm, im Unterricht weitgehend selbständig arbeiten zu können, weil ...

6b) Ich empfinde es als unangenehm, im Unterricht weitgehend selbständig arbeiten zu müssen, weil ...

Nochmals ♥-lichen Dank für Ihre Mitarbeit!

Anmerkung:

Der Umfang des Fragebogens beträgt insgesamt sieben Seiten. Bei dem hier abgebildeten Fragebogen wurden die Eingabefelder (Eingabelinien) bei der Frage 1 gekürzt und bei den Fragen 2 bis 6 entfernt.

16.1.2.2 Alle Schüleraussagen zur Frage 6 („Selbstständiges Arbeiten")

Ich empfinde es als **angenehm,** im Unterricht weitgehend selbstständig arbeiten zu können, weil ......

- man Selbstständigkeit lernt (Beschaffung von Informationen)
- man lernt, sich seine Zeit einzuteilen (Pausen usw.)
- ich meine Selbstbewusstsein freier entfalten kann
- ich eigene Vorschläge in den Unterricht mit einbringen kann
- man dadurch sehr gut auf das Berufsleben vorbereitet wird
- man besser lernen kann, als wenn einer vorne steht und dich volllabert mit Texten
- man viele dinge ausprobieren kann und dabei Neues lernt
- man Probleme auch mit Schülern besprechen kann, die vielleicht mehr Ahnung in manchen Bereichen haben (Computerfragen)
- man sich den Arbeitsablauf selbst einteilen kann
- weil ich mehr Freiheit habe, auch speziell auf Themen einzugehen, die mich interessieren
- ich meinen eigenen Rhythmus einhalten kann
- ich mich flexibel weiterbilden kann und nicht stur nach Schema-F
- ich meine Stärken ausspielen kann
- ich auf mich ganz allein gestellt bin (wir)
- ich auch einmal etwas anderes machen kann (unterrichtsfremd)
- es nicht so streng zugeht
- ich wie die Anderen nicht viel zu tun habe (bei sehr viel Zeit)
- ich muss in meiner Firma auch sehen, wo ich bleibe. Das ist auch richtig!
- ich für mein „Lernen" oder „Nichtstun" selber verantwortlich bin
- ein intensives Lernen erfolgt
- selbst bearbeitete Dinger merkt man sich viel leichter
- ich nicht unter Zeitdruck stehe
- ich meine eigenen Ideen einsetzen kann
- man sich mit seinen Mitschülern auf einfache Art und Weise über den Unterricht und den aktuellen Stoff austauschen kann
- der Lerneffekt ist größer, da man sich den Stoff selber zusammensuchen muss
- wird so (selbstständig) leider nicht umgesetzt. Vielleicht so gedacht.
- man Sachen machen kann, die einem wichtig sind
- man nicht auf andere angewiesen ist
- in der Arbeit auch sehr viel selbstständig gearbeitet wird
- diese Art zu Arbeiten einem mehr Wissen vermittelt
- keine direkte Vorgabe
- das Arbeitsverhalten kann gesteigert werden
- ich meine eigenen Ideen einbringen kann
- ich so besser lernen kann und es leichter behalte
- weil ich nur das lernen brauche, was mich interessiert und mir wichtig ist
- mehr Eigeninitiative
- ist für das was man macht selbst verantwortlich
- man lernt Probleme selbstständig zu lösen
- man durch Gruppenarbeit schneller vorankommt
- ich so mehr dazu lerne
- gezwungen bin, ohne fremde Hilfe (Mitschüler) meinen Unterricht in den Griff zu kriegen
- Inhalt genug sind ??
- es später nicht anders sein wird
- es mir am meisten Spaß macht
- eich ein Problem selbstständig angehen kann, ohne diesen herkömmlichen Druck vom Lehrer zu spüren
- man sich seinen Lern- und Arbeitsrhythmus selber einteilen kann
- ich autoritären Führungsstil hasse

- dies oft gebraucht wird
- wir in unserem Beruf nie auslernen werden und uns selbstständig in neuen Technologien einarbeiten müssen
- man die Reihenfolge der zu erledigenden Aufgaben selbst entscheiden kann
- ich mir so besser merken kann, was ich lerne
- es mir dann auch in anderen Bereichen leichter fällt, selbstständig zu sein
- es mir überlassen ist, ob ich was lerne oder nicht
- mir dadurch der Leistungsdruck genommen wird
- man wieder geistig gefordert wird
- dies sonst nirgendwo im Unterricht und an der Schule durchgeführt wird
- man Themen, die für den einzelnen wichtig sind, gezielter und besser bearbeiten kann
- mir kein Lehrer dazwischenquatscht
- ich auch mal eine Lernpause einlegen kann
- ich schwätzen darf und so eigenständig lernen kann
- man dort arbeiten könnte, wo man will
- ich mich besser konzentrieren kann und ich von keinem andren abgelenkt werde
- jeder kann machen was er will
- jeder kann machen was er will
- man lernt, alle Sicherheitsstufen von WinNT zu umgehen
- man solitär spielen kann
- man was lernt, wenn man will
- man tun kann, was man will und nicht das, was der Roos sagt!!
- tun und lassen kann was ich will
- ich mein Arbeitstempo selbst bestimmen kann und Lerninhalte meiner Vorstellung nach bestimmen kann (in einem gewissen Maße)
- ich weiß was ich schon kann und was ich nicht kann
- ich das Problem auf meine eigene Art und Weise lösen kann
- man tun kann, was man selbst für richtig hält
- man nach seinen eigenen Vorstellungen vorgehen kann
- ich später mir selbstständiger mir Material und Informationen erarbeiten kann
- da man seine Mitschüler? (schwer lesbar) kennen lernt
- Im Grunde genommen würde ich gerne im Unterricht selbstständig arbeiten, aber da keine konkreten Aufgaben gestellt werden, oder diese nicht ausgeführt werden können, weil das Netzwerk mal wieder nicht so läuft wie es sollte
- ich entscheiden kann, was ich lerne
- nur die zeit selbstständig einzuteilen
- ich arbeite und nicht nur zuhöre
- man mit anderen reden kann
- die anderen fragen kann, wenn man etwas nicht weiß
- der Lehrer nicht vorschreibt, wann du etwas tun sollst
- mich der Lehrer dann nicht immer nervt
- nicht so einschläfernd
- der Lehrer nicht die ganze Stunde an der Tafel steht, schreibt und redet und man nichts davon behält
- ich mir die Vorgehensweise selbst aussuchen kann
- man besser arbeiten kann, freier
- man sich mit jedem auch mal unterhalten kann
- man sachliche Fragen an jeden stellen kann
- man selbst entscheidet kann, wenn man was macht
- mich keiner nervt
- ich weiß was ich kann und was nicht → gezielter arbeiten
- ich in Ruhe gelassen werde
- selbst verantwortlich bin für mein Lernen
- freie Zeiteinteilung möglich ist
- man dadurch auf die Realität vorbereitet wird
- ich auf meine eigenen Schwächen eingehen kann und sie beheben kann
- es mehr Spaß macht
- man kreativ und individuell sein kann

Ich empfinde es als **unangenehm**, im Unterricht weitgehend selbstständig arbeiten zu müssen, weil ......

- man hat keine bestimmte Richtung mehr
- viel Selbstengagement
- ich selber überlegen muss
- man um selbständig zu arbeiten viele Infoquellen braucht die man in diesem nicht gestellt bekommt, auch nicht am PC
- Weil man irgendwie das Gefühl hat, egal was man macht, es ist egal
- Ergebnisse werden nicht kontrolliert oder gemeinsam miteinander besprochen
- die Umstellung vom Alten zum Neuen schwer ist
- bei Fragen kein Lehrer zur Verfügung steht
- der Unterricht falsch organisiert ist
- ich ja auch nicht alles wissen kann was gefragt wird
- das Fundament fehlt, erst einmal die Theorie besprochen gehört, am besten auch in Gruppen
- nichts vorwärts geht
- teilweise der Durchblick fehlt und der Lehrer nicht fähig ist, mir zu helfen (Zeitmangel/ Lehrermangel)
- wenn sich Fragen aufwerfen keine konkreten Antworten kommen
- ich ab und zu nicht ganz verstehe was ich tun soll
- häufig die nötigen Informationen nicht erreichbar sind (sieh auch Multiscope)
- man nichts lernt, wenn man nicht will
- vieles kompliziert aufgebaut ist
- dadurch nur Chaos ausbricht
- die Lehrer Probleme nicht ernst nehmen und auch keine Lösungshilfe geben
- ich dann genauso gut zu Hause hätte bleiben können
- einige Lernfelder damit nicht vollständig bearbeitet werden können
- ich noch sehr auf Frontalunterricht fixiert bin
- viele bislang noch unbekannte Dinge nicht ausreichend erklärt wurden
- so nie richtig kontrolliert wird, ob das was wir erarbeiten richtig ist
- Selbstständigkeit kann man nicht lernen; muss bei jedem spontan kommen
- Teamarbeit muss man lernen
- keiner weiß, was er tun soll
- die komplette Arbeit völlig planlos abläuft
- weder Lehrer noch Schüler wissen, was zu tun ist
- oft Probleme auftreten und die Lehrkraft überfordert ist, auf alle einzugehen
- eigentlich nichts gescheites zustande kommt. Bei so vielen Leuten herrscht einfach totales Chaos
- Niemand hat Lust irgendwas zu tun, weil entweder der Lehrer versagt oder der Computer
- die meisten Leute die Zeit dazu benutzen, „auf welche Art legen wir das Netz heute lahm" zu spielen
- ich zu wenig Hilfestellungen bekomme
- Motivation lässt schnell nach
- wenig Ansprechpartner vorhanden sind
- es zum Chaos führt
- weil aus Langeweile die Rechner „verhuntzt" werden
- nichts zustande kommt
- die ganze Klasse nichts tut!
- ich nicht weiß, was zu tun ist
- Arbeitsanweisungen zu unklar
- man fast nichts lernt
- es manchmal zu schwer ist, alles alleine zu machen
- teilweise wenn man nicht mehr weiter weiß, kein Lehrer zur Verfügung steht
- ich nicht weiß was ich tun soll, wenn der Lehrer nicht fähig ist, mir zu sagen was ich selbstständig tun soll

16.1.2.3 Auswertung der Schüleraussagen

Bilden von Kategorien und Zuordnung der positiven Schüleraussagen am Beispiel der Frage 6: „Selbstständiges Arbeiten"

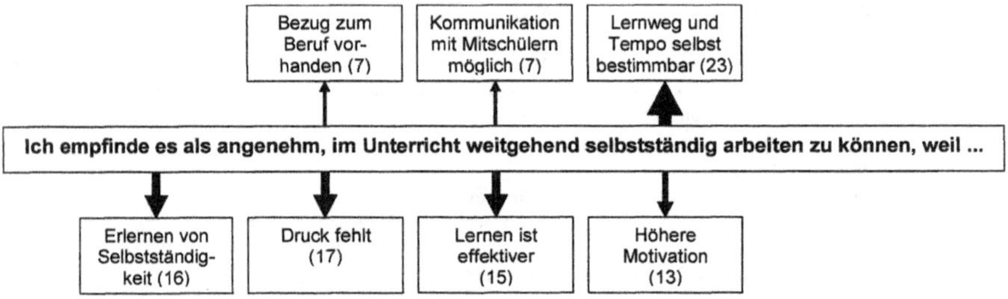

Auswertung der positiven Schüleraussagen der Frage 6: Selbstständiges Arbeiten im Unterricht

»Bezug zum Beruf vorhanden«

1. man dadurch sehr gut auf das Berufsleben vorbereitet wird
2. ich muss in meiner Firma auch sehen, wo ich bleibe. Das ist auch richtig!
3. in der Arbeit auch sehr viel selbstständig gearbeitet wird
4. es später nicht anders sein wird
5. ich später mir selbstständiger mir Material und Informationen erarbeiten kann
6. man dadurch auf die Realität vorbereitet wird
7. wir in unserem Beruf nie auslernen werden und uns selbstständig in neuen Technologien einarbeiten müssen

»Kommunikation mit Mitschülern möglich«

1. man Probleme auch mit Schülern besprechen kann, die vielleicht mehr Ahnung in manchen Bereichen haben (Computerfragen)
2. man sich mit seinen Mitschülern auf einfache Art und Weise über den Unterricht und den aktuellen Stoff austauschen kann
3. da man seine Mitschüler ? (schwer lesbar) kennen lernt
4. man mit anderen reden kann
5. die anderen fragen kann, wenn man etwas nicht weiß
6. man sich mit jedem auch mal unterhalten kann
7. man sachliche Fragen an jeden stellen kann

»Lernweg und Lerntempo selbst bestimmbar«

1. man lernt, sich seine Zeit einzuteilen (Pausen usw.)
2. man viele Dinge ausprobieren kann und dabei Neues lernt
3. man sich den Arbeitsablauf selbst einteilen kann
4. weil ich mehr Freiheit habe, auch speziell auf Themen einzugehen, die mich interessieren
5. ich meinen eigenen Rhythmus einhalten kann
6. ich mich flexibel weiterbilden kann und nicht stur nach Schema-F

7. ich nicht unter Zeitdruck stehe
8. man nicht auf andere angewiesen ist
9. keine direkte Vorgabe
10. weil ich nur das lernen brauche, was mich interessiert und mir wichtig ist
11. man sich seinen Lern- und Arbeitsrhythmus selber einteilen kann
12. man Themen, die für den einzelnen wichtig sind, gezielter und besser bearbeiten kann
13. ich auch mal eine Lernpause einlegen kann
14. ich mein Arbeitstempo selbst bestimmen kann und Lerninhalte meiner Vorstellung nach bestimmen kann (in einem gewissen Maße)
15. ich das Problem auf meine eigene Art und Weise lösen kann
16. ich entscheiden kann, was ich lerne
17. nur die Zeit selbstständig einzuteilen
18. der Lehrer nicht vorschreibt, wann du etwas tun sollst
19. ich mir die Vorgehensweise selbst aussuchen kann
20. man selbst entscheidet kann, wenn man was macht
21. freie Zeiteinteilung möglich ist
22. man die Reihenfolge der zu erledigenden Aufgaben selbst entscheiden kann
23. man nach seinen eigenen Vorstellungen vorgehen kann

»Erlernen von Selbstständigkeit«

1. man Selbstständigkeit lernt (Beschaffung von Informationen)
2. ich auf mich ganz allein gestellt bin (wir)
3. ich für mein „Lernen" oder „Nichtstun" selber verantwortlich bin
4. ist für das was man macht selbst verantwortlich
5. man lernt Probleme selbstständig zu lösen
6. gezwungen bin, ohne fremde Hilfe (Mitschüler) meinen Unterricht in den Griff zu kriegen
7. dies oft gebraucht wird
8. es mir dann auch in anderen Bereichen leichter fällt, selbstständig zu sein
9. dies sonst nirgendwo im Unterricht und an der Schule durchgeführt wird
10. man was lernt, wenn man will
11. selbst verantwortlich bin für mein Lernen
12. dies oft gebraucht wird
13. ich weiß was ich schon kann und was ich nicht kann
14. ich auf meine eigenen Schwächen eingehen kann und sie beheben kann
15. es mir überlassen ist, ob ich was lerne oder nicht
16. man tun kann, was man selbst für richtig hält

»Druck fehlt«

1. ich auch einmal etwas anderes machen kann (unterrichtsfremd)
2. es nicht so streng zugeht
3. ich wie die Anderen nicht viel zu tun habe (bei sehr viel Zeit)
4. ich ein Problem selbstständig angehen kann, ohne diesen herkömmlichen Druck vom Lehrer zu spüren
5. ich autoritären Führungsstil hasse
6. mir dadurch der Leistungsdruck genommen wird
7. ich schwätzen darf und so eigenständig lernen kann
8. jeder kann machen was er will
9. man Solitär spielen kann
10. man tun kann, was man will und nicht das, was der Roos sagt!!
11. tun und lassen kann was ich will
12. ich in Ruhe gelassen werde
13. jeder kann machen was er will
14. man Sachen machen kann, die einem wichtig sind
15. mich der Lehrer dann nicht immer nervt
16. mich keiner nervt
17. mir kein Lehrer dazwischenquatscht

»Lernen ist effektiver«

1. man besser lernen kann, als wenn einer vorne steht und dich volllabert mit Texten
2. ein intensives Lernen erfolgt
3. selbst bearbeitete Dinger merkt man sich viel leichter
4. der Lerneffekt ist größer, da man sich den Stoff selber zusammensuchen muss
5. diese Art zu Arbeiten einem mehr Wissen vermittelt
6. das Arbeitsverhalten kann gesteigert werden
7. ich so besser lernen kann und es leichter behalte
8. man durch Gruppenarbeit schneller vorankommt
9. ich so mehr dazu lerne
10. ich mir so besser merken kann, was ich lerne
11. ich es mir besser merken kann
12. ich mich besser konzentrieren kann und von keinem anderen abgelenkt werde
13. der Lehrer nicht die ganze Stunde an der Tafel steht, schreibt und redet und man nichts davon behält
14. man besser arbeiten kann, freier
15. ich weiß was ich kann und was nicht → gezielter arbeiten

»Höhere Motivation«

1. ich meine Selbstbewusstsein freier entfalten kann
2. ich eigene Vorschläge in den Unterricht mit einbringen kann
3. ich meine eigenen Ideen einsetzen kann
4. ich meine eigenen Ideen einbringen kann
5. es mir am meisten Spaß macht
6. man lernt, alle Sicherheitsstufen von WinNT zu umgehen
7. nicht so einschläfernd
8. es mehr Spaß macht
9. man kreativ und individuell sein kann
10. mehr Eigeninitiative
11. ich meine Stärken ausspielen kann
12. man wieder geistig gefordert wird
13. ich arbeite und nicht nur zuhöre

Folgende Antworten wurden weggelassen, da sie ohne Bezug zur Fragestellung oder unklar sind:

- Inhalt genug sind
- wird so (selbstständig) leider nicht umgesetzt. Vielleicht so gedacht.
- man dort arbeiten könnte, wo man will

Folgende ‚positive' Antwort wurde der negativen Fragestellung zugeordnet:

- Im Grunde genommen würde ich gerne im Unterricht selbstständig arbeiten, aber da keine konkreten Aufgaben gestellt werden, oder diese nicht ausgeführt werden können, weil das Netzwerk mal wieder nicht so läuft wie es sollte

16.1.3 Bearbeitung der Arbeitsaufträge (Exemplarischer Fragebogen eines Schülers der Abteilung ‚Service')

Klasse: 122 Datum: 26.06.99

Befragung über die Unterrichtseinheit

1. In welcher **Abteilung** sind Sie bei ‚Andina & Gepro' beschäftigt?

☒ Service ☐ Projektierung ☐ Verwaltung ☐ Einkauf

2. Welche **Arbeitsaufträge** haben Sie in der Unterrichtseinheit bearbeitet?

Übersichtsplan der logischen Struktur (Studieren von Beispielen auf Arbeitsblättern, Erstellen eines Übersichtsplanes der logischen Struktur)
-> 3.1 – 3.3

3. a) Haben Sie mit **anderen Abteilungen** zusammengearbeitet?
   b) Wie erfolgte die **Zusammenarbeit** (über das Netz oder persönlich)?
   c) Welche **Daten** haben Sie ausgetauscht?

Abteilung	Netz	pers.	Daten
☐ Service	☐	☒	alle relevanten Abt.-internen Daten
☐ Projektierung	☐	☐	
☐ Verwaltung	☒	☐	Anforderung von Daten
☐ Einkauf	☐	☐	

4. Haben Sie mit jemandem aus Ihrer **eigenen Abteilung** zusammengearbeitet?

☒ ja, mit 3 Mitarbeitern ☐ nein

5. a) Woher haben Sie die **Informationen** für das Lösen der Arbeitsaufträge?
   b) Welche Informationen sind das?

☒ MultiSkop-Trainer: Arbeitsblätter, Übersichtsplan

☐ Internet:

☐ Andere:

Drucken Sie bitte Ihre Arbeitsergebnisse aus und heften Sie diese an den Fragebogen.

Vielen Dank!

16.1.4 Interview mit dem unterrichtenden Lehrer

Nachfolgend Ausschnitte aus dem Interview mit Herrn StD Martin Roos vom 27.03.2000. Das Interview wurde schriftlich geführt (vgl. Kapitel 8.1.2.4, 8.2.3 und 8.3.4). Die Antworten des Befragten sind kursiv dargestellt.

Was sind die wichtigsten Erfahrungen, die Sie im Laufe des Modellversuchs mit „Ihrem" Unterrichtskonzept gemacht haben?

Erkenntnis, dass dies eine praktikable Lösung ist, Schlüsselqualifikationen zu den Zielforderungen der neuen Lehrpläne ganzheitlich und handlungsorientiert zu erlernen.

Die intensive Nutzung und Durchdringung von Multimedia in Verbindung mit den Diensten eines PC und eines PC-Netzwerks ermöglichte vielfältige Unterrichtskonzepte zu Schlüsselqualifikationen praxisnah und handlungsorientiert zu realisieren.

Aufgrund der Erfahrung praxisnaher Schlüsselqualifizierung wurde erschreckend wahrgenommen, wie gross die Diskrepanz zwischen Anspruch und Wirklichkeit ist.
Pointiert dargestellt: Alle reden über Schlüsselkompetenzen beharren jedoch in der Realität auf dem Lernen und Prüfen von Faktenwissen.

Multimedia und Telekommunikation auf der Basis des PC und der PC-Netzwerksdienste bieten die umfassendste Voraussetzung um ständige Schlüsselqualifizierung zu praktizieren.

Die Entwicklung und Erprobung der Schlüsselqualifizierung zur Beherrschung der virtuellen Dienste eines Multimedia - PC-Netzwerks ermöglicht die papierlose Bearbeitung von Projektaufgaben.

Die praktische Erfahrung und Erprobung widerlegt die häufige Ausrede es gäbe keine Konzepte des umfassenden PC-Einsatzes.

Die Warnungen, ein Schüler könne nicht ganzjährig regelmässig und über mehrere Stunden am PC lernen und arbeiten erweisen sich durch die gemachten mehrjährigen Erfahrungen als unbegründet. Voraussetzung ist hierfür vermutlich jedoch, dass vielfältige Medien eingesetzt werden.

Wo traten die größten Probleme auf?

Schülererwartung
Die Schüler kommen mit dem fest verwurzelten Bewußtsein, Unterricht müsse Wissen gut verständlich darbieten und aus den schriftlichen Unterlagen müsse das Wissen vertieft und bei Prüfungen wiedergegeben werden. Die Schüler von dieser Erwartungshaltung abzubringen und sie davon zu überzeugen, dass selbsttätige Informationsgewinnung und –verarbeitung mit Einsatz aller relevanten Medien eine höhere Qualität des Lernens ist schwierig und ein langwieriger Prozess. Das Bedürfnis der Schüler ist, Wissen und deren Umfang greifbar (auf Papier) vor sich zu haben. Die heute wichtigen Prozesse der Informationsgewinnung und –verarbeitung werden als Lernziel nur schwer begriffen.

Lehrerfortbildung
Schwierigkeit der Übertragung auf möglichst alle Lehrer bedingt durch
- nicht ausreichende bzw. rechtzeitige Umschulung der Lehrer in der Technik des PC und des PC-Netzwerks,
- fehlende Fortbildung in der Nutzung von PC-Netzwerk-Diensten,
- fehlende Fortbildung in der Nutzung erprobter Unterrichtsmethoden zur Nutzung von PC-Netzwerkdiensten für die Bildung von Schlüsselqualifikation,
- fehlende Fortbildung in der Methodik der Integration angemessener betriebswirtschaftlicher Zusammenhänge im informationstechnischen Unterricht,
- fehlende Fortbildung in der Didaktik ganzheitlichen Unterrichts für die neuen IT-Berufe,
- fehlende Fortbildung für den Wechsel von der bisherigen Zielorientierung, gekennzeichnet durch vorherrschende fachsystematische Wissensmehrung und ergebnisorientierter Wissensprüfung in Schule und IHK, zur ganzheitlichen und prozessorientierten Zielrichtung, gekennzeichnet durch Schlüsselqualifikationen, wie z.B. der wirtschaftlichen Planung und Bewertung von Arbeits- und Geschäftsprozessen an ausgewählten IT-Kernbereichen unter bewußter Vernachlässigung fachsystematischer Komplettheit und dem Vorrang der Messung des Prozessablaufs und der Schlüsselqualifikationen vor der ergebnisorientierten Bewertung im Sinne von Richtig/Falsch von Wissen. Hierzu gehört u.a. auch die Schlüsselqualifikation zur Informationsgewinnung, -verarbeitung, -modellierung und –visualisierung im virtuellen Raum der Dienste eines Multimedia-PC-Netzwerks.

Unterrichtsorganisatorische Probleme
Die unschlagbare Konkurrenz, über Folien und Frontalunterricht ü b e r Schlüsselqualifikation zu unterrichten gegenüber dem Aufwand Lernarrangements zu organisieren um Verhaltensweisen zur Schlüsselqualifikation zu erlernen erfordert hohe Einsatzbereitschaft.

Die Einführung von MCSE-Kursunterricht ist werbewirksamer (Multiple Choice, US-Normen!) als ganzheitlicher handlungsorientierter Unterricht zu Schlüsselqualifikationen.

Erhöhung der Klassenschülerzahl auf 30 in Unterrichtssälen die für maximal 24 Schüler gebaut sind. Räumliche Enge, zu wenige PC, Verschlechterung des „Klassenklimas".

Fehlen qualifizierter Lehrkräfte insbesondere auch bei den häufigen Vertretungen.

Technische und organisatorische Probleme
Die Betriebsunterhaltung (Administration, technische und organisatorische Wartung) ist im Schulbereich völlig ungenügend gelöst. Dadurch sind die Netzwerkdienste zwischen 30% und 50% der Unterrichtszeit nicht ausreichend nutzbar. Dies hat zur Folge, dass
- Schüler auf ihre gespeicherten Daten vom Vortag nicht zugreifen können,
- Ergebnisse nicht gedruckt werden können,
- die Summierung selbst kleinerer Störungen, wenn sich diese häufen, sehr demotivierend auf Schüler und Lehrer wirken (viele Lehrer haben nach derartiger dreijähriger Unterrichtserfahrung den PC-Netzwerkseinsatz stark reduziert),

Welche Veränderungen wurden vorgenommen, bzw. führten zu einer Verbesserung des Unterrichts?

Unterrichtsorganisation
Die Klasse wird in zwei Hälften geteilt. Jede Klassenhälfte wird auf die vier Geschäftsabteilungen aufgeteilt. Dadurch müssen drei bis vier Schüler die Arbeitsaufträge einer Abteilung bearbeiten. Die aktive Mitarbeit ist leichter zu kontrollieren und damit erheblich verbessert worden.

Die Schüler werden in der nächsten Zeitgruppe nicht mehr physisch in die nächstfolgende Abteilung versetzt sondern behalten ihren angestammten Computerarbeitsplatz bei und die Abteilung Verwaltung&Vetrieb ändert per Administration die Geschäftsfunktion des jeweiligen Computerarbeitsplatzes. Der Zugriff eines jeden Schülers auf seine Daten und die Daten der Modellfirma Andina&Gepro sind von jedem PC im ganzen Schulhaus jederzeit möglich, so dass z.B. bei Unterrichtsausfall am eigenen Projekt weiter gearbeitet werden kann. Hierdurch wäre auch bei Klassenraumverschiebung die Weiterführung der Modellfirma in jedem beliebigen Klassenraum unverzüglich möglich.

Zusätzliche Netzwerkdienste wie FAQ, Krankheitsmeldung über e-mail u.a. sind in die Fortentwicklung aufgenommen worden.

Lehrzielkontrolle
Die Schlüsselqualifikation, komplexe Funktionen und Prozessabläufe zu modellieren, visualisieren und präsentieren, wird verstärkt eingesetzt. Nach jedem Arbeitsablauf muss jede Abteilung ihre Präsentation elektronisch an den Lehrerrechner übertragen und über den dort angeschlossenen Datenprojektor projizieren und kommentieren. Hierdurch entsteht zusätzlich eine Lehrzielkontrolle zu Inhalt und Schlüsselqualifikation.

Schlüsselqualifikationen, wie das handlungsorientierte Erlernen der Netzwerkdienste des Unternehmensnetzwerks und ihre Nutzung, als Ziele des Unterrichts werden verstärkt bewusst gemacht.

16.2 Analyse von individuellen Lernwegen (Teiluntersuchung B)

16.2.1 Aufgabenstellung der Lernstrecke

Digitaltechnik: Binäre Verknüpfungen

Aufgabenstellung:

In einem Raum mit einer durchschnittlichen Temperatur von 38oC soll ein Server installiert werden. Um eine gefährliche Überhitzung des Gerätes zu vermeiden, soll ein zweiter Lüfter eingebaut werden, der sich bei Erreichen einer bestimmten Temperatur hinzuschaltet. Es soll eine Schaltung entworfen werden, die die Funktion der Lüfter überwacht und anzeigt. Sind beide Lüfter zur Kühlung in Betrieb, soll dieser Zustand durch eine Kontrolllampe angezeigt werden. Diese Kontrolllampe soll auch dann aufleuchten, wenn bei eingeschaltetem PC keiner der beiden Lüfter in Betrieb ist.

Technologieschema:

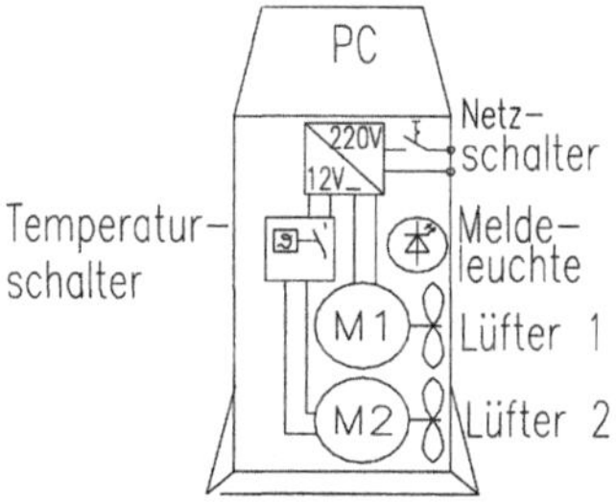

Diese **Kontrollfunktion** soll durch eine binäre Verknüpfung realisiert werden. Dazu stehen Ihnen die Bauelemente TTL 7408, TTL 74832 und TTL 7404 aus der TTL-Logikfamilie und eine Leuchtdiode zur Verfügung.

Hinweise:

Führen Sie die folgenden Arbeitsaufträge gemeinsam mit Ihrem Partner durch. **Gehen Sie dabei Schritt für Schritt vor!** Alle für die Aufgabenstellung notwendigen Informationen finden Sie in der Software „MultiSkop-Trainer“ in dem Modul Digitaltechnik, mit Hilfe der Werkzeuge Fachlexikon, Datenbuch, oder über die „Hilfe“-Funktion. Die Zusammenfassung der Erkenntnisse, bzw. die Beantwortung der Fragen erfolgt unter „Microsoft Word 97“ in der Datei „Arbeitsheft (Name).doc“. Dieses Arbeitsheft ist bereits vorstrukturiert und soll ergänzt werden. Die in den Arbeitsaufträgen angegebenen Dateien und das Arbeitsheft finden Sie unter: **C:\Trainer\Mut**. Im Anschluss an die Bearbeitung erfolgt ein Gespräch mit dem Betreuer über die Durchführung der Arbeitsaufgaben und die dabei gelernten Inhalte.

Bei Fragen wenden Sie sich bitte an den Betreuer! Viel Erfolg!

Arbeitsaufträge

1. Grundlagen

Öffnen Sie das Arbeitsheft C:\Trainer\MUT\Arbeitsheft.doc

Speichern Sie dieses bitte unter Ihrem Namen ab: C:\Trainer\MUT\Arbeitsheft (NAME).doc

Lesen Sie nun die Grundlagen zur Digitaltechnik im Arbeitsheft aufmerksam durch.

2. Binäre Grundelemente

2.1 Binäre Grundelemente der TTL-Logikfamilie

Informieren Sie sich mit Hilfe des Werkzeuges **„Lexikon"** über die IC's der TTL-Logikfamilie und vervollständigen Sie bitte den entsprechenden Text im Arbeitsheft.

Welche binären Grundelemente (Gatter) stehen Ihnen für die Kontrollschaltung zur Verfügung? (Informieren Sie sich mit Hilfe des **Datenbuches** über die in der Aufgabenstellung angegebenen Bauelemente TTL 7408, TTL 74832 und TTL 7404)

2.2 Arbeitstabelle

Lesen Sie bitte im Arbeitsheft das Kapitel 2.2 durch.

2.3 Logische Verknüpfungen

Beschreiben Sie nun die Funktion einer UND-Verknüfpung. Dazu stehen Ihnen folgende Werkzeuge zur Verfügung:

- **Fachlexikon**
- **„Hilfe"**-Funktion
- **Animation** der Verknüpfungen (über Navigator aufrufen)
- vorbereitete Simulationsdatei: **C:\Trainer\Mut\Funktion.DIG**.

Fassen Sie Ihre Erkenntnisse bitte im Arbeitsheft zusammen.

Übertragen Sie das entsprechende Anschlussschema vom **Datenbuch** in Ihr Arbeitsheft.

Füllen Sie die Arbeitstabellen vollständig aus.

Gehen Sie bei der ODER und NICHT-Verknüpfung entsprechend vor.

2.6 Zeitablaufdiagramm

Mit dem Zeitablaufdiagramm kann der zeitliche Ablauf von logischen Schaltungen dargestellt werden. Dieses Diagramm kann mit Hilfe des Logikanalysators erfasst werden.

Gehen Sie dabei folgendermaßen vor:

- Rufen Sie die Simulationsdatei **C:\Trainer\Mut\Funktion.DIG** auf.
- Simulieren Sie alle möglichen Eingangszustände bei der bereits vorbereiteten UND-Verknüpfung und stellen Sie diese im Zeitablaufdiagramm dar. Verwenden Sie gegebenenfalls die „**Hilfe**"- Funktion.
- Gehen Sie nun bei den anderen binären Grundelementen entsprechend vor.
- Beschriften Sie die Ein- und Ausgänge der binären Elemente.
- Ordnen Sie diese den Eingängen des Logikanalysators zu. (in: Logikanalysator Einstellungen)
- Übertragen Sie alle Diagramme in ihr Arbeitsheft und beschriften Sie diese entsprechend den binären Verknüpfungen.

2.7 Verhalten bei offenem Eingang

Wie verhält sich ein binäres Element aus der TTL-Baureihe bei einem offenen, d. h. nicht beschalteten Eingang? (Verwenden Sie den Simulationstrainer)

3. Kontrollschaltung

Laden Sie die Simulationsdatei **C:\Trainer\MUT\Kontroll.DIG.**

Erstellen Sie nun mit dem Simulationstrainer eine Kontrollschaltung für die

Überwachung der beiden Lüfter.

Simulieren Sie anschließend die Funktion der erstellten Schaltung.

Kopieren Sie anschließend die funktionierende Schaltung in ihr Arbeitsheft.

Vervollständigen Sie nun die Arbeitstabelle.

Bitte ermitteln Sie das Zeitablaufdiagramm der erstellten Schaltung und übertragen Sie dieses in das Arbeitsheft.

Erstellen Sie bitte eine Stückliste mit den erforderlichen Bauelementen.

4. Arbeitsheft

Lesen Sie Ihre Eingaben im Arbeitsheft bitte nochmals durch.

16.2.2 Schriftliches Protokoll der Gruppe 4 (vgl. Kapitel 9.2.4.1 und 9.4.2.1)

Protokoll über die Unterrichtseinheit „Digitaltechnik"

Datum, Zeit: 21/01/99

Teilnehmer, Klasse: __________

Protokollführer: Michael Vögele

Zeit	Beobachtung
7.50	Beginn
7.53	1. Grundlagen Suchen der TTL-IC's im Lexikon ↯ zu Arbeitsanweisungen
8.00	Programmabsturz ! → Hinweis auf Programmfehler Vorgehen im Datenbuch über „Suche"
8.05	Arbeitstabelle
8.08	UND Bauelementefkt. aus Lexikon kopiert Hinweis: Kopieren über „Bearbeiten" gegeben Vermissen bei UND
8.12	ODER Bauelementefkt. selbst formuliert Kontrolle der Arbeitstabelle über Datenbuch
8.15	NICHT Bauelementefkt. selbst formuliert

(Randnotiz: ! warum kopiert / selbst formuliert)

②

8.15	Zeitablaufdiagramm
	Umgang mit Logikanalysator gut
	(Bezug zur Praxis)
	ausführliche Beschriftung
8.32	Offener Eingang
	Simulation wird selbst erstellt !
	These formuliert
	Simulation mit NOR ! (Vorwissen ?)
	Hinweis auf kalte Lötstelle + Fehlstelle !
	→ Lsg. mit Hilfe des LK
8.38	Kontrollschaltung
	Rückfrage Schaltungsfunktion
	1. Lösung verworfen (interessant)
	Griff zu Papier !
	Versuch und Irrtum
	„Einer macht, der andere überlegt"
8.54	korrekte Lösung durch Ausprobieren ? !
8.55	Arbeitstabelle ✓
8.57	Zeitablaufdiagramm
	Beschriften fast aller Eingänge !
9.01	Stückliste: Bezug Gatter – IC wird von Schüler B erkannt → Erläuterung für A ! (gut)
9.05	Arbeitsheft drucken – keine Änderungen

2

Verlaufsprotokoll der Gruppe 4

16.2.3 Problemzentriertes Interview (vgl. Kapitel 9.2.4.2 und 9.4.2.2)

16.2.3.1 Leitfragen für das problemzentrierte Interview

Leitfragen für das Interview

Sondierungsfragen

- war für Sie das Thema neu?
- falls nein: haben Sie zusätzlich etwas gelernt?
- war Ihnen die Aufgabenstellung klar?
- haben Sie sich wohl gefühlt (Beobachter, Kamera, Mikrophon)

Lernzielkontrollfragen

- Was ist der Unterschied zwischen analogen und digitalen Größen?
- Warum werden binäre Grundelemente auch in CMOS-Technik hergestellt?
- Beschreiben Sie kurz die Funktion einer UND/ODER-Verknüpfung
- Wie wird eine NICHT-Verknüpfung noch genannt?
- Beim Aufbau einer Schaltung hat der Eingang eines ODER-Gatters eine kalte Lötstelle. Welcher Logikpegel befindet sich am Ausgang? Begründung.*
- Wofür wird ein Logikanalysator verwendet?

Leitfadenfragen und Ad-hoc-Fragen

- Hat Ihnen die Unterrichtseinheit gefallen?
- Was hat Ihnen gefallen? Was hat Ihnen weniger gefallen?*
- Wo traten Ihrer Meinung nach Probleme auf?* (PROTOKOLL beachten)
- Was halten Sie von dem Programm „MultiSkop-Trainer"?
- Was sind die Stärken/Schwächen des Programms?
- Ich habe beobachtet, dass Sie für die Informationsgewinnung hauptsächlich das/die Modul/e _______ verwendet haben. Warum?* (PROTOKOLL beachten)
- Wie beurteilen Sie die Informationen des Programms? Sind sie ausführlich/verständlich/aktuell?
- Haben Sie das Gefühl, etwas gelernt zu haben?*
- Haben die Lerninhalte einen Bezug zu Ihrer Berufspraxis?
- Wie effektiv glauben Sie, war das Lernen?
- In welchem Bereich glauben Sie am besten gelernt zu haben?*
- Finden Sie die Partnerarbeit gut oder hätten Sie lieber selbstständig gearbeitet?*
- Sind ihre Ideen bei der Partnerarbeit zu kurz gekommen?*
- Wie haben Sie die Aufteilung am Rechner vorgenommen?*

Weitere Ad-hoc-Fragen entsprechend dem individuellen Vorgehen*

* Ad-hoc-Fragen einleiten mit: Ich habe beobachtet, dass …., Mir ist aufgefallen, dass …. (Eintragungen im Protokoll beachten)

16.2.3.2 Wortprotokoll der Gruppe 4

Frage des Untersuchungsleiters	**Antwort Schüler A**	**Antwort Schüler B**
War das Thema neu für Sie?		Für mich eigentlich nicht. Wir haben es in der Schule durchgenommen.
In welcher Schule?		In der Realschule
	In der Berufsschule konnten wir schon mal herumspielen mit dem Programm.	
Waren Ihnen binäre Verknüpfungen bekannt? War Ihnen ein ‚offener Eingang' bekannt?		Mir schon. Wir haben das in der Realschule durchgehend gemacht. Haben die ganze Zeit nur logische Schaltungen durchgenommen.
War Ihnen die Aufgabenstellung klar?	Ja.	Ja. Gut gegliedert. War verständlich.
Haben Sie sich wohlgefühlt, oder fühlten Sie sich durch mich bzw. die Kamera gestört?	Durch die Kamera nicht so sehr. Durch Sie mehr.	
Wieso?	Ich mag's nicht, wenn mich einer beobachtet.	
Was ist der Unterschied zwischen analogen und digitalen Größen?		Analoge Größen können mehrere Werte annehmen – digitale nur in einem bestimmten Bereich. Zum Beispiel O oder 1
Wie viele Werte können analoge Größen annehmen?		So viele, wie Sie in ihrem Satz haben (unverständlich)
Also unendlich viele	Schüler stimmt zu	Schüler stimmt zu
Warum werden binäre Grundelemente auch in CMOS-Technik hergestellt?		Um Platz zu sparen? Mehrere Funktionen auf einem Fleck?

Bauelemente in CMOS sind gleich groß		
		CMOS. Sind CMOS die veränderbaren?
Nein. Die Antwort ist in einem Satz der Aufgabenstellung gegeben: Weil die Leistungsaufnahme geringer ist.		
Beschreiben Sie bitte kurz die Funktion einer UND-Schaltung		
	Wenn an beiden Eingängen HIGH ist, dann ist am Ausgang auch HIGH	
Gut. Wie schaut es bei der ODER-Schaltung aus?		Wenn ein Eingang HIGH ist, dann ist der Ausgang auch HIGH
Und wenn beide Eingänge HIGH sind?		
		Dann ist der Ausgang auch HIGH
Wie nennt man eine NICHT-Verknüpfung noch?		
	Eine offene Leitung	
Nein		Sie meinen eine kalte Lötstelle?
	Den Umkehrer?	
		Den INVERTER
Genau		
Beim Aufbau einer Schaltung hat der Eingang eines ODER-Gliedes eine kalte Lötstelle. Wie verhält sich der Ausgang?		
		Der ist immer HIGH
Warum?		
	Weil er zwei annimmt. Dabei weiß er nicht so recht was es ist, dann nimmt er HIGH	
		Wenn er nicht die Spannung hat, dass er weiß, dass es LOW ist.
Wofür wird ein Logikanalysator verwendet?		
		Für ein Zeitablaufdiagramm, dass man die Werte vergleichen kann.
Dies waren die Fragen zu den Lerninhalten. Hat Ihnen die Unterrichtseinheit Spaß gemacht?		
	Ja, wenn wir ein bisschen rumspielen können.	Ja.
		Auch das Einarbeiten in den Trainer
Was hat Ihnen daran gefallen?		
	Dass man die Schaltung selber aufbauen konnte.	
		Ja, das war toll

Was hat Ihnen weniger gut gefallen?	(stimmt zu)	Am Anfang das Aussuchen der Textpassagen. War wahrscheinlich für ihn (Schüler A) etwas weniger umständlich, als für mich.
Warum?		Ich habe das Ganze am Anfang nicht richtig überblickt. Habe mich im Text verzettelt.
Wo traten ihrer Meinung nach Probleme mit der Software auf?		Das mit der kalten Lötstelle könnte man vielleicht noch etwas verbessern, dass das nicht vorkommt. Auch steht bei dem MultiSkop-Trainer alles mit Abkürzungen (Schüler weist mit der Maus auf die Bibliothek) – dass dann eine Hilfe erscheint, wenn man länger auf einer Abkürzung darauf bleibt.
Danke für den Vorschlag. Was sind die Stärken des Programms?	(stimmt zu, scheint jedoch gelangweilt zu sein)	Die Funktionen sind z.B. bei dem Trainer recht übersichtlich. Die Suchfunktionen und die Möglichkeit, dass man Passagen kopieren kann sind auch recht gut. Was man noch verbessern könnte, ist dass man den Text wie bei Windows direkt kopieren kann.
Mir ist aufgefallen, dass Sie bei der Funktion der Bauelemente das UND-Gatter kopiert haben und bei den anderen Gattern selbst formuliert haben. Warum haben Sie das so gemacht?	Die Beschreibung im Lexikon gefällt mir nicht so gut.	Die waren im Prinzip nicht genau. Z.B. die Anschlüsse sind unabhängig voneinander. Das erklärt nicht, was die Schaltung macht.
Wenn Sie es selber formulieren, ist es besser?	Ja, wir verstehen es dann danach.	
Wie sind Sie mit den Informationen des Programms klargekommen? Also, z.B. das was Sie im Lexikon unter TTL nachgeschaut haben.	-	

		-
Könnten es mehr- oder weniger sein?		Es könnte etwas mehr sein. Da war eigentlich nur das Bild da und die Erklärung – (unverständlich) aber steht nicht dabei wo es verwendet wird.
Sie meinen den Praxisbezug?		Ja.
Ihnen ist um 8 Uhr das Programm abgestürzt. Sie haben schon öfter mit dem Programm gearbeitet. Passiert so etwas öfter? Sind Sie dann gefrustet?		Das bin ich von zu Hause mehr oder weniger gewöhnt. Das war durch mich verursacht, weil ich das Programm beendet habe, während die Hilfe noch gelaufen ist.
	Sie können ja mal nachsehen, warum das passiert ist.	
Sie haben den Logikanalysator gut bedient. Haben Sie ihn in der Praxis schon mal verwendet?	Ja.	Ja.
War dies der MultiSkop-Trainer, oder ein ‚echter' zum Anschließen?	(stimmt zu)	Den MultiSkop-Trainer
Sie haben die Simulation beim ‚offenen Eingang' selbst erstellt. Warum haben Sie nicht die vorbereitete Simulation verwendet?	Das war schon fertig. Wir wollten nicht darin rumpfuschen, oder etwas kaputt machen.	
Bei der Kontrollschaltung haben Sie ihre erste Schaltung wieder verworfen und haben dann zum Papier gegriffen.	Ich kann besser arbeiten, wenn es auf Papier ist. Dann kann ich besser deuten und zeigen. Genau. Auf dem Papier geht das schneller. Sonst vergesse ich wieder meinen Gedanken.	Vielleicht ist es auch einfacher, etwas zu verändern.
Wie viele Bauteile benötigen Sie für die Schaltung, wenn Sie zum ‚Conrad' gehen und welche kaufen möchten?	(Schüler A zeigt zwei)	

		Nein, wir brauchen drei TTL-Bauteile. Für die UND, die ODER und für die INVERTER-Funktion.
Sie benötigen also keine fünf oder sechs, wie in der Zeichnung?		
	Nein, weil die alle in dem einen TTL enthalten sind.	
Genau. Letzte Frage: Haben Sie das Gefühl, dass Sie bei der Unterrichtsstrecke etwas gelernt haben?		
		Ich denke doch – und vor allem man lernt am meisten, wenn man es selber macht.
	Ich habe das Gefühl, mehr Erfahrung gesammelt zu haben. Gelernt? Das mit den TTL.	
An welcher Stelle hatten Sie das Gefühl, dass die Arbeit am effektivsten ist?		
	Im Lexikon.	
		Wo wir geschaut haben, was die TTL haben kann. Und das Erstellen des Schaltplans zum Schluss.
	Ich hab' sicher beim Lexikon mehr gelernt.	
Finden Sie die Partnerarbeit gut, oder hätten Sie lieber alleine gearbeitet?		
	Wenn Sie nicht dabei gewesen wären, dann wäre es etwas lockerer abgegangen.	
		Partnerarbeit ist schon von Vorteil – in dem Fall, weil sich die Ideen ergänzen.
	Es ist auch nicht so langweilig.	
Vielen Dank.		

16.2.4: Arbeitsergebnisse der Schüler (vgl. Kapitel 9.2.4.3 und 9.4.2.3)

16.2.4.1 Arbeitsheft der Gruppe 4

Arbeitsheft von:

Klasse: *K 122* Datum:

Digitaltechnik

1. Grundlagen

Die Digitaltechnik ist ein Teilgebiet der Informationstechnik, das sich mit sich mit der Erfassung, Darstellung, Verarbeitung und Übertragung von digitalen Größen befasst. Digital bedeutet, dass diese Größen nur bestimmte Werte annehmen können und zahlenmäßig, d. h. in Ziffern dargestellt werden. Ein Beispiel für diese schrittweise Darstellung ist die Digitaluhr. Im Gegensatz dazu die Analoguhr, bei der die Zeit stufenlos durch einen Zeiger angezeigt wird.

!

> Analog veränderbare Größen können jeden Wert annehmen (innerhalb der vorgegebenen Grenzen)
>
> Digital veränderbare Größen können nur bestimmte Werte annehmen (innerhalb der vorgegebenen Grenzen)

Informationen, wie zum Beispiel Sprache oder Musik können sowohl durch analoge als auch digitale **Signaländerungen** übertragen werden. (Vergleich: Schallplatte/ CD)

In der Informationsverarbeitung wird meist das **binäre Signal** verwendet. Es ist die einfachste Form des digitalen Signals und besteht aus zwei Schaltzuständen (z. B. Lampe an/ Lampe aus; Strom fließt/ Strom fließt nicht, ...).

2. Binäre Grundelemente

2.1 TTL-Logikfamilie

Die Betriebsspannung der TTL-Schaltkreisfamilie beträgt *5* Volt. (maximal: *7* Volt)
Binäre Grundelemente mit geringer Leistungsaufnahme werden in CMOS-Technik hergestellt.

Bezeichnung	Beschreibung	Anzahl der Gatter (Grundelemente)	Anzahl der Eingänge je Gatter
TTL 7408	UND-Gatter	4	2
TTL 74832	*ODER-Gatter*	*6*	*2*
TTL 7404	*Inverter*	*6*	*1*

Binäre Grundelemente der TTL-Schaltkreisfamilie

2.2 Arbeitstabelle

Die Funktion der binären Grundelemente kann z. B. durch eine Arbeitstabelle dargestellt werden. Mit den Logikpegeln L (LOW) und H (HIGH) wird das elektrische Verhalten des Schaltgliedes beschrieben. Bei den Eingängen von TTL-IC´s entspricht „L“ einem Spannungsbereich von 0 bis 0,8 Volt und „H“ einer Spannung größer 2 Volt.

Beispiel einer Arbeitstabelle:

Eingang B	Eingang A	Ausgang Q
L	L	L
L	H	L
H	L	L
H	H	H

Eingang B: Logikpegel „L“
Eingang A: Logikpegel „H“

ergibt am
Ausgang Q: Logikpegel „L“

2.3 Die UND-Verknüpfung (z. B. TTL 7408)

1. Bauelementefunktion

Der Ausgang führt Highpegel, wenn alle Eingänge gleichzeitig Highpegel führen.

2. Schaltzeichen

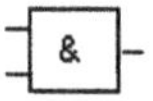

3. Anschlussschema

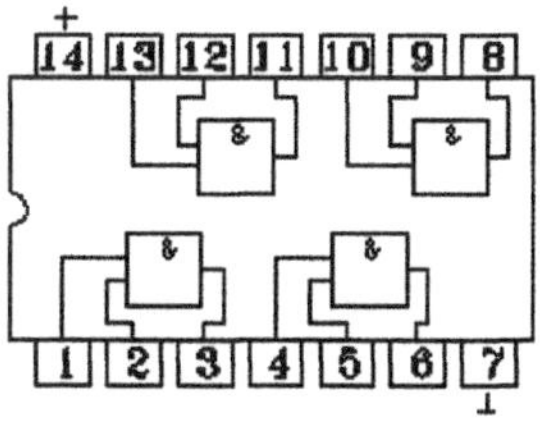

4. Arbeitstabelle

Eingang B	Eingang A	Ausgang Q
L	L	*L*
L	H	*L*
H	L	*L*
H	H	*H*

2.4 Die ODER-Verknüpfung (z. B. TTL 74832)

1.Bauelementefunktion

Wenn ein Eingang „H“ ist dann ist der Ausgang auch „H“.

2. Schaltzeichen

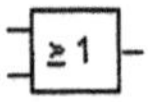

3. Anschlussschema

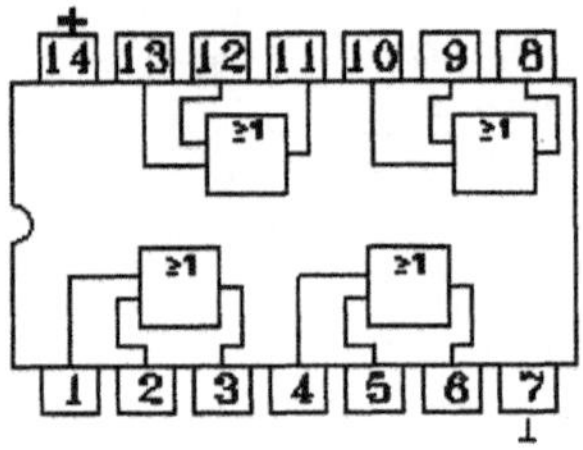

4. Arbeitstabelle

Eingang B	Eingang A	Ausgang Q
L	L	*L*
L	H	*H*
H	L	*H*
H	H	*H*

2.5 Die NICHT (NOT)-Verknüpfung, Inverter (z.B. TTL 7404)

1. Bauelementefunktion

Wenn der Eingang „H“ ist wird der Ausgang „L“ und wenn der Eingang „L“ ist wird der Ausgang „H“.

2. Schaltzeichen

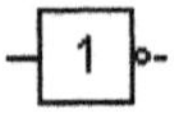

3. Anschlussschema

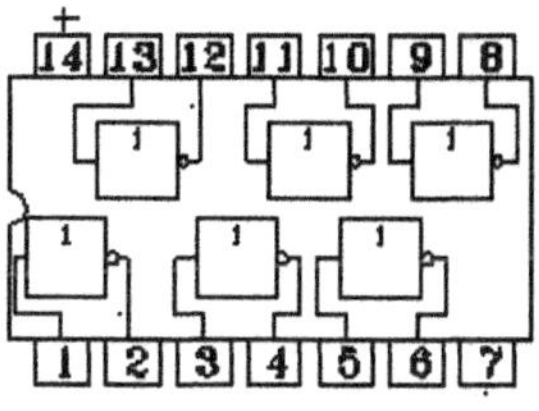

4. Arbeitstabelle

Eingang A	Ausgang Q
L	*H*
H	*L*

2.6 Zeitablaufdiagramm für die UND, ODER, NICHT-Verknüpfung

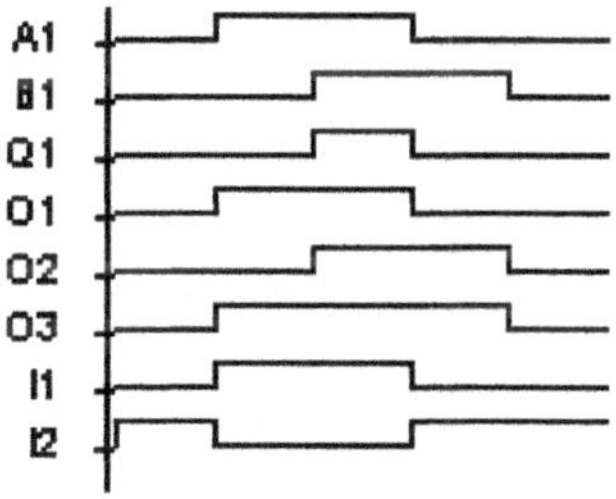

Legende:
A1 = Eingang eins zur UND-Verknüpfung
B1 = Eingang zwei zur UND-Verknüpfung
Q1 = Ausgang der UND-Verknüpfung

O1 = Eingang eins zur ODER-Verknüpfung
O2 = Eingang zwei zur ODER-Verknüpung
O3 = Ausgang der ODER-Verknüpfung

I1 = Eingang zur INVERTER-Verknüpfung
I2 = Ausgang der INVERTER-Verknüpfung

2.7 Verhalten eines TTL-IC´s bei offenem Eingang

Nach den Regeln für TTL-IC´s wirkt ein offener Eingang so, wie „H“

3.Beispiel

3.1 Aufgabenstellung

In einem Raum mit einer durchschnittlichen Temperatur von 38°C soll ein Server installiert werden. Um eine gefährliche Überhitzung des Gerätes zu vermeiden, soll ein zweiter Lüfter eingebaut werden, der sich bei Erreichen einer bestimmten Temperatur hinzuschaltet. Es soll eine Schaltung entworfen werden, die die Funktion der Lüfter überwacht und anzeigt. Sind beide Lüfter zur Kühlung in Betrieb, soll dieser Zustand durch eine Kontrolllampe angezeigt werden. Diese Kontrolllampe soll auch dann aufleuchten, wenn bei eingeschaltetem PC keiner der beiden Lüfter in Betrieb ist.
Diese Kontrollfunktion soll durch eine binäre Verknüpfung realisiert werden. Dazu stehen Ihnen die IC´s TTL 7408, TTL 74832 und TTL 7404 aus der TTL-Baureihe und eine Leuchtdiode zur Verfügung.

3.2 Schaltung

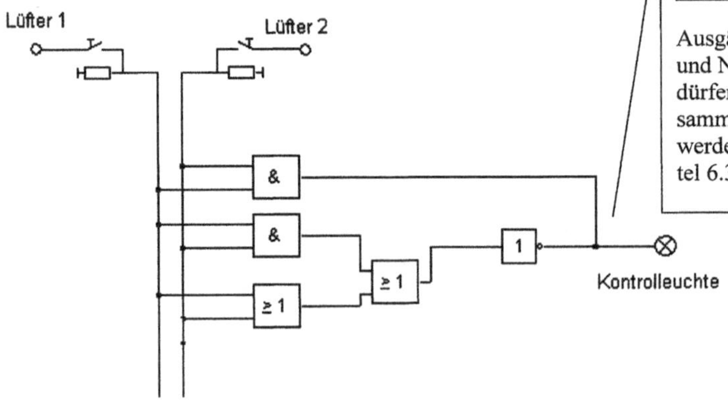

Hinweis:

Ausgänge des UND und NICHT-Gatters dürfen nicht zusammengeschaltet werden. (vgl. Kapitel 6.3.4)

3.3 Arbeitstabelle

Lüfter 1	Lüfter 2	Kontrollleuchte
H	L	L
L	H	L
L	L	H
H	H	H

3.3 Zeitablaufdiagramm

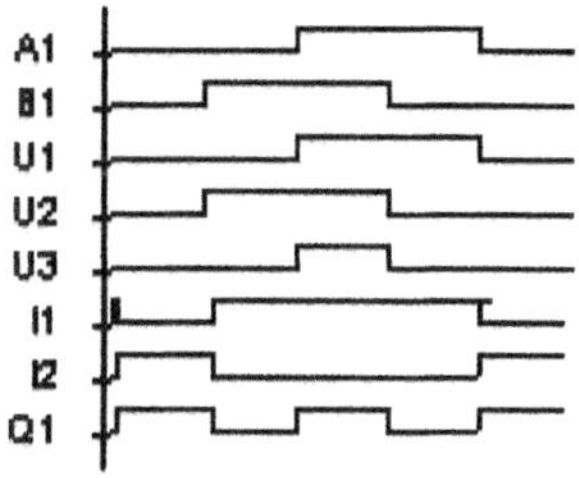

Hinweis:

Zu viele Messpunke

3.4 Stückliste

Anzahl	**Bezeichnung**
1	Signalleuchte (Leuchtdiode)
1	*TTL 7408*
1	*TTL 74832*
1	*TTL 7404*

Anmerkung:

Bearbeitetes Arbeitsheft der Gruppe 4 (Namen der beiden Schüler wurden entfernt)

Die Texteingaben der Schüler sind zur Verdeutlichung *kursiv* dargestellt. Neben den Texteingaben mussten von den Schülern die Anschlussschemata bei der UND, der ODER und der NICHT-Verknüpfung, alle Zeitablaufdiagramme und die Schaltung erstellt und in das Arbeitsheft eingefügt werden. Die Eingaben der Schüler sind weitgehend richtig. Bei der Schaltung (Aufgabe 3.2) werden die Ausgänge zusammen geschaltet, bei dem Zeitablaufdiagramm (Aufgabe 3.3) unnötig viele Messpunkte gesetzt (vgl. Hinweise).

BEITRÄGE ZUR ARBEITS-, BERUFS - UND WIRTSCHAFTSPÄDAGOGIK

Band 1 Otto B. Flicke: Lernprozesse und Partizipation bei Arbeitsstrukturierung. Ein arbeitspädagogischer Beitrag zur Humanisierung der Arbeitswelt. 1979.

Band 2 Gerhard P. Bunk/Andreas Schelten: Ausbildungsverzicht-Ausbildungsabbruch-Ausbildungsversagen. Jugendliche Problemgruppen unter empirischem Aspekt. 1980.

Band 3 Jürgen J. Justin: Berufsvorbereitung und Berufsgrundbildung. Ein Beitrag zur Grundlegung eines modernen Ausbildungskonzepts – dargestellt am Beispiel historischer Schulprogramme. 1982.

Band 4 Andreas Schelten: Motorisches Lernen in der Berufsausbildung. 1983.

Band 5 Josef A. Feld: Das Berufsvorbereitungsjahr. Mädchen ohne Ausbildungsverhältnis als Problem der Berufsschule. 1983.

Band 6 Günter Siehlmann: Die berufliche Integration lernbeeinträchtigter Jugendlicher. Eine empirische Untersuchung der Berufswege ehemaliger Teilnehmer einer berufsvorbereitenden Maßnahme. 1983.

Band 7 Gabriele Schneider: Selbstverständnis und Strukturen der Wirtschaftspädagogik. 1984.

Band 8 Michael Stentzel: Lernschwierigkeiten von Erwachsenen in der beruflichen Weiterbildung. 1986.

Band 9 Michael Stentzel: Berufserziehung straffälliger Jugendlicher und Heranwachsender. Empirische Untersuchungen in Justizvollzugsanstalten, in privaten Initiativen der Straffälligenhilfe und in sozialpädagogisch betreuten Beschäftigungsprojekten. 1990.

Band 10 Bruno Dorn: Landwirtschaftliche Berufsausbildung in Betrieb und Berufsschule nach dem Zweiten Weltkrieg. Unter besonderer Berücksichtigung der Verhältnisse in Bayern. 1990.

Band 11 Erwin Rothgängel: Berufliche Grundbildung im Wandel: Intention – Implementation – Realisation – Evaluation, am Beispiel des Landes Rheinland-Pfalz. 1991.

Band 12 Johann Hermann Roß: Didaktische Parallelität im dualen System der kaufmännischen Berufsausbildung. Curriculumentwicklung und -revision in Berufsschule und Betrieb. 1993.

Band 13 Dieter Katz: Leseverhalten von Berufsschülern. 1994.

Band 14 Brigitta Michel-Schwartze: Die Fortbildungspolitik der Bundesanstalt für Arbeit und ihre pädagogischen Konsequenzen. 1994.

Band 15 Ralf Tenberg: Schülerurteile und Verlaufsuntersuchung über einen handlungsorientierten Metalltechnikunterricht. 1997.

Band 16 Karl Glöggler: Handlungsorientierter Unterricht im Berufsfeld Elektrotechnik. Untersuchung einer Konzeption in der Berufsschule und Ermittlung der Veränderung expliziten Handlungswissens. 1997.

Band 17 Alfred Riedl: Verlaufsuntersuchung eines handlungsorientierten Elektropneumatikunterrichts und Analyse einer Handlungsaufgabe. 1998.

Band 18 Uwe Girke: Subjektive Theorien zu Unterrichtsstörungen in der Berufsschule. Ein Vergleich von Lehrern als Lehramtsstudenten und Referendaren sowie Lehrern im ersten Berufsjahr. 1999.

Band 19 Fritz Acksteiner: Schüleraktiver Experimentalunterricht in der Berufsschule. Experimentalübungen, untersucht am Einsatz eines mobilen Lehrsystems im elektrotechnischen Unterricht. 2001.

Band 20 Clemens Espe: Komplexes Problemlösen und Zusammenhangswissen in der beruflichen Bildung. Evaluation eines Unterrichtskonzeptes zur Verbesserung des Erwerbs von Zusammenhangswissen und dessen Anwendung beim komplexen Problemlösen mittels einer Verlaufsuntersuchung und einem computersimulierten Problemlöseszenario. 2001.

Band 21 Ralf Tenberg: Multimedia und Telekommunikation im beruflichen Unterricht. Theoretische Analyse und empirische Untersuchungen im gewerblich-technischen Berufsfeld. 2001.

Band 22 Michael Vögele: Computerunterstütztes Lernen in der beruflichen Bildung. Analyse von individuellen Lernwegen beim Einsatz einer Unterrichtssoftware und Darstellung eines Unterrichts in den Ausbildungsberufen der Informations- und Telekommunikationstechnik. 2003.

FSC
www.fsc.org
MIX
Papier | Fördert
gute Waldnutzung
FSC® C083411

Kolibri 360 GmbH
Ferdinand-Jühlke-Straße 7
99095 Erfurt, Deutschland
produktsicherheit@kolibri360.de

Druck:
CPI Druckdienstleistungen GmbH
im Auftrag der
Kolibri 360 GmbH
Ferdinand-Jühlke-Str. 7
99095 Erfurt